V&R

Benjamin Bardé / Dankwart Mattke (Hg.)

Therapeutische Teams

Theorie – Empirie – Klinik

Vandenhoeck & Ruprecht
Göttingen · Zürich

Die Deutsche Bibliothek – CIP-Einheitsaufnahme

Therapeutische Teams: Theorie, Empirie, Klinik /
Benjamin Bardé; Dankwart Mattke (Hg.). –
Göttingen: Vandenhoeck und Ruprecht, 1993
ISBN 3-525-45745-6
NE: Bardé, Benjamin [Hrsg.]

© 1993 Vandenhoeck & Ruprecht, Göttingen.
Printed in Germany. – Das Werk einschließlich aller seiner Teile
ist urheberrechtlich geschützt. Jede Verwertung außerhalb
der engen Grenzen des Urheberrechtsgesetzes ist ohne
Zustimmung des Verlages unzulässig und strafbar.
Das gilt insbesondere für Vervielfältigungen, Übersetzungen,
Mikroverfilmungen und die Einspeicherung und Verarbeitung
in elektronischen Systemen.
Satz: Schwarz auf Weiß GmbH, Magdeburg
Druck und Bindearbeiten: Hubert & Co., Göttingen.

Inhalt

Vorwort 7

DANKWART MATTKE
Ein Krankenhaus für Psychosomatische Medizin
und Psychotherapie. Organisationsform und
Behandlungskonzept 9

BENJAMIN BARDÉ
Von der »Outcome«-Forschung zur Erforschung
eines »Kritischen Einzelfalls« in der Teamsupervision.
Geschichte eines Forschungsprojektes 35

BENJAMIN BARDÉ
Die psychotherapeutische Behandlung der Patienten
durch ein therapeutisches Team. Zur Theorie, Empirie
und Klinik der psychoanalytisch orientierten
stationären Psychotherapie 51

ULRICH OEVERMANN
Das Verbatim-Transkript einer Teamsupervision 109

ULRICH OEVERMANN
Struktureigenschaften supervisorischer Praxis.
Exemplarische Sequenzanalyse des Sitzungsprotokolls
der Supervision eines psychoanalytisch orientierten
Therapie-Teams im Methodenmodell der objektiven
Hermeneutik 141

PETER KUTTER
Basis-Konflikt, Übertragungs-Spaltung und Spiegel-
Phänomene. Möglichkeiten und Grenzen einer
psychoanalytischen Team-Gruppe 270

DANKWART MATTKE und BENJAMIN BARDÉ
Möglichkeiten und Grenzen der Teambehandlung...... 294

Die Autoren dieses Bandes 306

Vorwort

Das vorliegende Buch ist ein klinischer Werkstattbericht. Es ist der Versuch, die wechselvolle Geschichte einer Forschungskooperation zwischen der Rhein-Klinik in Bad Honnef und dem Institut für Psychoanalyse im Fachbereich Psychologie der Johann Wolfgang Goethe Universität in Frankfurt zu dokumentieren.

Ursprünglich war geplant, die Behandlung von Patienten mit psychosomatischen Erkrankungen (»Psychosomatosen«) systematisch mit empirisch-statistischen Methoden zu untersuchen. Diese klinische Fragestellung wurde von Professor Peter Kutter vertreten, der in der psychoanalytischen Psychosomatik das Konzept eines »Basiskonflikts« der Psychosomatose entwickelte. Die Rhein-Klinik in Bad Honnef war interessiert, sich mit der eigenen Behandlungspraxis psychosomatischer Krankheitsbilder auseinanderzusetzen. Über die persönliche Bekanntschaft von Herrn Dipl.-Psych. Guido Hertel (Rhein-Klinik) und Herrn Dr. phil. Detlev Rost, damals (1986) Assistent am Institut für Psychoanalyse, kam es zu den ersten Kontakten zwischen den beiden Institutionen. In der Folge entwickelte sich eine Zusammenarbeit zwischen der »Klinikgruppe« um Herrn Dr. med. Dankwart Mattke und der »Universitätsgruppe« um Herrn Professor Dr. med. Peter Kutter.

Die Entwicklung des Forschungsprojektes konzentrierte sich nach der Auseinandersetzung mit der Theorie der Klinikbehandlung und den Besonderheiten und Problemen des stationären Behandlungssettings auf die Frage, wie sich die Behandlung psychosomatischer Patienten in der Teamsupervision darstellt. Damit stand »das therapeutische Team« in seiner Beziehung zu den Patienten im Brennpunkt der Forschung. Wir begannen, durch das »Fenster« der Teamsupervision diese Beziehungsdynamik zu untersuchen.

Herr Professor Ulrich Oevermann vom Fachbereich Soziologie der Johann Wolfgang Goethe Universität/Frankfurt a.M. interessierte sich für unsere Fragestellung im Rahmen seiner Bemühungen um eine »Klinische Soziologie« und analysierte exemplarisch die Tonbandtranskription einer Teamsupervision mit der von ihm entwickelten Methode der »objektiven Hermeneutik«.

Die Entwicklung, Durchführung und die folgende Darstellung des Projektes wären nicht möglich gewesen ohne die großzügige Bereitschaft des »untersuchten« Teams und dessen Supervisors, ihre Arbeit offenzulegen und der wissenschaftlichen Analyse und Diskussion zugänglich zu machen.

Das vorliegende Buch hat gemäß dem interdisziplinären Charakter unseres Forschungsprojekts mehrere Facetten. Es kann gelesen werden als ein Beitrag zur Theorie und Praxis einer psychoanalytisch fundierten Klinikbehandlung, als eine Untersuchung zur Psychodynamik psychosomatischer Störungen, als ein Beitrag zur Theorie und Praxis der Teamsupervision, sowie als ein Beitrag zur Methodologie der Einzelfallforschung, über die ein Zugang zur Klinikrealität gewonnen werden kann, der einer gruppenstatistischen Methodologie eher verschlossen bleibt.

Wenn es dazu beiträgt, daß die Auseinandersetzung mit den vielschichtigen Schwierigkeiten der stationären Psychotherapie, die in Deutschland auf eine einmalige Weise institutionell abgesichert ist, weiter fortgeführt wird, wäre ein wichtiges Ziel erreicht.

Benjamin Bardé, Dankwart Mattke

DANKWART MATTKE

Ein Krankenhaus für Psychosomatische Medizin und Psychotherapie

Organisationsform und Behandlungskonzept

Von der Gründung bis zur heutigen Organisationsform (1991)

Geschichte

Konzepte und Modelle stationärer Psychotherapie sind vor dem Hintergrund der jeweiligen institutionellen Gegebenheiten zu sehen (BECKER u. SENF, 1988). Bevor ich das Behandlungskonzept der Rhein-Klinik vorstelle, werde ich darum einige allgemeine Bemerkungen über die Rahmenbedingungen, unter denen das zu beschreibende Konzept realisiert wird, voranstellen.

Seit Januar 1972 unterhält das Evangelische Johanneswerk e.V., Bielefeld, die Rhein-Klinik in Bad Honnef. Zunächst firmierte die Klinik unter dem Namen »Klinik für Innere Medizin und Neurologie« und heißt heute »Krankenhaus für Psychosomatische Medizin und Psychotherapie«. Die Klinik wurde als eine Modellklinik konzipiert und sollte ein Angebot darstellen für die Lücke in der psychotherapeutischen Versorgung zwischen Akutkrankenhäusern, Psychiatrischen Kliniken und freier Praxis. Bis Ende der 70er Jahre war die Rhein-Klinik eine gemischte Krankenanstalt, das heißt, es wurden sowohl Rentenversicherung wie Krankenkassen als Kostenträger akzeptiert. Planung der Neugründung (Ende der 60er Jahre) und Beginn der Arbeit (1972) fallen in die von SCHEPANK als »4. Entwicklungsstufe« bezeichnete Phase in der Entwicklung der stationären psychotherapeutischen Versorgung in der BRD.

SCHEPANK (1988) erwähnt als Charakteristika dieser Entwicklungsphase drei »Innovationen mit Gesetzeskraft auf sehr verschiedenen Ebenen«:

1. Die Strukturänderung des Medizinstudiums durch eine neue ärztliche Approbationsordnung (1970) mit der Hereinnahme von Psychosomatik/Psychotherapie, Medizinischer Psychologie und Medizinischer Soziologie als Pflichtfächer in den Ausbildungskatalog für Medizinstudenten.
2. Die Psychiatrie/Psychotherapie-Enquête (1970 – 1975) bilanzierte und beeinflußte die Entwicklung der Versorgungskonzepte für psychisch Kranke überhaupt, wie auch für die Gruppe der psychoneurotisch und psychosomatisch Kranken.
3. Mit der ersten Fassung der sogenannten Psychotherapierichtlinien (1967) anerkannten die gesetzlichen Krankenversicherungsträger Neurosen und funktionelle psychosomatische Störungen als Krankheit im Sinne der RVO und übernahmen die finanzielle Verantwortung für die sachgerechte Therapie dieser Krankheiten. Die Psychotherapierichtlinien waren zwar für den ambulanten Versorgungssektor entwickelt worden, sie hatten jedoch auch eine erhebliche Auswirkung auf den stationären Versorgungssektor und zwar durch eine Gesinnungsänderung der gesetzlich artikulierten Akzeptanz von Neurosen und psychosomatischen Störungen als Krankheit im Sinne der damaligen RVO und des heutigen SGB V. Diese veränderte Einstellung gegenüber psychosomatisch oder psychoneurotisch Erkrankten führte in der Folge beispielsweise für die Rhein-Klinik zu einer alsbaldigen Aufnahme in den Krankenhausbedarfsplan des Landes NRW (Versorgungsstufe S = Sonderkrankenhaus Psychiatrie). Die Klinik wurde damit zu einem Krankenhaus mit Schwerpunkt in der Krankenversorgung für die städtischen Ballungsräume zwischen Koblenz und Düsseldorf. Es werden inzwischen ausschließlich Krankenkassenpatienten aufgenommen.

Trägergesellschaft

Ein Krankenhaus in freigemeinnütziger Trägerschaft muß neben wirtschaftlichen Orientierungsdaten (wie z.B. Belegung) immer auch die »Philosophie« der Trägergesellschaft beachten. Mit »Philosophie« sollen die komplexen Fragen der Kooperation umschrieben werden in einer Einrichtung der Diakonie, zu der unser Träger, das Evangelische Johanneswerk, seinerseits gehört. Es geht dabei einerseits um die Realisierung der Idee einer Wertegemeinschaft. Andererseits werden und müssen auch in der durch die Wertegemeinschaft geprägten Institution hierarchisch-dezisionistische Interaktionen stattfinden[1], dabei kann auf allen Ebenen der Institution eine spezifische Dynamik ausgelöst werden, die bisweilen rational schwer einholbar ist.[2]

Die für das Krankenhaus oberste disziplinarische Ebene ist der Vorstand der Trägergesellschaft, der aus zwei Theologen und zwei Wirtschaftsfachleuten besteht. Medizinisch-therapeutische Kompetenz ist auf dieser Ebene nicht vertreten. Strukturstützende wie strukturverändernde Maßnahmen im Rahmen der unternehmerischen Gestaltungsfreiheit der Trägerschaft können darum in erster Linie nicht von einer medizinisch-therapeutischen Perspektive hergeleitet werden. Solche Maßnahmen werden zunächst eher von einer wirtschaftlichen Perspektive, wie dann aber vor allem von der speziellen »Philosophie« des Trägers her, motiviert sein.

Da Behandlungskonzepte in unserem Fach in der Regel in Universitätskliniken entwickelt werden, die in struktureller Hinsicht fachlich spezifischer operieren können, erscheint mir dieser Hinweis auf die speziellen Behandlungsbedingungen in dem hier vorgestellten Krankenhaus in seiner Eigenschaft als Einrichtung der Diakonie besonders wichtig. Dieser Hinweis gilt allerdings nicht ausnahmslos für Krankenhäuser in freigemeinnütziger Trägerschaft, die immerhin 69,4 % der Krankenhäuser in NRW umfaßt. Beispielsweise ist in vergleichbaren Einrichtungen der Diakonie auch auf Vorstandsebene fachspezifische medizinische Kompetenz vertreten.

Bei der in dieser Monographie vorgestellten Untersuchung eines Teamsupervisionsprotokolls wird ersichtlich, wie stark die von den institutionellen Rahmenbedingungen ausgelöste Dynamik die Behandlung im Krankenhaus prägen kann. KÖHLE und JORASCHKY formulieren dazu im Standardlehrbuch der psychosomatischen Medizin: »Struktur und Organisation medizinischer Institutionen sind auch unter dem Gesichtspunkt ihrer Auswirkungen auf die Kranken zu analysieren und zu modifizieren.« (1990, S. 416f.).

Organisationsform

Im folgenden wird die Organisationsstruktur des Krankenhauses vorgestellt, mit einigen Hinweisen zum Prozeß der Entwicklung dieser Struktur:

Die 100 Betten des Krankenhauses sind auf 4 Stationen mit je 25 Behandlungsplätzen verteilt. Den 4 Stationen entsprechend arbeiten 4 Behandlungsteams in der folgenden multiprofessionellen Zusammensetzung:

(Durchschnittlicher Stand in den Jahren 1988/89):

Ärzte und Psychologen	3,0	Stellenanteile
Spezialtherapie (KBT, Kunst-, Musiktherapie)	0,75	Stellenanteile
Sozialarbeit	0,5	Stellenanteile
Pflegeberufe (ohne Nachtdienst)	4,2	Stellenanteile

Seit 1989 gehört zur Klinik eine Institutsambulanz, in der die zur stationären Behandlung überwiesenen Patienten voruntersucht werden. Zuvor geschah dies über eine persönliche Beteiligung des Leitenden Arztes an der kassenärztlichen Versorgung. Während die Initiative zu dieser Umstrukturierung aus dem Krankenhaus heraus entwickelt wurde, wurde von Trägerseite eine weitere strukturelle Veränderung initiiert, die in den Jahren 1988 und 1989 vorbereitet und durchgeführt wurde, also in dem Zeitraum des Forschungsprozesses, über den hier berichtet wird.

Dem Leitenden Arzt des Krankenhauses wurden vom Träger zwei Abteilungsärzte an die Seite gestellt, die disziplinarisch direkt dem Vorstand der Trägergesellschaft unterstellt wurden. Daraus ergaben sich zwei strukturelle Probleme:

1. Fachliche Voraussetzungen für eine Binnendifferenzierung des Krankenhauses in zwei oder drei unterschiedliche Abteilungen lagen noch nicht vor, waren aus den Erfahrungen vor Ort nicht ableitbar.
2. Zur Aufrechterhaltung des allgemeinen Dienstbetriebes des Krankenhauses (Nachtdienste, Wochenenddienste, Urlaubsvertretungen, Ruf- und Bereitschaftsdienste) können die zu bildenden Abteilungen nicht selbständig betrieben werden, da jede für sich personell zu dünn besetzt ist.

Der Vorstand des Johanneswerkes beschloß daraufhin, daß wie folgt zu verfahren sei:

1. Es werden drei Abteilungen gebildet, die zunächst durchnumeriert werden und den Auftrag zu einer fachlichen Binnendifferenzierung erhalten: Dem Leitenden Arzt wurde die Abteilung I mit 2 Stationen à 25 Betten zugeteilt, einem Abteilungsarzt die Abteilung II mit einer Station (25 Betten) und die Institutsambulanz, dem anderen Abteilungsarzt wird die Abteilung III (ebenfalls eine Station mit 25 Betten) zugeteilt, verbunden mit dem Auftrag, ein stationäres Behandlungskonzept für psychosomatisch schwerer erkrankte Patienten zu entwickeln.
2. Der Leitende Arzt bleibt nach seinem Vertrag dem Träger und Dritten gegenüber verantwortlich für die gesundheitliche Versorgung aller Patienten sowie für den geordneten Dienstbetrieb des gesamten Krankenhauses, das heißt, in fachlicher und disziplinarischer Hinsicht der Vorgesetzte aller medizinisch-therapeutischen Mitarbeiter des Krankenhauses mit Ausnahme der beiden Abteilungsärzte.

Die drei zu bildenden Abteilungen sind damit einerseits auf eine enge Kooperation zur Aufrechterhaltung der akuten Patientenversorgung sehr angewiesen und andererseits zu einer fachlich-konzeptuellen Auseinanderentwicklung beauftragt, eine Setzung des Vorstandes der Trägergesellschaft, die Komplikationen mit sich bringen kann. So muß im Dissensfall zwischen leitendem Arzt und Abteilungsärzten, beispielsweise bei Fragen der fachlich-konzeptuellen Entwicklung der Behandlungsbedingungen, zukünftig auf Vorstandsebene entschieden werden, auf einer Ebene, wo, wie beschrieben, keine medizinisch-therapeutische Kompetenz vertreten ist.

Schließlich gehört zu den institutionellen Rahmenbedingungen, die die von der Trägergesellschaft initiierte Abteilungsstrukturierung mit sich brachte, dann auch, daß neben dem Leitenden Arzt die beiden Abteilungsärzte das Liquidationsrecht für stationäre und ambulante Leistungen erhielten. Für die konkreten Bedingungen der teambasierten Behandlung heißt dies, daß zur Gruppe der Patienten, die auf einer Station teambasiert behandelt werden, einmal die sogenannten »Regelleistungspatienten« gehören, wie zum anderen die Patienten mit der »Wahlleistung Arzt«.

Gerade anhand der Hinweise auf die Umstrukturierungsprozesse in den institutionellen Rahmenbedingungen ließ sich, wie ich hoffe, veranschaulichen, wie die derzeitigen strukturellen Bedingungen für unser Behandlungskonzept beschaffen sind. Bei der Analyse des in dieser Monographie vorgestellten Behandlungsprotokolls wird ersichtlich werden, wie stark Organisation und Struktur des Krankenhauses auf den Behandlungsprozeß der Patienten einwirken.

Das Behandlungskonzept

Die Konzeptformulierung

Das Behandlungskonzept, das ich nun beschreiben werde, wurde 1985/86 im Auftrag des Krankenhausträgers formuliert. Es liegt als ein Separatdruck vor für den internen Gebrauch innerhalb der Klinik wie gegenüber der Trägergesellschaft. Wir sind bei der Konzeptformulierung von den strukturellen Behandlungsbedingungen im Jahre 1986 ausgegangen. Es hatten sich in den Aufbaujahren der Klinik Behandlungsbedingungen und -standards entwickelt, die von den Mitarbeitern in allen Arbeitseinheiten der Klinik mitgetragen wurden. Die ärztliche Leitungsverantwortung in der Klinik war durch die gesamte Phase der Planung, Gründung sowie der ersten 11 Jahre kontinuierlich besetzt. Es folgten eine kommissarische Besetzung der ärztlichen Leitung von 1983 bis 1984, seit 1984 wiederum eine kontinuierliche Besetzung. Der Vorstand des Krankenhausträgers nahm das im folgenden formulierte Behandlungskonzept in den inhaltlich-fachlichen Aussagen an, behielt sich aber vor, die Organisationsstruktur nach eigenen Vorstellungen zu entwickeln. Dies geschah dann in den Jahren 1988/89 – wie zuvor beschrieben.

Ich halte mich im folgenden in den Kernaussagen über das Behandlungskonzept an den erwähnten Separatdruck: »Behandlungskonzept der Rhein-Klinik«, zusammengestellt von DANKWART MATTKE und INGE MUSCHALLA (1986). Wir gingen dabei so vor, daß die vier Stationsteams der Klinik und das Team der Erstuntersuchungsstelle (seit 1989 Institutsambulanz) zunächst ihre Konzepte formulierten und wir die Zusammenführung und Schlußformulierung vornahmen. Diese Bearbeitungsphase wurde von einer Konzeptsupervision begleitet. Leider kann ich nicht alle Mitarbeiter benennen, deren Ideen und Formulierungen mitwirkten. Stellvertretend aber für die verschiedenen Teams seien genannt:

Station I:	M. JUSCZAK, E. SCHMIDT
Station II:	F. HERBERTH, M. KNABE-PAUSCH
Station III:	I. TRIEBEL, G. HERTEL
Station IV:	W. BACKHAUSEN, D. MATTKE, I. MUSCHALLA
Erstuntersuchung:	A.C. HAUER-SAVIC
Schwestern:	S. HOCHGESCHURZ, J. MÖLLERLING
Konzeptsupervision:	P. FURSTENAU

Grundaussagen zum Konzept

1. Da es in der 14jährigen Geschichte der Rhein-Klinik stets gelang, eine regelmäßige, über 90 %ige Belegung der Klinik zu gewährleisten, kann davon ausgegangen werden, daß Struktur und Behandlungskonzept sich in einer stetigen Weiterentwicklung bewährt haben.
2. Das Behandlungkonzept für einen Patienten, der sich in stationäre psychotherapeutische Behandlung begibt, wird in aller Regel anders aussehen müssen als ein Angebot bei einer ambulanten Psychotherapie.
3. Ein Patient in ambulanter Therapie kann im großen und ganzen Erfahrungen, die er in der Therapie macht, in sein Lebenskonzept und in seinen Lebenskontext integrieren. Diese Integrationsfähigkeit ist für den Behandlungsprozeß in der stationären Psychotherapie nicht vorauszusetzen.
4. Im Kontext stationärer Psychotherapie, wie hier konzeptualisiert, werden regressive Prozesse ermöglicht, die die Wiederbelebung von und die Einsicht in verbliebene Kindlichkeit fördern sollen, zentriert um die folgende Zielvorstellung: die Bereitstellung eines Behandlungssettings, das Anlaß und Möglichkeit gewährleistet, neue Erfahrungen zu machen und gewonnene Einsichten in realen Interaktionen einzuüben und zu erproben.
5. In den letzten Jahren wurde durch die Entwicklung familientherapeutischer Wahrnehmungs- und Interventionspraxis in der stationären Pychotherapie die Möglichkeit geschaffen, den Kontakt zur realen Lebenssituation bereits in der Klinik herzustellen, durch Einbeziehung der familiären und gegebenfalls auch außerfamiliären sozialen Interaktionspartner.
6. Das zunächst unter inhaltlich fachlicher Perspektive erarbeitete Behandlungskonzept ist in enger Verzahnung mit den Organisationsstrukturen der Klinik zu entwickeln.

Klientel

Die detaillierte diagnostische Beschreibung der Klientel einer psychosomatisch-psychotherapeutischen Klinik im allgemeinen, so auch im speziellen Fall der Rhein-Klinik, würde ein eigenes Kapitel in diesem Buch füllen.
Ich beschränke mich hier auf folgende Sichtweisen:

1. Zusammenfassende Beschreibung des Klientels der Rhein-Klinik im Jahre 1989 nach der ICD-Nomenklatur, wie wir sie nach der Bundespflegesatzverordnung jährlich zu erstellen haben.
2. Einige soziodemographische Daten, die wir jährlich für die klinikinterne Basisdokumentation erstellen, hier ebenfalls aus dem entsprechenden Zeitraum: 1989.

1. Im Jahre 1989 wurde bei rund 33 % unserer Patienten eine körperliche Funktionsstörung psychischen Ursprungs (ICD-Nr. 306 bzw. 307) oder eine psychosomatische Erkrankung im engeren Sinne (ICD-Nr. 316) diagnostiziert.

Bei rund 31 % der Patienten wurde als Hauptdiagnose bzw. Grunderkrankung eine schwere Persönlichkeitsstörung (ICD-Nr. 301) angegeben; bei rund 23 % die Diagnose einer chronifizierten Psychoneurose (ICD-Nr. 300).

Bei den restlichen 13 % der Gesamtklientel 1989 wurde hauptsächlich als zu behandelnde Erkrankung eine akute oder chronische Belastungsreaktion mit seelischen oder körperlichen Krankheitsfolgen diagnostiziert (ICD-Nr. 308 bzw. 309).

Es soll nur kurz erwähnt werden, daß die Diagnosestellung nach der ICD-Nomenklatur sich in einer Klinik mit einem psychodynamischen Behandlungskonzept mal mehr nach der im Vordergrund stehenden Krankheitssymptomatik, mal mehr nach der zugrunde liegenden Psychodynamik richten wird. Obige Angaben sind darum auch eine Aussage über die Sichtweise der behandelnden Kollegen in der Rhein-Klinik im Jahre 1989, und darum nicht im Vergleich mit anderen Krankenhäusern in der vorliegenden Form brauchbar. Darüber hinaus sind es aufsummierte Angaben, selten vorkommende Einzeldiagnosen sind nicht aufgeführt.

2. Daten zur Beschreibung der Klientel 1989 aus der klinikinternen Basisdokumentation (MATTKE; FABER; HERTEL 1990)

Alter: 35,73 Jahre (Range 17 – 69 Jahre)
Geschlecht: 61,46 % weiblich, 38,54 % männlich.
Aufenthaltsdauer: 97 Tage (Range 1 – 232 Tage)
Gesamtzahl der Patienten: 373
Gesamtbelegung 1989: 98,9 %

Schulbildungsniveau:
ohne Angabe .... 1,3 %
ohne Schulabschluß .... 1,1 %
Sonderschule .... 0,8 %
Hauptschule .... 33,6 %
Mittlere Reife .... 22,9 %
Fachhochschulreife .... 7,3 %
Abitur .... 18,1 %
Fach/Hochschulabschluß .... 15,6 %
Anderer Schulabschluß .... 0,3 %

Berufliche Situation:
Kaufmännische Berufe .... 18,9 %
Pädagogische Berufe (Lehrer, Erzieher,
Sozialpädagogen, etc.) .... 15,2 %
Medizinische Hilfs- und Pflegeberufe
(Krankenschwestern, Arzthelferinnen,
MTA's, Altenpfleger, etc. .... 10,5 %
Angestellte im Verwaltungsbereich .... 9,5 %
Handwerkliche Berufe .... 17,6 %
Derzeit arbeitslos .... 15,9 %
Hausfrauen/Hausmänner .... 7,3 %
Rentner .... 3,0 %
Der Rest der Klientel hinsichtlich dieses Merkmals verteilt sich auf Schüler, Studenten und »keine Angaben«.

Herkunft der Patienten:
Über 60 % kamen aus der näheren Umgebung, d.h. aus den Regierungsbezirken Köln, Düsseldorf, Aachen und Koblenz.
Rund 20 % kamen aus dem angrenzenden Ruhrgebiet

und anderen westfälischen Regierungsbezirken, rund 10 % aus weiter entfernt liegenden Regionen wie Saarland, Hessen, Baden-Württemberg.

Einige Bemerkungen zu Indikation und klinischer Symptomatik

Das allgemeinste Indikationskriterium für eine Aufnahme und damit Behandlungsmöglichkeit in der Rhein-Klinik ist, daß die Patientin oder der Patient in Zusammenarbeit mit einem Behandlungsteam Erleben und Verhalten mittels vornehmlich seelischer Einflußnahme verstehen und verändern will und kann.

Anhand dieser Orientierung besprechen wir mit den uns überwiesenen Patienten bei der ambulanten Voruntersuchung seine/unsere Entscheidung für die stationäre Aufnahme und die Zielsetzung des Behandlungsprozesses.

In aller Regel wird das nicht möglich sein bei Patienten mit einer akuten Psychose. Ebenso werden »Suchtpatienten« nicht aufgenommen, allenfalls kann in günstigen Fällen eine Motivierung für eine Entziehungskur erfolgen. Zu dem Kreis von Patienten, die nach unserer Erfahrung ebenfalls nicht von einer stationären Psychotherapie profitieren können, gehören außerdem primär pflegebedürftige Kranke.

Von der klinischen Symptomatik her beschrieben, werden folgende Krankheitsbilder behandelt:

1. Psychoneurotische Erkrankungen und Persönlichkeitsstörungen, die häufig verbunden sind mit körperlichen Begleitsymptomen von seiten des Herz- und Kreislaufsystems, der Atmungsorgane, der Muskulatur und des Skelettsystems, der Haut, des Magen-Darmtraktes.
Außerdem sind hier zu subsumieren alle stark angstneurotischen beziehungsweise panisch und phobisch bestimmte Krankheitsbilder.
2. Borderline-Persönlichkeitsstörungen – sei es auf psychotischem, narzißtischem oder neurotischem Niveau –

wie überhaupt schwere Persönlichkeitsstörungen. Diese Krankheitsbilder können als Grunderkrankung auch bei einer der anderen aufgeführten Symptomgruppen vorliegen.
3. Psychosomatische Krankheitsbilder im engeren Sinne, zum Beispiel Colitis ulcerosa, Morbus Crohn, Ulcera ventriculi et duodeni, labile Hypertonie, Übergewicht, Anorexia nervosa, sowie alle weiteren psychosomatisch zu definierenden Eßstörungen. Asthma-Patienten übernehmen wir nach der Voruntersuchung in stationäre Behandlung, wenn nicht mehrere vorangegangene, bedrohliche Status asthmatici aufgetreten sind.
4. Funktionelle und vegetative Störungen, wie Schlafstörungen, Erschöpfungszustände, Migräne, Hyperventilationstetanien, vegetative Labilität u.a.
5. Internistische Erkrankungen mit begleitender psychischer Symptomatik, wie Dialyse-Patienten, Patienten nach einem Herzinfarkt, Krebspatienten, Rheumapatienten.
6. Patienten mit Versagenszuständen und Krisensituationen, wie beispielsweise nach Suizidversuchen, Zuständen nach Verkehrsunfällen, Arbeitsunfällen und anderen traumatischen Ereignissen.
7. Ältere Menschen mit der Fähigkeit zur Selbstreflexion und Chance der Veränderungsmöglichkeit, das heißt also, sofern noch keine allzu stark ausgeprägten sklerotischen Veränderungen vorliegen.

Zusammengefaßt handelt es sich bei unseren Patienten in der Regel um strukturell ich-gestörte Patienten, die im Laufe einer meist mehrjährigen Krankheitskarriere primär körperlich, oder seelisch, oder gleichzeitig körperlich und seelisch dekompensiert sind. Auf die zahlreichen Veröffentlichungen zur Frage der Indikation und Diagnostik in der stationären Psychotherapie sei in diesem Zusammenhang hingewiesen (BECKER in: BECKER/SENF 1988). In diesen Arbeiten wird sowohl der Begriff »strukturell ich-gestörte Patienten« problematisiert und erläutert, wie auch andere synonyme Begriffe für diese diagnostische Sichtweise vorgestellt werden. SENF (in BECKER/SENF 1988) weist darauf hin, daß es sich bei den Patienten, die für eine stationäre psychotherapeutische

Behandlung in Frage kommen, um in der Regel »psychotherapeutische Problempatienten« handelt, die ambulant gar nicht oder noch nicht durch ambulante psychotherapeutische Methoden erreichbar sind.

Bei der Patientin der in diesem Buch publizierten Fallstudie wurde die Indikationsstellung im wesentlichen bestimmt durch eine psychosomatische Dekompensation und eine Krise in der ehelichen Situation.

Diagnostik und Therapie

Diagnostik

Wir haben in den letzten Jahren in der Rhein-Klinik ein Aufnahmeverfahren entwickelt, das sich sehr bewährt hat. Anhand von ambulant durchgeführten analytisch-systemisch orientierten Erstinterviews wird für die uns überwiesenen Patienten ein diagnostisches Bild aufgezeichnet, nicht nur der jeweiligen kindlichen, psychischen Entwicklungsstörung, sondern auch der späteren Erlebnisverarbeitung im Kontakt mit dem früheren und dem jetzigen psychosozialen Umfeld. In dieser Entwicklungsdiagnostik kann in Zusammenarbeit mit dem Patienten in der Regel eine gut begründete Entscheidung getroffen werden, ob eine stationäre Behandlung in der Rhein-Klinik erfolgversprechend sein kann.

Außerdem können wir durch die ambulante Voruntersuchung darauf hinwirken, daß eine noch nötige speziellere medizinische Abklärung und Differentialdiagnostik der stationären Aufnahme vorgeschaltet wird. Wir können auf diese Weise die Patienten gezielter hinsichtlich Indikation und Motivation zur stationären Psychotherapie untersuchen und in der Regel auch eine Motivationsarbeit in Gang bringen, so daß der stationäre psychotherapeutische Prozeß sich nach der Aufnahme zügig entwickeln kann.

Der zweite diagnostische Schritt beginnt mit der stationären Aufnahme.

Jetzt erhebt der Stationsarzt nochmals eine umfassende medizinische, insbesondere psychiatrisch-neurologische und internistische sowie tiefenpsychologisch fundierte Anamnese. Diese erste Begegnung des Patienten mit einem Mitarbeiter des therapeutischen Teams ist auch bereits für den beginnenden Behandlungsprozeß im Sinne von Übertragung und Gegenübertragung wichtig.

Nach der anamnestischen Untersuchung erfolgt ebenfalls durch den Stationsarzt eine umfassende körperliche Untersuchung, sodann gegebenfalls die weitere Festlegung des Vorgehens zur Komplettierung der Eingangsdiagnostik.

In der Klinik selber verfügen wir über ein kleines Labor, das in seiner technischen Leistungsfähigkeit etwa einem mittleren Krankenhausrahmen entspricht. Untersuchungen wie Stoffwechselparameter, Enzyme, Elektrolyte, Elektrophorese, Hämatologie sowie orientierende bakteriologische Bestimmungen werden im hauseigenen Labor durchgeführt, während weitergehende Laboratoriumsuntersuchungen in einem Großlabor in Köln gemacht werden. Die eventuell erforderliche Röntgendiagnostik erfolgt in einer ambulanten Praxis in unmittelbarer Nähe der Klinik. Im Krankenhaus selbst verfügen wir über einen EKG-Sechsfachschreiber mit Ergometrie-Platz und die Möglichkeit zu EKG-Langzeitaufzeichnungen sowie umfangreichen EEG-Untersuchungen. Außer mit ambulanten Fachpraxen in unmittelbarer Nähe der Klinik kooperieren wir hinsichtlich akut-medizinischer Notfälle mit der Intensivstation eines in wenigen Minuten Entfernung liegenden Krankenhauses.

Therapie

Seit der Arbeitsaufnahme in der Rhein-Klinik wurde allmählich ein auf psychoanalytischer Basis beruhendes integratives Behandlungskonzept entwickelt. Auf den vier Stationen zu je 25 Patienten arbeiten, schwerpunktmäßig geringfügig unterschieden, vier Behandlungsteams, die aus Mitarbeitern verschiedener Berufsgruppen wie Ärzten, Psychologen, Schwestern, Begleittherapeuten (KBT und Kunsttherapie), Physiotherapeuten, Sozialarbeitern bestehen, die sich in ihrem Grundverständnis der analytischen Arbeitsmethode verpflichtet fühlen. Das integrative Behandlungskonzept beinhaltet, daß in einer Kombination von analytisch orientierter Einzel- und Gruppentherapie in Verbindung mit spezialtherapeutischen Methoden in einem therapeutisch verstandenen Stationsmilieu eine Therapeutengruppe, das heißt, das jeweilige Team der Station, die Behandlung einer Patientengruppe übernimmt. Die stationsteambasierte Arbeit wird einmal wöchentlich mit externen Supervisoren reflektiert. Hierbei sind in der letzten Zeit auch systemisch-analytische Orientierungen bei der Wahrnehmungs- und Interventionspraxis der therapeutischen Prozesse entwickelt worden (SCHMIDT 1985).

Unsere Grundannahme ist, daß sich die intrapsychische Dynamik und Problematik der Patienten auf das Behandlungsteam überträgt und in den Interaktionen der Teammitglieder widerspiegelt. Es ist ein inzwischen gut untersuchtes Phänomen, daß Patienten ihre intrapsychischen Konflikte im sozialen Feld der Psychotherapiestation in Szene setzen und auf eine Bühne bringen. Neben der Bearbeitung der so inszenierten verbliebenen Kindlichkeit steht in der stationären Therapie, wie wir sie verstehen, den Patienten auch ein Übungs- und Erprobungsfeld für noch nicht voll entwickelte Ausdrucks- und Interaktionsmöglichkeiten zur Verfügung.

Bei der stationären Behandlung durch ein multiprofessionelles, nach Berufsgruppen binnendifferenziertes Team legen wir Wert darauf, für jeden Patienten ein Behandlungskonzept zu entwickeln, in dem so unterschiedliche Methoden wie die analytisch orientierte Einzel- und Gruppentherapie, gegebenfalls die Paar- und Familientherapie, medizinische Maßnahmen, medikamentöse und diätetische Behandlungen sowie extraverbale Therapieformen und trainierende Maßnahmen, soziale Beratung und übende Verfahren miteinander verflochten sind. Das Gemeinsame dieser individuell beim einzelnen Patienten sehr unterschiedlichen Prozesse stellt die jeweils persönliche Beziehung der einzelnen Teammitglieder (Therapeuten, Schwestern, Ärzte u.a.) zum jeweiligen Patienten dar. Diese persönliche Beziehung gilt es im systematischen Austausch mit allen Beteiligten für jeden Patienten im Team individuell zu bündeln. Nur so können bei strukturell ichgestörten Patienten, die von sich aus die notwendige Integrationsleistung noch nicht erbringen können, Verwirrungen vermieden und Spaltungen bearbeitet werden.

In Abwandlung der Beschreibung dieses Vorganges durch ANDRÉ GREEN (1975) geht es bei der Interaktion Behandler/Behandlergruppe – Patient/Patientengruppe um folgende Polarität: einerseits dem Inhalt, also dem Erleben und Verhalten unserer Patienten, ein Behälter zu sein und andererseits dem Behälter einen Inhalt, das heißt, Erleben und Verhalten zu geben.

Im folgenden fasse ich noch einmal zusammen, welches die strukturierenden Faktoren für die therapeutische Arbeit in der Rhein-Klinik sind:

1. Die Stationen der Klinik arbeiten das ganze Jahr hindurch mit fast vollständiger Auslastung in der Belegung. Es ist somit dringend erforderlich, urlaubs-, fortbildungs- und krankheitsbedingte Personalausfälle durch eine adäquate personelle Vertretungskapazität auszugleichen.
2. Es handelt sich um ein der Regel mittelfristiges Behandlungsgeschehen (10 – 12 Wochen), das nach der Entlassung nur selten ambulant fortgeführt werden kann. Häufig finden unsere Patienten aus verschiedenen Gründen keine zufriedenstellende ambulante Nachbehandlung. Die Aufgabe, die daraus resultiert, besteht darin, die Patienten bereits während der stationären Behandlung dahingehend zu »bemündigen«, daß Selbsthilfepotentiale schon während des Klinikaufenthaltes entwickelt und genutzt werden können.
3. Die klinische Arbeit der letzten Jahre hat uns gezeigt, daß bei den zunehmenden Krankheitsbildern der sogenannten strukturellen Ich-Störungen nicht immer zufriedenstellend mit einer verbal zentrierten Behandlungsmethode therapiert werden kann. In den letzten Jahren sind deshalb die sogenannten Begleittherapien wie die Konzentrative Bewegungstherapie und die Kunsttherapie, aber auch begleitende Behandlungen wie Autogenes Training, Physiotherapie und Sportgruppen in unser Behandlungskonzept miteinbezogen worden.
4. Der milieutherapeutische Raum auf den einzelnen Stationen wird weitgehend von den Schwestern in Zusammenarbeit mit dem Stationsarzt entwickelt und unterhalten. Hier muß ständig neu der notwendige Schutz für regres-

sive Prozesse zur Verfügung gestellt werden, wie zum andern eine progressive Entwicklung eingeleitet werden, mit dem Ziel zu größerer Autonomie und Eigenverantwortlichkeit in neu erprobten Beziehungsmustern (»Beziehungspflege«). Sehr häufig bringen gerade die Schwestern im Team Beobachtungen ein, die abgespaltene Verhaltens- und Erlebnisweisen unserer Patienten berühren, die wir in den im engeren Sinne psychotherapeutischen Veranstaltungen nicht zu sehen bekommen.

5. Schließlich soll abschließend nochmals darauf hingewiesen werden, daß unsere Patienten in aller Regel in der Psychogenese sehr früh gestört sind und kein integriertes Selbst entwickelt haben sowie manchmal über eine nur schwach entwickelte Symbolisierungsfähigkeit verfügen. Dies bedeutet, sich den Ausdrucksmöglichkeiten und den sich szenisch sowie in der Organsprache signalisierten Nöten der Patienten immer wieder anzunähern. Daraus resultiert die Quintessenz unseres therapeutischen Handelns: die Bearbeitung verbliebener Kindlichkeit zu ermöglichen, aber gleichzeitig und vor allem auch Anregung und Verarbeitung neuer Beziehungserfahrung zu ermöglichen wie auch zur Einübung neuer Haltungen und Einstellungen zu ermutigen.

Entwicklungen

Unter der Überschrift »Entwicklungen« wurde in unserer Konzeptformulierung aus dem Jahre 1986 die Weiterentwicklung vor allem der systemischen Therapieansätze gefordert. Es hieß damals dazu: »Dieser neu zu beschreibende Weg zu einem vertieften Verständnis psychogener Störungen betrifft die Person in ihrem psychosozialen Austausch mit der näheren und weiteren mitmenschlichen Umgebung in Familie und Beruf. Der Weg führt zunächst direkt zur Familie als einem sich kontinuierlich wandelnden psychosozialen System. Die methodische Ausarbeitung der systemischen, insbesondere familiendynamischen Perspektive, ist eine der wichtigsten, weil folgenreichsten Ereignisse der Psychotherapie und Psychoanalyse der letzten Jahre (FÜRSTENAU 1986).«

Inzwischen ist der systemische Therapieansatz zunehmend bereits in einem frühen Stadium der stationären Therapie für unser Verständnis und die Beeinflussung von seelischer Störung relevant geworden. So bemühen wir uns bereits bei den Voruntersuchungen, wenn irgend möglich, wichtige Bezugspersonen aus dem aktuellen Lebensumfeld der Person miteinzubeziehen. Wenn dies aktuell und real bei der Voruntersuchung nicht geschehen kann, so wird vom Untersucher diese Perspektive aktiv eingebracht. Wir möchten damit vom Beginn der stationären Therapie an die Aufmerksamkeit des um individuelle Hilfe nachsuchenden Patienten auf die aktuelle psychosoziale Einbettung der seelischen Störung hinlenken. (Siehe hier z.B. die Ehekrise der Patientin, über die in der Fallstudie in diesem Buch berichtet wird.) In der Regel wird während der stationären Therapie spätestens zur Vorbereitung der Entlassung, sei es die aktuelle Familie bzw. die Ursprungsfamilie, bisweilen auch die Mehr-Generationen-Familie, zu einer orientierenden Sitzung eingeladen beziehungsweise in manchen Fällen in einigen Sitzungen parallel auf dieser Ebene interveniert.

Die Reflexion der Durchdringung von psychoanalytischer und systematischer Therapieorientierung (FÜRSTENAU 1992) wird in den klinikinternen Teamfortbildungen immer wieder thematisiert, vor allem auch unter dem Gesichtspunkt der zeitlichen Begrenzung der Behandlungsprozesse (LUBORSKY 1988; STRUPP u. BINDER 1984).

Die Forschungs-»geschichte«

Schließlich – auch als Überleitung zu dem folgenden Beitrag von BARDÉ – noch einige Bemerkungen zur Kooperation mit dem Institut für Psychoanalyse an der Universität Frankfurt.

Die Basiskonflikthypothese von PETER KUTTER gehört zu den klassischen Verständnismodellen psychosomatischer Krankheitsbilder. Eine klinisch-empirische Untersuchung dieser Hypothese mit Methoden der Gruppenstatistik war das Ziel zu Beginn unserer Zusammenarbeit. Mitarbeiter des Instituts für Psychoanalyse der Johann Wolfgang Goethe-

Universität Frankfurt[3] und Mitarbeiter der Rhein-Klinik[4] kamen zur Vorbereitung dieses Projektes in den Jahren 1987 und 1988 in der Rhein-Klinik zusammen.

Zwei Behandlungsteams unserer 4 Stationen sowie der externe Supervisor der beiden Behandlungsteams waren dann zu einer längerfristigen Kooperation in der genannten Forschungsperspektive bereit.[5]

Die beiden Teams und die genannten anderen Klinikmitarbeiter führten mit den »Frankfurtern« umfangreiche Voruntersuchungen durch, die ausgewertet und in der gemeinsamen Forschungsgruppe reflektiert wurden. Ebenso kamen Mitarbeiter des Instituts für Psychoanalyse aus Frankfurt zu längerfristigen Praktika in die beiden Teams. Die Ergebnisse der Voruntersuchungen mit dem Gießen-Test und verschiedenen anderen psychometrischen Untersuchungsinstrumenten und vor allem dann die ersten Tonbandaufzeichnungen von Teamsitzungen und Teamsupervisionssitzungen führten zu einem Wechsel in der Forschungsperspektive. Grob skizziert wechselte der Fokus von der Untersuchung des Patientensystems zur Untersuchung des Therapeutensystems oder – kurz gesagt – zur Beobachtung der Beobachterinnen und Beobachter.

Der Wechsel der Forschungsperspektive, und damit verbunden der Forschungsmethode erschien uns vor allem auch schlüssig vom Behandlungskonzept her, das ja, wie soeben beschrieben, davon ausgeht, daß die Dynamik im Patientensystem eine entsprechende Dynamik im Therapeutensystem initiiert. Wie dieser Prozeß sich abbildete in einem Teamsupervisionsprotokoll, das wurde dann zum Herzstück des Forschungsverbundes zwischen der Universität Frankfurt und der Rhein-Klinik. Durch dieses Fenster – das Transkript einer Supervisionssitzung und seine objektiv-hermeneutische Analyse (OEVERMANN) wie klinisch-pragmatische Interpretation (KUTTER) – geben wir in dieser Monographie Einblick in den therapeutischen Alltag der Rhein-Klinik in den Jahren 1988 und 1989.

An welchem Behandlungskonzept wir uns in diesem Zeitraum orientierten, habe ich versucht in diesem Kapitel zu beschreiben, auch welches die strukturellen Rahmenbedingungen für dieses Konzept waren und wie sie sich in diesem

Zeitraum entwickelt haben. Leserinnen und Leser werden sich ihr eigenes Bild anhand des publizierten empirischen Materials machen. Mir ging es in diesem Kapitel auch um das Wechselspiel zwischen den soziodynamischen Gegebenheiten der Institution Krankenhaus einerseits und den Erfordernissen unserer Therapeutik, wie wir sie im Behandlungskonzept festgelegt haben, andererseits.

Abschließend ist nun allerdings darauf hinzuweisen, daß die schriftliche »Konzeptfixierung« zwar Möglichkeit und Anlaß für die Erforschung von Behandlungsprozessen zur Verfügung stellte, jedoch sowohl in den Jahren 1988 und 1989 wie seitdem in einer kontinuierlichen Entwicklung begriffen war und ist. Die Tendenz der Betrachtung der psychotherapeutischen Behandlungsprozesse als und in einem Gruppengeschehen ist immer mehr zu unserer allgemein verbindlichen Sichtweise geworden. Wie dann aber das Verhältnis von Einzeltherapien zur Gruppentherapie, oder von Paar- und Familientherapien in diesem Gruppengeschehen verstanden werden kann und auch settingmäßig auszutarieren ist, wie wir das Verhältnis von Psychoanalyse und Systemtheorie verstehen und für unsere Sichtweisen und Behandlungsprozesse nutzen können, sind wichtige Fragen der letzten Jahre geworden (MATTKE 1990). Fragen, die immer auch zu sehen sind vor dem Hintergrund der soziodynamischen Bedingungen eines psychotherapeutischen Krankenhauses in der Regelversorgung und in freigemeinnütziger Trägerschaft sowie vor dem Hintergrund der zeitlichen Begrenzung der Behandlungsprozesse im psychotherapeutischen Krankenhaus (siehe dazu MATTKE u. BARDÉ in diesem Band sowie FÜRSTENAU 1992).

Rezeptions-»geschichte«

Dieses Buch wurde von einem »Forscher« und einem »Beforschten« zusammengestellt. Das Vorwort und das letzte Kapitel des Buches haben wir zusammen geschrieben – eine Arbeit, die unversehens zur mühseligsten und heikelsten Etappe unserer Zusammenarbeit wurde.

Die publikatorische Kooperation begann mit der Vorbereitung für einen Workshop anläßlich des 3. Europäischen Kongresses für Gruppentherapie und Gruppendynamik in Budapest mit dem Thema »Macht und Ohnmacht in (therapeutischen) Institutionen«. Thema des Workshops war: »Macht und Ohnmacht in therapeutischen Teams. Ein Beitrag zu Teambehandlung und Behandlungsprozeß von psychosomatischen Patienten in der stationären Psychotherapie«. Anhand des im vorliegenden Band publizierten Materials haben wir im Workshop einige Thesen zur Teamdynamik in der stationären Psychotherapie bei der Behandlung von psychosomatischen Patienten vorgetragen. Das »beforschte« Team hatte zugestimmt, mit dem Material des Forschungsprojektes erstmals in die wissenschaftliche Öffentlichkeit zu gehen. Im Workshop wurden von den Teilnehmern zahlreiche eigene Erfahrungen aus Krankenhausteams mitgeteilt. Nach den Diskussionen im Workshop hatten wir den Eindruck, daß im Forschungsprojekt zentrale Strukturaspekte der stationären Psychotherapie aufgegriffen wurden. Das starke Interesse und die große Resonanz führte zu einem hohen Tempo in der weiteren Bearbeitung des umfangreichen Materials: Die Idee war geboren, eine Monographie zusammenzustellen über die Arbeit eines therapeutischen Teams in der Krankenhausbehandlung. Dann aber wurde unser Eifer jäh gebremst und das ganze Projekt in Frage gestellt. Die Rezeptionsgeschichte der Forschung begann, und sie ist es auch, die mich jetzt veranlaßt zu dieser Nachüberlegung.

Die erste Mitteilung der Forschungsergebnisse im »beforschten« Team wurde – ähnlich wie später im Kongreß-Workshop – positiv-kritisch aufgenommen. Einzelne Teammitglieder wollten ihrerseits darüber schreiben, wie sie sich als »Beforschte« erlebt hatten, verstanden hatten, auch mißverstanden hatten, in eigenen Beiträgen Ergänzungen anbringen, Einwendungen, Richtigstellungen usw. Dazu kam es leider nicht. Wir versuchten aber, die Idee aufzugreifen, und führten alternativ Einzelinterviews durch mit dem Ziel, auf diese Weise die Dichotomie zwischen Forschung und klinischem Alltag zu überbrücken. Diese Aktionsforschung, die die Publikation und Rezeption der Forschungsergebnisse begleiten und fördern sollte, bewirkte leider das Gegenteil.

Die Interviewten erklärten nach dem Erscheinen des Werkstattberichtes im Kongreßheft (BARDÉ u. MATTKE 1991), daß sie sich zwar aussprechen wollten, nicht aber im Forschungsprozeß öffentlich zitiert werden wollten.[6] Uns wurden Bloßstellung und Vermarktung von persönlichen Mitteilungen vorgeworfen. Dieser Vorwurf ging vor allem an meine Adresse, die Adresse des Klinikleiters, von dem mit Recht die Garantie von Schutz und Fürsorge im Forschungs- und Publikationsprozeß erwartet wird. Andererseits wurde in der nach dem Erscheinen des Werkstattberichtes mit großer Offenheit geführten Diskussion von langjährig erfahrenen Klinikern und Wissenschaftlern die Bedeutung der Forschungsperspektive bestätigt und der weitere Publikationsprozeß ermutigt:

»..., eine Perspektive also, die von allen Beteiligten viel Mut verlangt, denn die Gefühle von Neid, Konkurrenz und Macht zu offenbaren, ist mit viel Scham verbunden. Diese Art empirischer Forschung ist wichtig, und den Beteiligten ist für diese Offenheit zu danken.« (MITTELSTEIN SCHEID 1991)[7]

Darüber hinaus möchte ich an dieser Stelle zwei Sachverhalte erwähnen, die mir für die weitere Rezeptionsgeschichte der Forschungshypothesen wichtig erscheinen:

1. Das Team, das sich für die Untersuchung zur Verfügung stellte, war in einer doppelten Umbruchsituation. Zum einen mußten organisatorisch-strukturelle Eingriffe seitens der Trägergesellschaft verkraftet werden, auf die ich bereits hingewiesen habe. Zum anderen wurde parallel dazu eine langjährige Tradition von Einzeltherapie im Team umgestellt auf eine sehr viel stärker gruppentherapeutische Konzeption.
2. Das Problem der Sprache oder die Verselbständigung und Verobjektivierung von hochsubjektiven Vorgängen, wie Redebeiträge in einer Teamsitzung, in einem wissenschaftlichen Sprachduktus: Dieses Sprachproblem läßt sich veranschaulichen an Verständigungsproblemen zwischen den beiden Herausgebern beim Schreiben des Schlußkapitels für dieses Buch. In Identifikation mit dem

»beforschten« Team und dem Supervisor wollte ich einmal sogar den gesamten Publikationsprozeß stoppen, um Schaden im Sinne von Verletzungen, Kränkungen, Bloßstellungen vom Team und der Klinik abzuwenden. Dann wieder erlebte ich gerade in dieser Berg- und Talfahrt unseres Dialogs das Auf und Ab unserer alltäglichen Teamarbeit, vor allem in seiner narzißtischen Dynamik. Auf dieser Seite des Dilemmas erhoff-te und erhoffe ich mir in der wissenschaftlichen Reflexion und Publikation der Arbeit Entlastung und Hilfe durch empirisch fundierte Weiterentwicklung unserer Behandlungskonzepte. Letzteres gehört ja auch zu den Aufgaben der Leitung im Krankenhaus.

In Gesprächen mit dem Co-Autor tauchte in dieser Phase unserer Zusammenarbeit die Idee auf, statt eines gemeinsamen Schlußkapitels ein Dialogkapitel zu schreiben (analog s. MOELLER u. MAAZ 1992): ein Dialog zwischen reflektiertem klinischen Pragmatismus und wissenschaftlicher Analyse der Behandlungspraxis, statt verkrampften Vereinigungsbemühungen von Forschung und klinischer Praxis auf dem Weg der Wahrheitssuche die Vermittlung von bruchstückhaften Wirklichkeitsaspekten eines Behandlungsprozesses in einem psychotherapeutischen Krankenhaus; ein Dialog auch mit dem Ziel, den notwendig sich entwickelnden Konflikt zwischen den Interessen des klinischen Pragmatismus und den Interessen der Wissenschaft deutlich werden zu lassen. Klinischer Pragmatismus heißt in diesem Zusammenhang Garantie klinischer Routineabläufe, Rücksichtnahme und Absicherung von Loyalitäten gegenüber den Sicherheitsgefühlen und Sicherungsbedürfnissen des Klinikpersonals. Demgegenüber würden die Standards wissenschaftlicher Forschung von den Loyalitäten und persönlichen Bedürfnissen und Verletztheiten des Personals eher Abstand halten, weniger Rücksicht nehmen, mehr die konsequente Analyse der Struktur der Prozesse vorantreiben, ungeachtet der Wert- und Unwertdilemmata der beteiligten Personen.

Wir haben dann doch ein Schlußkapitel zusammen geschrieben und damit versucht, im Dialog von Forschung und klinischer Praxis uns auf einige Ergebnisse und Hypothesen zu verständigen. Das Mosaik der Bruchstücke und Bruchlinien in diesem Dialog aufzuspüren könnte aber eine hilfreiche Perspektive beim Lesen des Buches sein.

Leserinnen und Leser, die selbst in einem Team arbeiten, werden ohnehin die Konfliktdynamik ermessen können, der das untersuchte Team wie auch die untersuchte Klinik ausgesetzt war und sind. Wenn aber über bloße Konzeptforschung und Gruppenstatistik hinausgehend Strukturen und Behandlungsprozesse in einer psychotherapeutischen Klinik mit qualitativen Methoden erforscht werden, wird der Konflikt zwischen den Interessen des klinischen Pragmatismus und den Interessen der um Forschungsstandards bemühten Wissenschaft immer wieder deutlich werden.

STRAUSS (1992) gibt in diesem Zusammenhang zu bedenken, ob durch die Tatsache, daß an einer stationären psychotherapeutischen Behandlung normalerweise eine Vielzahl von Personen beteiligt ist, die Widerstände gegen empirische Zugänge zum therapeutischen Prozeß noch größer als im ambulanten Setting sein könnten. Transparenz der Behandlungsergebnisse und Offenlegung der Organisationsstrukturen würden offenbar mit Kontrolle assoziiert. In dieser Übersichtsarbeit über stationäre Gruppenpsychotherapie wird weiter auf den Sachverhalt hingewiesen, daß sonst in der Psychotherapieforschung übliche Forschungsimpulse aus den USA im Bereich der stationären Psychotherapie fehlen, da »diese in der üblichen Form in den Vereinigten Staaten gänzlich unbekannt ist« (STRAUSS 1992). Mit der üblichen Form ist die in der Bundesrepublik übliche Form der stationären Psychotherapie gemeint. In der Kontroverse zwischen LAMPRECHT und TÖLLE wurde dieser historische Kontext unlängst (1990) zugespitzt diskutiert, auch SCHEPANK (1987) hatte bereits darauf hingewiesen.

Anmerkungen

1   Der Faktor der hierarchischen Einflußnahme in den institutionellen Rahmenbedingungen des Krankenhauses wurde in einer speziellen Untersuchung analysiert und beschrieben (BARDE/MATTKE 1991).
2   Auch ZWIEBEL (1987) hat in einer Monographie detailliertes Material dazu publiziert.
3   Die Mitarbeiter aus Frankfurt waren: B. BARDÉ, CH. KELLER-RINGLING, P. KUTTER, D. ROST, M. SCHIERER.
4   Die Mitarbeiter der Rhein-Klinik: J. FABER, F. HERBERTH, G. HERTEL, M. KNABE-PAUSCH, D. MATTKE, M.G. SCHMIDT, G. STACHURA.
5   Wir bedanken uns bei den beiden Behandlungsteams und dem Supervisor für die bereitwillige Unterstützung der Forschungskooperation.
6   Dieser Teil der Forschungsstudie wurde nach einer Aussprache mit dem Team aus dem weiteren Publikationsprozeß ausgeklammert.
7   Die Akzeptanz der Forschungshypothesen nahm mit dem Quadrat der Entfernung von unserer Klinik zu, wie ein Klinikmitarbeiter es formulierte.

Frau Doris Könsgen und Herrn Andreas Könsgen danke ich für die Hilfe bei der Computer-Textverarbeitung.

Literatur

BARDÉ, B., MATTKE, D. (1991): Das Problem der Macht in psychoanalytisch-therapeutischen Teams. Gruppenpsychotherapie. Gruppendynamik 27:120-140.
BECKER, H., SENF, W. (Hg.); (1988): Praxis der stationären Psychotherapie. Thieme, Stuttgart – New York;
Bericht über die Lage der Psychiatrie in der BRD – zur psychiatrischen und psychotherapeutisch-psychosomatischen Versorgung der Bevölkerung – mit Anhang. Deutscher Bundestag, 7. Wahlperiode, Drucksachen 7/4200 und 4201. Heger, Bonn 1975.
FURSTENAU, P. (1986): Wandlungen des Verständnisses und der Therapie psychogener Störungen in jüngster Zeit. Psychiatrie der Gegenwart, Bd. 1. Berlin, Heidelberg.
FURSTENAU, P. (1992): Entwicklungsförderung durch Therapie. Grundlagen analytisch-sytematischer Psychotherapie, Pfeiffer, München.
GREEN, A. (6/75): Analytiker, Symbolisierung und Abwesenheit im Rahmen der psychoanalytischen Situation. Psyche.
JANSSEN, P.L. (1987): Psychoanalytische Therapie in der Klinik. Klett-Cotta, Stuttgart.
KÖHLE, K., JORASCHKY, P. (1986): Institutionalisierung der psychosomatischen Medizin im klinischen Bereich. In: v. UEXKÜLL TH., Psychosomatische Medizin. Urban u. Schwarzenberg, München, Wien, Baltimore, S. 408.

LAMPRECHT, F. (1990): Stationäre Psychosomatik: Luxus oder Notwendigkeit, in: Deutsches Ärzteblatt 87, 13, S. 52-56.

LUBORSKY, L. (1988): Einführung in die analytische Psychotherapie. Springer, Berlin-Heidelberg-NewYork.

MATTKE, D. (1990): Psychoanalyse und Systemtheorie in der Gruppentherapie. Editorial zu Gruppenpsychotherapie und Gruppendynamik 26: 193ff.

MATTKE, D., FABER, J., HERTEL, G. (1990): Basisdokumentation – Rheinklinik 1989. Separatdruck, Bad Honnef.

MATTKE, D. u. MUSCHALLA, I. (1986): Das Behandlungskonzept der Rhein-Klinik. Separatdruck, Bad Honnef.

MITTELSTEN SCHEID, B. (1991): Editorial zu Gruppenpsychotherapie. Gruppendynamik 27: 99.

MOELLER, M. L. u. MAAZ, H.-J. (1992): Die Einheit beginnt zu zweit. Rowohlt, Berlin.

SCHEPANK, H., W. TRESS (Hg.); (1988): Die stationäre Psychotherapie und ihr Rahmen. Springer, Berlin – Heidelberg – New York.

SCHMIDT, M.G. (1985): Stationäre Psychotherapie und Systemtheorie. Vortragsmanuskript: 4. Arbeitstagung Rhein-Klinik, Bad Honnef.

STRAUSS, B. (1992): Empirische Untersuchungen zur stationären Gruppenpsychotherapie: eine Übersicht. Erscheint in: Gruppenpsychotherapie und Gruppendynamik Heft 1.

STRUPP, H., BINDER, J.C. (1984): Psychotherapy in a new key. A guide to timelimitted dynamic psychotherapy. Basis Books, New York.

TÖLLE, R. (1988): Ein neuer Bettenberg? In: Spektrum 3, 110-115.

Psychiatrie in den vergangenen vier Jahrzehnten. In: Deutsches Ärzteblatt 86, 18, 49-51, 1989.

ZWIEBEL, R. (1987): Psychosomatische Tagesklinik – Bericht über ein Experiment. Lambertus, Freiburg.

BENJAMIN BARDÉ

Von der »Outcome«-Forschung zur Erforschung eines »Kritischen Einzelfalls« in der Teamsupervision

Geschichte eines Forschungsprojektes[1]

Ursprüngliches Anliegen unseres Forschungsprojektes war die empirische Überprüfung der »Basis-Konflikt-Hypothese« der psychosomatischen Störungen von KUTTER (vgl. den Beitrag von KUTTER in diesem Band), die auf dem Hintergrund langjähriger klinischer Erfahrungen entwickelt worden ist. Sie besagt, daß in der frühen Entwicklung spezifische Interaktionsformen zwischen dem ohnmächtigen Kind und seinen übermächtigen Bezugspersonen, nämlich die von »Beschlagnahme«, »Verweigerung«, »Verachtung« oder »Eindringen«, dazu führen, daß im Kinde »maligne Introjekte« niedergelegt werden, gegen die ein chronischer Abwehrkampf geführt werden muß. Die psychosomatische Störung wird als ein psychodynamischer Ort interpretiert, wo dem »malignen Introjekt« ein Körperbereich oder eine Körperfunktion »geopfert« wird. Voraussetzung dieses Somatisierungsvorgangs ist in Anlehnung an die These der »zweiphasigen Abwehr« (MITSCHERLICH 1968) der Zusammenbruch der psychischen Abwehr, die gegen das »maligne Introjekt« aufgebaut wurde. In dieser persönlichkeitsstrukturell formulierten Hypothese ist zugleich eine klinische Verlaufshypothese impliziert. Kutter vermutet, daß in der psychoanalytischen Behandlung von Patienten mit psychosomatischen Störungen – in Analogie zur Entfaltung einer Übertragungsneurose in der Behandlung der Psychoneurosen – eine Übertragungspsychosomatose entwickelt wird, in der die genannten Interaktionsformen und die mit ihnen verknüpften archaischen aggressiven Affekte sich notwendig in der psychoanalytischen Situation entfalten werden. Zugleich besteht die Erwartung, daß die archaisch-aggressiven Affekte, die in der Übertragungspsychosomatose an die Stelle des somatischen Symptoms treten auf dem Hintergrund einer unvollständigen Professionalisierung in der Behandlung dieses Krankheitsbildes vom Therapeuten schwer zu ertragen sind und deshalb in unkontrollierten Gegenübertragungsreaktionen abgewehrt werden. Ein solcher Fall würde dann eher zur Chronifizierung als zur erfolgreichen Therapie einer psychosomatischen Erkrankung führen (Behandlungsabbrüche, Klinikentlassung etc.). Diese Komplikationen sind vor allem dann zu erwarten, wenn es zu einer »psychosomatischen Krise« (WIDOK 1978) kommt, in der die im somatischen Symptom »eingeklemmten« beziehungsweise »konvertierten« aggressiven oder depressiven Affekte (Urwut, Urschmerz) »kathartisch« abgeführt werden. Damit ist in der klinischen Verlaufshypothese auch eine Professionalisierungshypothese impliziert. Der Therapeut, der in der Bewältigung von »psychosomatischen Krisen« gut trainiert ist, wird psychosomatische Patienten erfolgreich behandeln können.

KUTTER geht davon aus, daß das Ergebnis des Behandlungsprozesses (der Prozeß psychoanalytischer Interpretation) *von außen* mit Hilfe psychometrischer Testverfahren (empirische Methoden) exakt und unabhängig vom subjektiven Urteil des Behandlers im Sinne der Unterschiede in einem Vor- und Nachvergleich »objektiviert« werden kann.

»Die quantitativen Testverfahren erlauben aber insofern eine Kontrolle über die Wirkung psychoanalytischer Behandlungen, als damit tatsächlich vorhandene Unterschiede im Vor- und Nachvergleich objektiviert werden können. Das sonst wegen seines hohen Subjektivitätsgrades immer zweifelhafte Urteil des Psychoanalytikers, der die Behandlung selbst durchführt, kann somit durch objektive Untersuchungsverfahren abgesichert werden« (KUTTER 1989, S. 265f.).

Der »zweidimensionale Ansatz« von psychoanalytischer Interpretation und empirisch-statistischer Untersuchung (KUTTER 1985, S. 9ff.) ist insofern dem Paradigma der »Outcome«-Forschung verpflichtet, als der Behandlungsprozeß nach dem Kriterium des Erfolges oder der Effizienz über psychometrische Meßinstrumente in Differenzwerten abgebildet wird, die aus Wiederholungsmessungen gewonnen werden. KUTTER konnte mit diesem Forschungsdesign unter Einsatz des Gießen-Tests (BECKMANN u. RICHTER 1972) nachweisen, daß in Selbsterfahrungs- und Supervisionsgruppen bestimmte Persönlichkeitsmerkmale wie zum Beispiel die Introspektionsfähigkeit verändert werden konnten und diese Anwendungsformen der psychoanalytischen Methode effizient sind (KUTTER 1985, S. 225ff.).

Dieser Forschungsansatz sollte nun auch bei der Erforschung der Behandlung von psychosomatischen Patienten in der Klinik verwendet werden. Als psychometrische Meßinstrumente waren der »Fragebogen zur Abschätzung des psychosomatischen Krankheitsgeschehens (FAPK)« (KOCH 1981), der »Fragebogen zur Erfassung von Aggressivitäts-Faktoren (FAF)« (HAMPEL u. SELG, 1975) und der »Narzißmusfragebogen« (DENEKE u. MÜLLER 1985) vorgesehen. Gemäß der klinischen Verlaufshypothese wurde ein Schwerpunkt auf die Messung der Aggressivität gelegt.

»Nach psychologischen und psychoanalytischen Theorien finden wir gerade bei psychosomatischen Krankheiten hohe Werte für gehemmte Aggressivität und niedrige Werte für nach außen gerichtete Aggressivität. Während der Behandlung kann sich dies aber sehr leicht ändern: Kommen nämlich die unbewußten aggressiven Affekte im Laufe der Symptomheilung zum Ausdruck, dann ändert sich das Bild: Wir finden dann hohe Werte für direkt ausgedrückte Aggressivität und niedrige für Aggressionsgehemmtheit.« (KUTTER 1989, S. 265).

Gemäß dieser Logik waren drei Meßzeitpunkte geplant: Zu Beginn der Behandlung (t1) wurde eine niedrige Aggressivität im Zusammenhang mit psychosomatischen Beschwerden (Beschwerdeliste) erwartet. In der Mitte der Behandlung (t2) müßten gemäß der Annahme einer »psychosomatischen Krise« hohe Aggressivitätswerte erfaßt werden und gegen Ende der Behandlung (t3) müßten die Meßwerte der Aggressivität bei gleichzeitiger Abnahme der psychosomatischen Beschwerden wieder abnehmen.

Es stellten sich diesem Vorhaben allerdings eine ganze

Reihe von Hindernissen entgegen. Im Rahmen der Klinikrealität konnte den Erfordernissen eines experimentellen Kontrollgruppendesigns nicht entsprochen werden. Es gab in einem quantitativen Sinne viel zu wenig psychosomatische Patienten, um die statistischen Signifikanzberechnungen anstellen zu können. Das Vorhaben, einen Forschungsverbund mit mehreren Kliniken herzustellen, stellte sich als undurchführbar heraus. Angesichts der wissenschaftlichen Entwicklung in der akademischen klinischen Psychologie, die fundierte Kritik an der Ergebnisforschung vorbrachte, wurde eine kritische Selbstreflexion des »zweidimensionalen Ansatzes« erforderlich.

Die »Outcome«-Forschung (vgl. REMPLEIN 1977, STRUPP 1978, THOMÄ U. KÄCHELE 1983, KÄCHELE U. SCHORS 1981) versucht quantitative Daten über die globale Effizienz einer Behandlung zu gewinnen und kann deshalb keine qualitativen Aussagen über den Behandlungsprozeß machen (vgl. KUTTER 1985, S. 102) »Die quantitativen Testverfahren erfassen freilich nicht die unbewußten Prozesse« (KUTTER 1989, S. 265). Sie ist deshalb für die klinische, insbesondere für die psychoanalytische Praxis ziemlich bedeutungslos (vgl. GOLDFRIED et al. 1990, S. 663). Man ist unter Klinischen Psychologen inzwischen der Auffassung, daß die Ergebnisforschung ihre Aufgabe erfüllt hat, global nachzuweisen, daß psychotherapeutische Behandlungen wirksam sind. Ungeklärt ist, wie und mit welchen Methoden therapeutische Wirkungen erzeugt werden (GRAWE 1988, 1989; PARLOFF 1983; SMITH et al. 1980).

Unter klinischen Gesichtspunkten wurden besonders die methodischen Idealisierungen der Ergebnisforschung in Frage gestellt. Der therapeutische Prozeß wird als ein homogener uniformer Vorgang unterstellt, der in kausal-linearer Abhängigkeit von stabilen und konstanten Merkmalen sowohl im Patienten als auch im Therapeuten abläuft. Solche Merkmale sind zum Beispiel das Alter, das Geschlecht, die Persönlichkeitsstruktur (Diagnose), die empathische Kompetenz des Therapeuten, die Sympathie zwischen Patient und Therapeut und die Therapieform mit ihrer spezifischen Behandlungstechnik, wie sie etwa in Manualmaximen festgelegt werden kann. Es wird dabei aber übersehen, daß sich im Behandlungsprozeß ein großer Teil dieser »unabhängigen Variablen« selbst verändern können (vgl. den Überblick bei ORLINSKY u. HOWARD 1986). Zum Behandlungsprozeß gehört es, daß er als Prozeß notwendig einen reflexiven Effekt auch auf sich selbst hat. Das ist eine wesentliche Bedingung für die Möglichkeit, daß Veränderungen in der Behandlung zustande kommen können (vgl. BASTINE et al. 1989; CICOUREL 1970, S. 312ff.; SHAPIRO u. SHAPIRO 1982). Dieser Gedanke ist der klinischen Psychoanalyse im Konzept des Durcharbeitens der Übertragungsneurose schon lange grundsätzlich vertraut (FREUD, GW X), wenn auch bis heute eine empirisch fundierte Theorie der Deutung und des Deutungsprozesses in der Psychoanalyse im einzelnen noch nicht entfaltet wurde.

Dieses gravierende forschungslogische Problem ließ es als nicht sinnvoll erscheinen, mit einem experimentellen »Outcome«-Ansatz die psychoanalytisch konzipierte »Basis-Konflikt-Hypothese« mit dem zweidimensionalen Ansatz »objektiv-empirisch« zu überprüfen, wollte man sich nicht einem Positivismusvorwurf aussetzen, die Realität der klinischen Praxis durch die artifizielle Logik einer abstrakten experimentellen Methodik zu ersetzen.

In der weiteren Entwicklung des Projekts war die Auseinandersetzung mit alternativen Forschungsansätzen von großer Bedeutung. In der »differentiellen Psychotherapieforschung« stellte man sich inzwischen die Frage, auf welche Weise verschiedene Behandlungsmethoden und Behandlungsprozesse zu bestimmten Erfolgen oder Mißerfolgen führen. Man versuchte hier, quantitative Maße, welche die Effektivität einer Behandlung zum Ausdruck bringen sollten mit dem Behandlungsverlauf in Beziehung zu setzen. Das hatte zur Folge, daß sich die Forschungsbemühungen nun mehr auf die Frage konzentrierten, was in den Behandlungen geschieht (vgl. etwa GRAWE et al. 1990).

Der Behandlungsprozeß wurde nun als ein *dynamisch-interaktionelles* Geschehen begriffen, das in einem jeweils spezifischen Kontext in Segmenten, Sequenzen oder Episoden abläuft.

Damit eröffneten sich Berührungspunkte zwischen der akademischen Klinischen Psychologie und der Klinischen

Psychoanalyse, deren Forschungsfeld sich wesentlich auf die dynamisch-interaktionelle Dimension zwischen Analytiker und Patient konzentriert. Alleine in dieser dynamisch-interaktionellen Dimension können sich unbewußte Bedeutungen konstituieren und zugleich auch in einem behandlungspraktischen Sinne erforscht werden. Die Übertragungsneurose ist »das eigentliche Studienobjekt der Psychoanalyse« (FREUD, GW XIII, S. 56).

Die Dimension des Kontextes, sie wird in der Klinischen Psychoanalyse mit der Theorie der psychoanalytischen Situation berücksichtigt, bezieht sich auf die Besonderheiten des Behandlungsrahmens (»Setting«). Hier war zu berücksichtigen, daß sich der Rahmen der stationären Klinikbehandlung mit seinen Besonderheiten in vielen Hinsichten von dem Rahmen der ambulanten Behandlung unterscheidet (BARDÉ 1987). Um die Problemfelder des »integrativen« Teamansatzes, nach dessen Prinzipien die beforschte Klinik organisiert war (vgl. den Beitrag von MATTKE in diesem Band) prägnant bestimmen zu können, setzten wir uns mit den verschiedenen und teilweise auch kontroversen theoretischen Ansätzen einer psychoanalytisch orientierten Klinikbehandlung auseinander. Kritiker, die der Auffassung sind, daß eine psychoanalytische Klinikbehandlung nicht möglich ist, behaupten, daß Krisen in psychoanalytisch orientierten Klinikbehandlungen Artefakte seien, die durch den Rahmen der Klinikorganisation induziert werden. Zugleich wird aber in KUTTERs klinischer Verlaufshypothese eine »psychosomatische Krise« im Patienten postuliert, die es in der Klinikbehandlung durchzuarbeiten und persönlichkeits-strukturell zu integrieren gilt. Diese offene Frage stand neben ungeklärten Fragen, die in der Auseinandersetzung mit dem Konzept eines den Psychosomatosen zugrunde liegenden »Basis-Konfliktes« entstanden waren. Eine Unbestimmtheit dieses Konzeptes besteht darin, daß es bereits in archaischen Entwicklungsstufen differenzierte psychische Strukturelemente voraussetzt, zwischen denen Konflikt- und Abwehrvorgänge ablaufen sollen, die in der Regel erst sehr viel späteren psychosexuellen Entwicklungsphasen zugeordnet werden.

Ein Problem, das sich in diesem Zusammenhang eröffnete, ist die unterschiedliche Konzeptualisierung der

Übertragung in der Klinikbehandlung. Die Vertreter des »Bühnenmodells« favorisieren die Möglichkeit einer Übertragungsanalyse im Rahmen der Klinik. Die Vertreter des »Rahmenmodells« halten dagegen eine Übertragungsanalyse im Rahmen der Klinik für unmöglich oder sogar für kontraindiziert. KUTTERs Verlaufshypothese unterstellt aber, daß eine Übertragungsanalyse de facto in der Klinikbehandlung stattfindet.

Diese begrifflichen Unschärfen sprachen dafür, die Untersuchungseinheit konsequent auf kleine Segmente oder Episoden im gesamten Behandlungsverlauf zu reduzieren. Es sollte erst einmal phänomenologisch-deskriptiv an der Oberfläche des Gegenstandes möglichst genau untersucht werden, *wie* überhaupt in dem gegebenen Klinikrahmen behandelt wird.[2] Erst dann wäre zu erwarten, daß man zu dessen »tieferen Schichten« Zugang erhält (vgl. zu dieser Forschungslogik FREUD, GW I, S. 296f.).

Ein erster Schritt in dieser Richtung war die Idee, unter der Rahmenbedingung eines »integierten Teams« die Beziehungsdynamik zwischen Team und einem psychosomatisch gestörten Patienten abzubilden. Es bot sich an, mit Hilfe des Gießen-Tests (BECKMANN u. RICHTER 1972) die »empathische Kompetenz« (KUTTER 1981) des Teams zu untersuchen. Im Hintergrund stand dabei der Gedanke, daß, wenn es eine »psychosomatische Krise« geben sollte, diese sich in schweren Störungen der empathischen Kompetenz äußern müßte.

MOELLER (1979) hatte über die Möglichkeit berichtet, die Selbsteinschätzung des Patienten mit der Fremdeinschätzung des Patienten durch den (die) Therapeuten zu vergleichen. Stimmen die Einschätzungen überein, kann von »empathischer Kompetenz« gesprochen werden. Diese sollte im Rahmen einer Teamsupervision erfaßt werden. Allerdings entspricht der Gießen-Test nicht den gängigen Gütekriterien der Testkonstruktion. Er ist für die Veränderungsmessung nicht geeignet und auch für Statusmessungen hat er sich als problematisch erwiesen (LESSEL 1979). Diese Schwierigkeiten können umgangen werden, wenn dieser Test alleine auf der Item-Ebene benutzt wird, um die »Einfühlungsbilder« der Teammitglieder vor und nach der Supervision zu erheben, in der ein psychosomatischer Patient besprochen wurde.

Das Problem ergab sich, daß die Behandlung eines Patienten deshalb nicht über die Einfühlungsbilder untersucht werden konnte, weil die Vorstellung der Patienten in der Supervision von außen durch eine Forschergruppe nicht beeinflußt werden konnte. Eine weitere Begrenzung ergab sich aus der Tatsache, daß die Itemanalyse letztlich auch nur zu Differenzwerten führt, die, sollen sie *klinisch* aussagefähig werden, durch den Behandlungskontext zusätzlich interpretiert werden müssen. Wieder waren wir auf die Grenze gestoßen, daß die »Messungseinrichtungen nicht einwandfrei sind, weil sie zahlenmäßige Verfahren auferlegen, die sowohl der beobachtbaren sozialen Welt, die von Soziologen (und Psychologen B.B.) beschrieben wird, als auch den begrifflichen Generalisierungen (zum Beispiel der »Basis-Konflikt-Hypothese« B.B.), die auf diesen Beschreibungen basieren, *äußerlich* sind » (CICOUREL 1970, S. 13; Hervorhebung B.B.).

Wir mußten anerkennen, daß das uns interessierende klinische Feld einer eigenen »verborgenen« Logik folgt, die zu der von außen herangetragenen Meßmethodik (systematische Erhebung von »Einfühlungsbildern« über den GT, um eine Behandlung über diesen Indikator abbilden zu können) in einem inadäquaten Verhältnis steht. Das erzeugte Angst und Unsicherheit (vgl. DEVEREUX 1984, S.17). Nach der Regel, die aus der eigenen klinischen Behandlungspraxis bekannt war, zeigt gerade die Angst als ein Affekt, der durch formale methodische Maximen nicht mehr bewältigt werden kann, den Weg zu tieferen Einsichten. Angst selbst ist ein »wissenschaftlich nützliches Datum« (ibid. S. 124).

Wir mußten uns jetzt fragen, nach welchen Kriterien überhaupt ein Patient in der Teamsupervision vorgestellt wird. Wir hatten inzwischen mit einem kooperationsbereiten Team vereinbart, daß für den Zeitraum eines halben Jahres alle Teamsupervisionen auf Tonband aufgenommen werden. Sie wurden transkribiert und in dem von PETER KUTTER geleiteten Forschungskolloquium durchgesprochen. Es ging in diesem Stadium des Forschungsprozesses nicht mehr darum, mit einer formalen quasi-experimentellen Forschungsmethodik im Sinne von CAMPBELL und STANLEY (1963) ein theoretisches Konzept zu »überprüfen«, sondern sich überhaupt erst einmal phänomenologisch-deskriptiv in die

»Sache selbst«, in das klinische Praxisfeld hineinzubegeben (vgl. Sommer 1987).

Neu entwickelte Forschungskonzepte in der akademischen Klinischen Psychologie bestätigten dieses Vorgehen. Im Anschluß an die Arbeiten von Forgas (1976) und Orlinsky und Howard (1979) gab es zahlreiche Autoren, die die möglichst genaue Beschreibung von solchen Behandlungsepisoden forderten, die für den Behandlungsverlauf auffällig, bedeutsam, veränderungsrelevant oder einfach als »kritisch« in Erscheinung traten (Elliot 1984; Fiedler u. Rogge 1989; Hoyt 1980; Marmar et al. 1984; Rice u. Greenberg 1984).

Für die Bestimmung einer aktuellen veränderungsrelevanten Episode schlägt Greenberg (1984) in seiner »Task-Analyse« eine Kombination von drei Bedingungen vor:

1. Die Auswahl und genaue Beschreibung eines Problems, das Gegenstand therapeutischen Handelns ist (»problem space«).
2. Die Bestimmung der Möglichkeiten der Problemlösung. Hier sind die Interventionen des Therapeuten von Bedeutung (» ... to keep the person in a productive psychological problem space«) und
3. Die Bestimmung der Aktivitäten, die der Patient zur Lösung des Problems entwickelt (S. 129f, 139).

Elliot (1984) hat in analytischen Psychotherapien Deutestrategien in Episoden untersucht, die er sowohl vom Patienten als auch vom Therapeuten über eine Videoaufzeichnung im nachhinein bestimmen ließ. Er untersuchte unter anderem diese Episoden auch sprachanalytisch. Für ihn muß eine Episode in einem »Präsegment« eine prägnante Problematik des Patienten enthalten, auf welche die Deutung des Therapeuten über Einsicht klärend einwirken soll. In einem »Postsegment« müssen sich dann deutliche Veränderungen im Patienten zeigen. So attraktiv der Episodenansatz zunächst für uns war, da die von ihm angeleitete Forschung mehr klinische Relevanz versprach, so sehr erschien er aber doch noch der Logik der Erfolgsforschung und der in ihr enthaltenen Norm der »Effizienz« verpflichtet zu sein, indem er idealisierend einen homogenen und linearen Prozeßverlauf

auf der Ebene der Behandlungsepisode unterstellt. Nicht alle veränderungsrelevanten Prozesse lassen sich in diesem idealen Sinne als eine Episode bestimmen (vgl. BASTINE et al. 1989). Zumindest in der klinisch-psychoanalytischen Praxis steht die Erfahrung im Vordergrund, daß »Lücken in der Darstellung«, Widersprüche und »Sprünge im Zusammenhang« (FREUD, GW I, S. 298f.) eher im Vordergrund stehen als Episoden mit klar definierbaren Prä- und Postsegmenten. Gerade diese »Lücken« führen zu den für die psychoanalytische Forschung relevanten unbewußten Bedeutungen (vgl. ARGELANDER 1979, S. 104ff., S. 107).

Der Behandlungsprozeß ist selbst »brüchig« und bedarf gerade deshalb der regelmäßigen Kontrolle durch Supervision. Die Supervision hat die Funktion, einen »Bruch« oder eine »Lücke« in der Behandlung durch die Einführung einer zusätzlichen übergreifenden – bislang unbewußten – Bedeutung zu schließen. Daraus kann geschlossen werden, daß die Präsentation eines Patienten in der Team-Supervision eine Episode in der Behandlung dieses Patienten markiert und zum Abschluß bringt.

Interessant war für uns in diesem Zusammenhang die Konzeption einer »adaptiven Indikation« von BASTINE (1981), die von ihm im Rahmen verhaltenstherapeutischer Behandlungsformen entwickelt worden ist. Er geht davon aus, daß der Behandlungsprozeß als ein Prozeß aufgefaßt werden kann, in dem aufgrund von »kritischen Ereignissen« die Indikationsstellung immer wieder verändert wird. Die adaptive Indikation bezieht sich dabei auf eine zweckrationale Verknüpfung von therapeutischen Mitteln (Techniken) mit einem gesetzten Behandlungsziel. Die therapeutischen Mittel sind für ihn variable Bestandteile im Sinne »psychotherapeutischer Strategien« (BASTINE 1978). Er favorisiert deshalb eine Phasenkonzeption, die sich weder auf den ganzen Behandlungsverlauf noch auf kurzfristige Episoden in diesem Prozeß bezieht. Eine »Phase« ist ein Prozeßabschnitt, der durch Probleme markiert wird, die bezüglich des weiteren Behandlungsverlaufs neue Sinn-Interpretationen erforderlich machen, und die neue prozeßrelevante Entscheidungen (zum Beispiel veränderte Deutstrategien) für eine darauffolgende Behandlungsphase vorbereitet.

Aus dieser Konzeption ergibt sich für die Prozeßforschung die Konsequenz, nachträglich über den Therapeuten Problemsituationen, in der eine Entscheidungsnot hinsichtlich einer »adaptiven Indikationsstellung« besteht, aufzugreifen und systematisch zu erforschen. Ein hierfür hochbedeutsamer Ort ist im Rahmen der stationären »integrativen Teambehandlung« die Teamsupervision.

Man kann annehmen, daß ein Patient dann in der Teamsupervision vorgestellt wird, wenn eine bislang handlungsleitende Interpretationsfolie des Therapeuten die affektive und kognitive Komplexität der sich de facto entwickelnden Beziehungsdynamik zwischen ihm und seinem Patienten – aus welchen Gründen auch immer – nicht mehr abdeckt. Die »Lücken und Schäden« in der »Darstellung«, der »Sprung im Zusammenhang« (FREUD, GW I, S. 297f.), also das, was als nicht verstandenes Problem eine Behandlung zu einem bestimmten Zeitpunkt supervisionsbedürftig macht, ist letztlich die Beeinträchtigung des komplizierten Prozesses der Übernahme der emotionalen und kognitiven Perspektiven des Patienten im Analytiker (vgl. BARDÉ 1991a).

Demnach müßten über die Teamsupervision Phasen des Behandlungsprozesses in einem klinisch relevanten Sinne rekonstruiert werden können.

Die Fragestellung unseres Projektes verlagerte sich von der abstrakten Frage nach der Effizienz der Behandlung schließlich auf die Frage, *wie* sich eine Behandlung im Rahmen der Teamsupervision darstellt. Der Behandlungsprozeß wird in dieser Forschungsperspektive unter dem klinischen Kriterium einer »kritischen Phase« rekonstruiert. Das Konzept der kritischen Phase impliziert die Frage nach dem Was, nach der unbewußten Bedeutung, die sich als eine Behinderung (»Problem«) in der Behandlung manifest äußert. Damit sind wir – nach einem langen Umweg – auf eine Vorgehensweise gestoßen, die in der klinischen Psychoanalyse schon lange üblicherweise praktiziert wird. Methodologisch würde demnach eine singuläre Fallrekonstruktion (vgl. HILDENBRAND 1984, 1991) unabhängig von vorgängigen objekttheoretischen Konzepten vorgenommen werden. In einem zweiten Schritt könnte dann untersucht werden, inwieweit die individuelle Fallstruktur eines psychosomatisch gestörten Patienten Gesetzmäßigkeiten aufweist, die Konzepte der klinischen Theorie der Psychosomatose (zum Beispiel die Hypothese eines »Basis-Konflikts«) vorhersagen (vgl. BARDÉ u. JÜRGENSEN 1988, S. 160f.; BARDÉ 1991b). Über die Analyse von Kontrastfällen könnte dann eine empirisch fundierte klinische Theorie der Psychosomatosen entwickelt werden.

Die Untersuchung wurde als eine Einzelfallstudie angelegt. Durch die exakte Analyse eines Einzelfalls können gesetzesförmige Aussagen im Rahmen der allgemeinen Strukturlogik dieses singulären »kritischen Falles« gewonnen werden, die eine statistisch-quantifizierende Gruppenforschung mit psychometrischen Testverfahren nicht ermöglicht (vgl. LEWIN 1927; HILDENBRAND 1984).

Aus den mit Tonband aufgenommenen und transkribierten Supervisionssitzungen haben wir eine Sitzung, in der eine *psychosomatisch* gestörte Patientin (Colitis ulcerosa) vorgestellt wurde, herausgenommen. Das Textprotokoll wurde zum einen nach der von OEVERMANN et al. (1979) entwickelten Methode der »objektiven Hermeneutik« analysiert. Die von ihm entwickelte Interpretationsmethode (OEVERMANN 1986, bes. S. 45ff.; SCHNEIDER 1985) stellte sich für unser klinisches Forschungsinteresse als eine attraktive Methode dar. Sie erhebt den Anspruch, in der textförmig erfaßten sozialen Wirklichkeit einen latenten objektiven Sinn herausarbeiten zu können. Diese latente Sinnstruktur wird von den Handelnden selbst zwar realisiert, aber nicht ohne weiteres bewußt-intentional wahrgenommen. Zum anderen wurde das Textprotokoll von Kutter auf dem Hintergrund eines den Psychosomatosen zugrunde liegenden »Basis-Konfliktes« interpretiert.

Wir erwarteten aus der Analyse einer Teamsupervision mit Hilfe dieser Methoden präzise Einsichten über eine »kritische Phase« in der Behandlung eines psychosomatischen Patienten durch ein »integriertes Team«.

Anmerkungen

1   Danksagung: Dem Team der Klinik sowie dessen Supervisor, die sich in ihrer Arbeit freimütig offenbarten, möchte ich zuerst meinen Dank und meine Hochachtung aussprechen. Ohne die großzügige Bereitschaft, die Teamsupervisionen auf Tonband über ein halbes Jahr aufnehmen zu lassen, wäre die hier dokumentierte Forschung nicht möglich gewesen. Gerade in der Darstellung psychotherapeutischer Behandlungen ist es ja eher üblich, das, was *tatsächlich* in den Behandlungen geschieht schamhaft und ängstlich bedeckt zu halten. Die üblichen normativ-idealisierten Außendarstellungen täuschen eher die wissenschaftliche Begründung einer ›gängigen‹ therapeutischen Behandlungs-Praxis vor als diese zu befördern.

Frau Marion Ebert-Saleh, Frau Dipl.-Psych. Marilena Faraci, Herrn Dipl.-Psych. Kurt Grünberg und Herrn Dipl.-Psych. Stephan Hau danke ich an dieser Stelle herzlich für die Hilfen in der Computer-Textverarbeitung. Herr Dipl.-Bibliothekar Herbert Bareuther unterstützte mich bei der Literaturrecherche in engagierter Weise.

2   In diesem Zusammenhang fand eine Arbeitstagung mit dem Titel »Wie machen *Sie* das?« in der Klinik statt.

Literatur

ARGELANDER, H. (1979): Die kognitive Organisation des psychischen Geschehens. Klett Cotta, Stuttgart.

BARDÉ, B. (1987): Psycho- und soziodynamische Aspekte von Streß-Situationen in der Klinik. Wege zum Menschen 8: 483-503.

BARDÉ, B.; JÜRGENSEN, O. (1988): Psychologische Aspekte der Hyperprolaktinämie. In: JÜRGENSEN, O. (Hg.), Hyperprolaktinämie. Physiologie, Klinik, Therapie. S. 134-168, Springer, Berlin/Heidelberg.

BARDÉ, B. (1991a): Supervision - Theorie, Methode und empirische Forschung. Supervision 19: 3-37.

BARDÉ, B. (1991b): Asthma und Psyche. Experimentelle Forschungsergebnisse und psychotherapeutische Praxis. Pneumologische Akzente 30: 1-7.

BASTINE, R. (1981): Adaptive Indikationen in der zielorientierten Psychotherapie. In : BAUMANN, U. (Hg.), Indikation zur Psychotherapie: Perspektiven in Forschung und Praxis Urban Schwarzenberg, München, S. 158-168.

BASTINE, R.; FIEDLER, P.; KOMMER, D. (1989): Was ist therapeutisch an der Psychotherapie? Versuch einer Bestandsaufnahme und Systematisierung der psychotherapeutischen Prozeßforschung. Zeitschrift für Klinische Psychologie 1: 3-22.

BECKMANN, D.; RICHTER, H.E. (1972): Gießen-Test (GT). Huber, Bern/Stuttgart/Wien.

BECKMANN D.; RICHTER; H.E. (Hg.) (1979): Erfahrungen mit dem Gießen-Test (GT). Huber, Bern/Stuttgart/Wien.

CAMPBELL, D.T.; STANLEY, J.C. (1963): Experimental and quasi-experimental designs for research. McNally, Chicago.
CICOUREL, A. (1970): Methode und Messung in der Soziologie. Suhrkamp, Frankfurt.
DENEKE, F., MÜLLER, R. (1985): Eine Untersuchung zur Dimensionalität des narzißtischen Persönlichkeitssystems. Psychotherapie, Psychosomatik, Medizinische Psychologie. Thieme, Stuttgart.
DEVEREUX, G. (1984): Angst und Methode in den Verhaltenswissenschaften. Suhrkamp, Frankfurt.
ELLIOT, R. (1984): A discovery-oriented approach to significant events in psychotherapy: Interpersonal process recall and comprehensive process analysis. In: RICE, L.N.; GREENBERG, L.S. (Hg.), Patterns of change: Intensive analysis of psychotherapy process. Guilford, New York, S. 249-286.
FIEDLER, P.; ROGGE, K.E. (1989): Zur Prozeßuntersuchung psychotherapeutischer Episoden. Zeitschrift für Klinische Psychologie 1: 45-54.
FORGAS, J.P. (1979): Social episodes. The study of interaction routines. Academic Press, New York.
FREUD, S. (GW I): Zur Psychotherapie der Hysterie. Fischer, Frankfurt, S. 252-312.
FREUD, S. (GW XIII): Jenseits des Lustprinzips. Fischer, Frankfurt, S. 3-67.
FREUD, S. (GW X): Erinnern, Wiederholen und Durcharbeiten. Fischer, Frankfurt, S. 126-136.
GARFIELD, S.L.; BERGIN, A.E. (Hg.), (1986): Handbook of psychotherapy and behavior change. Wiley, New York.
GOLDFRIED, M.R; GREENBERG; L., MARMAR, C. (1990): Individual psychotherapy: Process and outcome. Annu. Rev. Psychol. 41: 659-688.
GRAWE, K. (1988): Zurück zur psychotherapeutischen Einzelfallforschung. Zeitschrift für Klinische Psychologie 17: 1-7.
GRAWE, K. (1989): Von der psychotherapeutischen Outcome-Forschung zur differentiellen Prozeßanalyse. Zeitschrift für Klinische Psychologe 1: 23-34.
GRAWE, K.; CASPAR, F.; AMBÜHL, H. (1990): Die Berner Therapievergleichsstudie: Fragestellung und Versuchsplan. Zeitschrift für Klinische Psychologie 4: 294-315.
GREENBERG, L.S.; PINSOF, W. (Hg.), (1986): The psychotherapeutic process: A research handbook. Guilford, New York.
HAMPEL, R.; SELG, H. (1979): FAF. Fragebogen zur Erfassung von Aggressivitätsfaktoren. Hogrefe, Göttingen.
HILDENBRAND, B. (1984): Methodik der Einzelfallstudie. Studienbrief (3 Kurseinheiten). Fernuniversität Hagen.
HILDENBRAND, B. (1991): Alltag als Therapie. Ablöseprozesse Schizophrener in der psychiatrischen Übergangseinrichtung. Huber, Bern/Stuttgart/Toronto.
HOYT, M. F. (1980): Therapist and patient actions in "good" psychotherapy sessions. Arch. Gen. Psychiat. 37: 159-161.
KÄCHELE, H.; SCHORS, R. (1981): Ansätze und Ergebnisse psychoanalytischer Therapieforschung. In: BAUMANN, U.; BERBALK, H.; SEIDENSTÜCKER, G.

(Hg.), Klinische Psychologie, Trends in Forschung und Praxis. Huber, Bern/Stuttgart/Wien, S. 209-257.
Koch, C. (1981): Fragebogen zur Abschätzung des psychosomatischen Krankheitsgeschehens (FAPK). Theoretische Grundlagen und Handanweisung. Beltz, Weinheim.
Kutter, P. (1981): Empathische Kompetenz. Begriff, Training, Forschung. Med. Psychol. 31: 33-36.
Kutter, P. (1985): Psychoanalytische Interpretation und empirische Methoden. Fachbuchhandlung für Psychologie Verlagsabteilung, Frankfurt.
Kutter, P. (1989): Moderne Psychoanalyse. Eine Einführung in die Psychologie unbewußter Prozesse. Verlag Internationale Psychoanalyse, München/Wien.
Lessel, E. (1979): Die Eignung des Gießen-Test als Instrument der Veränderungsmessung. Diplomarbeit, Fachrichtung Psychologie, Universität des Saarlandes.
Lewin, K. (1927): Gesetz und Experiment in der Psychologie. Wissenschaftliche Buchgesellschaft, Darmstadt. Reihe Libelli o.J.; ursprünglich: Symposion. Philosophische Zeitschrift für Forschung und Aussprache Bd.I: 375-421.
Marmar, C.R.; Wilner, N.; Horowitz, M.J. (1984): Recurrent client states in psychotherapy: Segmentation and quantification. In: Rice, L.; Greenberg, L.S. (Hg.), (1984): Patterns of change. Guilford, New York, S. 194-212.
Mitscherlich, A. (1968): Bedingungen der Chronifizierung psychosomatischer Krankheiten. Die zweiphasige Abwehr. In: Mitscherlich, A., Krankheit als Konflikt. Suhrkamp, Frankfurt, S. 42-54.
Moeller, M.L. (1979): Der Gießen-Test im therapeutischen Dialog. In: Beckmann, D.; Richter, H.E. (Hg.), (1979): Erfahrungen mit dem Gießen-Test (GT). Huber, Bern/Stuttgart/Wien, S. 38-86.
Oevermann, U.; Allert, T.; Konau, E. Krambeck, J. (1979): Die Methodologie einer objektiven Hermeneutik und ihre allgemeine forschungslogische Bedeutung in den Sozialwissenschaften. In: Soeffner, H.G. (Hg.), Interpretative Verfahren in den Sozial- und Textwissenschaften. Metzler, Stuttgart, S. 325-434.
Oevermann, U. (1986): Kontroversen über sinnverstehende Soziologie. Einige wiederkehrende Probleme und Mißverständnisse in der Rezeption der "objektiven Hermeneutik". In: Aufenanger, S.; Lensen, M. (Hg.), Handlung und Sinnstruktur. Kindt, München, S. 19-83.
Orlinsky, D.E.; Howard, K.I. (1975): Varieties of psychotherapeutic experience. Teachers Coll. Press, New York.
Orlinsky, D.E.; Howard, K.I. (1986): Process and outcome in psychotherapy. In: Garfield, S.L.; Bergin, A.E. (Hg.), Handbook of psychotherapy and behavior change. Wiley, New York, S. 311-381.
Parloff, M.B. (1983): Contributions and limits of psychotherapy research. In: Minsel, W.R.; Herff, W. (Hg.), Methodology in psychotherapy research. Proceedings of the first european conference on psychotherapy research. Bd.3, Lang, Frankfurt.

Popper, K.R., (1976): Logik der Forschung. Mohr Siebeck, Tübingen. 7. Auflage.

Remplein, S. (1977): Therapieforschung in der Psychoanalyse. Reinhardt, München/Basel.

Rice, L.N.; Greenberg, L.S. (Hg.), (1984): Patterns of change: Intensive analysis of psychotherapy process. Guilford, New York, London.

Rice, L.N.; Greenberg, L.S. (1984): The new research paradigm. In: Rice, L.; Greenberg, L.S. (Hg.), Patterns of change. Intensive analysis of psychotherapy process. Guilford, New York, S. 7-25.

Schneider, G. (1985): Strukturkonzept und Interpretationspraxis der objektiven Hermeneutik. In: Jüttemann, G. (Hg.), Qualitative Forschung in der Psychologie. Beltz, Weinheim/Basel, S. 71-91.

Shapiro, D.A.; Shapiro, D. (1982): Meta-analysis of comparative therapy outcome studies: A replication and refinement. Psychological Bulletin 92: 581-604.

Smith, M.L.; Glass, G.V.; Miller, T.I. (1980): The benefits of psychotherapy. Hopkins University Press, Baltimore.

Sommer, J. (1987): Dialogische Forschungsmethoden. Psychologie Verlagsunion, München/Weinheim.

Strupp, H.H. (1978): Psychotherapy research and practice: An overview. In: Garfield, L.S.; Bergin, A.E. (Hg.), Handbook of psychotherapy and behavior change. Wiley, New York, 2. Auflage, S. 3-22.

Thoma, H.; Kachele, H. (1983): Bemerkungen zur Lage der psychoanalytischen Forschung in der BRD. In: Häfner, H. (Hg.), Forschung für die seelische Gesundheit. Springer, Berlin/Heidelberg, S. 159-173.

Widok, W. (1978): Krisen im Umkreis der stationären Psychotherapie. In: Beese, F. (Hg.), Stationäre Psychotherapie. Vandenhoeck u. Ruprecht, Göttingen, S. 177-189.

BENJAMIN BARDÉ
Die psychotherapeutische Behandlung der Patienten durch ein therapeutisches Team

Zur Theorie, Empirie und Klinik der psychoanalytisch orientierten stationären Psychotherapie

Einleitung

Die Anwendung der psychoanalytischen Methode im Rahmen stationärer Einrichtungen, seien dies nun Krankenhäuser, psychiatrische Kliniken oder Erziehungsheime, läßt sich auf die 20er Jahre zurückverfolgen, in denen vor allem Psychoanalytiker wie AICHHORN (1951), BERNFELD (1969), FEDERN (1956) GRODDECK (1917, 1929) und SIMMEL (1928) von ihren Erfahrungen in einem solchen Rahmen der Behandlung eher optimistisch berichteten.

Besonders in den Arbeiten von AICHHORN und FEDERN wird deutlich, daß sie in einer psychoanalytisch begründeten Behandlungs- (bzw. Erziehungs-)Strategie Hilfspersonal im Sinne einer »Ko-Therapie« in den Behandlungsrahmen miteinbezogen haben. Eindrucksvoll ist die Kooperation zwischen PAUL FEDERN und der psychiatrischen Krankenschwester GERTRUDE SCHWING (1940), in der die während der Behandlung von Psychotikern auftretenden »Übertragungsspaltungen« stabil aufgenommen und erfolgreich bearbeitet werden konnten. Die Idee war grundlegend, daß die Einzelanalyse im klinischen Rahmen einer durch die Schwester garantierten »fürsorglichen Mütterlichkeit« durchgeführt werden sollte.

Die Anwendung der psychoanalytischen Methode im

Rahmen einer stationären Klinikbehandlung wurde durch den Nationalsozialismus jäh unterbrochen. Zwar wurde von den emigrierten deutschen Psychoanalytikern (FROMM-REICHMANN 1947, 1959; SIMMEL 1928, 1936; vgl. BULLARD 1940; KNIGHT 1937; MENNINGER 1939, 1957) die Anwendung der psychoanalytischen Methode in der Klinik weiter betrieben, es zeichnete sich jedoch, wie exemplarisch an der Klinik Chestnudge Lodge gezeigt werden kann, eine Entwicklung des psychoanalytischen Ko-Therapiesystems zur »Therapeutischen Gemeinschaft« ab (RAPOPORT 1960; STANTON U. SCHWARZ 1954; vgl. FOUDRAINE 1973). Während des Zweiten Weltkrieges wurden im Rahmen der Militärpsychiatrie besonders in England gruppentherapeutische Konzepte der stationären Behandlung entwickelt, die im Gegensatz zur traditionellen medizinischen Psychiatrie mit den alternativen Vorstellungen einer »Sozialpsychiatrie« ebenfalls unter dem Titel der »Therapeutischen Gemeinschaft« zusammengefaßt wurden (JONES 1952; MAIN 1946, 1977). Im engeren Sinne handelt es sich hier nicht mehr um einen psychoanalytischen, sondern um einen sozialpsychologischen Ansatz in der stationären Psychotherapie.

Wie SCHEPANK (1987) ausführt, ist es einer spezifischen Konstellation von ökonomischen, sozialpolitischen und historisch-kulturellen Faktoren zuzuschreiben, daß gerade in der Bundesrepublik nach dem Zweiten Weltkrieg eine einmalige Expansion des stationär-psychotherapeutischen Versorgungssystems stattgefunden hat. Die Schätzungen gehen dahin, daß zur Zeit zwischen 4500 und 5000 stationärpsychotherapeutische Behandlungsplätze zur Verfügung stehen (vgl. JANSSEN 1987, S. 13). Mit dieser beachtlichen und weiter anhaltenden Expansion korrespondiert eine Entwicklung von verschiedenen Organisationsmodellen der Psychotherapie im Krankenhaus.

Mit JANSSEN (1987, S. 35-82) läßt sie sich charakterisieren als eine Entwicklung, die, ausgehend von einem monopolaren Modell über ein bipolares (bzw. bi-fokales) Modell, schließlich zu dem gegenwärtig aktuellen integrativen Organisationsmodell der stationären Psychotherapie führt. Das monopolare Modell sieht vor, daß im Rahmen der Klinik vorrangig die traditionellen Psychoanalyse oder deren modifizierte Anwendung in Gestalt der Fokaltherapie durchgeführt wird (z.B. DE BOOR U. KÜNZLER 1963; SIMMEL 1928). Im Gegensatz dazu versucht das bipolare Organisationsmodell eine arbeitsteilige Anordnung der psychoanalytischen und pflegerischen Funktionen. Dabei wird der Rolle des Psychoanalytikers zwar eine deutliche Vorrangstellung im Sinne der »ärztlichen Therapie« zugewiesen (Schweigepflicht). Die Rollen im Pflegebereich werden nun aber im Sinne einer Sozialtherapie im Gegensatz zur traditionellen Pflege deutlich aufgewertet (ENKE 1965; FEDERN 1956; HEIGL U. NERENZ 1975; SCHWING 1940). Das integrative Modell konzipiert schließlich ein integriertes, multiprofessionelles Team von Psycho-, Sozial-, Gestaltungs-, Bewegungs- und Sporttherapeuten als einen Fokus im klinischen Raum, dem die Patienten, beziehungsweise die gesamte Patientengruppe als ein zweiter Fokus gegenübergestellt sind. Es wird angenommen, daß zwischen diesen beiden Polen im stationären Feld eine spezifische Interaktion stattfindet, die der Analyse zugeführt werden kann.

Sowohl bipolare als auch integrative Modelle benutzen immer das Milieu der therapeutischen Gemeinschaft als ein grundlegendes Strukturelement des stationären Raumes, in den die therapeutischen Spezialdisziplinen funktional eingebunden sind.

Eine gewisse Sonderstellung nehmen psychosomatisch-internistische Modelle ein, in denen unter dem Primat der traditionellen organmedizinischen Behandlungsroutinen ein psychodynamisches Verständnis eher auxiliär in Kurzkontakten, wie sie etwa in den ärztlichen Visiten gegeben sind, Eingang finden soll (vgl. BALINT 1975). Als Ziel wird hier oft die Motivierung des Patienten für eine spätere ambulante psychotherapeutische Behandlung angegeben.

Psychoanalytische Behandlungsprinzipien und deren Modifikationen

Bevor auf die Organisationsmodelle der stationären Therapie im einzelnen eingegangen wird, ist es sinnvoll, die Modifikationen des klassischen psychoanalytischen Behandlungsverfahrens anzudeuten. Sie sind eine wesentliche Voraussetzung für die Begründung einer Theorie der stationären psychoanalytischen Psychotherapie. Diese Modifikationen, die zuerst wohl in der Kontroverse zwischen FREUD und FERENCZI thematisiert wurden (FREUD u. FERENCZI 1980), sind später unter dem Stichwort der »Einführung von Parametern« weiter diskutiert worden (EISSLER 1958; LOEWENSTEIN 1958). Sie sind heute mit den Versuchen wieder aktuell geworden, die sogenannten strukturellen Ichstörungen, zu denen auch die psychosomatischen Störungen gezählt werden, behandlungstechnisch einzuholen (vgl. BALINT 1973; CREMERIUS 1984; WINNICOTT 1985).

Für die Anwendung der psychoanalytischen Methode im Krankenhaus ist die »Parameterdebatte« nicht nur für die Behandlung der »neuen« Krankheitsbilder, sondern auch im Hinblick auf die Anpassung der Behandlungstechnik an die strukturellen Besonderheiten des Krankenhauses als einer sozialen Organisation von Bedeutung.

Die Anwendung der psychoanalytischen Methode im klassischen Behandlungsrahmen orientiert sich ätiologisch und persönlichkeitstheoretisch am Konflikt-Abwehr-Modell und setzt sich zum Ziel, in der dyadischen psychoanalytischen Situation über die systematische Entfaltung der Übertragungsneurose und deren Durcharbeitung eine intrapsychische Neuordnung der Strukturen »Es«, »Ich« und »Über-Ich« herzustellen (FÜRSTENAU 1977). Dies geschieht mit der Erwartung, daß im Zusammenhang mit dem psychoanalytischen Prozeß über erarbeitete Einsichten in die unbewußte Konfliktdynamik eine »neue Lösung«, eine bessere, kompetentere soziale und psychische Anpassung im Patienten hergestellt werden kann.

Optimale Deutungen sind dabei solche, die die drei Ebenen 1) der konflikthaften infantilen Objektbeziehungen, 2) der aktuellen Objektbeziehungen und 3) der Übertragungsbeziehung in der analytischen Situation (Hier-und-Jetzt) so zusammenfassen, daß ein unbewußtes Konflikt-Abwehr-Thema auf allen drei Ebenen gleichzeitig verknüpft und zur Evidenz gebracht werden kann (BRENNER 1979; EZRIEL 1960; GREENSON 1975; LUBORSKY 1988; MENNINGER U. HOLZMAN 1977; STRACHEY 1934).

Patienten mit strukturellen Ichstörungen stellen demgegenüber aufgrund ihres intrapsychischen Strukturdefizits an die psychotherapeutische Behandlung ganz andere technische Anforderungen als der klassische neurotische Patient: Sie bestehen darin, daß auf die Entfaltung einer Übertragungsneurose und deren Auflösung durch systematische Deutungsarbeit verzichtet wird. Mit den Krankheitsbildern, die einer strukturellen Ichstörung zugeordnet werden, wird die Vorstellung verknüpft, daß bei solchen Patienten nicht intrapsychische Strukturkonflikte im Vordergrund stehen, die in der Übertragung wiederbelebt werden sollen. Die primäre Aufgabe besteht vielmehr darin, intrapsychische Strukturen, insbesondere eine klare Selbst-Objekt-Differenzierung und eine stabile Basis-Identität aufzubauen, die beim klassischen Neurotiker als selbstverständlich vorausgesetzt werden kann (vgl. BLANCK U. BLANCK 1981; BLANCK 1974). Deutungen werden wegen der Gefahr einer narzißtischen Regression unterlassen. Demgegenüber wird eher eine Behandlungstechnik der strukturierenden Anwesenheit (»Holding«) des Analytikers favorisiert, über die spontane emotionale Beziehungserfahrungen und deren Symbolisierung gefördert werden sollen. Über diese Grundhaltung des Analytikers sollen psychodynamische Konstellationen, die mit »Objektspaltungen« verknüpft sind (»gute/böse Brust«) in Richtung einer stabilen Objektintegration und Objektkonstanz durchgearbeitet werden (BION 1990; KLEIN 1933; WINNICOTT 1954).

Für die Organisationskonzepte in der stationären Psychotherapie ist die objektbeziehungspsychologisch formulierte Pathologie der strukturellen Ichstörung von großer Bedeutung (FRIEDMAN 1982; KERNBERG 1982; HILPERT U. SCHWARTZ 1981, S. 132f.; JANSSEN 1987, S. 24ff.). Es wird angenommen, daß sich die internalisierten Objektbeziehungen (Selbst- und Objektrepräsentanzen) eines Patienten im Sinne der Übertragung zwangsläufig in das äußere klinisch-stationäre Feld hinein externalisieren, sich in ihm »re-inszenieren« und dann psychoanalytisch bearbeitet werden können. Unbestimmt bleibt dabei die Bestimmung der Behandlungsmethode und der Behandlungstechnik. Dabei bleibt es unklar, ob die Reinszenierung mit der Übertragung gleichzusetzen und ob die multimodale Bearbeitung der Reinszenierungen des Patienten der »klassischen« Deutung äquivalent ist. In den Darstellungen dieses Inszenierungmodells fällt die Unbestimmtheit der behandlungstechnischen Nutzung der Übertragung auf. Zum einen soll mit strukturell ichgestörten Patienten gerade nicht klassisch analytisch mit der Übertragung gearbeitet werden, zum anderen wird über objektpsychologische Konzeptualisierungen die Möglichkeit einer Übertragungsanalyse dann doch wieder eingeführt.

Organisationsmodelle stationärer Psychotherapie

Das monopolare Modell

Das monopolare Organisationsmodell der stationären Psychotherapie ist dadurch charakterisiert, daß die psychoanalytische Behandlung als ein intimer Bereich völlig unabhängig vom umgebenden Klinikmilieu durchgeführt wird (STANTON U. SCHWARTZ 1954, S. 231f.). Gleichwohl wird es aber im Sinne einer guten »mütterlichen Versorgung« (SCHWING 1940) oder, wie SIMMEL (1923) sich ausdrückt, als »Mutterbauch« vorausgesetzt. Dieses Modell wird heute als klinisch irrelevant angesehen. Es wird allgemein davon ausgegangen, daß die therapeutischen Potentiale des klinischen Milieus systematisch ausgenutzt und reflektiert werden sollen. Dies gilt seit BETTELHEIM (z.B. 1975) und JONES (1952) als nicht mehr hintergehbares »Essential« der Klinikbehandlung.

Das bipolare Organisationsmodell

In diesem Modell sind die beiden Pole der psychoanalytisch orientierten (Gruppen-)Therapie und des soziotherapeutisch orientierten Verhaltenstrainings zwar aufeinander bezogen, sie arbeiten aber strategisch unabhängig voneinander (ENKE 1965). In diesen beiden Polen kommt der traditionelle Gegensatz von ärztlicher Therapie und schwesterlicher Pflege in einer veränderten Form wieder zum Vorschein. Die Ärzte betreiben von der Pflege abgegrenzt nach eigenen professionellen Rationalitätskriterien psychoanalytische Therapie. Die Mitglieder des Pflegebereichs übernehmen demgegenüber die nachgeordnete Aufgabe, die Patienten in ihrer alltäglichen Realitätsbewältigung (z.B. in Form einer »Hausgruppe«) in einem pädagogischen Sinne zu unterstützen.

In der klassischen psychoanalytischen Situation wird die sich entwickelnde Beziehung zwischen Patient und Analytiker über die Unterstellung des Konstrukts der Übertragung analysiert. Innerhalb des Rahmens der dyadischen psychoanalytischen Situation richtet sich die Übertragung und der Widerstand im Sinne eines sukzessiv-linearen Zeitablaufs (»Prozeß«) auf einen Psychoanalytiker.

In der multipersonalen Behandlungssituation in der Klinik wird aber das, was in der klassischen psychoanalytischen Situation dyadisch als Übertragung und Widerstand konstruiert und analysiert wird, auf das gesamte Personal des Stations- oder Kliniksystems simultan unter zahlreichen Personen (z.B. auch auf die Putzfrau der Station oder den (Nacht-)Pförtner der Klinik) aufgeteilt. Das kann zur Konsequenz haben, daß der psychoanalytische Therapiebereich insofern leerläuft, als in seinem Rahmen die Komplexität der Beziehungswelten des Patienten in der Klinik nicht mehr abgebildet und vor allem in der Perspektive von Übertragung und Widerstand nicht mehr analysiert werden kann.

JANSSEN und QUINT (1977) berichten in einer freimütigen Offenheit aus ihren sechsjährigen Erfahrungen mit dem bipolaren Behandlungsmodell. Sie kommen zu dem Schluß, daß die Anwendung klassisch-psychoanalytischer Behandlungsprinzipien in diesem organisatorischen Rahmen notwendig zu einer destruktiven Desintegration der Behandlung führt (JANSSEN u. QUINT 1977, S. 241; vgl. JANSSEN 1987, S. 86f.). Zentral waren narzißtisch hochaufgeladene Professionalisierungskonflikte zwischen den psychoanalytisch arbeitenden Ärzten und den pädagogisch handelnden Krankenschwestern. Die Psychoanalytiker führten im stationären Raum in abgedichteter Intimität und Diskretion unabhängig von den Krankenschwestern ihre Psychotherapien durch. Die Krankenschwestern hatten demgegenüber als reale Ordnungskräfte jenseits der Übertragungsanalyse die Patienten im Stationsalltag zu betreuen. Es entwickelte sich die paradoxe Situation, daß die Krankenschwestern in unkontrollierter Weise in Übertragungsbeziehungen verwickelt wurden. Das hatte zur Folge, daß die Krankenschwestern mangels professioneller Kompetenz in ein Gegenübertragungsagieren mit »ihren« Patienten gerieten. So statteten sie ihnen zum Beispiel zu Hause private Besuche ab (S. 93) oder sie verließen aus Insuffizienzgefühlen und ungelösten Machtkonflikten heraus die Station (»Personalfluktuation« S. 232). Es lag die Vermutung nahe, daß in der bipolaren Organisationsform die von manchen Patienten gegenüber dem Gesamtteam produzierten »Übertragungsspaltungen« (KUTTER 1976, S. 95) nicht mehr eingeholt und integriert werden konnten.

Das Stationssystem ist, worauf HEISING und MÖHLEN (1980, S. 75) hingewiesen haben, ein »Hauptkampffeld« für »Spaltungsübertragungen«. ZWIEBEL (1987) spricht sogar von einem »Spaltungsangebot« der Klinik. Mit dem Spaltungsangebot und den Spaltungsübertragungen ist gemeint, daß der strukturell ichgestörte Patient verschiedene Valenzen von internalisierten Selbst- und Objektrepräsentanzen (»gute/böse« Objekte) auf verschiedene Personen des Stationsteams unabhängig voneinander projiziert. Können diese Spaltungsübertragungen nicht verstanden und integriert werden, führt dies zu existentiellen Krisen in der Organisation der Klinik oder der Station.

Dies hat SCHMIDT (1986, S. 141) in differenzierter Weise in seiner Organisationsanalyse des psychoanalytisch geführten Jugendheims »Haus Sommerberg« gezeigt (vgl. auch WELLENDORF 1986). Diese Einrichtung war auch bipolar organisiert. Zum einen waren die Psychoanalytiker in einem intim abgegrenzten Raum (Schweigepflicht) psychotherapeutisch aktiv, während die Pädagogen und Sozialarbeiter sich im Realraum der Wohngruppen mit Alltagsabläufen der Jugendlichen unabhängig vom psychoanalytischen Therapieraum auseinanderzusetzen hatten. Auch hier entfalteten sich hochaufgeladene narzißtische Konflikte zwischen den einzelnen Professionsgruppen. Diese Konflikte gingen so weit, daß eine integrierte Führung und Leitung der Jugendlichen und der Mitarbeiter kaum noch möglich waren und der existentielle Zusammenbruch der Einrichtung nach dem Rücktritt des langjährigen Leiters drohte (vgl. SCHMIDT 1986, S. 100, S. 126, S. 132).

Ein interessantes Ergebnis dieser Studie ist die Tatsache, daß der Funktionsbereich der Werktherapie von den schweren existentiellen Krisen der Einrichtung (S. 141) so gut wie nicht berührt wurde und eine eindrucksvolle Stabilität zeigte. Schmidt führt dies darauf zurück, daß der zuständige Werktherapeut für sich ein klar abgegrenztes therapeutisches Feld organisieren konnte, in dem er in einer stabil definierten Berufsrolle immer eine eindeutige professionelle Identität sich selbst, dem Team und den Jugendlichen gegenüber aufrechterhalten konnte.

Das integrative Modell

Das integrative Organisationsmodell stationärer Psychotherapie ist ein Versuch, die strukturellen Probleme des bipolaren Organisationsmodells zu lösen. Ziel ist es, die Beziehungserfahrungen aller Teammitglieder mit unterschiedlichen Professionalisierungen im Umgang mit den Patienten zu integrieren. Das setzt in strukturell-organisatorischer Hinsicht voraus, daß a) in den verschiedenen therapeutischen Feldern klar differenzierte Berufsrollen institutionalisiert sind wie etwa die psychoanalytische Therapie, die Beschäftigungstherapie, die Bewegungstherapie, die Sozialtherapie oder die Führung der Stations-(Groß-)Gruppe. Die Entfaltung einer spezifischen professionellen Identität und Kompetenz der verschiedenen klinischen Mitarbeiter setzt b) ihre prinzipielle Gleichstellung voraus. Für die Integration und Koordination der einzelnen therapeutischen Rollenfelder ist c) eine strukturierende Leitung der Teamgruppe unerläßlich. Sie ist eine zentrale Voraussetzung dafür, daß das integrierte Team seine Beziehungserfahrungen mit dem Patienten aufnehmen, rekonstruieren (analysieren) und anhand eines psychodynamischen Arbeitsmodells laufend überprüfen kann (Pohlen et al. 1979; Stephanos 1973).

Im Vergleich zur klassischen dyadisch strukturierten psychoanalytischen Situation besteht die entscheidende Modifikation des integrativen Ansatzes darin, daß der einsame Psychoanalytiker durch die Teamgruppe ersetzt wird. Diese Idee ist aus der Metapsychologie der Gruppenanalyse bereits bekannt (Argelander 1963/1964; Grinberg et al., 1960).

Die Gruppe wird in dieser Konzeption als ein (Groß-)Individuum aufgefaßt und die einzelnen Mitglieder der Gruppe werden als funktionale Momente dieses Konstrukts eines Individuums interpretiert. Am radikalsten wird diese Konstruktion von POHLEN et al. (1979, S. 924f.) formuliert. Er ersetzt die dyadische Interaktion zwischen Psychoanalytiker und Patient durch die Interaktion zwischen Teamgruppe und Patientengruppe. Die Analyse der Beziehungsdynamik zwischen diesen beiden Hypersubjekten obliegt nun in einem entscheidenden Maße dem Leiter des Teams.

»So, wie der Einzelanalytiker in seinen Assoziationen frei sein, einen guten Kontakt zu seinem Unbewußten haben und dem Patienten mit ›frei schwebender Aufmerksamkeit‹ folgen können soll, muß es eine institutionelle Therapeutengruppe verstehen, die Informationen über den Patienten, die sie auf dem Weg über die einzelnen Mitglieder erhält, zusammenzufügen um eine ganzheitliche Reaktion entwickeln zu können; was der Einzelanalytiker intrapsychisch leistet, muß der Therapeutengruppe auf der Interaktionsebene gelingen – durch kommunikative Kooperation« (WOLFF 1977, S. 85).

Dies setzt die Autorität und Führung eines kompetenten Leiters (und/oder Supervisors) voraus (vgl. KERNBERG 1982), der nun aber von den professionellen, expressiven und kooperativen Fähigkeiten der einzelnen Teammitglieder abhängig wird. Er kann gemäß einer Grundregel der Gruppendynamik nur so kompetent sein, wie es die Kompetenz des schwächsten Teammitgliedes im Rahmen der Klinikorganisation erlaubt.

Dennoch muß der Einzelanalytiker über die strukturell notwendigen Integrationsfunktionen des Teamleiters (bzw. Supervisors) wieder eingeführt werden, soll das multipersonale Team als einheitliches Behandlungssubjekt nicht zerfallen. JANSSEN (1987) spricht das klar aus: »Ein Team, in dem persönliche und subjektive Erfahrungen aus den Interaktionen durchgearbeitet werden, befindet sich in einem kontinuierlichen gruppendynamischen Prozeß, der sowohl von der patienteninduzierten wie auch der teameigenen Dynamik gespeist wird. Übertragungen, Aufnahmeszenen, Trennung von Patienten, Aktionen der Patienten, reaktivierte individuelle Konflikte in der Gegenübertragung, Gruppenkonflikte usw.. Nur vermöge einer geregelten Beratung durch einen Psychoanalytiker, der mehr Abstand von den therapeutischen Beziehungen zu den Patienten hat, kann diese Gruppendynamik für den therapeutischen Prozeß der Patienten genutzt werden. *Der Psychoanalytiker muß dafür sorgen, daß das Team seine ›primäre Aufgabe‹, die therapeutischen Prozesse des Patienten zu fördern, aufrechterhalten kann«* (S. 140, Hervorhebung B.B.).

Der psychoanalytische Leiter des integrierten Teams muß aber zusätzlich Rollen im gruppendynamischen und institutionellen Kontext übernehmen, die über die psychoanalytische Arbeit am Fall weit hinausgehen. Er stellt sich als »Psychoanalytiker sowohl mit seiner empathisch-vorstellenden Kompetenz wie auch mit seinen realitätskontrollierenden Ich-Funktionen und seinen Kenntnissen über organisatorische und administrative Zusammenhänge zur Verfügung... (er vertritt) im Hinblick auf die Realitätsorientierung die Erhaltung des Institutionsrahmens« (S. 153). Der Leiter (bzw. Supervisor) des Teams muß jenseits der Analyse des Übertragungs- und Gegenübertragungsgeschehens in den einzelnen therapeutischen Feldern zudem »die gesamte Therapeutengruppe dazu... bewegen, daß sie Beobachtungen und Erfahrungen aus ihren Feldern einbringt« (S. 156). Typisch für die Rolle des leitenden Psychoanalytikers im integrierten Team ist eine eigentümliche Doppelfunktion: Er hat nicht nur die Aufgabe, unbewußte Beziehungsabläufe zu analysieren, sondern er hat darüber hinaus vorrangig Ordnungsaufgaben zu erfüllen, die in der laufenden institutionellen Integration und Mobilisation der Teamgruppe selbst bestehen. Er muß das Behandlungskonzept des integrativen Ansatzes aktiv sicherstellen und dessen Einhaltung überwachen. Der leitende Psychoanalytiker muß gegenüber der klassischen Arbeit »am Fall« zusätzlich Funktionen im gruppendynamischen und institutionellen Bereich übernehmen, was die Wahrscheinlichkeit von Rollenkonflikten, die die Fallarbeit stören können, erhöht (Bardé u. Mattke 1991; Conrad u. Pühl 1983, S. 32f.; Gaertner u. Wittenberger 1979).

Ist die Rahmung des integrierten Teams gegeben, kann

unter objektpsychologischen Gesichtspunkten das Programm eines »Inszenierungs- und Bühnenmodells stationärer Psychotherapie formuliert werden (ARFSTEN et al., 1975; FÜRSTENAU 1974; HAU 1968; HEIGL-EVERS et al. 1970; HOFFMANN et al. 1981; JANSSEN 1987; KAMMERER et al. 1981; SCHEPANK u. TRESS 1988; SIMON et al. 1981). Es wird angenommen, daß der Patient in der stationären Lebenswelt (vgl. CAUDILL 1958) zwangsläufig seine internalisierten Selbst- und Objektrepräsentanzen (insbesondere seine Familienbeziehungen) in der Beziehung zum Team »re-inszeniert« (BROWN 1980; LEVINE u. WILSON 1985; SEARLES 1961).

JANSSEN (1987) formuliert das »Bühnenmodell« in prägnanter Weise: »Das Team kann die Re-Inszenierung infantiler Objektbeziehungen also am Verhalten, den Objektwahlen, den Interaktionen und schließlich an den Verbalisationen der Patienten erkennen. Diese interaktionelle Reinszenierung hat in der stationären Psychotherapie eine besondere Bedeutung (...) Die Besonderheit der stationären Psychotherapie ist wohl am besten durch die institutionelle Reinszenierung im Hier-und-Jetzt, im Verhalten, in Interaktionen und Aktionen charakterisiert« (S. 187). Dabei wird das Agieren, also reales und unmittelbares »interaktionelles Wiederholen« konflikthafter infantiler Objektbeziehungen, nicht wie in der klassischen Psychoanalyse prinzipiell als Widerstand aufgefaßt, sondern ganz im Gegenteil als eine erwünschte »Dramatisierung eines intrapsychischen Problems« verstanden.

In der Konstruktion des Bühnenmodells werden die archaisch-verzerrten frühen Objektbeziehungen bei strukturell ichgestörten Patienten als Übertragungen gedeutet und sollen entsprechend psychoanalytisch aufgearbeitet werden (JANSSEN 1987, S. 182). Hervorgehoben wird, daß vor allem »Spaltungs-Übertragungen« (STANTON u. SCHWARZ 1954, S. 359f., S. 364) innerhalb dieses Behandlungssettings gut bearbeitet werden können.

KERNBERG (1981) vertritt dagegen die These, daß die Externalisierung (»Dramatisierung«?) archaisch-verzerrter Objektbeziehungen nicht ohne weiteres als Übertragung im Sinne einer Neuauflage von Beziehungen zu integrierten psychischen Objekten der Lebensgeschichte aufgefaßt werden können, weshalb sie seiner Meinung nach gerade *nicht* psychoanalytisch aufgearbeitet werden können.

Demgegenüber wird den averbalen Therapiemethoden (Bewegungs-, Musik- und Gestaltungstherapie) ein großer »Inszenierungswert« zugeschrieben. Wenig verbalisierungsfähige Patienten würden hier eine gute Chance erhalten, ihre Konflikte darzustellen und zu bearbeiten (Müller-Braunschweig 1980). Unklar bleibt allerdings, inwieweit strukturell ichgestörte Patienten grundsätzlich verbalisierungsunfähig sind (vgl. Becker u. Lüdeke 1978, S. 18f.; Furstenau 1983). Zum anderen wird hervorgehoben, daß mit den averbalen Therapieverfahren die Struktur des Ich auf einer basalen Ebene des Körpers (»Körper-Ich«) aufgebaut und strukturiert werden soll (vgl. Becker 1981). Insofern würden aber keine Objektbeziehungen reinszeniert, sondern innere psychische Objekte (bzw. das Selbst) erst grundlegend aufgebaut werden.

In den wenigen publizierten Kasuistiken aus stationären Behandlungen bleibt die Frage der Inszenierung und die Frage nach der Möglichkeit einer Analyse von Objektbeziehungskonflikten gegenüber der Frage des systematischen Ich-Aufbaus ungeklärt (vgl. Kernbichler et al. 1983; Schneller-Reindell 1983). In der Kasuistik von Pittner und Kögler (1982) wird gegenüber dem Programm des »Bühnenmodells« mehr die »Holding-Function« der Station betont, über die ein selbstdestruktives Agieren der Patientin verhindert und letztlich eine stabile Ichstruktur aufgebaut werden konnte (ähnlich Becker u. Lüdeke 1978; Kernberg 1982). Statt der Bearbeitung von multidimensional entfalteten Übertragungsbeziehungen und -konflikten scheint die pädagogische Beeinflussung des Patienten im Sinne einer strukturbildenden Nachreifung und Nachentwicklung von realistischen sozialen Handlungskompetenzen mehr im Vordergrund zu stehen. Das erinnert an die Konzeptionen von Aichhorn und Bernfeld, die das stationäre Setting mit einem psychoanalytischen Hintergrundverständnis als eine Rahmung aufgefaßt haben, in dem eine systematische Ichstrukturierung durchgeführt werden soll. Dasselbe Ziel liegt dem Konzept der Therapeutischen Gemeinschaft (Jones 1952) zugrunde. Dabei werden die Beziehungen im Rahmen von Gruppen- oder

Einzelgesprächen nicht auf dem Hintergrund des Konzeptes der Übertragung analysiert, sondern im Sinne der Sozialpädagogik sozialpsychologisch strukturiert. (HELD u. GENKEL 1974; HELD 1974; KAYSER 1974; MESSNER 1983; PLOEGER 1978; RAPOPORT 1960).

Kritik der stationären Psychotherapie

Organisationssoziologische Argumente

Gegenüber einer Behandlung im Krankenhaus sind eine ganze Reihe von kritischen Argumenten vorgebracht worden, denen sich eine psychoanalytische Therapie, sofern sie im Krankenhaus durchgeführt wird, stellen muß. Sie setzt damit an, daß der Patient mit seiner Krankheitsdiagnose eine Rolle mit spezifischen Erwartungen übernimmt (PARSONS 1967). Zu dieser Rolle gehört unter anderem, daß der Patient die Pflicht hat, bei kompetenten Spezialisten Hilfe zu suchen und mit ihnen zusammenzuarbeiten, um die Krankheit zu beseitigen. Wird der Patient in eine Klinik eingewiesen, muß er in einem »Aufnahmeverfahren« die »Mitgliedschaftsrolle« (LUHMANN 1964) übernehmen, über die er generell eine Legitimation (LUHMANN 1969) für alle Prozeduren gibt, welche die Klinikorganisation an ihm vornehmen wird. Die Übernahme der Mitgliedschaftsrolle – nämlich Patient in einer Klinik zu sein – wird generell als ein Vorgang der Entsubjektivierung des Patienten beschrieben. ROHDE (1974) kommt in seiner »Soziologie des Krankenhauses« zu dem Schluß, daß der Zweck der Klinik nicht in der Heilung des kranken Menschen, sondern in dessen Integration als Patient in die Klinikorganisation besteht. SIEGRIST (1978) hat diese These empirisch unterstützt. Er zeigt, wie der Patient in seinem Tagesablauf reglementiert wird, wie er die Regulation seiner Lebensbedürfnisse abgeben muß und daß er für therapeutisch definierte Operationen einen Dispositions- und Eingriffsspielraum zur Verfügung stellen muß, in dem er ständig abrufbereit ist.

GOFFMAN (1973) geht in seiner Soziologie der »totalen Institution«, zu denen er auch Krankenhäuser und psychiatrische Kliniken zählt, soweit, daß er in den Aufnahmeprozeduren der totalen Institution dadurch eine »Zerstörung der Identität« des Patienten am Werk sieht, daß ihm mit dem Ziel der totalen Verwaltung und Kontrolle (S.17) alle Alltagsrollen weggenommen werden (»Role-Stripping-These«). Dies führt GOFFMAN zufolge zu der Paradoxie, daß sich die Patienten der Lebenswelt der Klinik formal zwar anpassen, sie aber informal nichts anderes tun, als ihre bisherigen unerwünschten oder schädigenden Verhaltensweisen in einer geheimen Welt des »Unterlebens« (S. 171f.) fortzusetzen (vgl. STREECK 1976).

Der integrative Ansatz der stationären Teambehandlung erscheint in GOFFMANS organisationssoziologischer Perspektive deshalb als eine elementare Angriffsstrategie auf die Selbstidentität des Patienten, weil formale Abgrenzungen zwischen dem Individuum und seinen Handlungen in verschiedenen sozialen Sektoren zerstört werden. Diese Differenz ist für ihn die Bedingung der Möglichkeit für Selbstreflexion und Ich-Identität. GOFFMAN nennt diese Form der organisierten Zerstörung der Ich-Identität »Looping« (Rückkoppelung im Regelkreis, S. 43).

»In totalen Institutionen sind die Lebensbereiche verunsichert, so daß das Verhalten eines Insassen auf einem Schauplatz seines Handelns ihm vom Personal in Form von Kritik und Überprüfung seines Verhaltens in einem anderen Kontext vorgeworfen werden kann (...) Fortschrittliche psychiatrische Anstalten bieten hervorragende Beispiele für den Looping-Prozeß, denn dort wird mitunter die didaktische Rückkoppelung zu einer grundlegenden therapeutischen Doktrin erhoben. Man ist der Ansicht, daß eine ›gelockerte‹ Atmosphäre den Insassen ermuntert, seine typischen Lebensschwierigkeiten zu projizieren und auszuagieren, die ihm dann in der Gruppentherapie bewußt gemacht werden können« (GOFFMAN 1973, S. 44).

Der integrative Teamansatz stationärer Psychotherapie produziert ihm zufolge genau das Gegenteil dessen, was er intendiert. Statt des Aufbaus einer stabilen Ich-Identität erzeugt er notwendig im Rahmen der Klinik als totaler Institution eine strukturelle Störung der Ich-Identität.

MATAKAS (1988) bestätigt GOFFMANS These, daß im stationären Behandlungsrahmen dem Patienten ein drastischer Realitätsverlust auferlegt wird. Der klinische Therapieraum und der äußere soziale Realraum fallen auseinander. MATAKAS zufolge wird aufgrund dieser strukturellen Gegebenheit im Rahmen der Klinik eine Triangulation in der therapeutischen Beziehung so gut wie unmöglich. Diese ist aber eine grundlegende Voraussetzung für die psychische Symbolbildung. Die organisatorische Struktur der Klinik induziert eine frühe, statische »oral-symbiotische« Beziehung zwischen der Institution Klinik (repräsentiert durch das therapeutische Personal) und dem Patienten, in die kaum ein »drittes Objekt« in Gestalt der Abwesenheit und des Mangels störend eindringen kann. Im strengen Sinne kann deshalb aufgrund der Tatsache, daß durch die Klinikorganisation Therapie-Raum und Realitäts-Raum strukturell weitgehend identisch sind, *keine* analytische Situation aufgebaut werden. Die ist aber MATAKAS zufolge aufgrund einer spezifischen Behandlungsindikation auch gar nicht notwendig. In der Klinik sollen nur Patienten mit schweren strukturellen Ichstörungen behandelt werden. Diese Patienten können in der Regel ihre Konflikte nicht verbalisieren oder es sind Patienten, die selbstdestruktiv agieren müssen. Das ist der Grund, daß sie nicht unter den Bedingungen einer ambulanten Behandlungssituation psychoanalytisch behandelt werden können (vgl. BECKER u. SENF 1988, S. 34). Die stationäre Behandlung ist deshalb eine Auseinandersetzung mit den sozialen Regeln, die den Rahmen der Klinikorganisation garantieren. Sie ist eine »Rahmentherapie«, die sich der Strukturen der totalen Institution sozusagen als kurative Faktoren bedient:

1. Die Autorität des Personals garantiert eine einheitliche Realitätsprüfung; 2. der einzelne Patient wird gerade dadurch stabilisiert, daß er wie die anderen gleich behandelt wird; 3. die geregelten, zeitlich standardisierten Abläufe vermitteln grundlegende Verläßlichkeit und Planbarkeit realer Handlungen und 4. ermöglicht die Unterwerfung unter einen integrierten therapeutischen Plan, ein systematisch strukturierter Tagesablauf, die therapeutische Arbeit einer schrittweisen Ausdifferenzierung und Loslösung des Patienten aus der hermetisch-geschlossenen Basiswelt der Klinik in

die Horizonte möglicher Welten außerhalb der Klinik (MA-
TAKAS 1988, S. 142f.).

Ähnlich bestimmt KERNBERG in seiner Theorie der Klinikbehandlung die stationäre Psychotherapie als eine »Rahmentherapie«, in der die verlorenen oder nicht entwickelten Ich-Funktionen mit Unterstützung des Kliniktherapeuten im und am Rahmen der Klinik aufgebaut werden sollen.

»Die Erforschung der allmählichen Entfaltung der primitiven Objektbeziehungen des Patienten im sozialen Bereich der Klinik ist unter Umständen erfolgreicher, wenn der Therapeut zusammen mit dem Patienten dessen zwischenmenschlichen Erfahrungen in der Klinik untersucht. Zu diesen zwischenmenschlichen Erfahrungen gehören alle Interaktionen des Patienten mit dem Klinikpersonal und mit anderen Patienten. Der Kliniktherapeut integriert die zahlreichen Beobachtungen des Personals in ihren Interaktionen mit dem Patienten in seine eigenen Beobachtungen. Als Team-Leiter des Personals, das an der Behandlung des Patienten beteiligt ist, erleichtert er die Entwicklung eines umfassenden Verständnisses für die Wirkung, die der Patient auf das gesamte soziale System der Station oder Abteilung ausübt, und er gibt dieses Verständnis an den Patienten weiter« (KERNBERG 1982, S. 327f.).

MATAKAS bestimmt den Ansatzpunkt der Klinikbehandlung viel elementarer. Sie bezieht sich auf strukturell ichgestörte Patienten und soll ihnen helfen, einen fundamentalen psychischen Begriff der Realität, des »Realen« (LECLAIRE 1976) zu entwickeln. Hierfür ist der Rahmen der Klinikorganisation im Sinne einer quasi-totalen Institution gut geeignet. Die Klinikbehandlung wird hier als eine Therapie von *Psychosen* (strukturelle Ichstörung) konzipiert, in der es *nicht* um die Analyse von unbewußten Motiven und Phantasien, sondern vielmehr um den strukturierenden Aufbau des Ich geht. Eine entscheidende Funktion wird dabei dem *Rahmen* der Behandlungssituation zugewiesen. Er erhält die unbewußte Bedeutung, die frühesten psychotischen (objektlosen) Beziehungsformen aufzunehmen und zu einem einheitlichen psychischen Objekt hin zu integrieren. Was in der Neurosenbehandlung »stumm wirkt« (BLEGER 1966, S. 518) oder über die Regression als »Urobjekt« (STONE 1961, S.

101 f.) oder »Präobjekt« (GIOVACCHINI 1972; SPITZ 1956, S. 382) eher peripher thematisch wird, ist in der Klinikbehandlung von Anfang an zentraler Gegenstand. Das scheint auch SIMMEL (1928, S. 367) mit seiner Konzeption der Klinik als »Mutterleib« im Auge gehabt zu haben, in den der Patient eingebunden wird und aus dem heraus er sich im Sinne einer ›Neugeburt‹ oder eines ›Neuanfangs‹ (BALINT 1973) mit Hilfe des Kliniktherapeuten herausarbeitet.

Psychoanalytische Argumente

Die psychoanalytischen Argumente, die gegen die Möglichkeit einer psychoanalytischen Klinikbehandlung vorgebracht werden, beziehen sich auf die spezifischen Bedeutungen, die der *Rahmen* der Behandlung im Behandlungs*prozeß* erhält. Er kann a) die Ebene der »archaischen Fusion« in einer ›Einerbeziehung‹ symbolisieren, in der eine symbiotische Einheit mit der Mutter phantasiert und die gesamte Erlebniswelt als ein Bestandteil eines archaischen Selbst erlebt wird. Der Rahmen kann b) auf dem Niveau einer »dualen Objektbeziehung« die Bedeutung einer »triangulierenden Instanz« erhalten. Der Psychoanalytiker konstituiert durch seine Inszenierung der Dialektik von Abwesenheit und Anwesenheit ein »reales Drittes« (GREEN 1975), das »väterliche Gesetz«, über das die Transformation des subjektiven »Ur-Selbst-Objekts« »Mutter« in ein »objektives Objekt« gefördert wird. In klinischer Hinsicht sind in der analytischen Situation Themen der Aggressionsverarbeitung und der Konstanz des psychischen Objekts von zentraler Bedeutung. Auf einer dritten ödipalen Ebene c) kann der Rahmen der psychoanalytischen Situation die Bedeutung des Gesetzes, des Inzesttabus und der Generationenschranke erhalten.

Der Behandlungsprozeß strukturell ichgestörter Patienten wird in dieser Perspektive als ein Übergang von Stufe a) zu Stufe b) beschrieben (vgl. TRIMBORN 1983). Für BLANCK und BLANCK (1981, S. 343f.) kann die psychotherapeutische Behandlung strukturell ichgestörter Patienten dann als beendet gelten, wenn Phase b) genügend durchgearbeitet wurde.

Das von TRIMBORN (1983, S. 230f.) vorgetragene Hauptargument gegen die Möglichkeit einer psychoanalytischen Klinikbehandlung von strukturell ichgestörten Patienten besagt, daß im organisatorischen Rahmen der Klinik vor allem die Übertragungsangebote des Patienten auf der Stufe a) und das behutsame und zeitaufwendige Durcharbeiten dieser archaischen Übertragung mit dem Ziel des Übergangs zur Stufe b) aus strukturellen Gründen nicht möglich ist. Die realen Gegebenheiten der Klinikorganisation führen ihm zufolge dazu, daß der Patient immer vorzeitig mit Beziehungsformen auf einem reifen ödipalen Niveau der Stufe c) auch dann konfrontiert wird, wenn er dazu aufgrund des langsameren Taktes des analytischen Prozesses noch gar nicht in der Lage ist, weil er sich in einer Beziehungswelt bewegt, die der Stufe a) zuzuordnen ist (vgl. auch STANTON u. SCHWARTZ 1954, S. 200-208). TRIMBORNS Kritik an der Klinikbehandlung stößt in zwei Richtungen. Zum einen wendet er sich gegen KERNBERGS Konzept der rahmenbezogenen Klinikbehandlung. KERNBERG ist der Auffassung, daß der Patient alleine in seinen »Kontroll- beziehungsweise Ichfunktionen« beeinträchtigt ist. Der Kliniktherapeut soll als »Systemberater« des Patienten diese »Kontrollfunktionen« systematisch aufbauen. Dabei stehen dann die »System-Umweltbeziehungen«, also die Beziehungen des Patienten zum Personal im stationären Umfeld im Mittelpunkt. KERNBERG erkennt zwar an dieser Stelle das Problem, ob im Klinikrahmen eine Übertragungsanalyse überhaupt möglich ist (1982, S. 329), er diskutiert es aber nicht. TRIMBORN greift diesen Punkt auf, indem er behauptet, daß mit diesem Programm der strukturell ichgestörte Patient überfordert ist, da er eine Beziehungskomplexität zu verarbeiten hat, die er aufgrund seiner Störung gar nicht sinnvoll verarbeiten kann. Indem sich der Kliniktherapeut gemäß diesem Behandlungskonzept auf diese Aufgabe einstellt, verweigert er sich »archaischen« Übertragungsangeboten des Patienten (Stufe a). Selbst wenn er dies im Rahmen der Klinik versuchen würde, hätte er aus *strukturellen* Gründen keine Chance, diese Ebene der Übertragung konsequent aufrechtzuerhalten und durchzuarbeiten, da sie durch die Realität der Klinik vorzeitig zerstört werden würde.

»Doch das Erscheinen des Therapeuten als eines realen Objekts außerhalb des subjektiven Bereichs kann für den frühgestörten Patienten einen vorzeitigen Verlust mit der verheerenden Bedrohung durch eine Leere bedeuten, da sich das Objekt als ein erweitertes Selbstobjekt entzogen hat. Die radikale Desillusionierung führt entweder zu einer Katastrophe oder zu einer falschen Anpassung. Die vorzeitigen reifen Interventionen seitens des Therapeuten können auch das Gefühl des Eindringens in das noch schwache Selbst des Patienten verstärken, was letztlich wieder als eine Auflösung erlebt wird. Damit sind wir (...) an der so schlimmen Alternative angelangt, psychotisch zu werden oder zu sterben« (TRIMBORN 1983, S. 231f.).

Auch ERMANN (1982) erhebt Bedenken gegenüber einer psychoanalytischen Therapie (Übertragungsanalyse) in der Klinik, da durch die Multipersonalität des integrierten Teamansatzes keine stabile und abgegrenzte psychoanalytische Situation hergestellt werden kann und der Patient in eine »unlösbare Verwirrung« (S. 177) gestürzt werde.

»Nutzt ein neurotisch strukturierter Patient die Angebote zu Nebenübertragungen, Agieren und Wunschbefriedigungen, so dürfte sich in der Beziehung zum Analytiker eine analysierbare Übertragungsneurose in der Regel nur verzögert oder verzerrt oder gar nicht entwickeln. Würde dies dem Patienten als Widerstand gedeutet, so würde ein institutioneller Konflikt – die Widersprüchlichkeit zwischen dem stationären Behandlungsangebot und klassisch-analytischer Behandlungsstrategie – als unlösbarer Konflikt an ihn delegiert werden. Der Konfliktdruck würde zur vertieften Regression führen und Spaltungen der Affekte, Objektrepräsentanzen und der therapeutischen Beziehungen induzieren, obwohl das ursprüngliche Funktionsniveau das der ganzheitlichen Objektbeziehungen, also das der neurotischen Reaktionen war« (1982, S. 178).

ERMANN konzipiert statt dessen eine psychoanalytisch orientierte Basistherapie, in der es darum geht, vor allem die schizoide Position und die ihr zugeordneten »Trennungs- und Verschmelzungsängste« zu bearbeiten.

»Folgt man dieser Einstellung, so wird die Behandlung nicht auf den Aspekt der Ichstützung oder des Lernens durch

Üben beschränkt. Die Bearbeitung der schizoiden, der Trennungs- und Wiederannäherungsaggressionen, der Wut als Reaktion auf Schmerz, Kränkung und Enttäuschung wird von vorneherein als eine wesentliche Aufgabe in der Behandlung dieser Patienten betrachtet werden« (S. 184).

Auch ERMANN betont gegenüber der »Inszenierungsfunktion« die stabilisierende »Haltefunktion« des stationären Settings, die in einem multipersonalen Team von einem »Bezugstherapeuten« übernommen werden soll. Dabei wird die dyadische Beziehung von den direkten Aggressionen entlastet und der Patient wird nicht in die Dekompensation getrieben (S. 184).

Das kritisch psychoanalytische Argument besagt, daß vor allem die narzißtische Selbstobjekt-Beziehung in einem gesicherten Übergangsraum im Rahmen der Klinikorganisation nicht entfaltet und aufrechterhalten, sondern nur zerstört werden kann. Dadurch wird im Patienten eine elementare Aggression unnötig freigesetzt, die im Rahmen der Klinik nicht konstruktiv bearbeitet werden kann, was zu typischen schweren Krisen führt (BORENS u. WITTICH 1976; STANTON u. SCHWARTZ 1954, S. 378f.; WIDOK 1978, S. 178; 1981, S. 45). Das hat zur Konsequenz, daß die Patienten vorzeitig ausgestoßen (Behandlungsabbrüche) oder in einer gewaltsamen Weise in der Klinik beschlagnahmt und durch therapeutische Hyperaktivitäten »eingekreist« (TRIMBORN) werden müssen, was zu einer Selbstzerstörung des Patienten in Form der Psychose oder des Suizids, auf alle Fälle aber zu einer Symptomverschlimmerung führt (vgl. auch NOVOTNY 1973).

Die Klinik würde gemäß dieser These gegenüber dem Patienten eine pathogene Objektbeziehung im Sinne der »Beschlagnahme«, der »Verweigerung« oder des »Eindringens« und »Verachtens« konstellieren, die erwartungsgemäß Bestandteil gerade der zu bearbeitenden Pathologie des Patienten ist. Die Klinik würde gegenüber dem Patienten im Sinne der »Basiskonflikt-Hypothese« von KUTTER eine »negative Mutterübertragung« aufrichten. Die therapeutische Potenz Klinik, die in der Haltung einer »guten Mutter« (»Holding Function«) gesehen werden könnte (BARDÉ 1987; KUTTER 1985), wäre grundsätzlich im Rahmen der Klinik nicht zu verwirklichen. Im Sinne der These von ROHDE (1974) muß sich der Patient auf die *formalen* Strukturerfordernisse der Klinik einstellen, wobei diese nicht ohne weiteres mit den *inhaltlichen* Erfordernissen seiner Behandlung übereinstimmen müssen.

Zieht man hier eine Zwischenbilanz, so zeigt sich im Hinblick auf die Möglichkeit einer psychoanalytischen Behandlung in der Klinik ein recht ambivalentes Bild. Zum einen besteht die optimistische Auffassung, daß der Patient im geschützten haltenden Raum der Klinik seine innere Repräsentanzenwelt im Sinne der Übertragung (auch von archaischen Objektfragmenten) entfalten kann und von einem resonanten therapeutischen Team empathisch psychoanalytisch verstanden wird (»Bühnenmodell«). Zum anderen besteht die eher pessimistische Auffassung, daß im strengen Sinne in der Klinik nicht psychoanalytisch behandelt werden kann. Würde man dies versuchen, hätte das zur Folge, daß der Patient eher geschädigt oder sogar »zerstört« wird. Die Klinikbehandlung wird demgegenüber eher als eine »Basistherapie« konzipiert, in der systematisch die Ichstruktur über die Auseinandersetzung mit der Lebenswelt innerhalb des organisatorischen Rahmens der Klinik aufgebaut wird (»Rahmenmodell«).

Indikationen zur stationären Therapie

Diese Ambivalenz in der Bestimmung der Klinikbehandlung wiederholt sich in der Bestimmung ihrer Indikation. Generell ist sie immer dann indiziert, wenn der Patient symptomatisch so schwer gestört ist, daß die Rahmenbedingungen eines ambulanten Behandlungsangebotes von ihm nicht eingehalten werden können. Dazu gehört auch, daß der Patient mit seiner Störung so eng in einem pathogenen Milieu verstrickt ist, daß, falls diese Kollusion nicht unterbrochen wird, sich seine Symptomatik chronifiziert (HOFFMANN et al. 1981, S. 36). Neben dieser sozialen und symptomatischen Indikation wird als weiterer Grund der Fall angegeben, daß zusätzliche (z.B. organmedizinische) Maßnahmen ergriffen werden müssen, wie dies etwa bei psychosomatischen Patienten erforderlich ist (Heigl 1972).

Auffallend ist, daß die stationäre Behandlung zum einen als eine in sich eigenständige Behandlung (z.B. Janssen 1988), zum anderen aber wiederum nur als eine Initialbehandlung oder als eine Krisenintervention aufgefaßt wird. Mit der letzteren Variante ist die Vorstellung verbunden, daß die stationäre Behandlung immer auf eine sich anschließende ambulante Behandlung bezogen ist.

Völlig unabhängig davon wird auch eine geographische Indikation genannt (Hoffmann et al. 1981; Ermann 1982, S. 178). Hier ist der Fall exemplarisch, daß der Patient in einem ländlichen Gebiet wohnt, in dem sich keine Psychotherapeuten angesiedelt haben. Stationäre Psychotherapie erscheint dann als eine Fokal- beziehungsweise Intervallbehandlung, die eine indizierte ambulante Langzeitbehandlung ersetzen soll (Heigl 1972; Beese 1971; Strotzka 1978, S. 376f.).

Sofern die Indikation zur stationären Therapie überhaupt erwähnt wird, ist sie nicht einheitlich bestimmt. Sie wird auch, soweit ich sehe, nicht systematisch aus einem theoretisch begründeten spezifischen Krankheitsbild heraus abgeleitet. Der Bezug auf die »strukturelle Ichstörung« (Fürstenau et al. 1970; Furstenau 1986) bleibt plakativ und wird in der Regel nicht im Sinne einer Indikation spezifisch auf die *stationäre* Behandlung bezogen.

Es ist zu erwarten, daß in der stationären Therapie Patienten mit den unterschiedlichsten Krankheitsbildern oder Störungstiefen gleichzeitig anzutreffen sind. Werden diese unterschiedlich gestörten Patienten nach einem einheitlichen stationären Konzept behandelt, das – wie auch immer – auf die Behandlung von »frühen« Störungen abgestellt ist, so ist dies als ein weiterer Befund dafür zu werten, daß durch die Realität der Klinikorganisation zusätzliche Komplikationen erzeugt werden können. Im Rahmen der therapeutischen Routinen in der Klinik könnte auf die *individuelle* psychische Realität des einzelnen Patienten nicht differenziert eingegangen werden. Strotzka (1978, S. 377) leitet seine Bedenken gegenüber der Klinikbehandlung alleine aus dieser Unbestimmtheit der Indikation ab. Er ist der Meinung, daß der Umgang eines »weniger gestörten« Patienten mit anderen, »sehr gestörten« Patienten zu einer »Verstärkung des Krankheitsverhaltens durch Anregung und Induktion« führen kann. Er gibt weiter zu bedenken, daß durch die Entlastung des Patienten von den Anforderungen seiner normalen Alltagswelt eine zu starke, nicht kontrollierbare Regression eingeleitet wird, die dem Patienten dann zusätzliche Probleme auferlegt, wenn er die Klinik verlassen und den alltäglichen Anforderungen in seiner gewohnten Umwelt wieder entsprechen muß, zumal eine Nachbehandlung an seinem Wohnort oft nicht möglich ist. STROTZKA hegt sogar die Befürchtung, daß durch diesen Bruch zwischen Klinikwelt und der normalen Alltagswelt des Patienten Gründe für eine erneute stationäre Behandlung erzeugt werden können.

Realistischerweise muß davon ausgegangen werden, daß die Indikation zur Klinikbehandlung auch durch die Bestanderhaltung des Kliniksystems selbst bestimmt wird (z.B. Belegungsdruck, vgl. BARDÉ 1987, S. 495f.). Ist die Klinik unterbelegt, dürften mehr Indikationen für eine Klinikbehandlung ausgesprochen werden. Es ist für diesen Fall schwierig, jenseits des ökonomischen Existenzdrucks der Klinik den individuellen Erfordernissen zu entsprechen, die für die Entwicklung eines Arbeitsbündnisses notwendig sind (LACHAUER 1982). GÖLLNER und SALVINI (1971; vgl. GÖLLNER 1977) kommen in ihrer empirischen Studie zu dem erstaunlichen Schluß, daß es in der symptomatischen Selbstbeschreibung von stationär und ambulant behandelten Patienten *keinen* wesentlichen Unterschied gibt. Für die Indikationsstellung dürfte dabei die professionelle Kompetenz des ambulanten Therapeuten von einer nicht zu unterschätzenden Bedeutung sein, deren Grenze bestimmt, wann der Patient *für ihn* zu einem »Problempatienten« (BECKER u. SENF 1988, S. 34) wird, der einer Klinikbehandlung bedarf. Der »Problempatient« wird hier aber nicht mehr als ein strukturell ichgestörter Patient bestimmt.

Die ambulante Behandlung von strukturell ichgestörten Patienten

Die Unbestimmtheit der Indikation zur Klinikbehandlung wird auch an der Tatsache deutlich, daß es Berichte über erfolgreiche ambulante Behandlungen von strukturell ichgestörten Patienten gibt.

HOFFMANN-RICHTER (1985) behandelte im Rahmen des Ulmer Unterrichtsmodells in einer Fokaltherapie erfolgreich einen 16-jährigen Colitis-Patienten. Der psychodynamisch formulierte Kernkonflikt bestand darin, daß der Patient sich nicht von seiner Mutter abgrenzen konnte und die Loslösungs-Aggressionen, die ihr galten, schuldhaft gegen sich selbst wenden mußte. In Situationen, in denen diese Dynamik besonders intensiv wirksam war, führte dies zur Somatisierung. »Die Gefühle, die plötzlich weg sind; daß er mit dem Bauch fühlt, was sein Kopf nicht wahrnimmt; daß ihm in den Darm fährt, hinten raus geht, was er an Spannungen nicht verbal äußern kann; daß er eine ›Lösung‹ in der Krankheit gefunden hat« (S. 142) sind Elemente des Fokus gewesen. Der Patient wurde aus dieser Behandlung symptomfrei entlassen. Es mag für diese Behandlung förderlich gewesen sein, daß es sich um einen Patienten handelte, der seine Symptomatik im Rahmen einer Adoleszenzkrise entwickelte, und deshalb die Therapeutin mit geringen Chronifizierungseffekten konfrontiert war. Dennoch ist es beachtenswert, daß eine solche psychosomatische Störung im Rahmen einer ambulanten Kurzpsychotherapie behoben werden konnte.

SCHÖTTLER (1981) berichtet ebenfalls von Erfolgen in der ambulanten Behandlung von strukturell ichgestörten Patienten mit psychosomatischen Störungen.

Interessant ist ihre Einschätzung, daß psychosomatische Patienten im wesentlichen das Entwicklungsniveau der Selbst-Objekt- Differenzierung erreicht haben sollten, *bevor* sie in eine Psychosomatische Klinik eingewiesen werden (S. 137). Damit stellt SCHÖTTLER implizit die These auf, daß die Ebene der »Grundstörung« (BALINT 1973) beziehungsweise die Ebene des »Basiskonfliktes« (KUTTER 1981), also die Behandlungsebene, auf der es um »Sein oder Nichtsein«, um »Leben und Tod« geht (S. 137), in der kurzfristigen Klinikbehandlung gar nicht entfaltet und bearbeitet werden kann. Dies kann ihrer Einschätzung zufolge nur ambulant im Vorfeld der Klinik geschehen. Sie erhebt damit dieselben Bedenken gegenüber einer stationären Klinikbehandlung, wie TRIMBORN und ERMANN sie an anderer Stelle vorgebracht haben.

Zwischenbilanz: Begründungsdilemma der Klinikbehandlung

Die Analyse des Begriffs der Klinikbehandlung, soweit er sich in der aktuellen Diskussion darstellt, führt zu dem Schluß, daß diese Behandlungsform bislang nicht eindeutig, weder in ihrer faktischen Existenz noch in ihrer psychoanalytischen Spezifität, *begründet* werden konnte. Dieses Begründungsdilemma zeichnet sich sowohl in der Unbestimmtheit der Indikation zu dieser Behandlungsmaßnahme als auch in der behandlungstheoretischen Unbestimmtheit des (stationären) Übertragungsbegriffs ab. Je nach Definition dessen, was im klinisch-stationären Raum als »Übertragung« definiert wird, werden unterschiedliche Schlußfolgerungen für die Behandlungstechnik gezogen (»Bühnenmodell« vs. »Rahmenmodell«). Dadurch setzt sich die Klinikbehandlung der Kritik aus, daß sie Diagnose, Indikation und Behandlung nicht gemäß den Erfordernissen des Patienten, sondern gemäß eigener Existenzerhaltungsinteressen vornimmt. Der Verdacht besteht darin, daß die Klinikbehandlung sich selbst den Patienten schafft, den sie für ihre Existenz benötigt.

Kontrastiv hierzu steht die Auffassung, daß psychotische, strukturell ichgestörte Patienten, im Gegensatz zur traditionellen psychiatrischen Vorgehensweise in ihrem Rahmen in einer optimalen Weise psychoanalytisch effektiver behandelt werden können. Dieser Nachweis ist empirisch allerdings bislang nicht erbracht worden. Damit mag auch zusammenhängen, daß die Diagnose einer strukturellen Ichstörung weitgehend unbestimmt bleibt und neuerdings durch den Begriff des »Problempatienten« ersetzt wird. Wie bedeutend diese Unbestimmtheit der Diagnose der strukturellen

Ichstörung ist, wird dann deutlich, wenn man sich klar macht, daß mit ihr weitläufig die Indikation zu einer stationären Behandlung verknüpft wird.

Im folgenden werden nun empirische Untersuchungen zur Klinikbehandlung unter dem Gesichtspunkt dargestellt, inwieweit deren Fragestellungen und Ergebnisse das theoretisch festgestellte Begründungsdilemma empirisch bestätigen oder Perspektiven eröffnen, in denen dieses Dilemma überwunden werden kann.

Empirische Untersuchungen zur stationären Psychotherapie unter besonderer Berücksichtigung der Teamdynamik

Professionelle Autonomie der Teammitglieder

Als ein Grundproblem des Teamansatzes in der Klinikbehandlung wird die Tatsache hervorgehoben, daß *mehrere* Personen an der Behandlung eines Patienten beteiligt sind, die über unterschiedliche professionelle Kompetenzen verfügen und darüberhinaus mit verschiedenen formalen und informalen Machtbefugnissen ausgestattet sind. Die Auffassung wird vertreten, daß Konflikte in der Teamgruppe schon aus diesen strukturellen Gründen zwangsläufig vorprogrammiert sind (FALCK 1971), zumal der Teamansatz eine effektive Leitung erschweren oder führungsschwachen Klinikleitern entgegenkommen würde (BERLIN 1970). SOLIDAY (1985) macht auf dieses Problem am Beispiel der Entscheidungsprozesse in einem Team aufmerksam, die sich auf die Frage bezogen hatten, ob ein Patient in eine geschlossene Abteilung zu überweisen sei oder nicht. JANICAK et al. (1985) verdeutlichen dieses Problem am Beispiel der Entscheidungen in einem Team hinsichtlich bestimmter Behandlungsmethoden und Behandlungsstrategien. Sie kommen zu dem Schluß, daß die Entscheidungsmuster in der Teamgruppe wesentlich durch die Berufserfahrung und die Dauer der Zugehörigkeit zum Team beeinflußt werden. Hierher gehören auch die Beobachtungen von JAEGGI (1983), die annimmt, daß eine *informale* Professionalisierungshierarchie, die zugleich mit einer bestimmten Prestigehierarchie im Team korreliert, Entscheidungsfindungen in Konfliktsituationen (z.b. die Frage, wer einen »schwierigen« Patienten übernimmt) reguliert. Diese Entscheidungsfindungen hängen ab vom Prestige bestimmter Behandlungsmethoden, von der Dominanz einer bestimmten Berufsgruppe im Team, aber auch von Spezialisierungstraditionen bestimmter therapeutischer Mitarbeiter, die nach dem Muster ablaufen, Mitglied A kann jenen und Mitglied B kann diesen Typ von Patient besonders gut verstehen und behandeln. JAEGGI vermutet, daß solche Typisierungen von Teammitgliedern eine integrierte Teamarbeit deshalb schwer beeinträchtigen können, weil sie zu informalen Leitungspositionen im Team (»graue Eminenzen«) führen können.

Gruppendynamische Effekte in der Interaktion Team – Patient(engruppe)

Unabhängig von der strukturellen Frage der Professionalisierung sind BERKOWITZ und LEFF (1984) der Auffassung, daß in jedem Fall klinische Behandlerteams »komplementäre Gegenübertragungspositionen« (vgl. RACKER 1978) zu den Positionen einnehmen, die die Patienten in ihrer Herkunftsfamilie innehatten. War zum Beispiel der stationäre Patient in seiner Familie mit extrem verachtenden Einstellungen konfrontiert worden, so ist zu erwarten, daß die Teamgruppe grundsätzlich diese Einstellungen unbewußt ebenfalls diesem Patienten gegenüber wiederholen (»inszenieren«) wird. Es besteht ihnen zufolge deshalb die Gefahr, die besonders WINNICOTT (1949) und auch SEARLES (1961) hervorheben, daß das Team diese »komplementären Gegenübertragungspositionen« reflexiv nicht kontrollieren und aufheben kann (vgl. auch BOOK et al. 1978; LAKOVICS 1983; HARTY 1979; BENETT et al. 1976). Um die Gefahr eines solchen »Agierens der Gegenübertragung« zu vermeiden, halten BERKOWITZ und LEFF eine kontinuierliche externe Supervision des Teams für erforderlich. Jedoch liegen hierzu neben den drei Fallvignetten der Autoren keine empirischen Untersuchungen vor.

Einen Versuch, die Interdependenz zwischen Team und

Patient empirisch näher zu präzisieren, unternehmen COLSON et al. (1985). Sie untersuchten Wahrnehmungsmuster von 11 Teams gegenüber 127 als »schwierig« eingeschätzten Patienten mit Hilfe von Fragebögen. Die Faktorenanalyse dieser Fragebögen ergab vier relevante Faktoren:

1. Charakterpathologie,
2. Psychotizismus,
3. Gewalt und Agitiertheit und
4. suizidal-depressives Verhalten.

Sie fanden heraus, daß die Faktoren 1. und 2. maßgeblich die Teamdefinition des »schwierigen« Patienten bestimmten. Die Faktoren 3. und 4. hingegen korrelierten so gut wie gar nicht mit der Charakterisierung eines Patienten als »schwierig«. COLSON et al. interpretieren diese Ergebnisse nicht weiter. Es liegt die Vermutung nahe, daß Teams offensichtlich eine spezifische Gruppen-Individualität (OHLMEIER 1976) entwickeln, aus der heraus bestimmte klinische Typisierungen der Attraktivität von Patienten konstruiert werden. Patienten, die mit Typisierungen des Teams nicht übereinstimmen, erzeugen Dissonanz und werden, weil sie die Konsistenzbedürfnisse der Teamgruppe nicht befriedigen, als belastend und »schwierig« empfunden. Die Ergebnisse lassen sich dahingehend bewerten, daß eine Teamgruppe gegenüber ihren Patienten besondere Reaktionsbereitschaften entwickelt, die nicht ohne weiteres im Sinne der »Widerspiegelung« der Innenwelt des Patienten aufzufassen sind (vgl. BECKMANN 1974).

REISS et al. (1984) untersuchten ebenfalls Wahrnehmungsmuster von 31 Teammitgliedern gegenüber 21 chronisch-psychotischen Patienten mit Fragebögen. Im einzelnen gingen sie von folgenden Fragestellungen aus:

1. Auf welchen Gefühlsdimensionen lassen sich Teamreaktionen gegenüber Patienten abbilden?
2. Sind Gefühlsreaktionen der verschiedenen Teammitglieder miteinander vergleichbar?
3. Gibt es spezifische interpretierbare Beziehungsformen zwischen der jeweiligen Symptomatik der Patienten und den Antworten des Teams?

Die Studie kommt zu folgenden Ergebnissen:

1. Faktorenanalytisch konnten drei Gefühlsdimensionen ermittelt werden, in denen das Team auf einen Patienten reagiert, nämlich in der Dimension a) Dysphorie b) Distanzierung und c) Argwohn (»Suspicion«). Diese Faktoren konnten als unabhängig von der Aufenthaltsdauer des Patienten nachgewiesen werden.
2. Die Teammitglieder reagieren auf einen Patienten ganz unterschiedlich, und zwar (in Anlehnung an RACKERS Terminologie) entweder »konkordant«, »komplementär« oder »defensiv«.
3. Die dritte Frage wird von REISS et al. nur global dahingehend beantwortet, daß die Reaktionen im Team deutlich in Abhängigkeit von den Zuständen des (der) Patienten variierten. Damit ist ein Hinweis auf Phänomene gegeben, die im Sinne der Interdependenz von Übertragung und Gegenübertragung interpretiert werden können, jedoch erweisen sich die Forschungsinstrumente als zu grob (Fragebögen), um einen differenzierten Einblick in diese Beziehungsdynamik zu ermöglichen.

In der klient-zentrierten Studie von GROSS et al. (1970) wurden die Wechselwirkungen zwischen dem Team und den Patienten untersucht, die sich während des Abschlusses der Behandlung auf einer Entlassungsstation befanden. Mit Hilfe der von BARRETT und LENNARD (1962) entwickelten Fragebögen wurden vier Variable: 1. Kongruenz, 2. Empathie, 3. Zugewandtheit zum Patienten (»level of regard«) und 4. die Grundhaltung des Therapeuten gegenüber dem Patienten (»unconditional regard«) im Sinne einer konstanten Zuwendung und Beachtung des Patienten, die unabhängig von dem Verhalten des Patienten ist, gemessen. GROSS et al. kamen zu dem Ergebnis, daß das Team das emotionale Klima auf der Station günstiger einschätzte als die Patienten. Auffallend war, daß die Patienten das Team besonders in der Dimension der Grundhaltung (»level of unconditional regard«) als defizient einschätzte. Wie solche Ergebnisse im einzelnen zu interpretieren sind, bleibt unklar. Die Befunde dieser Untersuchung lassen sich vielleicht als einen Hinweis dafür verstehen, daß es in der Interaktion zwischen Teamgruppe und Patientengruppe eine spezifische Beziehungsdynamik gibt, die nicht ohne weiteres im Sinne einer »Widerspiegelung« abläuft. Dazu kann auch gehören, daß die Teamgruppe durch eine interne Konfliktdynamik so absorbiert ist, daß sie sich nicht mehr optimal mit dem Patienten beschäftigen kann.

Einen Versuch, diese Beziehungsdynamik zwischen Team und Patientengruppe zu präzisieren, hat in einer sehr interessanten empirischen Untersuchung ENKE-FERCHLAND (1969) unternommen. Sie führte eine sozialpsychologisch orientierte Feldstudie über die Rollen der Psychotherapeuten und der Patienten sowie deren Wechselspiel im klinischen Feld einer psychosomatischen Abteilung (24 Betten) durch, die nach dem Modell einer bipolaren Gruppenpsychotherapie organisiert war (s.o. ENKE 1965).

Die Patientengruppe wurde soziometrisch unter drei Kriterien untersucht: 1. Beliebtheit (»Mit wem ist man am liebsten zusammen«), 2. Tüchtigkeit (»Mit welchen drei Mitpatienten möchte man zusammen in einer Gruppe sein«) und 3. Gruppenführung (»Welcher Patient wäre geeignet, die Führung der Gruppe zu übernehmen?«). Die Psychotherapeuten der Station sollten nun ihrerseits jeden Patienten auf der Station unter zwei Kriterien einstufen: 1. Therapeutische Mitarbeit in bezug auf das gesetzte Behandlungsziel und 2. Schweregrad der neurotischen Gestörtheit. Die Untersuchung wurde in zwei Durchgängen mit unterschiedlichen Patientengruppen durchgeführt. Ihr Ergebnis ist, daß ein Zusammenhang zwischen dem soziometrischen Status eines Patienten, wie er im Rahmen der Patientengruppe erfaßt wurde und dem Einschätzungsurteil der Psychotherapeuten der Station hinsichtlich der therapeutischen Mitarbeit bestand.

Der Vergleich zwischen soziometrisch erfaßtem Status des stationären Patienten und der Einschätzung seiner Gestörtheit durch die Therapeuten auf der Station ergab die Tendenz, daß die von den Psychotherapeuten als »schwer« oder »früh gestört« eingeschätzen Patienten zugleich auch einen niedrigen soziometrischen Status innerhalb der Patientengruppe hatten (ENKE-FERCHLAND 1969, S. 43f.). Die Hypothese, daß Rangpositionen innerhalb der Patientengruppe mit dem Schätzurteil der Psychotherapeuten korrelierten, konnte bestätigt werden.

Interessant an diesem Ergebnis ist der Nachweis, daß im stationär-klinischen Feld, in dem die Teamgruppe mit der Patientengruppe interagiert offensichtlich mit einer autonomen Soziodynamik zu rechnen ist, die dazu geeignet sein kann, die Grundvoraussetzungen einer psychoanalytischen Behandlung außer Kraft zu setzen: »Die für die Klinik fatale Konsequenz wäre: beliebt und tüchtig im Erleben der Patientengruppe wäre derjenige, der nach dem Urteil der Therapeuten gut mitarbeitet und relativ wenig gestört ist« (ENKE-FERCHLAND 1969, S. 44). Bereits STANTON und SCHWARTZ (1954, S. 223f.) hatten diese gruppendynamische Effekte bemerkt und nachdrücklich darauf aufmerksam gemacht, daß Patienten mit einem niedrigen Status (»reputation«) keine oder schlechtere Behandlungserfolge erzielen als Patienten, die im Stationssystem einen hohen Status zugewiesen bekamen.

Demnach muß man im klinisch-stationären Feld mit Prestigehierarchien und dem Druck von Gruppennormen rechnen, nach denen nur der im Sinne der persönlichen Wert- und Normsetzungen der Psychotherapeuten konforme Patient, der »aktiv mitarbeitet« und »wenig gestört« ist – was immer das im einzelnen heißen mag – im Rahmen der Station eine Existenzberechtigung erhalten würde (vgl. auch CAUDILL 1958, S. 329). Der Kliniktherapeut wäre demnach der Gefahr ausgesetzt, durch solche vorbewußt oder sogar unbewußt wirkenden gruppendynamischen Effekte auf der Station in seiner für die psychoanalytische Haltung notwendigen Neutralität und Abstinenz beeinträchtigt zu werden. Es zeichnet sich damit eine Tendenz ab, daß eine psychoanalytisch geführte Behandlung *durch ihre Rahmung*, nämlich durch die Eigenarten der stationären Klinikorganisation, beeinträchtigt oder gestört werden kann.

Eine Bekräftigung dieser Hypothese kann in der empirischen Untersuchung von HENGEVELD et al. (1987) gesehen werden. Die Autoren stellten fest, daß »Problempatienten« einer Krankenstation, derentwegen Not-Konsiliardienste in Anspruch genommen wurden, als »Indexpatienten« für ungelöste Konflikte in der Teamgruppe fungierten. Jedoch wird diese Hypothese im einzelnen nicht empirisch nachvollziehbar belegt.

Gruppenphantasien im Team

Gruppen werden durch unbewußte Phantasien integriert (vgl. ANZIEU 1984; ARGELANDER 1963/1964). Ebenso werden Institutionen im Sinne organisierter Gruppenverbände nicht nur durch rationale Regeln, sondern ebenso durch unbewußte Übertragungen ihrer Mitglieder stabilisiert. Organisierte Abläufe in Institutionen können durch Abwehrbedürfnisse gegenüber ängstigenden individuellen Konfliktkonstellationen der verschiedenen Organisationsmitglieder zusammengehalten werden (vgl. BOARD 1978; JAQUES 1971; KUTTER 1985; MENZIES 1974; MENZIES-LYTH 1988). Die Organisationssoziologie erforscht dieses Phänomen unter dem Begriff der »informalen Organisation«.

VOLK (1980) hat kollektive Wünsche und Phantasievorstellungen von Teamtherapeuten erforscht. Sie stellen seiner Meinung nach eine wichtige strukturelle Determinante für die Organisation der Klinik und des Behandlungsprozesses dar. VOLK ist der Auffassung, daß »jenseits aller Theorien und Konzepte es die einzelnen Menschen sind, die die Therapien durchführen und die den Klinikalltag einer psychosomatischen Klinik gestalten. Wenn man in der stationären Psychotherapie die Psychodynamik der Patienten für wesentlich hält, dann müssen auch die unbewußten Vorgänge des Personals berücksichtigt werden (..) sie sind ein wichtiger, wenn nicht entscheidender Einflußfaktor für die Gestaltung einer Klinik und die Durchführung der Therapie« (VOLK 1980, S. 252f.).

VOLK führte mit 9 Therapeuten und zehn Hilfstherapeuten des medizinischen Bereichs (Schwestern, Masseure etc.) eine freie Gruppendiskussion über die »Wunsch- und Traumklinik« durch. Das Ergebnis ist eindrucksvoll. Es handelt sich um ein idyllisches Haus in unbefleckter Natur, in dem alle friedlich, gemütlich ohne Konflikte in Harmonie zusammenleben. Auffallend war, daß therapiespezifische Wünsche bezüglich der Optimierung der therapeutischen Behandlung oder des therapeutischen Konzeptes kaum geäußert wurden. Demgegenüber standen milieuspezifische Wünsche stark im Vordergrund. »Die familiäre Ausstrahlung wurde immer wieder betont (...) Das Ganze sollte eine geglückte Familie sein, alles sollte von Liebe getragen werden. Ein starkes gegenseitiges Akzeptieren müsse vorhanden sein. Die Therapeuten sollten sich mit den Patienten auf eine Stufe stellen« (VOLK 1980, S. 254f.).

VOLK zieht aus diesen Befunden den Schluß, daß die Indikation für eine stationäre Therapie das Ergebnis einer persönlichen Gegenübertragung des/der Kliniktherapeuten sei, die auf unbewältigte infantile Versorgungsphantasien zurückzuführen ist.

Berücksichtigt man die Befunde der oben bereits genannten Untersuchung von GÖLLNER und SALVINI, daß nämlich die meisten stationär behandelten Patienten mit ihrer Störung prinzipiell auch ambulant behandelt werden können, könnte hier eine Bedingung für die Zuweisung von Patienten in eine stationäre Psychotherapie gesehen werden. Ähnlich wie BERLIN (1970) stellt VOLK Vermutungen über die Therapeutenpersönlichkeit an, die in spezifischer Weise dafür prädisponiert ist, in der Klinik zu arbeiten. Der ambulant arbeitende Psychotherapeut ist ihm zufolge ichstärker, stabiler und selbstbehauptender, da er sich im »rauhen Wind« der ambulanten Praxis durchschlagen muß. Der Kliniktherapeut hingegen hält sich eher in einem phantasierten mütterlichen Schutz (vgl. SIMMEL 1928) der Klinik auf und kann deshalb insgesamt passiver und abhängiger sein und bleiben. Er sei deshalb darauf angewiesen für sich Patienten zu bekommen, an denen er seine eigenen infantilen Versorgungsphantasien ausleben kann. Er erhebt Bedenken, daß auf diesem Hintergrund die Klinikbehandlung in ein »narzißtisches Theater entartet« (S. 257). Das stationäre Team würde demnach durch eine Phantasie integriert sein, die dazu geeignet ist, vor allem aggressive ödipale Triebkonflikte abzuwehren. Zu prüfen wäre, inwieweit die Konzeptualisierung der stationären Psychotherapie als ein Arrangement für das »Holding« beziehungsweise für die Bereitstellung eines »Übergangsraumes« sich möglicherweise einer solchen Abwehrphantasie einfügen könnte.

Zu ähnlichen Ergebnissen, wenn auch methodisch viel differenzierter dargestellt, kommt KLAPP (1985) in seiner empirischen Untersuchung von Behandlungsteams auf einer medizinischen Intensivstation (KLAPP 1985, S. 119f.). Die Teamgruppe wird von deren Mitgliedern unterschiedlich entlang der Kluft zwischen dem Pflege- und Ärzteteam erlebt. Zwischen diesen beiden Untergruppen entwickeln sich Konfliktspannungen, die sich um enttäuschte Solidaritäts- und Anerkennungsbedürfnisse drehen (KLAPP 1985, S. 130). Im Pflegeteam fand er depressive Persönlichkeitskonstellationen mit hohen Idealvorstellungen. Im Sinne des Helfersyndroms sollen über die Rettung letaler Herzinfarktpatienten eigene ungelöste existentielle Konflikte gelöst werden. Das Pflegeteam überträgt übersteigerte Anerkennungsbedürfnisse auf das Ärzteteam, die aus strukturellen Gründen schwer enttäuscht werden. Dies hat zur Konsequenz, daß die Mitglieder des Pflegeteams sehr viel mehr Streß erleben als die Mitglieder des Ärzteteams. Ein pathogener Ausweg aus dieser strukturell bedingten Frustration der narzißtischen Wünsche der Mitglieder des Pflegeteams besteht darin, daß sie paradoxerweise gerade von letalen Patienten durch übersteigerte Therapieeinsätze, die häufig durch den Exitus der Patienten enttäuscht werden, die Anerkennung einholen wollen, die ihnen von den Ärzten »verweigert« wird.

Die Mitglieder des Ärzteteams müssen eine solche selbstdestruktive depressive Psychodynamik in der Teamgruppe nicht entfalten, weil sie ihre narzißtischen Anerkennungsbedürfnisse im Rahmen ihrer Karriere befriedigen können. Der Aufenthalt im Team ist für sie nur eine Übergangsphase auf dem Weg zum Facharzt.

KLAPP kommt zu dem Schluß, daß auf die integrierte Teamgruppe »Familienübertragungen« entwickelt werden. Besonders die Mitglieder des Pflegeteams erleben die Ärzte, die psychodynamisch in die Position des Vaters oder des großen Bruders gesetzt werden, als sehr enttäuschend. Diese Übertragungsdynamik führt innerhalb eines integrierten Teams dazu, daß das Team von *allen* Mitgliedern als ausgebrannt und emotional verödet erlebt wird. Er vermutet, daß einer solchen selbstdestruktiven Teamdynamik unbewußte präödipale *Omnipotenzphantasien* zugrundeliegen.

Diese empirischen Befunde zur Teamdynamik legen die Hypothese nahe, daß die Teamgruppen weder auf einer reflexiv-interaktionellen, noch auf einer ödipalen, sondern eher auf einer präödipalen, oral-symbiotisch-narzißtischen Phantasieebene integriert sind.

Demnach bestimmen nicht nur strukturelle Gegebenheiten der Klinikorganisation (differentielle Professionalisierung) und gruppendynamische Effekte (Patientenstereotypien), sondern maßgeblich auch *unbewußte Phantasien* in der Teamgruppe vorab die Beziehung des Teams zum Patienten.

Die Bedeutung einer integrierenden unbewußten Gruppenphantasie stellen PAAR und DIERCKS (1985) am Entwicklungsprozeß von Balintgruppen dar. Ihnen zufolge finden in einer solchen Gruppe dieselben unbewußten Entwicklungsprozesse statt, wie sie auch in Therapiegruppen beschrieben worden sind (vgl. SAVARY 1975, 1978).

SANDNER (1978, 1981) postuliert für den Prozeß in Gruppen ein allgemeines epigenetisches Prinzip. Es besagt, daß der Gruppenprozeß sich von der Ebene der präödipalen über die ödipale zur interaktionell-reflexiven Beziehungsebene fortentwickelt. Jede Entwicklungsebene kann durch einen vorherrschenden Triebwunsch der Gruppenmitglieder in Bezug auf die Klinik, auf den Patienten oder auch auf den Leiter/Supervisor charakterisiert werden. Dieser Triebwunsch integriert die Gruppe als Triebsubjekt in Bezug auf ein Triebobjekt. Nach den bisherigen empirischen Befunden liegt die Hypothese nahe, daß es vorrangig orale, narzißtisch-symbiotische Triebwünsche (Phantasien) sind, welche ein Klinikteam integrieren.

Berücksichtigt man die Befunde zum »indirekten Spiegelphänomen« in Balintgruppen (KUTTER 1983), so kann davon ausgegangen werden, daß der jeweils vorgestellte »problematische« Patient gleichzeitig eine unbewußte Konfliktthematik des Teams reflektiert (BROMBERGER et al. 1973). Demnach ist »(...) der Bericht der vorstellenden Gruppenmitglieder über seine Beziehung zu einem Patienten (...) immer auch ein Ausdruck des zur Zeit in der Gruppe vorherrschenden psychodynamischen Konflikts sowie der dadurch konstellierten Gegenübertragung auf den Leiter (...).

Die in der Balintgruppe thematisierte Beziehungsdynamik interferiert (...) zweifellos mit den unbewußten persönlichen Konflikten der Gruppenteilnehmer und ist nur auf einer Seite determiniert durch die Konflikte des Patienten« (PAAR u. DIERCKS 1985; S. 256f.; vgl. BARDÉ 1991a, S. 6ff.).

Wenn dem so ist, dann wäre davon auszugehen, daß der in der Teamsupervision vorgestellte Patient auch als eine »indirekte Reflexion« der jeweiligen unbewußten Phantasien und Konflikte im Team gelesen werden kann.

Interaktionsanalytische Studien zur Teamdynamik

ZENZ (1970) untersuchte mit Hilfe der Interaktionsprozeßanalyse von BALES (1956) sechs Stationspersonalkonferenzen in einer Gießener Psychosomatischen Klinik (vgl. STEPHANOS 1973). ZENZ schlüsselte die formalen Kommunikationsstrukturen des therapeutischen Teams auf. Er differenzierte das integrierte Therapeutenteam nach den in ihm vertretenen Berufsgruppen (Arzt, Stationsschwester, Nachtschwester, Gestaltungstherapeut etc.) und beobachtete dann die Interaktionsverläufe während der Konferenzen. Er kommt zu dem Ergebnis, daß die ranghöheren Mitglieder des Teams am meisten erklärten und am wenigsten über die Beziehung zu den Patienten während der Behandlung berichteten. Er konnte ferner nachweisen, daß in den Stationskonferenzen vor allem die Äußerung von negativen Affekten (Aggression, Trauer) regelmäßig durch Versachlichung abgewehrt wurde.

Zu ähnlichen Ergebnissen kommt CAUDILL (1958) in seiner Interaktionsprozeßanalyse (IPA) von 63 Stationskonferenzen in einem psychoanalytisch geführten psychiatrischen Krankenhaus. Er stellt fest, daß die Rolle der Schwester den niedrigsten Status in der Teamgruppe hat und deshalb mit ihr eine große Unsicherheit verknüpft ist. Dieser strukturelle Konflikt führt zu Selbstwertstörungen und zu Rückzugsverhalten (»passive minimal participation« S. 259f., S. 336). Aufgrund eines Professionalisierungsdefizits bildet sich in dieser Rollengruppe des Teams eine informale Subkultur heraus (S. 318), in der *die* Erfahrungen mit den Patienten ausgetauscht werden, die im offiziellen Team gegenüber den statushöheren Vorgesetzten (»seniors«) deshalb nicht geäußert werden, weil man der Meinung ist, daß die eigenen Äußerungen dort nicht wahrgenommen werden (»it wouldn't be recognized anyway«) oder die eigenen Erfahrungen unwichtig sind (»..they had little to contribute« S. 259). Dieser rollenstrukturelle Basis-Konflikt in einem Team (vgl. BARDÉ U. MATTKE 1991) kann dazu führen, daß über eine strukturell bedingte mangelnde Kooperation auf der Seite der Teamgruppe auf der Patientenseite Phänomene der Desintegration (»open collective disturbance«) produziert werden (S. 308f.). Organisatorische Lücken im Behandlungsrahmen können dann sowohl von den Patienten als auch von Teammitgliedern benutzt werden, um unbewußte und ungelöste persönliche und professionelle Konflikte auszuagieren (vgl. STANTON u. SCHWARTZ 1954, S. 300). Mit dem niedrigen Status der Pflegerollen ist nach der Untersuchung von CAUDILL zugleich eine Hemmung in der affektiven Expressivität und eine Steigerung von unstrukturierten Spannungen verbunden (S. 261). Die affektive Expressivität ist den ranghöheren Rollen (»seniors«) vorbehalten. Die strukturell aufgezwungene Affektisolierung (Aggression!) in den Pflegerollen wird hier immer wieder hervorgehoben. (vgl. BÖKER-SCHARNHOLZ 1981; STEPHANOS u. ZENZ 1971; WERQUET 1981). CAUDILL zieht aus diesen Befunden den Schluß, daß erstens die psychoanalytische Behandlung in der Klinik nicht alleine eine Frage von Übertragung und Gegenübertragung zwischen Analytiker und Patient sein kann, sondern daß die Eingebundenheit dieser beiden Personen in den Rahmen des sozialen Systems der Station unbedingt mitberücksichtigt werden muß (S. 322). Zweitens ist angesichts dieser Vernetzung der Pflegerollen in den analytischen Behandlungsprozeß eine systematische Professionalisierung dieser Rollen (»therapeutic training«) unbedingt erforderlich, damit das Team als ein stabiler integrierter Behandlungsrahmen für die Patienten gewährleistet ist.

In diesem Zusammenhang ist die empirische Untersuchung von BALZER et al. (1980) nicht uninteressant. Diese Forschergruppe untersuchte ebenfalls mit der IPA von BALES die Behandlungsverläufe von neurotischen und psychosomatischen Patienten, die in einer Psychosomatischen Klinik in der Regel über eine Zeitdauer von drei Monaten behandelt wurden. BALZER et al. charakterisieren die psychosomatischen Patienten durch eine starke Überangepaßtheit und einer Pseudoemotionalität. In dieser Patientengruppe waren gegenüber der Gruppe der neurotischen Patienten »doppelt so viele Symptomverschiebungen« und »Symptomneubildungen« zu beobachten. Fünfzig Prozent brachen die stationäre Therapie vorzeitig ab (neurotische Patienten: 33%). BALZER et al. vermuten, daß die Psychosomatiker in ihrem Wunsch nach Abhängigkeit in einer möglichst ungestörten Symbiose mit realen Befriedigungen (»Phantasiearmut«) von der kurzen dreimonatigen gruppentherapeutischen Behandlung zu sehr enttäuscht worden sind. Vermutet wird aber auch, daß die Psychotherapeuten gegenüber den psychosomatischen Patienten aufgrund ungelöster Gegenübertragungsprobleme sich von diesen Patienten zunehmend distanziert hatten, was sich in einer Abnahme ihrer verbalen Aktivität niederschlug. Die psychosomatischen Patienten könnten dadurch so frustriert worden sein, daß sie aus Enttäuschungswut entweder neue Symptome produzierten oder die stationäre Behandlung in der Klinik abbrachen.

Die Interaktionsprozeßanalyse führte zu dem Ergebnis, daß mit den psychosomatischen Patienten vor allem die negativen aggressiven Affekte kaum durchgearbeitet wurden. Zugleich wurde in der Studie herausgefunden, daß das Durcharbeiten der negativen Affekte als ein generelles Kriterium für den Erfolg einer stationären Psychotherapie anzusehen ist (zur Aggressivität vgl. DE BOOR 1976; ELHARDT 1974). Die psychosomatischen Patienten zeigen in der Regel selbst kaum Spannungen, sie werden aber häufig zum Ziel von Spannungsäußerungen der neurotischen Patienten. Die psychosomatischen Patienten erzeugen erst am Ende der stationären Behandlung – *kurz vor der Trennung* von der Klinik – erhebliche Spannungen, die dann aber in der Regel nicht mehr bearbeitet werden können (BALZER et al. 1980, S. 284).

Wenn man davon ausgeht, daß die Forschergruppe von BALZER et al. Behandlungsprozesse untersuchten, die von einem integrierten Team geführt wurden und wenn man weiter davon ausgeht, daß, wie die Untersuchungen von

ZENZ (1970) und KLAPP (1985) zeigten, daß das Pflegepersonal als ein unterprofessionalisierter Teil des Teams die negativen Affekte absorbiert, diese aber aus strukturellen Gründen *im* Team nicht *repräsentiert* werden können, dann liegt die Schlußfolgerung nahe, daß in der Beziehung zwischen dem integrierten Team und dem stationären Patienten vor allem die negativen aggressiven Affekte im Pflegebereich als einer »Negativgruppe« des Teams untergebracht werden. Die Entsprechung dieser teaminternen Verwerfung der aggressiven Affekte wäre der Behandlungsabbruch oder eine neue Symptombildung bei den vor allem psychosomatisch gestörten Patienten, da sie grundsätzlich kaum eine Chance haben, ihre Trennungs-Affekte mit dem Behandlerteam zu bearbeiten.

Teamdynamik und Kontrollüberzeugungen der Teammitglieder

Nach ROTTER (1954, 1966) sind Kontrollüberzeugungen Dimensionen der Persönlichkeit, nach denen Handlungsergebnisse nach Maßgabe ihrer subjektiven Kontrollierbarkeit interpretiert werden (vgl. HERSCH et al. 1967). Die Interpretation, ob Ereignisse durch das Subjekt kausal manipuliert werden können verstärkt ihrerseits die Entscheidung darüber, ob eine aktiv-intentionale Handlungsplanung trotz äußerer Widerstände aufrechterhalten oder unter Resignation eingestellt wird.

Das Konzept der Kontrollüberzeugung ist verwandt mit dem Konzept der Attribution. Die externale Kontrollüberzeugung hat eine Affinität zu psychoanalytischen Konzepten der Projektion und der Ichschwäche (»strukturelle Ichstörung«) aber auch zu dem Konzept der Depression.

KRAMPEN (1981; vgl. STIENSMEIER et al. 1985) unterscheidet drei Dimensionen der Kontrollüberzeugung:

1. Internalität: Hier wird die subjektiv in der eigenen Person wahrgenommene Kontrollkapazität über Lebensereignisse, von der die Möglichkeit der Selbstverstärkung abhängig ist, hoch eingeschätzt;
2. Externalität: Hier wird die Kontrollkapazität über die

kausalen Bedingungen der Lebensereignisse als sehr niedrig eingeschätzt, so daß sich das subjektive Gefühl von Hilf- und Hoffnungslosigkeit einstellt (vgl. die Depressionskonzepte von BECK 1986; SELIGMAN 1986). Es wird davon ausgegangen, daß andere mächtige Personen das Ergebnis eigener Handlungen bedingen;
3. Externalität, die durch Fatalismus als eine generalisierte Verhaltenserwartung bedingt ist, die besagt, daß die Welt grundsätzlich unbeeinflußbar ist und die Lebensereignisse letztlich von einem allmächtigen Schicksal verursacht werden.

Faktorenanalysen des Fragebogens von KRAMPEN ergaben, daß sich die Internalitätsskala noch in zwei weitere Faktoren aufteilt, nämlich a) in Internalität, die durch subjektiv wahrgenommene eigene Fähigkeiten und b) Internalität, die durch eine hohe Anstrengungsbereitschaft beziehungsweise durch ein als hoch angenommenes Durchsetzungsvermögen bedingt ist.

SINGER (1965) interpretiert den psychotherapeutischen Behandlungsprozeß als eine Bewegung, in der externale Interpretationsmuster in internale transformiert werden sollen. In empirischen Untersuchungen konnte nachgewiesen werden, daß psychische Krankheitsphänomene in einem Zusammenhang mit einer hohen Externalität stehen und erfolgreiche Behandlungen zu einer ausgeprägten Internalität der Patienten führte (vgl. SPAR 1976, S. 41ff.). TOLOR und REZNIKOFF (1967) bringen die Fähigkeit zur Introspektion mit der Ausprägung internaler Kontrollüberzeugungen in Verbindung. Empirisch wurde nachgewiesen, daß die Fähigkeit zur zielorientierten Selbstbehauptung (LEFCOURT 1966, 1982), die Fähigkeit zur stabilen und konstruktiven Bewältigung von Versagenssituationen (BUTTERFIELD 1964) und die Fähigkeit zu einer autonomen Selbstartikulation (WARHIME u. FOULDS 1971) in Abhängigkeit vom Ausprägungsgrad der Internalität variiert.

SPAR (1976) versucht den *Zusammenhang von Teamstruktur und Behandlungsverlauf* anhand des Konzeptes der Kontrollüberzeugungen empirisch darzustellen. Diese Untersuchung ist von der Fragestellung und Methodik her bislang einzigartig und wird deshalb ausführlich dargestellt. Er unterstellt in seinem Untersuchungsansatz die These einer »indirekten Spiegelung« als einer Variante des »Bühnenmodells«. Sie behauptet, *daß die Entwicklung des Patienten im Prozeß der Klinikbehandlung in Abhängigkeit von der Struktur des integrierten Teams verläuft.*

Seine erste Hypothese besagt, daß sich die Therapeuten-Teams durch unterschiedliche Ausprägungsgrade auf den Dimensionen Internalität und Externalität differentiell abbilden lassen. Das war der Fall, so daß die zweite Hypothese überprüft werden konnte, ob ein internal strukturiertes Team bessere Therapieergebnisse in dem Sinne erreichen kann, daß dessen Patienten im Verlauf der Behandlung ausgeprägtere internale Orientierungen entwickeln können (und umgekehrt, daß externalen Teams eine solche Umstrukturierung weniger gelingt).

Spar führt als weitere Variable die Fähigkeit des Leiters ein, im Team ein förderliches Klima herzustellen (»facilitating skills«), die er über ein Ratingverfahren (Charkuff 1969) mißt. Verfügt der Team-Leiter über gute »facilitating skills«, so wird erwartet, daß auch die Patienten im Rahmen der Therapeutischen Gemeinschaft eher zur Selbstexploration angeregt werden, als wenn der Leiter des Teams diese Fähigkeit nicht hat.

Als dritte Variable führt Spar die Beziehungsstruktur der Teamgruppe ein. Er nimmt an, daß die Entwicklung eines Patienten, der von einer integrierten Teamgruppe behandelt wird, sich in Abhängigkeit von der Beziehungsstruktur der Teamgruppe vollzieht. Empirisch charakterisiert er die Teamgruppe mit Hilfe der »Group Environment Scale« von Moos et al. (1973; vgl. Moos et al. 1974). Dieser Fragebogen erfaßt drei Dimensionen: 1) die Beziehungen (Kohäsion, Führungsstil, emotionale Expressivität); 2) die Persönlichkeit (Unabhängigkeit, Aufgabenorientierung, Introspektion (»self-discovery«), Angst und Depression) und 3) die Erhaltung beziehungsweise Veränderung des Gruppensystems (Regeln und Organisation, Autorität (»leader control«) und Innovation). Jedes einzelne Teammitglied wurde auf diesen drei Dimensionen über den Fragebogen charakterisiert. Spar untersuchte diese drei Dimensionen in fünf Therapeutenteams (29 Mitarbeiter), die insgesamt 165 Patienten im Rahmen einer Therapeutischen Gemeinschaft für die Dauer von etwa drei Monaten in der Klinik stationär behandelten.

Er kommt in seiner Untersuchung zu folgenden Ergebnissen (1976, S. 158ff.): Alle fünf therapeutischen Teams unterschieden sich in der Dimension der Kontrollüberzeugungen. Dies hatte direkte Auswirkungen auf den Verlauf des Behandlungsprozesses. In dem Maße, wie ein Therapeutenteam internal strukturiert war, bewegten sich auch dessen Patienten von anfänglicher Externalität zu einer ausgeprägteren Internalität.

Ferner fand SPAR einen engen statistischen Zusammenhang zwischen Internalität eines Therapeutenteams und dessen Introspektionsfähigkeit (»self-discovery« in der Group-Environment-Scale). Therapeutenteams mit hoher Internalität zeigten gegenüber dem Teamleiter eine größere Unabhängigkeit, als dies in Teams mit hoher Externalität der Fall war. Externale Teams machten sich in höherem Maße von ihren Leitern abhängig und wirkten in diesem Sinne für die Patienten als ›negative Modele‹.

SPAR zieht aus diesen Ergebnissen zwei Schlußfolgerungen. Zum einen sollten vorzugsweise nur solche therapeutische Mitarbeiter eingestellt werden, die in hohem Maße internal orientiert sind. Zum anderen sollten therapeutische Teams systematisch in der Entwicklung internaler Kontrollüberzeugungen trainiert werden. Seine Untersuchung verweist damit auf das Professionalisierungsproblem innerhalb der multiprofessionellen Teamgruppe. Internalität ist als ein (intendiertes) Resultat psychotherapeutischer Professionalisierung aufzufassen. In einer systematischen Selbsterfahrung (z.B. Psychoanalyse) soll der therapeutisch Tätige eine fundierte Kenntnis über die Bedingungen seiner unbewußten Erlebens- und Wahrnehmungsweisen erwerben. Die verfügbaren Untersuchungen über therapeutische Teams zeigen allerdings, daß diese Qualifikation in einem integrierten Team nicht gleichermaßen gegeben sind. Deshalb ist zu erwarten, daß innerhalb eines integrierten Teams entlang der verschiedenen Berufsgruppen unterschiedliche Ausprägungen von internalen und externalen Kontrollüberzeugungen vorhanden sind. Daraus folgt, daß *generell* nicht von

»Widerspiegelungen« zwischen Team und Patient gesprochen werden kann, da die Teamgruppe grundsätzlich zu heterogen ist. Die Untersuchung dieses Problems ist SPAR aufgrund der Verpflichtung gegenüber der gruppenstatistischen Forschungsmethodik notwendig versperrt geblieben. Gleichwohl handelt es sich hier um eine klinisch relevante Fragestellung, die methodisch für eine einzelfallanalytische Forschungsstrategie in der Untersuchung von therapeutischen Teams spricht.

Zusammenfassung: Problemstellungen und Forschungsfragen

Der Überblick über die theoretischen Konzepte der Klinikbehandlung und über die vorliegenden empirischen Forschungsergebnisse zu dieser Behandlungsform läßt sich in folgenden Punkten zusammenfassen:

1. Zum gegenwärtigen Zeitpunkt ist ein ungelöstes Dilemma in der metapsychologischen Bestimmung der Klinikbehandlung zu konstatieren (»Bühnenmodell« vs. »Rahmenmodell«).
2. Dieses Dilemma zeigt sich in mehreren Facetten:
   a) Es ist unklar, ob eine Übertragungsanalyse durchgeführt werden kann oder nicht.
   b) Der Übertragungsbegriff bleibt in der bisherigen Diskussion unscharf. Es ist unklar, ob archaisch-verzerrte Objektbeziehungen im strengen Sinne »übertragen« und »analysiert« werden können.
   c) Die Diagnose »strukturelle Ichstörung« erscheint in einem *klinischen* Sinne wenig aussagekräftig. Sie ist eine unbestimmte Omnibusdiagnose.
   d) Die Indikation zur Klinikbehandlung wird häufig von der Diagnose einer strukturellen Ichstörung abhängig gemacht und ist ebenso begrifflich randunscharf. Diese begriffliche Unterbestimmung wird unterstützt durch weitere Indikationskriterien, die unabhängig von der Diagnose einer strukturelle Ichstörung genannt werden.

e) Es ist unklar, inwieweit die Klinikbehandlung als eine eigenständige Behandlungsform oder nur als eine Initialbehandlung für eine anschließende ambulante Nachbehandlung gesehen wird.
3. In der integrierten Teambehandlung muß davon ausgegangen werden, daß die Integration der Hilfstherapeuten mit dem Bereich der (psychoanalytischen) Psychotherapeuten ein *strukturell* hochsensibler Bereich ist. Es muß damit gerechnet werden, daß dem Handlungssystem »integriertes Team« notwendig eine Tendenz innewohnt, auf die bifokale Organisationsform zurückzufallen, wobei unklar ist, ob ein Team aufgrund seiner strukturellen Heterogenität je vollständig integriert werden kann. Die Bifokalität, in der der analytische Bereich und der hilfstherapeutische Bereich unvermittelt prozessieren, ist das Systemproblem, für dessen Lösung gerade der integrierte Behandlungsansatz entwickelt wurde.
Relevante Faktoren für die »Systemkapazität« eines integrierten Teams, dieses Problem zu lösen sind a) differentielle Professionalisierungen (Selbst-, Berufs- und bereichsspezifische Supervisionserfahrung; theoretische Kenntnisse) b) Persönlichkeitsstruktur (Depressivität [vgl. VOLK], Kontrollüberzeugungen [vgl. SPAR]) c) Macht- und Statusstrukturen in der Klinik als sozialer Organisation (vgl. CAUDILL, KLAPP, ZENZ) und d) die Persönlichkeit des Leiters des Teams/der Klinik (vgl. SPAR). Empirische Untersuchungen weisen darauf hin, daß die Kooperativität und affektive Expressivität in Abhängigkeit von diesen Faktoren variieren.
4. Das Team wird als Gruppe durch unbewußte Phantasien integriert. Es kann aufgrund der empirischen Forschungsbefunde vermutet werden, daß diese Wunsch-Phantasien auf einem oral-narzißtischen Niveau angesiedelt sind. Solche Phantasien würden dann die »Lücken«, die sich in der Unbestimmtheit der Diagnose und Indikation öffnen, »füllen«. Sie würden auch die Entscheidungen über die Behandlungstechnik und die Konzeption der Behandlungsführung bestimmen (»Holding« vs. »Triebkonflikt«; »Übergangsraum« vs. »ödipale Rivalität«). Die Existenz von integrierenden Phantasien auf diesem Niveau impli-

ziert die Hypothese, daß integrierte Teams Schwierigkeiten haben dürften im Umgang a) mit aggressiven Übertragungen (z.B. Trennungen) b) mit aggressiven Autonomie- und Individuationsforderungen und c) mit ödipalen Triebthematiken (»polymorph-perverse Sexualität«, »inzestuöse Triebwünsche«, »Inzesttabu« und »Generationenschranke«). Das strukturelle Übertragungsangebot eines Teams wäre in dieser Dimension die Aufnahme in die Klinik als »Mutterbauch« (SIMMEL). Für a) (BALZER et al.) und b) (ENKE-FERCHLAND; VOLK) gibt es empirische Hinweise und Befunde.

5. Die These, daß sich die intrapsychische Situation des Patienten im Team »widerspiegelt« (JANSSEN 1987) erscheint angesichts der strukturellen Komplexität einer Teamgruppe insofern problematisch, als diese Behauptung nicht in dieser Allgemeinheit aufrechterhalten werden kann. Vielmehr ist zu erwarten, daß mit der differentiellen Professionalisierung der Teammitglieder differentielle Chancen der emotionalen Expressivität verknüpft sind (CAUDILL; STANTON U. SCHWARTZ; ZENZ), die eher eine fragmentarische Repräsentation des Patienten im Team erwarten lassen. Es gibt empirische Hinweise dafür, daß triebnahe aggressive und libidinöse Beziehungsinhalte besonders in dem statusniedrigen informalen Pflegeteam untergebracht werden, von wo aus sie aber aufgrund einer elementaren Statusunsicherheit und unklaren Professionalisierung nicht mehr in das offizielle Gesamtteam zurückgemeldet werden können (BARDÉ u. MATTKE; CAUDILL; STANTON u. SCHWARTZ; ZENZ). Dieser Annahme entsprechen empirische Befunde, die besagen, daß der Behandlungsprozeß in Abhängigkeit von der Struktur der Teamgruppe (im Sinne einer internalen/externalen Orientierung) abläuft, wobei die ›Gruppenindividualität‹ eines Teams beträchtlich variieren kann.

6. Eine besondere Schwierigkeit scheint dann zu entstehen, wenn man *psychoanalytisch* im *Rahmen der Klinik* behandeln möchte. Es wird diskutiert, daß die *formalen* Erfordernisse und Effekte der Klinikorganisation in einen mehr oder weniger scharfen Widerspruch zu den *inhaltlichen* Erfordernissen der Patientenbehandlung tre-

ten können. Diese Dialektik wird vor allem von Psychoanalytikern aufgegriffen die betonen, daß gerade die »früh gestörten« Patienten, für welche die Klinikbehandlung indiziert wird, eine archaische Übertragung entwickeln, die im kurzzeitigen Rahmen der Klinik nicht bearbeitet oder sogar »zerstört« werden muß (ERMANN; TRIMBORN; SCHÖTTLER). Daraus ergeben sich für eine erfolgreiche Therapie gegenläufige Tendenzen (Krisen, Symptomrezidive), die aufgrund der Dialektik von Form und Inhalt der Klinikbehandlung nicht mehr *in dieser selbst* im Sinne der psychoanalytischen Methode bearbeitet werden können.

Empirische Hinweise für diese These liefern ENKE-FERCHLAND (hierarchische Typisierung bzw. Stigmatisierung von Patienten im Rahmen der Stations-Gruppendynamik) und BALZER et al. (Behandlungsabbrüche bzw. gesteigerte Aggressivität bei psychosomatisch gestörten Patienten am Ende der dreimonatigen Behandlung).

Mit dem Abstecken dieser globalen Problemfelder eröffneten sich zahlreiche Fragestellungen für eine weitere *empirische* Erforschung der Klinikbehandlung. Sie charakterisierten unser Hintergrundverständnis bei der Untersuchung des Behandlungsprozesses von psychosomatisch gestörten Patienten in der Klinik. Wir hatten die Entscheidung getroffen, die Teamsupervision als einen »kritischen Einzelfall« in einer bestimmten Behandlungsphase zu analysieren.

Die Analyse des transkribierten Textes einer Teamsupervision, in der eine Patientin mit psychosomatischen Störungen thematisch war, wurde von zwei unabhängigen Forschern mit verschiedenen Methoden untersucht. U. OEVERMANN analysierte den Text einer transkribierten Teamsupervision, in der eine Patientin mit einer psychosomatischen Störung verhandelt wurde mit der von ihm entwickelten Methode der »objektiven Hermeneutik« und P. KUTTER interpretierte denselben Text auf dem Hintergrund des von ihm entwickelten psychoanalytischen Konzepts eines »Basis-Konfliktes der Psychosomatose«.

Literatur

AICHHORN, A. (1951): Verwahrloste Jugend. Die Psychoanalyse in der Fürsorgeerziehung, bes. 7. Vortrag: Von der Fürsorgeanstalt, S. 123 ff. Huber, Bern.

ANZIEU, D. (1984): The group and the unconscious. Routledge and Kegan, London.

ARGELANDER, H. (1963/1964): Die Analyse psychischer Prozesse in der Gruppe. Psyche 17: 450-482.

ARFSTEN, A.; AUCHTER, T.; HOFFMANN, S.O.; KINDT, H; STEMMER, T. (1975): Zur stationären Behandlung psychotherapeutischer Problempatienten oder: Noch ein Modell stationärer Therapie. Gruppensychotherapie Gruppendynamik 9: 212-220.

BALES, R.F. (1950): Interaction Process Analysis. A method for the study of small groups. Addison Wesely Publishing Comp., Reading Mass.

BALES, R.F. (1956): Die Interaktionsanalyse. Ein Beobachtungsverfahren zur Untersuchung kleiner Gruppen. In: KÖNIG, R. (Hg.), Beobachtung und Experiment in der Sozialforschung. Verlag für Politik und Wirtschaft, Köln/Berlin.

BALINT, E. (Hg.); (1975): Fünf Minuten pro Patient. Suhrkamp, Frankfurt.

BALINT, M. (1973): Therapeutische Aspekte der Regression. Rowohlt, Reinbek bei Hamburg.

BALZER, W.; KÜCHENHOFF, B.; RAUCH, H.; SELLSCHOPP-RÜPPEL, A. (1980): Kurzzeitergebnisse und prognostische Gesichtspunkte bei stationären analytischen Psychotherapiegruppen. Gruppenpsychotherapie Gruppendynamik 16: 268-286.

BARDÉ, B. (1992): Der Teamsupervisor – Herakles ohne Ende? Supervision 21: 92-96.

BARDÉ, B. (1991): Supervision – Theorie, Methode und empirische Forschung. Versuch eines systematischen Überblicks. Supervision 19: 3-37.

BARDÉ, B.; MATTKE, D. (1991): Das Problem der Macht in psychoanalytisch-therapeutischen Teams. Gruppenpsychotherapie Gruppendynamik 2: 120-140.

BARDÉ, B. (1987): Psycho- und soziodynamische Aspekte von Streß-Situationen in der Klinik. Wege zum Menschen 8: 483-503.

BARRETT-LENNARD, G.T. (1962): Dimensions of therapist response as causal factors in therapeutic change. Psychol. Monogr. 562: 2-4.

BECK, A.T. (1986): Kognitive Therapie der Depression. Urban Schwarzenberg, München/Weinheim.

BECKER, H. (1981): Konzentrative Bewegungstherapie (KBT). Integrationsversuch von Körperlichkeit und Handeln im psychoanalytischen Prozeß. Thieme, Stuttgart.

BECKER, H.; LÜDEKE, H. (1978): Erfahrungen mit der stationären Anwendung psychoanalytischer Therapie. Psyche 1: 1-20.

BECKER, H.; SENF, W. (Hg.) (1988): Praxis der stationären Psychotherapie. Thieme, Stuttgart/New York.

BEESE, F. (1971): Indikationen zur klinischen Psychotherapie. Fortschr. Med. 89: 208-215.
BEESE, F. (Hg.); (1978): Stationäre Psychotherapie. Modifiziertes psychoanalytisches Behandlungsverfahren und therapeutisch nutzbares Großgruppengeschehen. Vandenhoeck u. Rupprecht, Göttingen.
BENNET, D.; FOX, C.; JOWELL, T.; SKYNNER, A.C.R. (1976): Towards a family approach in psychiatric hospital. Brit. J. Psychiat. 129: 73-81.
BERKOWITZ, R.; LEFF, J. (1984): Clinical teams reflect family dysfunction. J. Family Ther. 6: 79-89.
BERLIN, R. (1970): The team approach in a hospital treatment as a defense of the psychiatrist. Comprehensive Psychiatry 2: 147-158.
BERNFELD, S. (1969): Theorie und Praxis psychoanalytischer Kindererziehung im Kinderheim Baumgarten – Bericht über einen ernsthaften Versuch mit neuer Erziehung. In: BERNFELD S. Antiautoritäre Erziehung und Psychoanalyse, Bd. 1; WERDER, L.v.; WOLFF, W. (Hg.). März, Darmstadt, S. 84 ff..
BETTELHEIM, B. (1975): Der Weg aus dem Labyrinth. Leben lernen als Therapie. Deutsche Verlags Anstalt, Stuttgart.
BION, W.R. (1990): Lernen durch Erfahrung. Suhrkamp, Frankfurt.
BLANCK, G. (1974): Einige technische Folgerungen aus der Ich-Psychologie. In: KUTTER, P.; ROSKAMP, H. (Hg.), Psychologie des Ich. Wissenschaftliche Buchgesellschaft, Darmstadt, S. 374-393.
BLANCK, G.; BLANCK, R. (1981): Angewandte Ich-Psychologie. Klett, Stuttgart.
BLEGER, J. (1966): Psychoanalysis of the psychoanalytic frame. Int. J. Psychoanal. 48: 511-519.
BOARD, R. DE (1978): The psychoanalysis of organizations. Tavistock Publications, London.
BÖKER-SCHARNHOLZ, M. (1981): Die Rolle der Krankenschwester in einem bifokal organisierten therapeutischen Raum. IN: HEIGL, F.; NEUN, H. (Hg.), Psychotherapie im Krankenhaus. Vandenhoeck u. Rupprecht, Göttingen, S. 127-134.
BOOK, H.E.; SADOVOY, J.; SILVER, D. (1978): Staff-countertransference to borderline-patients on an in-patient unit. Am. J. Psychother. 32: 521-532.
BORENS, R.; WITTICH, C. (1976): Klinische Rehabilitation von psychosomatischen Patienten – eine Rehabilitation zu Verhaltensgestörten. Therapiewoche 26: 950-954.
BRENNER, C. (1979): Praxis der Psychoanalyse. Psychischer Konflikt und Behandlungstechnik. Fischer, Frankfurt.
BROMBERGER, M.; BROMBERGER, S.; GRANITZKA, S.; FISCHER, R.; HILBERT, L.; MOERSCH, E.; REHBERGER, R.; RODRIQUEZ, C.; ROGOSAROFF-FRICKE, R.;, SHAH, P.M.; UHL, H. (1973): Geschichte einer Balint Gruppe anhand von Falldarstellungen. Psyche 12: 1090-1106.
BROWN, K. (1980): Staff-countertransference reactions in the hospital treatment of borderline-patients. Psychiatry 43: 333-345.
BULLARD, D.M. (1940): The organization of psychoanalytic procedure in the hospital. J. Nerv. Ment. Dis. 61: 697-703.

BUTTERFIELD, E.C. (1964): Locus of control, test anxiety, reactions of frustration and achievment attitudes. J. Personality, 32: 289-311.
CAUDILL, W. (1958): The psychiatric hospital as a small society. Harvard University Press, Cambridge, MA.
CHARKHUFF, R.R. (1969): Helping and human relations: A primer for lay and professional helpers, Vol. 2. Practice and research. Rinehardt and Winston, New York.
COLSON, D.B.; ALLEN, J.G.; COYNE, L.; JEHL, N.; KEARNS, W.; SPOHN, H. (1985): Patterns of staff perception of difficult patients in a long term psychiatric hospital. Hospital and Community. Psychiatry 2: 168-172.
CONRAD, G.; PUHL, H. (1983): Team-Supervision. Gruppenkonflikte erkennen und lösen. Carl Marhold, Berlin.
CREMERIUS, J. (1984): Gibt es zwei psychoanalytische Techniken? In: CREMERIUS, J., Vom Handwerk des Psychoanalytikers: Das Werkzeug der psychoanalytischen Technik Bd.1. Frommann Holzboog, Stuttgart-Bad Cannstatt, S. 187-209.
DE BOOR, C. (1976): Psychosomatische Symptome und deliquentes Verhalten. Psyche 12: 625-641.
DE BOOR, C.; KÜNZLER, E. (1963): Die psychosomatische Klinik und ihre Patienten. Huber Klett, Stuttgart/ Bern.
EISSLER, K.R. (1958): Variationen in der psychoanalytischen Technik. Psyche 13: 607-624.
ELHARDT, S. (1974): Aggression als Krankheitsfaktor. Vandenhoeck u. Ruprecht, Göttingen.
ENKE, H. (1965): Bipolare Gruppenpsychotherapie als Möglichkeit psychoanalytischer Arbeit in der stationären Psychotherapie. Z. Psychother. med. Psychol. 3: 116-121.
ENKE-FERCHLAND, E. (1969): Gruppenstrukturen und Therapeuteneinfluß in der Klinik. Gruppenpsychotherapie Gruppendynamik 3: 38-46.
ERMANN, M. (1979): Gemeinsame Funktionen therapeutischer Beziehungen bei stationärer Anwendung der Psychoanalyse. Z. Psychosom. Med. Psychoanal. 25: 333-341.
ERMANN, M. (1982): Regression in der stationär-analytischen Psychotherapie. Überlegungen zur Indikation und Behandlungsstrategie aus der Sicht der angewandten Ich-Psychologie. Z. Psychosom. Med. 28: 176-188.
EZRIEL, H. (1960): Übertragung und psychoanalytische Deutung in der Einzel- und Gruppenpsychotherapie. Psyche 9: 496-524.
FALCK, H.S. (1971): Individualism and the psychiatric hospital system. The problem of professional autonomy. Bull. Menn. Clinic 1: 19-27.
FEDERN, P. (1956): Ichpsychologie und Psychosen. Teil II: Die Behandlung der Psychose, 6. Kap. ›Die Psychosen-Analyse‹. Huber, Bern, S. 107 ff.
FOUDRAINE, J. (1971): Wer ist aus Holz? Neue Wege der Psychiatrie. Piper, München.
FREUD, S.; FERENCZI, S. (1980): Sechs Briefe zur Wechselbeziehung von psychoanalytischer Theorie und Technik mit begleitenden Überlegungen von ILSE GRUBRICH-SIMITIS. In: JAPPE, G.; NEDELMAN, C. (Hg.), Zur Psychoanalyse der Objektbeziehung. Eine Erstveröffentlichung aus dem Brief-

wechsel von Sandor Ferenczi. Frommann Holzboog, Stuttgart-Bad Cannstatt, S. 139-174.
FRIEDMAN, L.J. (1982): Die gegenwärtige psychoanalytische Theorie der Objektbeziehungen und ihre klinischen Implikationen. In: KUTTER, P. (Hg.), Psychologie der zwischenmenschlichen Beziehungen. Wiss. Buchgesellschaft, Darmstadt.
FROMM-REICHMANN, F. (1947): Problems of therapeutic management in a psychoanalytical hospital. Psychoanal. Quart. 16: 325-356.
FROMM-REICHMANN, F. (1959): Remarks on the philosophy of mental disorder. In: WILL, O.A.; BULLARD, D. (Hg.), Selected papers of Frieda Fromm-Reichmann. University of Chicago Press, Chicago.
FÜRSTENAU, P. (1974): Zur Problematik von Psychotherapiekombinationen aus der Sicht der vergleichenden Psychotherapieforschung und der Organisationssoziologie. Gruppenpsychotherapie Gruppendynamik 8: 131-140.
FÜRSTENAU, P. (1977): Praxeologische Grundlagen der Psychoanalyse. In: PONGRATZ, L.J. (Hg.), Handbuch der Psychologie, Bd. 8, Klinische Psychologie. Verlag für Psychologie, Göttingen, S. 847-888.
FÜRSTENAU, P. (1983): Einige Bemerkungen zur psychoanalytischen Behandlung basaler leibnaher Störungen. Materialien zur Psychoanalyse und analytisch orientierten Psychotherapie 1: 40-46.
FÜRSTENAU, P. (1986): Wandlungen des Verständnisses und der Therapie psychogener Störungen in jüngster Zeit. In: KISKER, K.P.; LAUTER, H.; MEYER, J.E.; MÜLLER, C.; STRÖMGREN, E. (Hg.), Psychiatrie der Gegenwart, Bd. 1, Neurosen, Psychosomatische Erkrankungen, Psychotherapie. Springer, Berlin/Heidelberg/New York.
FÜRSTENAU, P.; STEPHANOS, S.F.; ZENZ, H. (1970): Erfahrungen mit einer gruppentherapeutisch geführten Neurotikerstation. Psychother. med. Psychol. 3: 95-104.
GAERTNER, A.; WITTENBERGER, G. (1979): Supervision und institutioneller Diskurs. In: Supervision im Spannungsfeld zwischen Person und Institution. Akademie für Jugendfragen Münster (Hg.), Freiburg.
GIOVACCHINI, P.L. (1972): Interpretation and definition of the analytic setting. In: GIOVACCHINI, P.L. (Hg.), Tactics and techniques in psychoanalytic therapy. Science House Inc., New York.
GÖLLNER, R. (1977): Ambulante und stationäre Psychotherapie. Ein Beitrag zur psychotherapeutischen Versorgung. Z. Psychoth. Med. Psychol. 27: 165-176.
GÖLLNER, R.; SALVINI, D. (1971): Untersuchungen mit dem Freiburger Persönlickeitsinventar bei stationären Psychotherapie-Patienten. Z. psychosom. Med. Psychoanal. 2: 179-186.
GOFFMAN, E. (1973): Asyle. Über die soziale Situation psychiatrischer Patienten und anderer Insassen. Suhrkamp, Frankfurt.
GREEN, A. (1975): Analytiker, Symbolisierung und Abwesenheit im Rahmen der psychoanalytischen Situation. Psyche 29: 503-541.
GREENSON, P.R. (1975): Technik und Praxis der Psychoanalyse, Bd I. Klett, Stuttgart.

GRINBERG, L.; LANGER, M.; RODRIQUE, E. (1960): Psychoanalytische Gruppentherapie. KEMPER, W.W.v. (Hg.). Thieme, Stuttgart.
GRODDECK, G. (1917): Psychische Bedingtheit und psychoanalytische Behandlung organischer Krankheiten. Hirzel, Leipzig.
GRODDECK, G. (1929): Klinische Mitteilungen aus einer 20jährigen psychotherapeutischen Praxis. In: Bericht über den III. allgemeinen ärztlichen Kongress für Psychotherapie in Baden Baden, 20.-22. April 1928. Hirzel, Leipzig, S.130-139.
GROSS, W.F.; CURTIN, M.E.; MOORE, K.B. (1970): Appraisal of milieu therapy environment team and patients. J. Clinical Psychol. 4: 541-545.
HARTY, M.K. (1979): Countertransference patterns in the psychiatric treatment team. Bull. Menn. Clinic 43: 105-122.
HAU, T.F. (1968): Stationäre Psychotherapie: Ihre Indikation und ihre Anforderungen an die psychoanalytische Technik. Z. Psychosom. Med. Psychoanal. 14: 116-120.
HAU, T.F. (1970): Die Abhängigkeit der Psychotherapieform von der Struktur und Gruppendynamik der Klinik. Gruppenpsychotherapie Gruppendynamik 3: 199-206.
HEIGL, F. (1972): Indikation und Prognose in Psychoanalyse und Psychotherapie. Vandenhoeck u. Ruprecht, Göttingen.
HEIGL, F.; NERENZ, K. (1975): Gruppenarbeit in der Nervenklinik. Gruppenpsychotherapie Gruppendynamik 9: 96-105.
HEIGL, F.; NEUN, H. (Hg.), (1981): Psychotherapie im Krankenhaus. Behandlungskonzepte und Methoden in der stationären Psychotherapie. Vandenhoeck u. Ruprecht, Göttingen.
HEIGL-EVERS, A.; HERING, A. (1970): Die Spiegelung einer Patientengruppe durch eine Therapeuten-Kontrollgruppe. Gruppenpsychotherapie Gruppendynamik 4: 179-190.
HEIGL-EVERS, A.; MÜNCH, J. (1976): Die therapeutische Kleingruppe in der Institution Klinik. Gruppenpsychotherapie Gruppendynamik 10: 50-63.
HEISING, G.; MÖHLEN, K. (1980): Die »Spaltungsübertragung« in der klinischen Psychotherapie. Psychother. med. Psychol. 30: 70-76.
HELD, C. v. (1974): Die integrierte Station. Die Entwicklung einer therapeutischen Gemeinschaft. Gruppenpsychotherapie Gruppendynamik 3: 290-304.
HELD, C. v;. GENKEL, U. (1974): Die integrierte Station. Das Konzept einer therapeutischen Gemeinschaft. Gruppenpsychotherapie Gruppendynamik 2: 167-179.
HENGEVELD, M.W.; ROOYMANS, H.G.M.; HERMANS, J. (1987): Assessment of patientstaff and intrastaff problems in psychiatric consultations. General Hospital Psychiatry 9: 25-30.
HERSCH, P.D.; SCHEIBE, K.E. (1967): On the reliability and validity of internal-external control as a personality dimension. J. Consult. Psychol. 31: 609-613.
HOFFMANN, S.O.; BRODTHAGE, H.; TRIMBORN, W.; STEMMER, T. (1981): Stationäre psychoanalytische Psychotherapie als eigenständige Behandlungs-

form. In: HEIGL, F.; NEUN, H. (Hg.),. Psychotherapie im Krankenhaus. Vandenhoeck u. Ruprecht, Göttingen, S. 35-40.

HOFFMANN-RICHTER, U. (1985): Supervidierte Kurztherapie. Erfahrung mit einem Unterrichtsmodell für Medizinstudenten. Praxis Psychother. Psychosom. 30: 136-144.

HOFMANN, W. (1983): Die »psychothérapie institutionelle«. Theorie und Praxis der psychiatrischen Bewegung in Frankreich. Campus, Frankfurt.

HILDEBRANDT, B. (1984): Methodik der Einzelfallstudie. Studienbrief (3 Kurseinheiten). Fernuniversität Hagen.

HILDEBRANDT, B. (1992) Alltag als Therapie. Ablöseprozesse Schizophrener in der psychiatrischen Übergangseinrichtung. Huber, Bern/Stuttgart/Toronto.

HILPERT, H.R. (1981): Rolle und Funktion der psychotherapeutischen Schwester. In: HEIGL, F. NEUN, H. (Hg.),. Psychotherapie im Krankenhaus. Vandenhoeck u. Ruprecht, Göttingen, S. 113-121.

HILPERT H; SCHWARZ, R. (1981): Entwicklung und Kritik des Konzepts der therapeutischen Gemeinschaft. In: HILPERT H.; SCHWARZ, R.; BEESE, F. (Hg.), Psychotherapie in der Klinik. Springer, Berlin/Heidelberg/ New York, S. 9-39.

JAEGGI, E. (1983): Psychotherapie in der Ambulanz: Was bestimmt die Beziehung zwischen Therapeut und Klient? Partnerberatung 3: 107-117.

JANICAK, P.G.; MASK, J.; KESTUTIS, M.S.W.; TRIMALAS, A. ; GIBBONS, R. (1985): ECT: An assessment of mental health professionals knowledge and attitudes. J. Clin. Psychiat. 7: 262-267.

JANSSEN, P.L. (1987): Psychoanalytische Therapie in der Klinik. Klett Cotta, Stuttgart.

JANSSEN, P.L.; QUINT, H. (1977): Stationäre und analytische Gruppenpsychotherapie im Rahmen einer neuropsychiatrischen Klinik. Gruppenpsychotherapie Gruppendynamik 11: 221-243.

JAQUES, E. (1971): Social systems as defence against persecutory and depressive anxiety. In: KLEIN, M.; HEIMANN, P.; MONEY-KYRLE, R.E. (Hg.), New directions in psychoanalysis. Tavistock, London, S. 478-498.

JONES, M. (1952): Social Psychiatry. Tavistock, London.

KACHELE, H. (1981): Ansätze und Ergebnisse psychoanalytischer Therapieforschung. In: BAUMANN, U.; BERBALK, H.; SEIDENSTUCKER, G. (Hg.), Klinische Psychologie. Trends in Forschung und Praxis. Huber, Bern/Stuttgart/ Wien, S. 209-257.

KAMMERER, W.; PETZOLD, E. (1981): Skizzen zur Arbeit auf einer Station für Allgemeine und Klinische Psychosomatische Medizin. Gruppenpsychotherapie Gruppendynamik 16: 289-303.

KAYSER, H. (1974): Die verschiedenen Formen der therapeutischen Gemeinschaft und ihre Indikationen für die Praxis. Psychother. Psychol. 24: 80-94.

KERNBERG, O.F. (1981): Zur Theorie der psychoanalytischen Psychotherapie. Psyche 8: 673-704.

KERNBERG, O.F. (1982): Psychoanalytische Objektbeziehungstheorie, Gruppenprozesse und klinische Institution. In: KUTTER, P. (Hg.), Psychologie der zwischenmenschlichen Beziehungen. Wissenschaftliche Buchgesellschaft, Darmstadt, S. 313-355.

KERNBICHLER, A.; FREIWALD, M.; BÖHME-BLOEM, C.; AHRENS, S. (1983): Integrative Ansätze in der stationären Therapie der Anorexia nervosa. Praxis Psychother. Psychosom. 28: 223-231.

KLAPP, B.F. (1985): Psychosoziale Intensivmedizin. Untersuchungen zum Spannungsfeld von medizinischer Technologie und Heilkunde. Springer Verlag, Berlin/ Heidelberg/ New York.

KLEIN, M. (1933): The early development of conscience in the child. In: KLEIN, M.(1948), Contributions to psychoanalysis, 1921-1945. Hogarth Press, London.

KNIGHT, R.P. (1937): Psychoanalysis of hospitalized patients. Bull. Menninger Clin. 1: 158-167.

KRAMPEN, G. (1981): IPC-Fragebogen zu Kontrollüberzeugungen. Handanweisung. Hogrefe, Göttingen.

KRAMPEN, G. (1982): Differentialpsychologie der Kontrollüberzeugungen. (»Locus of Control«). Göttingen, Hogrefe.

KUTTER, P. (1976): Elemente der Gruppentherapie. Vandenhoeck u. Ruprecht, Göttingen.

KUTTER, P. (1983): Psychoanalytische Supervisions-Gruppen an der Hochschule. Psyche 37: 237-253.

KUTTER, P. (1985): Über die unbewußte Bedeutung von Institutionen. Management Forum 5: 25-32.

LACHAUER, R. (1982): Motivation und Arbeitsbündnis in der stationären Psychotherapie. Praxis Psychother. Psychosom. 27: 117-123.

LAKOVICS, M. (1983): Classification of countertranference for utilization in supervision. Am. J. Psychother. 2: 245-257.

LECLAIRE, S. (1976): Das Reale entlarven. Das Objekt in der Psychoanalyse. Walter, Freiburg.

LEFCOURT, H. (1966): Belief in personal control: Research and complications. J. Individ. Psychol. 2: 185-195.

LEFCOURT, H. (1982): Locus of ontrol. Erlbaum, Hilsdale, New Jersey.

LEVINE, J.; WILSON, A. (1985): Dynamic interpersonal processes and the inpatient holding environment. Psychiatry 48: 341-357.

LOEWENSTEIN, R.M. (1958); Bemerkungen über einige Variationen der psychoanalytischen Technik. Psyche 13: 594-607.

LUBORSKY, L. (1988): Einführung in die analytische Psychotherapie. Ein Manual. Springer, Berlin/Heidelberg/New York.

LUHMANN, N. (1964): Funktionen und Folgen formaler Organisation. De Gruyter, Berlin.

LUHMANN, N. (1969): Legitimation durch Verfahren. Neuwied, Berlin.

MAIN, T.F. (1946): The hospital as a therapeutic institution. Bull. Menninger Clin. 10: 66-73.

MAIN, T.F. (1981): Das Konzept der therapeutischen Gemeinschaft. Wandlungen und Wechselfälle. In: HILPERT H.; SCHWARZ, R.; BEESE, F. (Hg), Psychotherapie in der Klinik. Springer, Berlin/Heidelberg/New York, S. 46-65.

MATAKAS, F. (1988): Psychoanalyse in der Anstalt. Psyche 42: 132-158.
MENNINGER, W. (1939): Psychoanalytic principles in psychiatric hospital therapy. South. Med. J. 32: 348-354.
MENNINGER, W. (1957): Psychoanalytic principles applied to the treatment of hospitalized patients. Bull. Menninger Clin. 1: 35-43.
MENNINGER, K.A.; HOLZMAN, P.S. (1977): Theorie der psychoanalytischen Technik. Frommann Holzboog, Stuttgart.
MENTZEL, G. (1981): Der Kurschatten. In: MENTZEL, G. (Hg.), Die psychosomatische Kurklinik. Vandenhoeck u. Ruprecht, Göttingen, S. 157-164.
MENZIES, I.E.P. (1974): Die Angstabwehr. Funktion sozialer Systeme. Ein Fallbericht. Gruppendynamik 5: 183-215.
MESSNER, K.L. (1983): Stationäre Verhaltensbesonderheiten bei frühgestörten Patienten. Psychother. Med. Psychol. 33: 147-152.
MOOS, R.H.; HUMPHREY, B. (1973): Group environment scale technical report. Social Ecology Laboratory Department of Psychiatry. Stanford University. Palo Alto, California.
MOOS, R.H.; MINSEL, P.M.; HUMPHREY, B. (1974): Combined preliminary manual: Family, work and group environment scales. Consulting Psychologist Press Inc, Palo Alto, California.
MULLER-BRAUNSCHWEIG, H. (1980): Bericht über die stationäre Behandlung eines Patienten mit einem psychogenen Anfallsleiden unter besonderer Berücksichtigung der averbalen Therapieformen. Psyche 12: 1073-1091.
NOVOTNY, P.C. (1973): The pseudopsychoanalytic hospital. Bull. Menn. Clin. 37: 193-210.
OHLMEIER, D. (1976); Gruppeneigenschaften des psychischen Apparates. In: EICKE, D. (Hg.), Die Psychologie des 20. Jahrhunderts, Bd. 2. Kindler, Zürich, S. 1133-1144.
PAAR, G.H.; DIERCKS, M. (1985): Die Balintgruppe als Gruppe. – Überlegungen zum psychodynamischen Prozeß. Psychother. med. Psychol. 35: 235-259.
PARSONS, T. (1967): Definition von Gesundheit und Krankheit im Lichte der Wertbegriffe und der sozialen Struktur Amerikas. In: MITSCHERLICH, A.; BROCHER, T.; MERING, O. V.; HORN, K. (Hg.), Der Kranke in der modernen Gesellschaft. Kiepenhauer u. Witsch, Köln/Berlin, S. 57-87.
PITTNER, W.; KÖGLER, M. (1982): Stationäre Psychotherapie eines schwer verhaltensgestörten Mädchens. Praxis Kinderpsychologie Kinderpsychiatrie 8: 308-313.
PLOEGER, A. (1978): Das Prinzip der Therapeutischen Gemeinschaft als Prozeß in der stationären Psychotherapie. In: BEESE, H. (Hg.), Stationäre Psychotherapie. Vandenhoeck u. Ruprecht, Göttingen, S. 62-73.
PLOEGER, A. (1982): Tiefenpsychologisch fundierte Gruppenpsychotherapie in der psychiatrischen Klinik als Institution. Gruppenpsychotherapie Gruppendynamik 2: 110-115.
POHLEN, M.; KAUSS, E.; WITTMANN; L. (1979): Der ›therapeutische Raum‹ als psychotherapeutisches Behandlungsprinzip im klinischen Feld. In: Heigl-Evers, A. (Hg.), Die Psychologie des 20. Jahrhunderts, Bd. VIII, Kindler, Zürich, S. 919-927.

Racker, H. (1978): Übertagung und Gegenübertragung. Studien zur psychoanalytischen Technik. Reinhardt, München/Basel.
Rapoport, N. (1960): Community as a doctor. Tavistock, London.
Reiss, D.; Karson,C.; Bigelow, L.; Wyatt, R.J. (1984): The interpersonal impact approach to patient assessment: Specific links between psychotic's symptoms and staff's feelings. Psychiatry Research 11: 237-250.
Rohde, J.J. (1974): Soziologie des Krankenhauses. Enke, Stuttgart.
Rosin, U. (1981): Die psychotherapeutischen Funktionen von Pflegepersonal und Ärzten in der stationären Psychotherapie. Ergänzung und Abgrenzung. In: Heigl, F.; Neun, H. (Hg.), Psychotherapie im Krankenhaus. Vandenhoeck u. Ruprecht, Göttingen, S. 135-154.
Rotter, J.B. (1954): Social learning and clinical psychology. Prentice Hall, Englewood Cliffs, New Jersey.
Rotter; J.B. (1966): Generalized expectancies for internal versus external control. Psychological Monographs 80 (1): Whole No. 609.
Sandner, D. (1978): Psychodynamik in Kleingruppen. Reinhardt, München.
Sandner, D. (1981): Theoriebildung in der Gruppenanalyse. Gegenwärtiger Stand und Perspektiven. Gruppentherapie Gruppendynamik 17: 234-250.
Savary, S.M. (1975): Group psychology and structural theory: A revised psychoanalytic model of group psychology. J.A.P.A. 23: 69-89.
Savary, S.M. (1978): A psychoanalytic theory of group development. Int. J. Group Psychotherapy 28: 481-507.
Schepank, H. (1987): Die stationäre Psychotherapie in der Bundesrepublik Deutschland. Soziokulturelle Determinanten, Entwicklungsstufen und Ist-Zustand, internationaler Vergleich. Z. Psychosom. Med. 33: 363-387.
Schepank, H.; Tress, W. (Hg.), (1988): Die stationäre Psychotherapie und ihr Rahmen. Springer, Berlin/Heidelberg/New York.
Schmidt, M. (1986): Institutionelle Veränderung in der Geschichte eines Jugendheims. (Soziologische Dissertation) Bonn.
Schneller-Reindell, B. (1983): Der klinische Behandlungsprozeß bei einer Patientin mit Anorexia mentalis. Praxis Psychother. Psychosom. 28: 107-116.
Schöttler, C. (1981): Zur Behandlungstechnik bei psychosomatisch schwer gestörten Patienten. Psyche 35: 111-141.
Schwing, G. (1940): Ein Weg zur Seele des Geisteskranken. Rascher, Zürich.
Searles, H.F. (1961); Phases of patient-therapist interaction in the psychotherapy of chronic schizophrenia. Brit. J. Med. Psychol. 34: 169-194.
Seligman, M.E.P. (1986): Erlernte Hilflosigkeit. Urban Schwarzenberg, München/Weinheim.
Siegrist, J. (1978): Arbeit und Interaktion im Krankenhaus. Vergleichende medizinsoziologische Untersuchungen in Akutkrankenhäusern. Enke, Stuttgart.
Simmel, E. (1928): Die psychoanalytische Behandlung in der Klinik. Int. Z. Psychoanal. 14: 352-370.
Simmel, E. (1929): Psychoanalytic treatment in a sanatorium. Int. J. Psychoanal. 10: 70-89.

SIMMEL, E. (1936): The psychoanalytic sanatorium and the psychoanalytic mouvment. Bull. Menninger Clin. 1: 133-134.
SIMON, F.B.; ALBERT, B.; KLEIN, C. (1981): Organisationsstruktur und therapeutische Strategie. Kommunikationstherapie in der Institution. Gruppenpsychotherapie Gruppendynamik 1: 19-36.
SINGER, E. (1965): Key concepts in psychotherapy. Random House, New York.
SOLIDAY, S.M. (1985): A comparison of patient and staff attitudes toward seclusion. J. Nerv. Ment. Dis. 5: 282-286.
SOMMER, J. (1987): Dialogische Forschungsmethoden. Eine Einführung in die dialogische Phänomenologie, Hermeneutik und Dialektik. Psychologie Verlags Union, München/Weinheim.
SPAR, J.F. (1976): The relationship between staff treatment team variables and patient improvement within an inpatient community. Diss., University of Miami.
SPITZ, R. (1956): Transference. The analytical setting and its prototype. Int. J. PsychoanaL. 37: 380-385.
STANTON, A.H.; SCHWARTZ, M.S. (1954): The Mental Hospital: A study of institutional participation in psychiatric illness and treatment. Basic Books Inc., New York.
STEPHANOS, S. (1973); Analytisch-psychosomatische Therapie. Methode und Ergebnisse einer stationären Behandlung durch eine Therapeutengruppe. Huber, Bern.
STEPHANOS, S.; ZENZ, J. (1974): Die Krankenschwester als therapeutische Bezugsperson und das Nachbehandlungsarrangement im Stationsmodell der Psychosomatischen Klinik. Gießen. Psychother. med. Psychol. 24: 117-131.
STIENSMEIER, J.; KAMMERER, D.; PELSTER, A.; NIKETTA, A. (1985): Attributionsstil und Bewertung als Risikofaktoren der depressiven Reaktion. Diagnostica 31: 300-311.
STRACHEY, J. (1934): The nature of therapeutic action in psychoanalyisis. Int. J. Psychoanal. 15: 127-159.
STONE, L. (1961): Die psychoanalytische Situation. Fischer, Frankfurt.
STREECK, U. (1976): Zur sozialen Situation von Patienten in einer psychotherapeutischen Klinik. Gruppentherapie Gruppendynamik 11: 193-205.
STROTZKA, H. (1978): Stationäre Psychotherapie. In: STROTZKA, H. (Hg.), Psychotherapie: Grundlagen, Verfahren und Indikationen. Urban Schwarzenberg, München/Wien/Baltimore, S. 376-378.
TOLOR, A.; REZNIKOFF, M. (1976): Relation between insight, repression-sensitation, internal-external control and death anxiety. J. Abn. Psychol. 72: 426-430.
TRESCHER, H.G. (1985): Theorie und Praxis der Psychoanalytischen Pädagogik. Campus, Frankfurt/New York.
TRIMBORN, W. (1983): Die Zerstörung des therapeutischen Raumes. Das Dilemma stationärer Psychotherapie bei Borderline-Patienten. Psyche 3: 204-236.
VOLK, W. (1980): Reflektionen zu den Einstellungen und Wünschen des

Klinikpersonals in der stationären Psychotherapie. Praxis Psychother. Psychosom. 25: 251-258.

WAREHIME, R.G.; FOULDS, M.L. (1971): Perceived locus of control and personal adjustment. J. Consult. Clin. Psychol. 37: 250-252.

WELLENDORF, F. (1986): Supervision als Institutionsanalyse. In: PÜHL, H., SCHMIDBAUER, S. (Hg.), Supervision und Psychoanalyse. Kösel, München, S. 157-175.

WERQUET, G. (1981): Die psychosomatische Station aus der Sicht einer psychotherapeutischen Schwester. In: HEIGL, F.; NEUN, H. (Hg.): Psychotherapie im Krankenhaus. Vandenhoeck u. Ruprecht, Göttingen, S. 122-126.

WIDOK, W. (1978): Krisen im Umkreis stationärer Psychotherapie. In: BEESE, H. (Hg.), Stationäre Psychotherapie. Vandenhoeck u. Ruprecht, Göttingen, S. 177-189.

WIDOK, W. (1981): Institutionalisierte psychoanalytisch begründete Psychotherapie. In: HEIGL, F.; NEUN, H. (Hg.), Psychotherapie im Krankenhaus. Vandenhoeck u. Ruprecht, Göttingen. S. 41-47.

WINNICOTT, D.W. (1949): Hate in the countertransference. Int. J. Psychoanal. 30: 69-74.

WINNICOTT, D.W. (1954): Metapsychological and clinical aspects of regression within the psychoanalytic setup. Int. J. Psychoanal. 36: 16-26.

WINNICOTT, D.W. (1985): Vom Spiel zur Kreativität. Klett Cotta, Stuttgart.

WOLFF, E. (1977): Konzept und Kooperation bei institutioneller Therapie und Erziehung. Psychiat. Praxis 4: 77-85.

ZENZ, H. (1970): Gruppenprozesse in einer Stationskonferenz. Psychother. med. Psychol. 6: 236-246.

ZWIEBEL, R. (1987): Psychosomatische Tagesklinik. Bericht über ein Experiment. Lambertus, Freiburg.

ULRICH OEVERMANN

Das Verbatim-Transkript einer Teamsupervison

Liste einiger Notationskonventionen

..	sehr kurze Pause, d.h. merkliche Unterbrechung des Sprech-Flusses.
...	deutliche Pause
(Pause)	längere Pause, d.h. mindestes 2 sec.
* oder &	gleichzeitig gesprochene Verschriftungszeilen
( )	Kommentare des Verschrifters (U.Oe.)
/ /	Text-Variante, deren mögliche Geltung nicht eindeutig ausgeschieden werden kann.
?	fragliche Entzifferung der Bandaufnahme
uv	unverständlicher Redeteil
___	unterstrichen: vom Sprecher betontes Wort
(–)	Stimmhöhe gleichbleibend
(')	steigende Stimmhöhe
(,)	sinkende Stimme

Die Personen:

Fd	= der Falldarsteller
S	= der Supervisor
M	= eine beteiligte männliche Person
W	= weibliche Person (die Bewegungstherapeutin)
W2	= 2. weibliche Person (wahrscheinlich Therapeutin)
W3	= 3. weibliche Person (wahrscheinlich Psychologin)
W4	= 4. weibliche Person (Pflegepersonal)
W5	= 5. weibliche Person (wahrscheinlich Pflegepersonal)

Fd: Ja, ich kann ja mal sagen, es war ja mein Anliegen, die, ... äh .. , Patientin hier reinzubringen. Also, (Pause) das is ne Behandlung, die sich jetzt in der Abschlußphase befindet. (Pause) . Sie is jetzt äh gut drei Monate hier ((–) bis (')) ... wegen einer Colitis (') ... und äh in dieser Abschlußphase jetzt äh (lange Pause) spitzen sich die Schwierigkeiten noch mal sehr zu (Pause) und ich hätte ganz gerne .. für mich, ja die Hilfe, weil ich einzeln mit ihr spreche (Pause) und damit umzugehen, ... ja , also das ist mein, mein Anliegen.

M: Eigentlich sagst Du konkret mit dieser Frage, wie lange bleibt *sie noch*

Fd: (unterbrechend) * ja (–)*, ja(–), (Gelächter von anderen) ich mein, Sie /wir?/ haben ja vorhin schon drüber gesprochen: Übertragungspsychosomatose, und .. das .. war mir vorher gar nicht so klar, aber jetzt diese körperlichen Veränderungen (?) /Öffnung (?) /, kann man nur sagen, da .. da läuft ja irgendwas bei mir auch und wie kann man das zum Abschluß bringen, auch, was muß passieren nach der stationären Behandlung, ich hab so'n bißchen die Befürchtung, daß ich wieder in so'ne Situation rutschen könnte, wie mit der ... äh allen auffallenden neulich (Betonung, um »turn« gegen aufkommende Unterbrechungsgeräusche aufrechtzuerhalten), äh, also, daß sie ambulant äh vielleicht nur begrenzte Zeit weiterkommt, bis sich /sie?/ draußen jemand gefunden hat und darüber, dazu hätte ich gern so'n bißchen hier /gestritten?/ (uv., immer leiser werdend:) .. (uv).. (? und zwar im vergangenen Jahr ?) (uv), (lange, lange Pause) .. Ich kann ja zur Einführung noch ma 'n bißchen sagen, wie sie hierher gekommen is, nur mal zur Erinnerung, also es is eine Anfang dreißigjährige, junge, sehr attraktive, .. äh, ... Frau, die ... äh .. aus einem .. äh .. aus einer internistischen Abteilung kam, ... un .. und zwar war sie dort gewesen mit einem ersten akuten Schub einer Colitis Ulcerosa. Und in dieser Behandlung hat sie gemerkt, (Pause) hat sie das erste Mal sich einer Ärztin anvertrauen können (–) (Pause) und der gesagt – eh .. äh ... daß sie seit fünfzehn Jahren induziert erbricht ... aber ohne daß das Gewicht sich dadurch verändert hat, auch äh Heißhungerattacken gehabt, aber ohne äh, ohne starke Gewichtsabnahme. Und sie konnte jetzt in dieser Erkrankung, in dieser Phase der körperlichen Erkrankung überhaupt das erste Mal erkennen, daß das einen Krankheits (Pause) wert hat, einen Krankheitscharakter, das Erbrechen. Vorher hat sie nur gedacht .. das hat meine Mutter gemacht ('), die kenn ich nur so (–), (Pause) , daß die dreimal täglich gekotzt hat und ich hab's halt dann auch gemacht, ja, und als sie dann hier war, stellte sich eben heraus, daß die Mutter auch hier, just auf dieser Station schon mal als Patientin war (Pause), mit 'ner Colitis (Pause), die aber .. äh .. sistierte seit sie hier war und daß ... , sie hat keine Beschwerden mehr. .. Übrigens stimmt das nicht, daß sie das erst hier äh gemerkt hat, daß sie auf äh daß die Mutter auf dieser Station war, das hat die Patientin erst hier gemerkt aber daß die Mutter hier in dieser Klinik (ein anderer Mann: ja ..) war, das wußte sie schon vorher und mit dieser (Zwischenruf: uv. klingt wie: .. war ihr klar gewesen ..), ja, auch so mit diesem Optimismus .. is sie dann auch so (?) hierher gekommen (?)

W: Und das is bei, bei der Mutter besser geworden dann (Frage, vergewissernd)

Fd: Bei der Mutter ist seitdem die Colitis-Problematik verschwunden. (Pause) Und äh die ähm Patientin kommt in einer Situation, sie hat 'ne Schwester, die is zwei Jahre jünger, äh .. in einer Situation, wo diese Schwester (–) äh ... mit .. einem Kind, das sie hat, mit einem unehelichen Kind, nach einem Suizid-Versuch, den die Schwester gemacht hat, jetzt bei den Eltern is, und von den Eltern betreut wird. Und da spielt 'ne Menge Eifersucht auf diese Schwester 'ne große Rolle, daß die Eltern sich also so um die kümmern, während sie, die Patientin, drei Kinder hat, die zwischen 7 und 12 Jahre alt sind, immer ziemlich allein gelassen wurde von den Eltern. Also sie wollte die Mutter immer anfordern (?), aber die hat das nicht gemacht, bis sie jetzt krank geworden ist und dann kommen die und helfen. (Lange Pause) Ja, und ein Grund für sie, (Pause) sich zu wünschen, daß sie hier herkommen konnte und nicht nach Hause gehen zu müssen, nach dem, äh nach der internistischen Behandlung war, daß sie Abstand haben wollte von ihrem Mann. (Pause) Und äh .. zwar .. fühlt sie sich von dem Mann kontrolliert, bestimmt, auch was die ... äh sexuelle Beziehung, vor allen Dingen, was die sexuelle Beziehung angeht, wo er also (Pause) sehr in sie eindringt, schmerzhaft in sie eindringt und sie insgesamt ständig bedrängt. Das tut ihr weh, und er kann das überhaupt nicht begreifen, also so hat sie 's gebracht, auch so 'n bißchen ... distanzlos am Anfang, fand ich sehr platt, ich war auch etwas erschrocken darüber, .. aber das .. äh war sehr massiv offenbar, und war sehr bedrängend für sie, und das konnte man schon so merken. (Pause) Und dem wollte sie nun entwischen. (–) (Pause) Und jetzt (sehr viel lauter als vorher), zum Ende der Behandlung stellt sich eigentlich wieder die Frage, was .. , oder verstärkt noch mal die Frage, wie wird sie sich einrichten, zuhause, .. Eigentlich will sie von dem Mann weg, dann will sie's aber auch wieder nich, weil sie Sorge hat wegen der Kinder (–), (Pause) äh .. und .. äh .. weil sie auch an ihm hängt. (Pause) Und diese Ambivalenz, also die Suche danach, äh in den Arm genommen zu werden, verstanden zu werden, 'ne ganz starke Verliebtheit auch in bezug auf mich, (Pause) äh verbunden äh mit einer irrsinnigen Angst ... und Abwehr dagegen, also daß sie alle Affekte draußen läßt (–), das regelt sie dann in ihrem Zimmer, nich, mit mir spricht sie un in ihrem Zimmer heult sie, .. und malt auch. Die Bilder, die sie malt, das sind eigentlich die Affekte, also in den Bildern steckt enorm viel Wut und Enttäuschung, darüber haben wir ganz gut sprechen können inzwischen, ehm, äh, also das, äh das jetzt zur ?Wiederkehr?, das ist jetzt so im Moment die Situation zum Schluß der Behandlung. (Pause) Und sie hat .. äh (sehr lange Pause) auf ihrm, ... auf dem beruflichen Weg versucht, sich etwas Freiraum zu schaffen. Sie hat also (Pause) ihr Leben, so wie es bisher gelaufen ist, geplant (gedehnt und betont), bis auf die Erkrankung. Es ist alles, wie gesagt, so gelaufen, wie sie es geplant hat, sie hat Kinder bekommen, dann hat sie ihr Studium zu Ende gemacht, alles mit Spitzenzensuren, dann ist sie Textildesignerin und dann Unternehmerin geworden, is in einem renommierten Haus, is da aufgestiegen ... alles wunderbar .. und als der Aufstieg quasi unaufhaltsam war, ist sie dekompensiert. ... Und sie sagt nun von sich, ähm ich mußte äh immer das Gefühl haben, am Abend (Pause) ganz leer zu sein. Kaputt und ganz leer, wenn sie

*W: wenn alles erledigt

*Fd: (uv ...) ganz leer

& W: ist, sie muß auch alles erledigt haben

& W2: sie kotzt auch nur abends, ne, oder wie war denn das?

*W: sie muß auch alles erledigt haben ..

*Fd: alles erledigt

W: was am Tag äh, oder überhaupt was so zur Zeit angestanden hat. (noch zwei drei unverständliche abschließende Wörter)

Fd: mhhm, äh .. und .. ehm .. die, die Situation ehm zwischen uns ... hat sich doch so gestaltet, daß da 'ne sehr starke (Pause) Abhängigkeit sich entwickelt hat, bei der Patientin, die mir im übrigen auch sehr sympathisch ist, die ich wirklich gern hab, aber .. äh .. wo ich auch spür, daß da also wirklich heftigste äh Affekte in Gang kommen, äh vor denen sie sich und mich auch schützen will. Deshalb bleibt das auch so weit draußen. Es ist sehr schwer, das in die Beziehung reinzubringen.

M: Ach so, das is, das is erlebbar, aber das war nie 'en Thema.

Fd: Doch es war schon ein Thema. (m: es war en Thema ???) Es wird immer mehr ein Thema. Inzwischen wird immer deutlicher, daß sie das äh versucht, aus der Beziehung rauszuhalten

*und sie agiert es mit dem Mann.

* W: Das macht ihr doch sicher ..

Fd: Wie bitte?

W: Macht (Dir?) ihr das nich auch Angst?

Fd: Der Patientin?

W: ja

Fd: ja maximal

W: denk ich doch

(Pause)

Fd: Ja gut, das is ers mal so 'n paar ...

(Lange Pause)

S: Ich hab nich ganz verstanden, was ... jetzt äh sozusagen inhaltlich so der Anlaß ist für Sie, das jetzt noch mal zu ?diskutieren? vertiefen oder zu klären

Fd: Ja (gedehnt), also sie is jetzt kurz vor der Entlassung, das wird Anfang April sein, es sind jetzt noch, ehm, ungefähr drei Wochen und eh, es gibt zwei Punkte, also zum einen die Frage (Pause) für <u>mich</u>, wo muß ich einen Trennungsstrich ziehen. Also ich hab ihr gesagt, daß sie, sie hatte mich gefragt, ob sie weiter ambulant bei mir bleiben könnte. Das hab ich mir überlegt und bin zu dem Schluß gekommen, daß ich das nicht will, aus verschiedenen Gründen, und ehm, das hab ich ihr gesagt, <u>aber</u> ... , und hab ihr auch gesagt, daß sie sich draußen jemand suchen soll, hab ihr auch gesagt, an wen sie sich wenden kann, aber, äh, sie wird ja 'ne Übergangszeit haben müssen, sie wird ja nicht sofort jemand finden ... und äh für diese Zeit hab ich ihr angeboten, daß sie kommen kann ... aber wirklich nur übergangsweise, ja, das heißt ein Mal, vielleicht ein Mal im Monat, also es ist gerade so im Blick halten. ... Äh, das ist die <u>eine</u> Frage, ob .. äh ... das wirklich gut is, das so zu machen. Oder ob ich da vielleicht doch noch mal 'ne ... andere Möglichkeit überlegen muß. Das ist das <u>eine</u>, und das <u>andere</u> ist, daß sie (Pause) ähm mich enorm unter Druck setzt <u>damit</u>, daß sie sagt, es ist ja alles nicht besser geworden. Jetzt komm ich nach Hause und weiß gar nicht, wie ich weitermachen soll, ähm, äh und <u>ich</u> fühle mich so ein bißchen überrannt. ... Der Mann versucht also ihr in allen möglichen Dingen entgegenzukommen und ihr jetzt die Wünsche von den Augen abzulesen, aber er macht alles <u>falsch</u>. ... Ich weiß nicht, ob's so deutlicher geworden is für Sie.

S: ja

(Pause)

W: Also die passive Haltung auch von ihr, nich?

Fd: (in deutlich verändertem Tonfall, nicht mehr distanziert darstellend, sondern leidend, emotional beteiligt, fast erschöpft klingend) ja un ich bin in so'ner Anspannung (W: uv), das is so 'ne Patientin, wo ich denke, ich bräuchte eigentlich viel mehr Ruhe und Zeit un nich ... , um das auch noch mal für mich selber so durchzukauen ... und das ist ja auch alles jetzt passiert in einer Zeit, wo ich sehr (Pause) beschäftigt bin mit anderen Dingen, und ich bin dauernd so angespannt und für mich ist das jetzt noch mal so innehalten hier und heute, um mal innezuhalten und zu gucken (–) . So! Das ist mein Anliegen an ?Sie? – (versickert in unverständlichem Murmeln). (Während der letzten Sekunden einige »mhm«'s von S. begleitend dazu)
(Es reden mehrere Teilnehmer durcheinander)

M: mhm, jetzt nur mal so, so'ne Überlegung dazu. Vielleicht ist sie, ... ja .., platt auch. Äh. Sie ha, hatten die Frau A. eben erwähnt, daß Sie nich wieder in so 'ne Situation kommen. Meine Idee war einfach, inwiefern Sie das auch unangenehm finden, wenn die Patientin sich da zu sehr /?anhängt, angehängt hat, anhimmelt ?/, also mit diesem Verliebtheitsaspekt von der Frau A. fand ich im Grunde genommen so aus unserem Gespräch, so was Ähnliches (langes Stöhnen des Fd.) (längere Pause) und äh (Pause) ja, Sie sagten gerade noch mal, vielleicht versucht sie auch, sich ... und mich zu schützen, indem sie das so ganz raushält, ne, also, daß sie im Grunde genommen auch nich weiß, äh, ja, wie kann man das, in irgend'ner (Pause), wie sacht man so (Pause) versöhnlichen Art auflösen, was da als Übertragungs ... liebe wie auch immer entstanden ist, ne

Fd: mhm (etwas forciert)

M: und ich denke, wenn (Pause), wenn Sie jetzt darauf äh sozusagen ... wie soll man sagen, organisatorisch reagieren, indem Sie sagen, ich kann das nicht, ne, mit der ambulanten Behandlung, ne, dann bleibt das im Grunde genommen bestehen, denk ich mir, weil es (Pause), äh es findet irgendwo kein Ende, ne, dieser .. Teil .. dieser Übertragungsliebe, mit der sie beschäftigt ist, sondern es hört sich für mich so an, als ob es dann darum ginge jetzt äh auch räumliche oder zeitliche Distanz herzustellen ... , aber ich glaube, das beantwortet die Frage nich, die * Sie stellen *

Fd: * Ja, das * is so'ne Schwierigkeit, also, das is so 'ne Patientin ... , wenn ich 'ne Praxis hätte und die käme, würde ich sie wahrscheinlich <u>nehmen</u> (Kaffeetassengeklapper)

*M: Ja

*Fd: nich

(verschiedenes Geflüster dazwischen) und äh .. und äh .. (Pause) äh .. ich kann das nich. Ich kann's nich mehr /sehen? wählen?/ (Das Ganze sehr leise) /Ich krieg das nich hin ?/ (Jetzt beginnen mehr als zwei Leute zu reden)

(Die Bandaufnahme ist hier – wohl nur kurz – unterbrochen)

*M: ... dann versteh ich das nich /gestern was hier kam, ??/

* *W2*: Aber dann is das, das is dann doch

M: die kann noch nich gehen, ne

W2: Ich denk so, das is aber der Punkt,

* *W*: ?Is gar kein Punkt, .. nein ?

* *W2*: Das is 'ne Patientin, die jetzt in 'nem analytischen Prozeß is, der läuft und in Gang gekommen is und der vielleicht schon so intensiv is, daß die im Moment schon so drin steckt, daß se gar nicht gehen <u>kann</u>, und es is ja die Frage, ob die Patienten deshalb <u>wieder</u>kommen, weil es, weil es schon zu weit is, ne,

W: (unterbrechend) Ja, ich denk, da müßte man * noch ein bißchen genauer auch * gucken, in <u>was</u> für einem Prozeß is sie

W2: * der (irgendein Name) is auch wiedergekommen *

W: ja, ich denk das müßte man noch ein bißchen * näher begucken, find ich

*M: mhm

* *W2*: ?der? is schon so drin, ne,

W: Natürlich is er schon drin (??)

*W2: sie hat Angst (uv).. , das is ja ne Colitis, ne, wenn man zu aufdeckend jetzt weiter jetzt hier /seziert?/, sie äußert ja praktisch auch Angst, daß es ihr zu ... zu viel wird, ne. Sie reagiert ja auch mit so körperlichen Symptomen dann, ne.

*W2: mit diesen menstruellen Sachen, ne,

*Fd: Ja, das wollte ich vorhin noch gesagt, daß

& W2: diesen gynäkologischen Kisten, die da kommen

& Fd: genau, ja

S: was is denn da ?

*Fd: Es sind Zwischenblutungen ...

*W2: Ja sie hat ihre Tage plötzlich wieder gekriegt, also es sind Zwischenblutungen gekommen, nach 9 Tagen wieder, kriegt Spannungsgefühle in den Brüsten,
*und so, also so

S: hatte die Menstruation nicht bekommen (indirekte Frage)

& Fd: Doch (betont), doch, doch

& W2: doch, ... doch

& W: doch, doch

Fd: aber sie hat jetzt
(hier alle durcheinander)

* W: aber es tritt viel früher alle drei Wochen, äh

*Fd: (uv)   .. wieder bekommen ...

*W2: (uv)   ja, vorzeitig

& W: alle zwei Wochen, .. vorzeitig

& W2: vorzeitig wieder,

Fd: Also die Assoziation war ganz klar, jetzt, daß äh, sie hat es selber auch gesagt, ob ich schwanger bin. (W: mhm)

117

(Pause), ich dachte schon, ich wär schwanger, bis dann die Menstruation kam

S: (unterbrechend): Also Moment noch mal zu meiner Orientierung, Wir /Sie?/ haben noch drei Wochen (fragend),

Fd: mhm

S: das heißt wieviel Einzel?sitzungen?

Fd: fünf

*S: Fünf, von jetzt an?

*Fd: mhm mhm   bis zum Ende der stationären Zeit

S: (atmet Begreifen markierend ein, statt eines »aha«) (Pause)

W2: Ja, aber Du hast ihr schon angeboten, sie weiter, zumindestens stundenweise, das kann man ihr ja schlecht jetzt wieder absprechen, ne ..

Fd: Nein, das will ich ja auch nich, das, nein, nein, das will ich ja auch nich. Äh für mich ist die Frage, zum Beispiel ist das sinnvoll da jetzt zu sagen, also ein Mal im Monat, Schluß ..

S: (sich meldend) also, ich (Pause) finde, die Perspektive, die Herr X. (M) eingebracht hat, (Pause) sehr hilfreich, insofern ... da ..., aus den Dingen, die, was ich jetzt weiß .. so 'n Dilemma aufkommt. Da sind Affekte, auch positive Affekte ... , welcher Art, wiss, äh weiß ich noch nicht, in Gang gekommen, ... und gleichzeitig is es fast unumgänglich, oder scheint es unumgänglich .., daß man auf einer organisatorisch-praktischen Ebene irgendeine Entscheidung trifft, an, äh, in betreff der anstehenden Entschei, äh Entlassung. (längere, Bedächtigkeit markierende Pause mit langem Atemholen) und, ... ob das nicht ein Stück widerspiegelt das Dilemma, wie sie mit sich selbst auch umgeht.

W: Ja (betont zustimmend), so ungefähr hab ich das auch gedacht, deshalb fragt ich das eben (??).

S: Ne, das heißt, .. daß .. ich finde, ne, das Setting ist eigentlich klar, was Sie ihr angeboten haben (für diesen kurzen Äußerungsteil habe ich leider später das Band durch Rec.-Taste-Drücken für einige Sekunden gelöscht) und wir sollten vielleicht versuchen zu gucken, wo Sie eine, also Sie jetzt, in eine *affektive, ich übertreibe vielleicht, Notlage geraten

*Fd: mhm mhm

S: durch diese, ja, Übertragungsliebe und wir sollten uns *angucken, was das eigentlich is, ja

* W: (hustet laut, dann:) das meint'ich eben mit Selbst .. ?

S: ne, denn, nee, nee, die positive Affektivität, ne, was ja 'n *Riesenfortschritt is bei 'ner Colitispatientin

* W: mhm

&S: ne, ja, wenn das in einer Beziehung, wenn

& W: (dazwischen) wenn das so ist

S: Zärtlichkeit, Bedürftigkeit, libidinöse Bedürftigkeit sich entwickelt, ist das ja ein Fortschritt.

M: ja, ja

S: Das is etwas, was die nich können. (M: ja) Affektive, affektiv modulierte Objektbeziehungen. (W: mhm) ... Und äh hier wird gezeigt, daß sie eine enorm aufgeblähte Autonomie, autar, .. Autarkie- (Pause) Haltung annimmt, wie das auch für manche Colitis-Patienten typisch ist, aber /wie?/ die abgekoppelt, die ganzen affektiven Beziehungsprobleme (W: mit regelmäßigem »mhm« begleitend). (Mit anhebender Betonung:) Und jetzt ist die Frage (–), ist das beispielsweise et, etwas wie ein dreijähriges Mädchen die Mutter anhimmelt, oder wie ein zehnjähriges Mädchen den Papa, oder eine Siebzehnjährige den ersten, eine Siebzehnjährige ihren ersten Freund – oder wie auch immer, von daher denke ich reguliert sich das, wie man damit umgehen kann.

Fd: Ja, das stimmt. /oder: bestimmt?/
(lange Pause)

*S: ich glaub ..

*Fd: das is leider nur etwas schwierig zu bestimmen.

&W: Ja

&M: Aber guck doch ma

&W2: Ja, aber wenn sie doch gynäkologische Beschwerden hat *und die Brüste dick werden

*W: also ich kann da vielleicht mal

W2: dann denk ich mir, is das doch schon ein Schritt *weiter, ne, ... so würd ich eher so die Pubertät, ne, so,

*W: könnt ich mal etwas zum Körperbild sagen?

&W2: wenn die Tage kommen und die Brust wächst.

&W: Ich möchte /könn'wer/ mal etwas zum Körperbild sagen

&S: ja

W: Also zum Körperbild ist mir aufgefallen, daß es sehr konturlos ist, so insgesamt. Das, was sie eben erwähnten mit dem Aufgebläht-Sein, das is also in den Armen, Händen vorhanden, in den Gliedmaßen, aber nicht mehr, was den Leib betrifft. Das is ja auch immer unterschiedlich, nich, bei Colitis-Patienten. Und daß sie den Unterleib, also den Beckenbereich als sehr wund und als zerrissen erlebt, ne, und zerfleischt, und ähm, ich dachte so im Moment, als ich das wieder hörte, da mit dem, mit den Blutungen jetzt so früh, erst blutet der Darm, jetzt blutet also die Vagina, also äh hat sich, hat sich da was verlagert einfach nur, nich, also Colitis is ja im Moment etwas ruhig, ne, hat sich das verlagert, also ich hab mich dann *schon auch erschrocken, als ich das so hörte

*S: ah ja, also die Symptom ..., die &symptomatologische Seite is, äh.

&Fd: wechselt schnell

&W?: nur auf ner anderen Ebene

&W: Ja genau

*W: Und da, das hat mich erschro, ich hab mich

*S: da jetzt eher

W: erschrocken, als ich das hörte

S: Wieso? (erstaunt)
(Alle durcheinander jetzt)

* W: Weil ich dachte, /daß ich dann so ... sagte ?/

* W2: weil .. (uv)

W: (W2 vom Tonfall her korrigierend) naja, das ist 'ne Blutung, nich, also, und wenn ich so, wenn ich sie, ... ich hab sie in der KBT, in der Gruppe. (Mehrere »Ja« des S. dazwischen) Und wenn ich so an den Anfängen meiner Gruppe mit ihr denke, dann ging das äh anfangs <u>nur</u> um Gewalt, Druck, Druck aus<u>üben</u>, Macht ausüben über den anderen, mich, ich wurde also in diese Rolle reingedrängt und äh dachte, nee, also so nicht. (Aufgeregte Stimme jetzt) Ich wollte mich also dagegen wehren, nich, fühlte mich also sehr unter Druck gesetzt, auf die Druck, also, Gewalt anzuwenden, in irgendeiner Form Druck auszuüben. Und als <u>ich</u> mich dann verweigerte, fing das natürlich, is ja klar, naheliegend, <u>unter</u> den Gruppenmitgliedern ein Stück an und dann hab ich eingegriffen (sehr bestimmt ausgedrückt, so als ob ihre Wut noch nachzittert darin), hab also dann unterbrochen, wenn ich das Gefühl hatte, das wird jetzt also mir zu <u>kriminell</u>, nicht, die gingen also dann zu gewaltsam miteinander um. <u>Das</u> war der Einstieg von ihr in der Gruppe (geradezu schnippisch, wie: ja, jetzt staunt <u>ihr</u>, das sind nämlich ihre anderen Seiten). (Pause) Und so, was, was äh ihr Verhalten so betrifft, geht sie sehr äh, ... hat sie äh enorme Schwierigkeiten. Ich merke also, daß sie Innen- und Außenraum nicht gut trennen kann. Also entweder sitzt sie sehr nahe bei den andern, ähm, dann muß sie aber sich en weichen, dicken, großen Kissen beiholen als Schutzschild vor sich, wie den Bauch, schwanger, ham wirs hier wieder, ne, ne, als Schutzschild, den umfaßt sie auch so, den braucht sie und manchmal sitzt sie auch drauf, aber meistens hat sie, umfaßt sie ihn dann so, und wenn sie nicht so eng beieinander ist (stärker betont), ähm, sitzt mit den anderen, dann muß sie <u>weg</u>, ganz woanders hin, in die äußerste, äh, äh, ja Ecke würde ich nicht

sagen, aber auf die äußerste Seite des Raumes, an den Kamin, Sie kennen den Raum ja. (Pause) Nicht, und dieses, äh, sich nicht trennen können, diesen Innen- und Außenraum nicht getrennt oder dies Innen und Außen nicht richtig getrennt, (Pause) sie kann also nur sich, bei <u>sich</u> ein Stück selber sein, sich selber empfinden, äh, wenn sie sich abwendet von der Gruppe, wenn sie der Gruppe den Rücken zukehrt. (Pause) Sie sagte einmal zum Beispiel, wenn ich dann auf, auf den Kamin gucke, da gibt's ja dieses Loch, aber in diesem Loch ist also diese Platte drin und die Platte ist für mich, ähm, Form, Struktur – sie hat ja keine Struktur im Körperbild, ne, alles ohne Grenzen, – das beruhigt mich, und dann kann ich mich besser spüren. Oder auch wenn, wenn sie Körpereinzelarbeit macht, was ja also auch erst ein Hin und Her war, und ich kann nicht und ich will nicht und ... ich ekel mich vor mir selber, .. ja, dann, äh, gut, ich sage dann konkret was, begleite sie dann auch so mit meiner Stimme, daß sie da so ein bißchen bei sich sein kann, dann ist das das Gleiche. Sie kann das nur schaffen, wenn sie sich umdreht, den Rücken den anderen zuwendet und das find'ich also, äh, ein Stück extrem. Das machen üblicherweise, das ist meine Erfahrung, Colitis-Patienten selten, oder so gut wie gar nicht.
(Mehrere durcheinander)

Fd: mhm, ?ist ein Teil dazu? /oder: dieser Teil dazu/ ist heute mir noch einmal deutlicher geworden. (W: einige Mal mhm) Also, die is, is ja Sportlerin, und die ..

W2: is ihr Mann, ne?

Fd: Wie bitte?

W: nee, nee, beide.

* *Fd*: Beide

* *W2*: Ach so beide.

Fd: darüber haben die sich kennengelernt. Der Mann is, äh, bekannter Sportjournalist, (W?: kann man wohl sagen) und sie is Sportlerin, auch, da hat sie ihn kennengelernt. Die trainieren zusammen. Da wird man doch so in den Schwitzkasten genommen, kann man sich doch die Luft abdrücken, da ham wer uns drüber unterhalten. Also, die trainieren dann.

M: ach ja

Fd: nich, als das, .. und dann kommt es darauf an, wie lange es einer aushalten kann, bis er <u>abklatscht</u> und ähm, wir sind da drauf gekommen, weil sie oft gesagt hat, daß sie Angst hat, als, daß sie keine Luft kriegt, bei mir, und das hat sie auch von dem Mann gesagt und auch von der Mutter gesagt. Und in dieser, in der KBT, hat sie mir gesagt, ist das auch so. Und wenn dann auf einmal so viele um sie (W: stimmt) 'rum stehen, dann kriegt sie keine Luft mehr und das ist aber <u>gleichzeitig</u>, is aber dieses Trainieren was sehr <u>Lustvolles</u>, also, daß sie 'n sehr nahen Kontakt hat. Und das ist so als <u>Bild</u> der Inhalt für das, was möglichst nicht passieren soll. Also, wo, .. zwischen <u>uns</u>, .. was sie gerne möchte, ist, daß es so eine lustvolle Rangelei gibt, daß sie aber Angst hat, das kann dann so werden, daß ich <u>ihr</u> oder sie <u>mir</u> die Luft abdrückt. Und dahinter steht das Bild einer ganz kontrollierenden Mutter, die also genau, äh, gesagt hat, du mußt <u>heute</u> so und so viel Fleisch, so und so viel Fisch und so weiter essen, damit du das und das wiegst, die also bis ins Detail alles kontrolliert hat und als sie äh dann den Freund hatte, ihr noch ... also die Antibabypillen abgezählt in den, äh, in den äh Kulturbeutel gelegt hat, solche Geschichten, nicht war, also auf Zetteln, als, äh, weiß ich nicht, welcher A, welchen Inhalts oder Information über sexuelle Verhaltensweisen. Und so, daß sie also auch meint, äh, sie hat gar keinen Willen, wie 'ne <u>Frau</u> so ist oder wie man das macht, obwohl die Mutter sie sehr eingeweiht hat in die ehe-, in die ehelichen Schwierigkeiten. Und sie sagt halt, ich hab dann versucht aus irgendwelchen Zeitungen oder so, aus solchen Idolen so'n Bild, so 'n Katalog zu machen, nachdem ich mich irgendwie richte und jetzt komm'ich hier her und will 'n neuen ... Katalog haben. Das war der Einstieg zu Anfang. Jetzt ist das schon anders. (W: mhm) (Pause) Das wollt ich noch dazu sagen, zu diesem Abwehrteil, das ist dann .. , da geht sie raus, damit sie dies, damit das nicht passiert, übrigens, es ist mir gerade <u>siedend heiß</u> eingefallen, daß wir sie gar nicht gefragt haben vorher, äh, daß wir, äh, hier über sie sprechen, und daß wir, daß dieser Test, daß wir äh 'nen Test machen. Das haben wir bei der Frau Z. das letzte Mal vorher besprochen. Und jetzt kommen wir dann nachher an und sagen, hier bitte schön ...

W3: Ich hab mir auch eben schon mal überlegt, wie ich das mit dem Fragebogen machen soll, also, sie müßte ja vorher Bescheid wissen.

W: Ausgerechnet!
(Sehr lange Pause, ca. 5 sec.)

W2: Wie ist denn das bei Dir eigentlich eh (weiter uv)

Fd: (sehr leise) (uv) ... ja zu mir hat sie ... (uv)

W: Aber vielleicht kann ich noch mal kurz, damit ich das äh abrun, äh noch abrunden, ich möchte das 'n bißchen abrunden noch, jetzt, was ich da so gesagt habe, also (räuspert sich länger, spricht dann die ganze Zeit sehr schnell). Sie hat dann in der KBT irgendwann erzählt, um mal jetzt auch zu sagen 'n bißchen, wie der Stand ist, es hat sich schon ein bißchen was verändert, nich, so schon auch ihr Körpergefühl, es ist zum Beispiel so, daß sie zuhause sich ja dann viel im Bad, äh, äh, befindet und sich viel duscht und wäscht oder badet und sich so schmutzig und dreckig fühlt und das eben auch aus diesen Gründen macht. Hier hat sich das inzwischen ein Stück verändert. Sie sagte neulich, daß sie inzwischen sich eine halbe Stunde lang ins Bad legen kann und das auch genießen kann, also es geht jetzt erst mal nich um Reinlichkeit oder Dreck abwischen oder so was oder abwaschen, nur, sie kann das nur, wenn sie die Tür ab_schließt. Sie weiß genau, da ham wirs wieder, ne, mit dem Abschließen und Abgrenzen, sie weiß genau, es kommt keiner rein und trotzdem muß sie das hier tun. Und dann hab ich gesagt, hab ich sie gefragt, wie ist das denn zuhause, äh, ja, also das, das kann ich doch nicht, das kann ich doch nich, das .. und sie sagte dann gleich, als sie das hier macht, aber das ist doch nicht normal, ich kann mich doch hier nicht einfach einschließen, ähm, na dann ... , dann fragt ich sie dann, wie das zuhause und da sagte sie dann, zuhause mache ich das nicht, da können ja dann meine Kinder immer rein, ich muß doch immer .. . Die hat ja einen hohen Anspruch an sich, nich, was sie so alles müssen und können muß, ähm, das muß ich doch, ähm, .. ich muß doch für meine Kinder immer da sein, ich kann mich doch da nich im Bad einfach einschließen. Nich, obwohl sie <u>hier</u> entdeckt, daß sie ein Bedürfnis hat und das auch endlich mal ein Stückchen genießen kann.

(Fd und *M* reden leise miteinander (uv)).

W: und das merk ich in der KBT immer wieder.
(Gemurmel mehrerer Teilnehmer) (Pause)

* *W*: Ja also

* *W4*(?): Ja, ich denk, ich hab so das Gefühl, daß die bei mir immer 'n Stückchen ja auch so Orientierung sucht, immer wenn sie als Frau so ähm empfinden muß und ob .. , sie fragt ja immer, ob das denn normal ist,

W: (einwerfend) immerzu, bei allem

W4: mhm, sie wills dann immer ganz genau wissen, also auch so, so absolute Schwierigkeiten hat, so Bedürfnisse wahrzunehmen, so wie sie jetzt halt an dem Tag, wo sie da ihre Zwischenblutung bekommen hat, wo sie da absolut Fahrrad fahren wollte, also (uv) .. sie konnte das nicht verstehen (?) ... (uv) (Pause) obwohl ich ihr auch schon so Sachen also auch so mitteilen kann, so wie so was für mich dann so ist, ne.

Fd: Also, sie hat mir erzählt, daß sie in der Schwangerschaft, da hat sie eine, glaube ich, einwöchige Bergtour unternommen mit ihrem Mann. Kaum Mutter geworden, hatte sie sich an einem internationalen Kletterwettbewerb beteiligt, hat se 'n hohen Berg bestiegen und nen Preis bekommen (W2 lacht: hä, hä, hä) aus Trotz, weil sie`s wissen wollte.

S: Wie alt war das Kind?

Fd: Drei <u>Monate</u>. (Pause) Also sie hat`s gerade, sie, äh, muß wohl, äh, hatte die Schwangerschaft, übrigens sie hat das

auch so erzählt, so bei Ihnen (wahrscheinlich an W4 gewendet), sie hat das auch sehr genossen, sie haben da wohl mal Kaffe getrunken, so ziemlich lange in der Küche und so,
W4: Wir ham mal (lacht etwas unangenehm berührt auf: hähähm) zusammen, ja, bis so um eins gefrühstückt, komisch, das hat sich so ergeben. (Gleichzeitig redet Fd murmelnd weiter (uv))

M: Das war so auf 'ner gleichen Ebene, so mußte das sehen.

W4: (im Sinne des Widerspruchs:) Ähm, (lange Pause), wei, nee, weiß ich nicht. Ich denke, es gibt schon 'n Unterschied, aber ich hab so das, ich hab das Gefühl, daß sie das manchmal so möchte, so auf einer Ebene (sehen?).

* M: mhm, also analog wäre /das?/ Geschwister, (weiter uv)

* W4: aber ich glaub, sie traut sich nich so

W4: mhm, ja.
(Pause)

S: Ich hab jetzt noch mal ne Frage, äh, diese Verliebtheit, wie äußert sich das?
(Pause)

Fd: Also jetzt äh spontan muß ich erst mal was anderes drauf sagen, weil mir gerade auch was ganz anderes eingefallen ist. Sie hatte nämlich heute /neulich ?/ gesagt, wenn sie zu mir kommt, fühlt sie sich wie eine Angeklagte. Oder wie in so einem Polizeiverhör. Und wie schön das bei Ihnen war mit dem Kaffeetrinken, das wär doch viel besser, wenn wir das auch machen würden.
(Gemurmel und Gelächter)

* W: jo, ... stimmt ja auch

* Fd: ob wir uns mal so treffen wollten, so 'n bißchen legerer und nich so, äh und nicht so (Gelächter der Frauen) in diesem, in diesem, in dieser Art und dann fiel ihr ein, wenn ich mich hier so fühle, dann muß ich ja Schuld, dann hab ich ja Schuld, äh und ihre Schuld sieht sie darin, daß sie sagt, ich hab mich ruiniert, ich hab mich körperlich kaputt gemacht durch diese aufreibende Arbeit, durch diesen Streß, durch diese ewige Kotzerei. (Pause) Also der Wunsch, ganz anders mit mir zusammenzusein.

W5? (nicht W, W2): Wie haben Sie denn da reagiert? Oder wie, was sagen Sie, »Nein, niemals« oder was? Oder reagieren Sie gar nicht? (in mürrischem, etwas aggressivem Ton).

Fd: Doooch, ich hab, äh, das en, äh, weiß ich jetzt nicht, was ich darauf <u>wörtlich</u> gesagt hab, aber das stand so in diesem Kontext mit dem, ehm, ähm, was ich gerade gesagt hab, also daß sie ... ich hab das <u>auf</u>gegriffen und verstanden, daß sie das möchte. Aber ich mußte gar nicht viel dazu sagen, weil sich das selber weiter entwickelte.

Mehrere W.s: mhm

Fd: das wär, also, das wär so <u>ein</u> Aspekt, ja und dann, äh, äh, kommt sie auch immer sehr, also kommt immer ganz exakt, ganz pünktlich, war wahnsinnig enttäuscht, als ich, äh, das ist hier, war glaub ich ein ganz wichtiges Indiz, als ich äh in Urlaub war, auch als ich krank war über Weihnachten, äh, und kann das auch, äh, konnte das auch schon mal in einer Stunde (Pause) ziemlich deutlich sagen, daß sie also, äh, merkt, wie sie an mir hängt und daß sie das nicht wahr haben möchte. Man muß das jetzt nicht unbedingt Verliebtheit nennen, aber so, daß sie merkte, es ist also da .. äh .. (längere Pause) äh .. ja ... Interesse, Nachdenklichkeit

W? (nicht W): das war aber nach dem Urlaub ?

Fd: Nein, nein, das war vorher schon. (W?: Vorher, mhmh), war vorher schon, und dann, ähm, auch an dem averbalen Verhalten vor allen Dingen, also, wie sie so ... aufwendig zum Beispiel jetzt in die Stunde reinkommt, äh oder auch, wenn sie geht, und wenn wir uns verabschieden .. (uv) ... also dann klebt sie fast an mir und zum Schluß machen wir dann immer den Termin aus für die nächste, für die nächste Stunde, und daß sie da bei mir nicht auf dem Schoß sitzt, das ist aber wirklich auch alles (Lachen der Damen).

W: (uv, längere Passage, d.h. 2 Intonationsbögen)

Fd: und

W4: neulich hat sie (uv) einmal geheult

*Fd: ja, sie kam auch schon mal bei der Visite, da, (uv)

&W4: da hat sie einmal unsinnig geheult

&Fd: Ja, nach so einem Gespräch

W4: .. (uv) nach einem Termin (?) bei Ihnen. Da wollt sie aber nich sagen warum, aber jetzt versteh ich's irgendwie besser.

Fd: ja, aha (Zustimmend)

S: Ja, wieso? (weiter uv)

W4: Also ... (hört auf S., lacht dann etwas, Fd auch) das war mir unerklärlich so, ne, also, .. (uv) der Ausbruch.

S: Ja, äh, ich mein, jetzt haben Sie was verstanden, was ich nicht verstanden hab

W4: Ja, ich versteh jetzt ihr Gefühl Ihnen gegenüber besser. Das Gefühl der Patientin. Das wußt ich nicht also so gut kenn ich die nicht.

S: Ne mir ..

W4: Jetzt kann ich das Heulen besser verstehen.

S: Und? weil?

W4: Daß das so aussichtslos ist. Die Situation. (Pause)

* W2: Sie möcht gern auf 'n Schoß (oder auf ??)

*S: (uv) (dazwischen)
(kleine Pause)

Fd: und es ist schon mal vorgekommen, bei der Visite, das war äußerst eindrucksvoll, ja, da, da hat sie mich richtig gepackt.
(Pause)

* W: ja, bei mir is aber schon in der KBT was Ähnliches passiert.

**gleichzeitig*: männliche Stimme (wahrscheinlich Fd): (?Supervisor sieht alles ?) flüstert etwas, weibliche Stimme lacht darauf laut auf und sagt dann: »Wahrscheinlich« ..

W: Und ?

Fd: Nein, nein, um die Schulter so.

M: Da ist sie aus der Visite schreiend rausgerannt. *Nicht ? daß .. ((uv) oder: Ich fand das gar nicht) ... so unangenehm.

* W?: (etwas albern) Nein, ich bin ja meist dabei!

&M: Ach so! ... (uv) ... Frauen.

&W?: Ich bin ja meist dabei (Allgemeines Gelächter der Damen)

W3: ... (uv) kommt sie öfter mal, daß sie mal so drückt, also sie kommt einfach ... (uv) * .. und mal nehmen möchte und drücken möchte.

W: also, mir ist das*, ... (spricht wieder sehr schnell und aufgeregt) mir ist das passiert in einer Sitzung, in 'ner KBT-Sitzung, als sie mal, übrigens ganz zu Anfang, wieder so verzweifelt war, ich schaff das alles nich, und, nich, mit dem Anspruch, wie soll ich, und ich komm hier nich zurecht und all, ich möchte eigentlich von meinem Mann <u>weg</u> und kann eigentlich ja nicht, kann ja nicht mit zwei Kindern allein zurechtkommen, und schaff das alles nicht, und eigentlich is er ja ein guter Vater, also wieder diese Ambivalenz, und dann, äh, saß, äh, da eine Patientin neben ihr, die, als sie dann so laut anfing zum, zu schluchzen, die hat sie dann in ihrn .. (uv), in'nen Arm genommen, äh, bis zum Schluß der Stunde, äh, und die Stunde war ja dann um, alle gingen dann, ich bin dann hingegangen, zu ihr und sie ha,ich ha, und hab mich dann so neben sie gesetzt, äh, und auf einmal hat sie die Arme um mich geschlungen, <u>geschlungen</u>, (S: mehrfach: ja) und dann, ähm, hing sie <u>mir</u> auf'm Schoß, buchstäblich an der Brust, und, ne, hm, da hat ich sie dann (schnippisch eher). (Pause) Also diese Ausbrüche, die kommen dann schon, nich, ich merke dann schon, daß sie also, äh, äh, daß is, äh (uv) ich kann diese Verzweiflung dann schon auch en Stück ver, nachempfinden, also ich denk schon, bei den Ansprüchen, die sie hat an sich selber, äh,

S: (uv) .. , die Verzweiflung, (uv: diese Widersprüche und Kämpfe ??) kann man doch erkennen, daß die eigentlich mit einem sehr (Pause) liebevollen, sehnsuchtsvollen Verlangen dem Papa gegenüber

Fd: ja

S: wenn nun die Mama, sag ?ich jetzt mal? ... (uv) ... kann sie's sogar ausdrücken, was ich für eine Colitis-Patientin un, .. sehr .. äh verblüffend finde, nich, da hat sich was getan, finde ich, aber beim Papa, um Gottes willen, solange es aggressiv-staatsanwältisch (jemand lacht meckernd dazu) ist, aggressiv-bedrohlich, damit kann sie umgehen, aber *mit diesen

*Fd: ich glaube man kann's (??)

&S: Aber dies, ne, dies, das Sie zu spüren kriegen

&Fd: ja, ja

S: also aber, die liebevolle, ne, die schmusige Nähe zu einem Papa,

Fd: volle Hosen

S: bitte ?

Fd: macht volle Hosen

S: Ja, was auch immer (ablehnend)

S: Und die Frage wäre, ja, ne, im Hinblick auf unsere Ausgangsfragest, oder Ihre Ausgangsfragestellung, ob es Ihnen möglich ist, das einfach auszusprechen.

Fd: Ja, .. (uv) ..

S: Also: Frau, äh

*W: (sagt den Namen der Frau)

S: ich weiß nicht, wie sie *heißt,* ganz egal und so: »Wissen Sie, ich hab das Gefühl, Sie haben mir gegenüber sehr, sehr ...

liebevolle, sehnsuchtsvolle Gefühle und zugleich erscheint Ihnen das ganz aussichtslos, daß <u>ich</u> das verstehe und (froh darüber bin??)«

Fd: hmhm, hmhm, also

M: und vielleicht sogar noch ein kleines Schrittchen weiter, ne, also mir fällt, ich will das dazu sagen, weil mir das so klar ist auf der Ebene, ähm, als die Frau K., die, auch 'ne Colitis-Patientin, ne, äh, so unser letztes Gespräch hat sie mich gefragt, ob se mich in (W?: Ah!) den Arm nehmen dürfte.

W2: Ooch!!

M: Hab ich gemacht

* *W5*: Hat se auch so gesagt zu Ihnen ?

* *M*: (uv) hab das Gefühl, das ist jetzt gut und richtig und das ist jetzt nicht so 'ne Kiste, wo es so zweideutig bleibt und äh, wo man jemanden mehr 'en Schaden mit tut oder so was

(*W*: das ist doch nur die Kanne Tee?)
(Durcheinandersprechen)

Fd: Deshalb bin ich auch gar nicht so beunruhigt

W3: .. (uv) zum Schluß machen se sich nämlich doch noch Druck (??)

M: Nee, ich hab sie dann auch genommen, Erika (?) hat halt nicht dazu gestanden (?) /Erik hat nich dazu gestanden, weil er/, na ja, gut
(Gelächter)

W: Ja, ja, aber es is ja eigentlich was Unübliches, nich.

W5: Müßten wir aber nich (uv) (riskant?)

Fd: Nein, doch, doch, ich hab (uv)

WW: Gelächter

W5?: Wehe, Wehe, es ist zu viel Nähe, oh weia

* *W*: Also ich denk dazu, wenn es ihr so gut ginge, wenn sie sich so wohl fühlen könnte ..

*(Gelächter und Durcheinander-Sprechen, ziemlich laut)

*Fd: Ja sie, .. Nein, ?das? kann man ?inhaltlich? nicht so ?als Rezept machen,ich kann jetzt nich sagen, jetzt kommt da so'n? komisch .. /?Nein, hier kann man jetzt nicht so zimperhaft, -mäßig sein, jetzt kommt dazu Komisches .. ?/

(Alle durcheinander)

*W?: Doooch, das wollt, will ich aber geeeerne .. (albern)

M?: ... werden wir politisch.
(Es herrscht entspannte, alberne Stimmung)

Fd: Nein, es war, die Situation, mich in den Arm zu nehmen, war so in der Visite, da kam sie und hat mich gepackt, und ich konnte gar nicht anders. Sie hat mir nämlich die Hand gegeben als irgendwie zurückzudrücken.

*W2 oder W5: Wann denn? ... Wann denn ?

*Fd: Das war einfach so, ja. da geht gar, da geht, da geht gar kein, das war einfach so.

W?: Ja, das merkt (fragt?) man doch (uv)

Fd: Ja, und das finde ich jetzt auch, das ist natürlich klar, das muß noch mal in, in Sprache auch übersetzt werden

W: natürlich

Fd: also was ich gerade, (deutlicher Intonationswechsel jetzt, Einwurf als Antwort an W:) das is aber dabei, schon auf dem Weg, aber noch nicht so, so, punktuell. Ne, aber was mir gerade einfiel, als Sie mit dem Vater kamen, jetzt is mir nämlich bei der Vorbereitung heute noch mal, also ich hab so die ersten Stunden noch mal so' n bißchen Revue passieren lassen und sie hat in ihrem Zimmer zwei Marionetten gehabt, einen Clown und eine Hexe, und das sind die Bilder der Eltern. Und, und Teile von ihr selbst, so is sie auch, sie is auch ganz clownig, zum Beispiel sie kann so burschikos und clownig sein und der Vater is ein ... <u>Trottel</u>, der Vater is en Trottel (leise wiederholend).

W2 oder W4: Er hat sich ja aus dem elterlichen Schlafzimmer aussperren lassen, und die Mutter hat ja mit Sexualität nichts am Hut.

(Fd uv gleichzeitig)

Fd: Aber ein liebenswerter Trottel, der hat nämlich sich so sein Leben ganz gut eingerichtet.

W2?: Sie mag ihn auch, *den Vater

Fd: Ja! (geradezu begeistert) sie möcht gern , daß man & .. (uv)

&W2: und sie möchte gern, aber die Mutter sagt immer, dieser alte Schlappschwanz, ne, und, sie hat aber eigentlich ne ganz innige Beziehung zu, zu ihrem Vater und, da steht aber die Mutter im Hintergrund, ne, das darf ja (S: sagt irgendwas) dann auch nicht sein, daß die Tochter da mit ihrem Vater, ne

W4?: Das hat se mal bei mir, ne, sie sprach ja dann viel mit mir und ich sagte dann immer, dann gehen Sie doch mal hin, zum Herrn T. (der Therapeut) und sagen Sie ihm, was Se da so emfinden an Gefühlen und so, ne

*M: Ja, ja, das, das, das P ..

*W4?: und wovor ... , was passiert denn dann, ne.

M: das Problem, das Problem für solche Kinder is, ich finde es interessant, weil ich ja die Mutter kenne, ne, die eigentlich auch mochte so, das hat sich entwickelt im Laufe der Zeit, im Anfang hatten wirs sehr schwierig, daß die Kinder in die Situation geraten, entscheiden zu müssen zwischen den Eltern, zwischen zum Beispiel 'nem guten Vater und 'ner fiesen Mutter, und, äh, ich denk, daß das 'n Teil auch ihres Problems is, daß äh, für sie die Eltern schon sehr frühzeitig kein Paar mehr waren, daß, daß sie zur Entscheidung gezwungen wurde. Ein bißchen. Wer für mich ist, muß gegen den anderen sein, aber auch umgekehrt.

S: Ja, das ist wiederum, denke ich, das wollen wir jetzt abschließend vielleicht sagen, im Hinblick auf die Ausgangsfrage: Beendigung oder nich, ne, also diese Situation, die Sie geschildert haben: »Nur ganz abgewandt kann ich mich getrennt fühlen« und zuhause kann sie sich ne, ne, ihren Kindern gegenüber nich die Türe zumachen. Was zusammenhängen mag, nach unserem Gespräch jetzt hier, damit, daß (Pause) es nur ja oder nein gibt für sie.

Fd: mhm, mhm

W: ja, ja, sagte sie auch,

S: und ne?

* *W*: Schwarz weiß

*S: ein liebevolles Gefühl, ich würde son, manche Situationen mit meinen Kindern, äh, »Ach weißte, so, so, ich kann jetzt nicht, ich brauch jetzt noch 'ne Stunde, muß ich noch irgendeine Sache erledigen, dann spiele ich mit Dir«. (Pause) Also, ne, wodurch die ... Zwiespältigkeit bewahrt bleibt bzw. der positive Anteil der Zwiespältigkeit. Und das wird (W: (uv) .. ?ich hab ihr das gesagt?) auf sie (oder Sie?) zukommen mit dem Abschied. Aber, ne, daß man jetzt nicht so äh,

Fd: (unterbrechend) Ja, das wär ja dann, dann is ja das auch ne neue

S: ja, man muß sich ja trennen können, sondern, wenn sie bei sich im Kontakt mit Ihnen liebevolle Gefühle spüren darf.

W: dann gibt's auch ne andere Trennung. (sehr leise)

S: ja

W: sehe ich auch so (leise)

Fd: Dann ist das ja auch sinnvoll * ... (uv), dann irgendwie eine Überbrückung,

*S: dann ist das nicht ... wie, wie bei den Eltern, Hexe – Clown (klatscht dabei 2 Mal laut in die Hände, um etwas zu demonstrieren), so &glatt schwarz-weiß

&*Fd*: mhmh, mhmh

W: Oder sie muß den Vater so sehen wie die Mutter ihn sieht, nich, (S: ja, Fd: ja.) statt ihrer ... eigenen *Meinung ... und ihren eigenen Gefühlen zu trauen.

*M: Ja, und umgekehrt die Mutter so sehen, wie der Vater sie sieht.

W: genau
(Pause)

S: Ich weiß nich, ob das schon so handlich

Fd: Jaja, ich dach, ich meinte gerade, das wäre ja dann diese, dann ist ja diese, diese, intuitiv, diese Möglichkeit, dieses Angebot übergangsweise äh immer mal noch ansprechbar zu sein, auch ganz hilfreich vielleicht .. (uv) ..

S: Aber die, das Entscheidendere ist, und damit würde ich es verknüpfen. (Pause) Daß daß die Lie, daß die liebevolle, daß die liebevollen Gefühle Platz gehabt haben bei Ihnen und daß sie anfangen kann, (?ne, des Weinens? /?dann das Weinen zu (uv)?/), das hat sie bisher nich gekonnt, 's is ein strammer (schlägt theatralisch auf den Tisch) Elitesoldat ... oder still verzweifelt.

Fd: mhm

W: ich glaube es wurde weggedrückt.

S: .. aber nicht, ehm, (lange Pause), ne, nicht, in einer Beziehung zu trauern.

Fd: jaja, das sind Enttäuschungen ..

M: (uv) ... auseinander ...

S: Enttäuschungen, ne, .. das hat ihr weh getan
(Kassettenwechsel)

S: (nachahmend klagend) » ... Sie lassen mich hängen, Herr Doktor, ne, jetzt, ich hab ja gar nich, es ist doch alles viel schlimmer geworden. (Pause) Jetzt soll ich, jetzt soll ich gehen«, (mit leiser Stimme, den Therapeuten-Part spielend:) /?Ja, das is sehr schwer?/ »Sie mögen mich so sehr«, also immer wieder die positiven Affekte: »Sie mögen mich so sehr«. Dann ist etwas, was, »dann geschieht etwas mit Ihnen«, was Sie, ich denke für Sie bisher ziemlich einmalig ist, nich, »daß Sie Zugang finden zu den anderen, wenn man jemanden besonders mag, man auch viel verletzlicher und anfälliger dafür is, daß es weh tut, und der einem weh tut, wenn man sich trennen muß«.

M: Ja, aber ich denk, es kommt noch en wichtiges Stück dazu, was Sie ja auch schon so mit reingebracht haben, nämlich nicht nur: Ich <u>mag</u> Sie, sondern <u>auch</u>: Merken zu können, daß man auch gemocht wird, aber daß es trotzdem so is, daß dann Schluß is, und daß, daß

Fd: daß das Sich-Mögen nicht vereinnahmend ist, daß

M: ja

Fd: dafür den Freiraum, .. das ist glaub ich schon, was sie so spürt, ja, ja, (so betont, daß damit ausgedrückt wird: ja, das habe ich schon immer gewußt, das ist mir nicht neu) das is richtig

S: deshalb frag ich nach der <u>Qualität</u> des Mögens, also ich, wenn, wenn's mir möglich ist und ich nicht zu .. beängstigt bin, frag ich dann die Patientin, (im Laufe dann? /also so in ihrem Auftrag/ »also gut, was können wir zwei denn miteinander, wir gehen jetzt essen, lecker essen, Champagner, Wein, dann gehen wir in'ne Hotel und dann,«

W: nich sie!
S: zieh ich Sie aus, Du ziehst ..

(Gelächter)

S: Wie ? Stört es ? Ja, also so (*Fd*: »jaja«, mehrere Male) konkret, damit das Farbe kriegt.

Fd: jaja,

S: daß ich da nich, ich weiß nich, obs das bei ihr geht, aber ..

Fd: Ja, das is so

*S: .. oder obs die Ebene is, ja, ... (uv)

*Fd: ja, das wechselt auch, das wechselt.

S: Aber daß, daß, daß sie davon mit Ihrer Hilfe mehr?

Fd: Also, sie ist schon ganz gut vorbereitet glaub ich
(Sehr lange Pause, ca. 8 sec)

M: oder *S*: Interessant, (uv) ... schwierig ...

**S: (oder *M*:?) Ja, in gewissem Sinne ist das immer das Schwierige

*Fd: ((gleichzeitig) macht irgendeine witzige Bemerkung (uv); das Fragment »ist sie doch auch gerne bereit« oder »macht bzw. hat sie doch auch gerne« hörbar).
Daraufhin Gelächter der Frauen.
Durcheinander-Reden. »Jo klar«

W: Ich hab doch die gleichen Probleme, ich wollte ja auch nicht, daß sie geht (lacht entspannt).

Fd: ja, klar

W: ich hab zu ihm gesagt, das is doch viel zu früh (lacht charmierend) .. Ein zwei Wochen oder drei Wochen, das wär doch sicher noch sinnvoll, daß also die Ansätze ein bißchen stabiler würden, nich

S: jaa, fällt mir auch schwer, Sie werden mir auch fehlen.
(Pause)

Fd: Doch, also das ist mir auch nicht, mir nicht so ohne weiteres fremd, es is auch schwierig, also, ich hab mir das heut noch mal angeguckt, das sind ja, .. ich hab dann, vielleicht insgesamt 25 Stunden mit ihr gesprochen. ... Wenn ich mir vorstelle, 25 Stunden in einer ambulanten Therapie zu haben, ich würd gar nich mehr atmen, Du wirst derartig kontrolliert.

W2: Und das ist der Punkt noch mal vom Anfang. Ob es nich einfach am, in so ner, in so nem Krankenhaus eben dann, wenn man so ne analytische Therapie anfängt, daß die einfach so drinstecken dann, ... daß dann einfach drei Monate zu kurz sind ... ich weiß es nich .. , ob die dann nich wiederkommen müssen, weil da so viel in Gang gekommen is, daß die das alleine nich ... weiter ... also *ich denk mir so, bei der Frau A., bei der Frau

*S: also, ich würde nich so, ... (uv) ... Frau ... wir sind &anderer Meinung??

&M: Gut, da warn wir schon mal

W2: B., ... ich weiß es nich

S: Ich würde mich nich so sehr kümmern, was sie später macht, so dieses libidinöse Problem, ich würd sie ein Stück befähigen, wenn sie was <u>finden</u> will, zu sagen (Bandende, Kassettenwechsel)

W: ... Aufbau der Grenzen ..

*S: ... beides nich richtig, ich mein, da sehe ich es ganz ähnlich wie Sie, aber, daß, wenn man immer sagt, ja, die müßte noch viel mehr und länger und richtig

W2: (Wehrt sich resolut im folgenden gegen alle Unterbrechungsversuche) Ja, nein, das hamse, ne, das mein ich anders, ich meine, man muß aufpassen, daß, daß nicht zu viel aufgewühlt wird, was dann letztendlich nicht weiterlaufen kann. Also, ich glaub man muß anders sein als in der Praxis, wenn man 'ne Therapie hat, weil man einfach mehr Zeit zur Verfügung hat (öfters »Ja« von S.? oder anderem Mann), der Prozeß viel länger gehen kann, und hier ist die Zeit immer begrenzt, (W: geht das alles schneller), und wenn zu viel angesprochen wird, dann kriegen die das in den drei Monaten nich, nich auf *die Reihe, ... und dann stehen se draußen und suchen

*S: Ja, ich würde auch noch was dazu sagen wollen

W2: ihre Therapeuten, aber es is soviel an, an, an Innerem, was dann nich mehr geht, und dann müssen 'se wiederkommen, ne

*S: ne, was ich, .. was ich ... was ich meinte, war

* W2: und damit holste Dir die dann immer wieder rein

S: daß man spätestens ab der Mitte der Behandlung das *Ende (uv)

* W2: jaa (etwas ungeduldig), das is richtig

*Fd: Das is gut, das sehe ich auch so

S: Aber das sind jetzt ganz, ganz konzeptionelle (abwinkend)

*Fd: (uv)

*W2: Nee, ich denk mir nur, weil Du auch vorhin so ne Angst geäußerst hast, daß die womöglich dann auch wie die Frau A. ja wiederkommen könnte

*Fd: Nein, das war nicht die Angst, nein, nein, das

*W2: Das is auch irgendwo ne Befürchtung, daß sich da &auch wieder was entwickelt

&Fd: ?verstehst Du ganz ?falsch? /?nicht richtig?/ das war nicht meine Angst

*W2: Ja, so hab ich das verstanden

*Fd: nein, nein, ?ich hab ja sogar, nein, so meinte ich? das überhaupt nich, (jetzt betont:) daß es nicht zu Ende &richtig

& W2: naja

& W: genau

& W?: (uv) ? viel zu aufwendig?

M: andere W: (auch S:) reden durcheinander

*W2: jana, das sehe ich nich so

*W?: (uv) ... das Interesse ist en anderes

Fd: Aber das is jetz klarer, find ich

W: Ne, aber es gibt ja bestimmte, äh, äh, wie soll ich sagen, also, das Ende und Ende ist ja zweierlei. Man muß immer genauer auch hingucken, um welches Ende <u>geht</u>'s denn letztlich, .. um den Gesamtprozeß oder is es nicht auch notwendig, auf der Stufe, auf der jemand ist, da <u>auch</u> was abzurunden, zu beenden. Also so hab ich das jetzt 'n Stück verstanden, sonst hängt das ja nach, nich, bleibt die ja wieder stecken.

S: Drum hab' ich ja so darauf gedrängt, daß dieses äh, diese libidinöse Seite, daß die jetzt (Pause) so konkret und gefühlig wie auch nur möglich (Fd: ja, .. ja) angesprochen werden. .. Daß das nicht ... nonverbal (Fd: ja ... ja) in den Tapeten hängen bleibt, nur dann sie 's mitnimmt, ne ... Das würde, ... was ich finde, daß ?so was für länger taugt? (S: lacht etwas entspannt dazu) also ich finde das immer den schwierigeren Teil (Fd: bestätigt regelmäßig mit »ja«). Ich ?habe? /?bearbeite?/ also auch eigentlich irgend aggressive Probleme (lacht dabei), weil dann is es viel schlimmer, wenn man die Patienten auch noch mag, in dem Sinne is es doppelt schlimm (lacht dabei beständig ironisierend), also schwierig.

M: Also ich muß sagen, für mich hat es sehr lange gedauert, bis ich so, .. so, .. das so /?Verhalten?/ zulassen konnte und mir dachte, im Grunde genommen je nach dem, womit man, oder .. worüber man mit jemandem spricht, ist das Gefühl, das man jemandem .. mit .. dabei .. einbringt, doch ganz entscheidend. Das geht mir jetzt zum Beispiel so mit Frau (Name), die ich auch irgendwo attraktiv fand, ne, so in ihrer ganzen Art, und das, das ganze Thema, wie sie sich als Frau fühlt, auch 'en Thema ... (uv) und ich dachte mir nachher noch mal, kann man darüber überhaupt mit jemandem sprechen, den man nicht attraktiv findet als Mann. Jetzt, äh, sehe ich das viel mehr aus der gegengeschlechtlichen Perspektive. Früher habe ich immer gedacht, so wat dürfte eh, müßte eigentlich keine Rolle spielen zwischen ?Menschen? ... Kommt da nicht was Entscheidendes mit rüber, was, was man durch noch so viele Worte nicht ausdrücken kann, wenn, wenn das 'en Thema ist. Man kann sicher auch über viele andere Themen sprechen.

(Pause)

S: (diese Äußerungen sind sehr leise gesprochen und besonders schwer zu verstehen) .. (uv) .. ich weiß nicht, ob, ob .. (uv) .. diese Gesprächsführung von Vorteil ist .. (uv)??man arbeitet erst 'n bißchen gegen die?? neurotischen Krisen ... (uv), weil zuerst ??muß man ja?? .. (uv) denke ich jetzt mal, also nicht die aggressive Abgrenzung fördern, sondern gerade diejenige, ?welche nicht stimmt? ((uv) lacht dann etwas)

Fd: ja aber es is 'ne Krise gewesen, (S: ja) ich mein diese (Abbruch der Bandaufnahme).

ULRICH OEVERMANN

Struktureigenschaften supervisorischer Praxis

Exemplarische Sequenzanalyse des Sitzungsprotokolls der Supervision eines psychoanalytisch orientierten Therapie-Teams im Methodenmodell der objektiven Hermeneutik

Die nachfolgende Untersuchung fordert dem Leser viel Geduld und wohlwollende Konzentration ab, weil sie ihn einerseits aus dem gewohnten methodischen Denken herausführen muß, um die Sache selbst zum Sprechen bringen zu können, die andererseits schließlich in dem, was erst soziologische Strukturanalyse als Wissenschaft ausmacht: Explikation eines intuitiv-praktisch gestaltrichtig oder gestaltverzerrt erfaßbaren Handlungsablaufs, hier in einer verwirrenden Komplexion sich darbietet, aus der es gleichwohl die sich immer wieder gleichförmig reproduzierenden Sequenzmuster herauszulösen gilt.

Gegenstand der Untersuchung ist die vom Autor transkribierte Tonband-Protokollierung der Supervision eines psychoanalytisch orientiert arbeitenden Teams von Therapeuten und Pflegern einer Station für psychosomatische Krankheiten. Der Gegenstand der Supervision besteht in Problemen der Beendigung der Behandlung einer Colitis-Patientin.

Teil A: Die Sequenz-Analyse des Transkripts der Supervisions-Sitzung

Vorbemerkung zur Verwendung des Wissens über den äußeren Kontext

Für die Sequenzanalyse der objektiven Hermeneutik ist kennzeichnend, daß ein mögliches spezifisches Vorwissen über den zu analysierenden Gegenstand beziehungsweise Fall methodisch bewußt und kontrolliert (»in künstlicher Naivität«) ausgeschlossen wird, soweit es um die Begründung von Lesarten und Interpretationen geht. Forschungspsychologisch ist für die Generierung von Lesarten alles willkommen. Bei der Begründung der Geltung einer Interpretation ist jedoch einzig und allein die objektive Kompatibilität mit dem vorliegenden Text nach geltenden bedeutungsgenerierenden Regeln maßgeblich. (Vgl. dazu auch in den Bemerkungen zur Methode im Teil C den Punkt 4., S. 262ff.)

Über Supervision weiß der Autor nicht mehr als der gelegentliche, unsystematische Leser von sozialwissenschaftlicher Literatur über Supervision. Sie konnte sicherlich keinen großen Einfluß haben, weniger Einfluß jedenfalls als die langjährige Beschäftigung des Autors mit Fragen der soziologischen Professionalisierungstheorie der Art, daß dabei das klassische Arbeitsbündnis der psychoanalytischen Individualtherapie eine wichtige Orientierungsfunktion einnimmt.

Die Ausgangsbedingungen waren somit forschungspsychologisch vergleichsweise günstig für eine Vermeidung methodisch unerlaubten und zu schlechten Zirkularitäten führenden Kontextwissens. Darüberhinaus habe ich mich bemüht, zumindest den Anfang des Transkripts so detailliert und so explizit wie möglich einer Sequenzanalyse zu unterziehen, um deren Möglichkeiten im Sinne einer unvoreingenommenen und zwingend zu erschließenden Fallrekonstruktion zu demonstrieren und das ungerechtfertigte Odium der Beliebigkeit und Weichheit zu tilgen, das hermeneutischen Methoden anhaftet. Zumindest für die objektive Hermeneutik nehme ich tatsächlich in Anspruch, daß diese Verdächtigung gänzlich ungerechtfertigt ist. Ich sehe persönlich kein Verfahren in der empirischen Sozialforschung, daß strikter die Anforderungen einer falsifikatorischen, intersubjektiv leicht überprüfbaren Wirklichkeitsanalyse erfüllte.

Detaillierte, lückenlose Sequenzanalyse der initialen Interaktionssequenz [1]

Die Eröffnung der Sequenz und der Sequenzanalyse[2]

Person 1: Ja, ich kann ja mal sagen, /... (110/1)[3]

Vorauszuschicken ist, daß dies der Beginn des Transkripts und auch – was zu unterscheiden ist – der Beginn des Tonbandprotokolls ist. Jedoch sagt das noch nichts darüber aus, ob auch in der protokollierten sozialen Wirklichkeit mit dieser Äußerung eine Interaktionspraxis ihren Anfang nahm oder schon lange eröffnet worden war. Ich gehe hier auf das Problem des Anfangs in der protokollierten Wirklichkeit und im Protokoll sowie auf die Frage, inwieweit die »Anfänge« auf diesen beiden Ebenen als Voraussetzung für eine gültige Interpretation zur Deckung gebracht sein müssen, nicht ein, sondern verweise auf die einschlägige Diskussion dieser Frage.[4] Erinnert sei lediglich daran, daß ohne Beeinträchtigung der Gültigkeit der Fallrekonstruktion prinzipiell an jeder beliebigen Stelle eines Protokolls – und das impliziert notwendig auch: einer protokollierten Wirklichkeit – mit der Sequenzanalyse begonnen werden kann. So auch hier.

Ein »Ja« zu Beginn einer Interaktionssequenz bedeutet immer mehr als nur die positive Beantwortung einer Entscheidungsfrage oder die Zustimmung zu einer Aufforderung oder einer Behauptung. Es übernimmt in der Regel die Funktion der Zäsurierung und Segmentierung von übergeordneten Segmenten und es kann in dieser Funktion eine spezifische Praxisform eröffnen oder beschließen. Nun wissen wir zwar nicht vom Transkript selbst her, daß es sich um den realen Anfang einer zu eröffnenden Praxis handelt, sondern nur, daß es das erste Partikel eines Transkripts ist.

Dennoch müßten wir allein aufgrund seiner Anfangsstellung innerhalb einer Äußerung die Möglichkeit in Rechnung stellen, daß es sich um mehr als eine primäre *Position* (im Gegensatz zu Negation) handelt.

Natürlich hat diese zäsurierende Funktion des »initialen« oder »alleinstehenden« »Ja« mit dessen primärer Bedeutung zu tun, die es gewissermaßen *um*rahmt: Das einleitende oder eröffnende »Ja« indiziert dann so etwas wie eine *unaufgeforderte Zustimmung zu einer zu erfüllenden Erwartung*. Dadurch kann es, wenn ihm nicht widersprochen wird, so etwas wie einen gemeinsamen »working consensus« der in einer Interaktionssituation Anwesenden beziehungsweise der an einer Interaktionspraxis Beteiligten auch dann suggerieren, wenn ein solcher weder verabredet noch konventionalisiert oder institutionalisiert ist. Wenn diesem »Ja« nicht widersprochen wird, hat es gewissermaßen eine rückwärtige bindende Wirkung, die darin besteht, daß es eine gemeinsame Praxis, die jetzt eröffnet wird, als verabredet oder institutionalisiert und damit verbindlich erscheinen läßt. Das wäre zum Beispiel typischerweise der Fall, wenn der Leiter einer Arbeitsgruppe nach dem informellen Begrüßungspalaver die gemeinsame Sitzung mit der Äußerung offiziell eröffnete: »Ja, dann wollen wir mal beginnen«. Es wäre zum Beispiel eine unangemessene Kompetenzüberschreitung, wenn im Falle eines vorgegebenen Veranstaltungs- oder Gruppenvorsitzes ein x-beliebiger Teilnehmer diesen Eröffnungszug vollzöge.

»Ich kann ja mal sagen« enthält ein weiteres »ja«, das über die primäre Bedeutung der Beantwortung einer Entscheidungsfrage oder der Zustimmung zu einer Aufforderung oder Behauptung hinausgeht. Wie entscheidend es für den geäußerten Satz ist, ersieht man daraus, daß eine Äußerung wie »ich kann mal sagen« in kaum einem konstruierbaren sprachlichen Kontext erwartet werden kann. Das »ja« macht also den Satz überhaupt erst zu einer akzeptablen Äußerung. Warum? »Ich kann sagen« enthält die Explikation des illokutiven Teils einer Sprechhandlung, kündigt also den Vollzug einer Sprechhandlung an. Da nun aber das »Sagen« sozusagen die Grundform des Sprechhandelns ist (im Unterschied etwa zum »Versprechen«) und mit jeglichem Vollziehen eines Sprechakts wie selbstverständlich ineinsfällt, braucht es nicht eigens expliziert oder angekündigt zu werden. Wo es dennoch geschieht, wie etwa in jener ländlichen Redensart »Ich sagte zu meiner Frau, ich sage da nichts mehr zu, das ist alles, was ich dazu sage« oder in »ich sage, daß sich das nicht gehört« wird die selbstevidente und selbstverständliche Sprechhandlungspraxis des »Sagens« zu einer herausgehobenen, bemerkenswerten Handlung und erhält dadurch etwas zusätzlich Verbindliches beziehungsweise etwas Beschwörendes. Es wird darin der verbindliche Bestand einer Handlung des »Sich Äußerns« und des »Ankündigens« gegen ein »Zu-Leicht-Nehmen« behauptet.

Das ist hier aus zwei Gründen nicht der Fall: Zum einen fehlt der dann zu erwartende unmittelbare Anschluß des Gegenstandes des »Sagens« (»..., daß...X«), um dessen verbindliche Festsetzung es ja vor allem ginge. Zum anderen wird durch die Verwendung von »mal« (für »einmal«) gerade der Markierung der Verbindlichkeit des »Sagens« entgegengearbeitet. Denn »einmal« präsupponiert die Möglichkeit eines »anderen Mals« und gibt damit dem Vollzug des Sagens eine gewisse Willkür oder Beliebigkeit. Man kann sagen, daß durch das »mal« die Selbst-Explikation einer Sprechhandlung des »Sagens« den Charakter eines »Einen Vorschlag Machen« beziehungsweise »Etwas Vorschlagen« erhält.

Nun hatten wir aber schon festgestellt, daß diese Äußerung »ich kann mal sagen« kaum vorkommen kann. Über die Erklärung verfügen wir jetzt: Sie besteht in der inneren Widersprüchlichkeit zwischen Beliebigkeit und Offenheit des Vorschlagens einerseits und der Unterstreichung der Verbindlichkeit des expliziten Sagens andererseits. Diese innere Widersprüchlichkeit hebt eine Bedeutungsprägnanz zunächst auf. Sie wird der Äußerung erst wieder durch die Verbindung von »mal« und »ja« in »ja mal« zuteil. *Denn nunmehr wird der Vorschlag als etwas markiert, das eigentlich auf Zustimmung treffen müßte, weil er doch das zuvor Vereinbarte, den gemeinsamen »working consensus«, der als verbindlich unterstellt werden darf, erfüllt.* Somit wird also dieser Ankündigung einer Sprechhandlungspraxis des »Sagens« beziehungsweise »Ausführens« zugleich die Qualität einer Möglichkeit unter mehreren, also eines für Widerrede offenen Vorschlages, wie die Qualität einer Verbindlichkeit, nämlich die mit dem »ja« vorgenommene Inanspruchnahme einer unbezweifelbaren Übereinstimmung mit einem vorliegenden »working consensus« einer gemeinsamen Interaktionspraxis, beigefügt. Das ist im übrigen genau die Funktion der feststehenden rhetorischen Kombination »ja mal«: »Wir könnten uns ja mal fragen, ob...« oder »wir können ja mal eine Wanderung machen«.

Der Sprecher drückt hier aus: »Ich schlage vor, daß ich den Anfang mache (indem ich etwas sage)« oder: »Ich schlage vor, das mir zugewiesene Anfangen darin zu vollziehen, daß ich sage ...«. Das Erstere präsupponiert, daß auch andere beginnen könnten und es offen ist, wer beginnt; das Letztere, daß der Sprecher gemäß einer Vorvereinbarung oder einer geltenden Regel den Anfang zu machen hat, ihm aber freisteht, wie er ihn inhaltlich gestaltet. Beide Optionen werden durch das Auxiliar »kann« deutlich markiert und durch »ja mal« in Gerechtfertigtheit erheischender Weise akzentuiert. Der Differenz dieser beiden Lesarten steht ihre Gemeinsamkeit gegenüber: Die drei durch das »sagen«, das »mal« und das »ja« (sowie »kann«) ausgedrückten Elemente des betonten Ausführens einer Sprechhandlung des elementaren Aussagens, des diese Betonung konterkarierenden rücknehmbaren Vorschlagens und des diese Beliebigkeit wiederum durch Anlehnung an ein unausgesprochenes gemeinsames Vorverständnis aufhebenden Verpflichtens führen im Zusammenhang zu einem unentschiedenen Oszillieren der Äußerung zwischen selbstverständlich geltender Verbindlichkeit einerseits und vorsichtigem, auf Widerruf eingestelltem Tasten andererseits. Zur relativen Ruhe gelangt dieses Oszillieren in der expliziten Rede nur dann, wenn in der praktischen Einbettung der Interaktions-Situation tatsächlich eine verbindliche gemeinsame Situations-Definition und Aufgaben-Definition gilt. Dies wiederum ist nur der Fall, wenn entweder eine explizite Vereinbarung getroffen worden ist oder ein faktisch eingeschliffener Arbeitskonsens besteht.

Was könnte nun »mal« von wem zum Zwecke des Anfangens gesagt werden? Wäre es der Vorsitzende der Arbeitsgruppe oder der Statushöchste des »encounter«, dann würde er in bewußt informeller Weise ankündigen, was er als Tagesordnung vorhat. Der Kontrast bestünde hier zu: »Ich lege als erstes die Tagesordnung fest«. Diese informelle Weise würde präsupponieren, daß das Vorgeschlagene »im Grunde« einem gemeinsamen, demokratischen Konsens entspricht, der schon vorher vereinbart wurde. – Es könnte aber auch der Teilnehmer eines Treffens unter Gleichen oder eines formell vereinbarten Geschäftes so seinen Beitrag ankündigen, mit dem die Zusammenkunft ihr vereinbartes Geschäft aufnimmt. Die Äußerung hätte dann vor allem die Funktion, einen Anfang zu machen, obwohl man nicht in der Position des Vorsitzenden sich befindet, der kraft seiner Autorität die formalisierte Praxis eröffnet. Der Teilnehmer, der diesen Anfang macht, wäre dann präferentiell einer beziehungsweise würde sich als jemanden präsentieren, der im Sinne eines vereinbarten Zweckes der Zusammenkunft etwas vorbereitet hat und damit das eigentliche Geschäft einer schon vereinbarten und schon konkret eröffneten Interaktionspraxis aufnimmt, zugleich aber präsupponiert, daß auch andere Teilnehmer den Anfang machen könnten.

Über die Ambivalenz der beiden genannten Lesarten hinaus ergibt sich aus der bisherigen Sequenzanalyse, daß 1. der Zweck der Zusammenkunft der anwesenden Gruppe geklärt sein muß, 2. die gemeinsame Interaktionspraxis mit allem, was dazu gehört (Begrüßung, Festlegung der Sitzordnung, Feststellung der Zeit für den offiziellen Beginn, usw.), schon eröffnet worden sein muß und 3. entweder ein Vorsitzender in bewußt informeller Manier und bewußt seine Autorität »demokratisierend« in Form eines Vorschlages »einbringt«, was er mit der Zusammenkunft beabsichtigt, oder ein Teilnehmer die Füllung des schon eröffneten Rahmens einer gemeinsamen Interaktionspraxis mit der Explikation dessen beginnt, was er – in sich wiederum vorausgehend vereinbart – für das Treffen vorbereitet hat, was aber die Qualität eines bloßen Vorschlages behält.

Als nächstes muß man also die Explikation des Inhaltes erwarten, der vom Sprecher vorbereitet wurde und womit er die vereinbarte Zusammenkunft thematisch gefüllt wissen möchte.

> Person 1: .../ es war ja mein Anliegen, die, ... äh ..,
> Patientin hier reinzubringen. /... (110/1+2)

Die Äußerung ist eine typisch rhetorische Gestaltung in einer mündlichen Darlegung. Sie besteht aus einem propositionalen Gehalt: Einem Aussagesatz (»die Patientin hier reinzubringen«), und der Situierung eines Agenten beziehungsweise einer Handlungspraxis zu diesem Gehalt. Das Rhetorische betrifft die spezifische Gestaltung dieser Situierung und damit die Präsentation des Agenten selbst. Wenn es sich dabei um den Sprecher selbst handelt, wie hier durch das »mein Anliegen« überdeutlich markiert, handelt es sich entsprechend um eine Selbst-Präsentation bezüglich einer Sache.

»Es war ja mein Anliegen« macht aus der Absicht beziehungsweise dem Ziel, »die Patientin hier reinzubringen«, einen von der Routine abgesetzten, besonderen Wunsch, quasi eine Herzensangelegenheit. Der Sprecher hat zu dem Inhalt der Absicht ein besonderes, persönliches Verhältnis. Wenn eine Absicht zugleich ein Anliegen ist, dann ist man bereit, für die Realisierung dieser Absicht sich zu engagieren und zu kämpfen, man hat sich dann den Inhalt dieser Absicht zu einem persönlichen Anliegen gemacht. Das wäre trivial und verstände sich von selbst, wäre also auch nicht explikationswürdig, wenn sich der Inhalt beziehungsweise der propositionale Gehalt der Absicht auf einen dem Sprecher selbst zuzurechnenden Wunschinhalt bezöge, zum Beispiel das Bedürfnis nach Nahrung. Zu sagen: Es war ja mein Anliegen, mit diesem Brot meinen Hunger zu stillen, wäre geradezu eine blasphemische Ausdrucksweise. Ein Anliegen kann ein Wunsch also tatsächlich nur in dem Maße sein, in dem dieser sich seinem Inhalte nach auf die Erfüllung einer allgemeinen Idee oder das Wohlergehen eines anderen bezieht, auf etwas außerhalb des Bedürfnishaushaltes des Sprechers Liegendes also, mit dem er sich identifiziert.

Ziehen wir diesen Bedeutungsaspekt mit der zuvor herausgearbeiteten Ambivalenz des ersten Interaktionszuges zusammen, dann erweitert sich diese zu der folgenden systematischen Unklarheit. Weil sich das Argument des »persönlichen Anliegens« gegenläufig verhält zur Präsupposition der Einleitung: »Ich schlage vor, daß ich mal den Anfang mache, den auch andere hätten machen können, denn einer muß ja den Anfang machen« und statt dessen voraussetzt, daß das Behandeln dieses »persönlichen Anliegens« vorvereinbart wurde, oszilliert nun die gesamte Interaktionsbewegung von Person 1 systematisch ungeklärt zwischen den beiden sich ausschließenden Möglichkeiten: 1. Die Gruppe als Ganzes hat ein Problem zu lösen. Dabei kann jeder grundsätzlich den Anfang machen. Der Sprecher schlägt vor, daß er mal beginnt. 2. Die Gruppe tritt zusammen, um Probleme, die jeweils ein einzelner Teilnehmer als sein Anliegen vorbringt, gemeinsam lösen zu helfen. In diesem Falle ist es zwingend, daß dieser Teilnehmer beginnt.

Auffällig und fallspezifisch – und zugleich in Richtung der zweiten Möglichkeit arbeitend – ist hier nun, daß die Explikation eines vorbereiteten Inhaltes zur Erfüllung des vereinbarten Zwecks der Zusammenkunft nicht ein in der Außenwelt objektivierbares Problem benennt, sondern mit der Situierung des Selbst des Sprechers zu einem solchen Problem anhebt. Entweder will der Sprecher den sehr persönlichen Motivationshintergrund dessen, was er für die Zusammenkunft vorbereitet hat, vorweg erläutern, oder er will diesen Motivationshintergrund indirekt selbst zum Thema der Zusammenkunft machen. Im ersteren Falle läge die Präsupposition vor, *daß das Vorbereitete einer besonderen Rechtfertigung bedürfe, um von den anderen im Sinne des »working consensus« akzeptiert zu werden* und diese Rechtfertigung durch eine persönliche Stellungnahme, die zugleich einen Einblick in die Dringlichkeit eines persönlichen »involvement« freigäbe, abgegolten werden kann. Im zweiten Falle handelte es sich bei der Zusammenkunft um die Besonderheit, *daß persönliche Motivationskonstellationen das zentrale gemeinsame Thema einer Gruppe sind*: So etwas liegt einzig bei Selbsterfahrungsgruppen, bei Therapiegruppen und bei Supervisionsgruppen vor. Entscheiden können wir zwischen den Fällen hier noch nicht. *Der zuvor festgestellten Ambivalenz der Äußerung gesellt sich nunmehr jene von Begründungsbedürftigkeit des Anfangens einerseits und Vor-Vereinbartheit des Anfangens andererseits zu.* Wiederum läßt dieses Oszillieren eine gewisse Unklarheit in der Explizitheit der Aufgabenstellung der Zusammenkunft erkennen.

Nun wird dieses »Anliegen« in die Vergangenheit gelegt, es wird also über eine eigene psychische Disposition in der Vergangenheit einem Dritten gegenüber berichtet. Damit wird die Möglichkeit des Aufhörens dieser Disposition eröffnet, auf jeden Fall betrachtet sich der Sprecher selbst in seiner vergangenen inneren Verfassung.

Interessant ist davon, daß er im illokutiven Teil seiner Sachverhaltsschilderung (»es war ja mein Anliegen«) Bezug auf schon Eingeführtes, schon Besprochenes nimmt und damit zugleich nochmals markiert wird, daß der Beginn des Protokolls nicht mit der Eröffnung der protokollierten Interaktionspraxis zusammenfällt, vor allem aber, daß der Zusammenkunft eine Vereinbarung über das Thema vorausgegangen sein muß. Daraus folgt: Sowohl der Sprecher als auch seine Zuhörer haben schon vor Einsetzen der Tonband-Protokollierung das gemeinsame Thema der eröffneten Interaktionspraxis behandelt, so daß ein aktuell hergestellter, geteilter Kontext der Äußerung eingerichtet schon vorliegt, auf den die Äußerung Bezug nimmt. *Dann war aber nicht mehr beliebig, wer anfängt. Indem mit der Einleitung dennoch diese Beliebigkeit präsupponiert wird beziehungsweise der Sprecher trotz der zwingend zu unterstellenden Vorvereinbarung das Vereinbarte noch einmal rechtfertigen und thematisch eröffnen muß, drängt sich auf, daß die Zusammenkunft eine klare, eindeutige Praxiseröffnung durch ihren Vorsitzenden nicht erfahren hat* beziehungsweise einen Vorsitz nicht hat und/oder daß sie über einen routinisierten »working consensus« stabil ebenfalls nicht verfügt. Das mit dem unpersönlichen Pronomen »es« gebildete vorläufige Subjekt operiert als ein Platzhalter für etwas, was noch expliziert werden muß. Rhetorisch hat es eine topikalisierende, das Thema, um das es später geht, als solches explizit rahmende, heraushebende Funktion. Es kündigt explizit das an, um dessen Ausführung es sogleich gehen wird: Den Inhalt des Anliegens eben. Das »ja« – ein drittes Mal in kürzester Zeit ein kontextuierendes, rückverweisendes »ja« – verstärkt den Rückbezug auf vorweg Thematisiertes, denn es präsupponiert – quasi-adversativ – eine Beseitigung eines möglichen Zweifels an der Realität des »Anliegens«, und es erinnert an vorweg Vereinbartes und daher schon Wißbares. Damit nimmt es auch die Ersparnis jener Begründungen in Anspruch, die schon bei der ersten Vereinbarung geliefert worden sind. Das wiederum verweist auf die besondere, nicht routinehafte Begründungsbedürftigkeit des Anliegens des Sprechers.

Aus dieser Interpretation des in einen komplexen Aussagesatz eingebetteten illokutiven Teils (»es war ja mein Anliegen«, (X zu tun)) folgt: Person 1 präsentiert sich während der Operation des Initiierens einer verabredeten Themenbehandlung als jemand, der bemüht ist, seine ursprüngliche Intention für seinen Beitrag zum Zweck der gemeinsamen Zusammenkunft klar darzulegen und dabei daran zu erinnern, daß das »X zu tun« ihm nicht nur eine Routineangelegenheit war, sondern ein besonderes Anliegen. Damit rückt nicht nur das »X zu tun« in den Mittelpunkt der gemeinsamen Thematisierung, sondern vor allem auch die Bedeutung, die jenes »X zu tun« für ihn hatte. Zugleich ergibt sich aus der Verbindung von »einen Vorschlag für das Anfangen machen« und der »Erinnerung an das besondere Anliegen«, das sich mit dem vorbereiteten Beitrag verbindet, eine indirekte Betonung der Rechtfertigungsbedürftigkeit, die der Sprecher für das Begehren sieht, das sich mit seinem Beitrag zum gemeinsamen Tun verbindet.

Damit ist zugleich schon festgelegt, daß der Sprecher nicht mehr derjenige sein kann, dem in der Zusammenkunft der Vorsitz zukommt. Jemand, der institutionalisiert, das heißt qua vorgegebenem Status und der damit verknüpften Zuständigkeit, den Vorsitz einer sich treffenden Arbeitsgruppe oder einer Zusammenkunft führt, kann, wenn er zur Erledigung eines dringenden ihm obliegenden Geschäftes zum Beispiel seine Mitarbeiter zusammenruft, nicht mehr daran erinnern, daß er »ja ursprünglich das Anliegen hatte«, X zu tun. Dann würde er nämlich seine Mitarbeiter bitten, ihm bei einem Geschäft zu helfen, und damit darauf verzichten, seine Autorität in der Definition und Kennzeichnung von Aufgaben einzusetzen. Allenfalls könnte ein Initiator einer Gruppenaktivität sich so äußern, der bei der ersten Zusammenkunft an die zum Beispiel brieflich geäußerte

Begründung für die Einladung zu einer Mitarbeit erinnert. *Am ehesten aber paßte bis zu dieser Stelle der Äußerungssequenz eine Situationskonstellation, in der der Sprecher als gleichberechtigtes Mitglied einer zu verabredeten Zwecken zusammenkommenden Gruppe seinen verabredeten Beitrag in der Form eines ihm als rechtfertigungsbedürftig erscheinenden Begehrens leistet.*

In diesem Falle handelte es sich um die eigentümliche Form einer widersprüchlichen Einheit von »Beitrag leisten« und »begehren« beziehungsweise »ein Anliegen vortragen«. Diese widersprüchliche Einheit ist *typisch für Selbsthilfe-Gruppen*, in denen ja die Teilnehmer den verabredeten Zweck der Zusammenkunft in dem Maße erfüllen, in dem sie ein Hilfeersuchen beziehungsweise eine Hilfsbedürftigkeit zum Zwecke der gemeinsamen Bearbeitung vortragen. In nochmalig gerahmter Form liegt diese *Konstellation in Supervisions-Gruppen* vor, in denen ja im klassischen Falle klientenbezogen handelnde Experten unter Aufsicht eines »Meisters« ihres Faches um Korrektur und Rat einkommen, Gruppen also, die in gewisser Weise *als Selbsthilfegruppen von Fachkollegen* gelten können. Wir haben damit schon eine recht riskante Eingrenzung der sozialen Konstellation vornehmen können, die diesem Text zugrundeliegen kann.

Natürlich wird man hier einwenden wollen, daß man sich doch die ganze umwegige Text-Interpretation hätte sparen können, wenn man das Kontextwissen darüber, daß es sich um eine »Team-Supervision« handelt, von vornherein eingesetzt hätte. Aber dann hätte man eben auch die nicht zirkuläre Explikation jener Struktureigenschaften nicht geleistet, die wir bis jetzt bestimmt haben und die zugleich den Schluß, es handele sich um eine Selbsthilfe-Gruppe oder eine Supervisionsgruppe als einer besonderen Form der Selbsthilfe, nahelegen. Zudem wird es erst so möglich, zugleich die Angemessenheit zu überprüfen, mit der eine Äußerung ein in Anspruch genommenes Strukturmodell des Handelns erfüllt.

Wir können nun den propositionalen Gehalt der Äußerung betrachten, der zugleich der intentionale Gehalt der besonderen »Herzensangelegenheit« des Sprechers ist. Erst mit dieser Vervollständigung wird ja die objektive Bedeutung der Äußerung rekonstruierbar. Wenn es für einen Sprecher wichtig ist, einen Patienten »hier« reinzubringen, dann ist präsupponiert, daß es sich bei dem Sprecher um jemanden handelt, der qua beruflicher Kompetenz Menschen in ihrer Eigenschaft als Patienten begegnet, das heißt sie behandelt, und daß er zugleich über Möglichkeiten verfügt, Patienten in Einrichtungen der Behandlung unterzubringen. Ein Administrator könnte sich so nicht ausdrücken, allenfalls ein Mitglied des Pflegepersonals, dem aber in der Regel Möglichkeiten der Entscheidung über die Unterbringung nicht offen stehen. Also ergibt sich zwingend aus der Explikation der Präsuppositionen dieser kurzen Äußerung, daß es sich beim Sprecher, die geltenden Regeln als eingehalten vorausgesetzt, *um einen Arzt oder sonstigen Therapeuten handeln muß*. Er spricht »hier« in dieser Eigenschaft; woraus noch nicht zwingend folgt, daß es sich auch um eine berufliche *Situation* handeln muß: Er könnte in dieser Eigenschaft auch etwas auf einer Party oder einem Freund gegenüber berichten. Allerdings ist diese Möglichkeit schon im Lichte der vorausgehenden Interpretation des Beginns eines verabredeten gemeinsamen Geschäfts sehr unwahrscheinlich geworden und wir werden sehen, daß schon das »hier« im Aussagesatz diese Möglichkeit sofort wieder ausschließt.

Damit ist entschieden, daß es sich nicht mehr um eine Selbsthilfegruppe von Laien handeln kann, *sondern um eine Selbsthilfegruppe von Kollegen, das heißt um eine Fallkonferenz oder eine Supervision handeln muß* und darin ein um Supervision seines beruflichen Handelns nachsuchender Therapeut den Anfang der Sitzung macht.

Des weiteren ergibt sich bisher zwingend, daß Sprecher 1, als Therapeut bestimmt, sich eine noch zu spezifizierende Unterbringung eines Patienten zu einer »Herzensangelegenheit« gemacht hat, für die er sich besonders einzusetzen bereit war, und daß ihm daran liegt, darüber einem noch zu spezifizierenden Dritten gegenüber zu berichten. Es war ihm also das Schicksal dieser Patientin besonders wichtig, entweder, weil es sich für ihn medizinisch um einen besonders dringlichen Fall handelte oder weil ihm das besondere Schicksal dieser Patientin naheging oder weil ihm an der Patientin als Person besonders lag. Wäre letzteres der Fall, dann würde er schon – im Unterschied zu den ersten beiden Bedingungen – tendenziell unprofessionell handeln, denn er würde damit die universalistische Verpflichtung zur Expertise verletzen. Kurz gesagt: Er würde »agieren« statt professionell handeln.

Indem dieses Begehren, »die Patientin hier reinzubringen«, als rechtfertigungsbedürftig erscheint und der Sprecher unter den möglichen Gruppenmitgliedern derjenige ist, dem dies »ein Anliegen war«, wird auf der Folie des bisher sequenzanalytisch Herausgearbeiteten der unentschiedene Kontrast zwischen der Verhandlung einer verabredeten gemeinsamen Aufgabenstellung (Gruppen-Supervision) und einer verabredeten Verhandlung der Problemstellung eines einzelnen Gruppenmitgliedes (Supervision einer Einzelbehandlung) thematisch. Ziehen wir diesen Kontrast mit den vorausgehenden Ambivalenzen zusammen, dann können wir vorläufig festhalten, daß es dem Sprecher zwar primär um die Thematisierung eines Problems in seiner Behandlung eines Patienten geht, diese Thematisierung jedoch, gemessen am wie verbindlich und klar auch immer vereinbarten Gruppenziel der Zusammenkunft, rechtfertigungsbedürftig erscheint. Worum geht es nun in der Behandlung des Patienten? »Hier reinzubringen« thematisiert eine Art der Unterbringung als Voraussetzung oder Bedingung einer therapeutischen Behandlung. Die Patientin soll von X nach Y gebracht werden, wobei Y als der Binnenort deklariert ist, als das Innen, wozu X das Außen ist. Zugleich wird mit dem »hier« dieses Innen als der Ort der aktuellen Anwesenheit sowohl des Sprechers wie der Zuhörer identifiziert. Ein solcher Ort wäre typischerweise eine therapeutische Einrichtung wie ein Krankenhaus oder ein Institut, jedenfalls eine Behandlungseinrichtung, die nicht eine individuelle Privatpraxis ist und die für die Dauer der Behandlung mit einer gewissen Seßhaftigkeit des Patienten in ihr verbunden ist. Sprecher und Zuhörer wären dann die Mitglieder oder die kollegialen Gäste in einer solchen Einrichtung, also das Therapeutenkollegium, und die Patientin eine einzuweisende Klientin, für deren gesundheitliches Wohlergehen aus der Sicht des therapeutischen Sprechers diese Einweisung von großer Wichtigkeit wäre.

Verfolgen wir diese Konstruktion etwas weiter, dann ergibt sich, daß entweder, wegen der Vergangenheit des Anliegens, die Patientin nicht in der Einrichtung untergebracht worden ist, in der der protokollierte Ablauf aktuell stattfindet, und nunmehr, nachdem dies als Mangel thematisch wird, ein Therapeut sich meldet, der schon immer die Patientin hier haben wollte – oder ein Therapeut bei der aktuellen Frage, was machen wir hier mit dieser Patientin, die Notwendigkeit der *besonderen* Behandlung, die »hier« möglich ist, noch einmal herausstreichen will, beziehungsweise angesichts der Schwierigkeiten, die sich mit einer Patientin ergeben haben, seine Position, die Patientin »hier« unterzubringen, noch einmal rechtfertigt. Beide Lesarten laufen darauf hinaus, daß der das Wort führende Therapeut im Sinne einer Rechtfertigung, fast eifernd, die Anwesenheit der Patientin in einer besonderen therapeutischen Einrichtung als notwendig und dringend darstellt und dabei unterstellt, daß es seiner besonderen Anstrengung bedurfte, diese Notwendigkeit auch durchzusetzen.

Nun sind natürlich noch andere reale »Füllungen« des deiktischen räumlichen Bezugs »hier« denkbar. Es könnte sich sehr konkret darum handeln, eine Patientin in einem bestimmten Raum oder auf einer bestimmten Station unterzubringen. – Es könnte aber auch der mit »hier« bezeichnete Raum der abstrakte, das heißt physikalisch nicht konkretisierte, soziale Raum einer bestimmten Interaktionspraxis sein: Zum Beispiel eine Fallkonferenz oder ein Forschungsprojekt. Dann würde es darum gehen, die Patientin in dieser Praxis zu berücksichtigen. In diesem – *wahrscheinlichen* – Falle wäre auffällig, daß der Sprecher etwas, was darin zur Routineangelegenheit gehörte, in der Form eines besonderen Begehrens vorträgt und somit als in besonderer Weise rechtfertigungsbedürftig erscheinen läßt, so als ob er dieses Begehren gegen antizipierbare konkurrierende Definitionen der Aufgabe der Gruppenzusammenkunft verteidigen oder durchsetzen müßte. Wir haben also eine weitere Evidenz dafür vor uns, daß es sich bei der zu verhandelnden Thematik um etwas Nicht-Routinisiertes, eigens zu Begründendes handelt.

Alle diese verschiedenen Lesarten sind mit der Äußerung

vereinbar, der bisher interpretierte Text erlaubt keine endgültige Entscheidung für die eine oder die andere. Allerdings ist die Lesart: Die Patientin in einer besonderen, eine knappe Ressource bildenden Behandlungseinrichtung unterbringen (für: »hier reinzubringen«) deshalb weniger plausibel als die Lesart: In einer Supervision oder Fallkonferenz zum Thema machen, weil sie sich damit, daß dies dem Sprecher eine »Herzensangelegenheit« ist, weniger gut verträgt. Wir könnten hier natürlich auch die Information über den äußeren Kontext schon einfügen, demzufolge ja klar ist, daß es sich um eine Supervision handelt.

Anzumerken bleibt noch die mit einem »äh« gefüllte Planungspause vor »Patientin«. Da der bestimmte Artikel »die« schon ausgesprochen ist, ist die Entscheidung für die Bezeichnung einer weiblichen Person schon gefallen. Es kann jetzt nur noch um die lexikalisch-kategoriale Spezifizierung gehen: »Frau X«, »Frau mit der Krankheit X«, »Patientin«, »(Krankheitsbezeichnung wie zum Beispiel ›Anorexia‹)«. Für einen professionalisiert-kollegialen Arbeitszusammenhang wäre die Selektion des lexikalischen Elementes »Patientin« die passendste. Um so erklärungsbedürftiger ist die mit der Planungspause sich ausdrückende Zögerlichkeit des Sprechers. Was könnte ihm gegen die Selektion dieser passenden, persönlich distanzierten Kategorisierung der Person sprechen? Allenfalls ein Motiv, in dessen Lichte diese professionalisierte Distanziertheit störte; ein Motiv also, in dessen Bedeutungshorizont die Patientin ihm näher verbunden erschiene als das bei einer »Nur-Patientin« der Fall wäre. Ein so motiviertes Zögern bei der Verwendung des Wortes »Patientin« würde im übrigen dazu passen, daß sein Verhältnis zur Patientin die normale Routine in dem Maße übersteigt, in dem es ihm zum Anliegen wird und in dem eine Supervision ihm erforderlich erscheint.

Schließlich ist die Präsupposition der Formulierung von »die Patientin« im Unterschied zu »eine Patientin« zu beachten. Sie besagt nämlich zwingend, daß allen Zuhörern schon vor der Zusammenkunft bekannt gewesen sein muß, um wen es sich handelt und damit auch, wer mit welchem Thema die Sitzung bestreiten wird. *Somit ist jetzt schon eindeutig festzulegen, daß es sich um eine kollegiale Zusam-*

menkunft von professionalisierten Therapeuten oder Ärzten handeln muß. Es bliebe nun nur noch offen, ob um eine Fallkonferenz oder um eine Supervision. Dazu später mehr.

RESÜMEE 1: *Erster Entwurf einer Strukturhypothese*

Es läßt sich nun *vorläufig zusammenfassen*, welche Fallstruktur sich aus der bisherigen Analyse ergibt. Das soll auf zwei Ebenen geschehen.

I. Auf der *ersten, eher deskriptiven Ebene* kann eine Bestimmung des sozialen Typs von Handlungsablauf vorgenommen werden: 1. Person 1, offensichtlich ein Therapeut, beginnt mit einer Problemdarstellung in einer kurz zuvor eröffneten Interaktionspraxis, die 2. entweder dem Typus einer Fallkonferenz oder einer Supervision entspricht. 3. Person 1 ist dabei nicht der Vorsitzende, sondern einer der gleichberechtigten Teilnehmer. 4. Ihr liegt viel daran, den Fall einer bestimmten Patientin in dieser Gruppe vorzustellen.

II. *Auf einer zweiten, eher spezifisch fallrekonstruktiven Ebene* ergeben sich die folgenden Schlußfolgerungen:

1. Person 1 trägt ein klares Begehren vor, das zu einer Supervision, nicht aber zu einer Fallkonferenz gut paßt: Es handelt sich offensichtlich nicht um einen Fall einer Routinebehandlung mit Routineproblemen, sondern um einen Behandlungsfall, in den der Therapeut persönlich in besonderer Weise involviert, wenn nicht sogar verstrickt ist. Es ist ihm ein »Anliegen«, den Fall zur Diskussion zu stellen, und die Patientin scheint ihm näher zu stehen als ein Routinefall. Fallkonferenzen dienen primär der gemeinsamen Betrachtung von in der Klinik oder Ambulanz anfallenden aktuellen Fällen, damit alle Kollegen daran exemplarisch sich weiterbilden können. Supervisionen dienen demgegenüber primär der Kontrolle der Erfüllung eines technisch nicht kontrollierbaren, sondern nur dem Geiste nach angemessen realisierbaren idealtypischen Modells einer professionalisierten Arzt-Patient-Beziehung am Beispiel von problematischen Behandlungs-

fällen. Zuweilen dienen sie darüber hinaus der kollegialen Beratung im Falle von schon eingetretenen Schwierigkeiten. In jedem Falle basieren sie nicht, wie Fallkonferenzen, in der Regel auf Routinefällen, sondern auf herausgehobenen Behandlungsfällen, die Schwierigkeiten aufwerfen. Hätte Person 1 nicht tatsächlich, so können wir nun in umgekehrter Schlußrichtung des eben vorgetragenen Argumentes ausführen, ein deutlich markiertes problematisches Verhältnis zu einer bestimmten Patientin, dann läge auch kein Anlaß für eine Supervision der Behandlung dieser Patientin vor. Insofern ist ihr Supervisions-Begehren sachlich angemessen und dem Supervisions-Modell gemäß vorgetragen, solange als Modell der Supervision das einer Einzelbehandlung oder einer einzelnen Arzt-Patient-Beziehung, sei es in einer Einzelsupervision oder einer Gruppen-Supervision (etwa nach dem Modell der Balint-Gruppen), unterstellt wird.

2. Problematisch ist es allenfalls, daß Anzeichen dafür vorliegen, daß Person 1 ihr Supervisionsbegehren nicht nur für sachlich erfüllt, sondern darüber hinaus für *rechtfertigungsbedürftig* hält, so als ob es sich hier um eine ausnahmsweise zu gewährende knappe Ressource handele. Darin deutet sich an, daß die Supervision einer zu einem schwierigen Arzt-Patient-Verhältnis führenden Einzelbehandlung für die hier vorliegende Zusammenkunft aus der Sicht der Person 1 nicht selbstverständlich ist.

3. Mit dieser latenten Unklarheit hängt eine weitere zusammen: Es scheint ein klarer »working consensus« und eine klare Strukturierung der Supervision und ihres Gegenstandes nicht vereinbart zu sein. Sonst müßte der Sprecher nicht so viel einleitende Strukturierungsarbeit leisten.

4. Während, wie gezeigt, das Begehren des Therapeuten klar und eindeutig unter das Modell der Supervision einer Einzelbehandlung fällt, läßt seine Einleitung andererseits in bezeichnender Weise in der Schwebe, ob nicht statt dessen die Gruppe als Ganze gemeinsam ein Problem zu lösen hat. Denn dann erst wäre es, wie das erste Äußerungssegment präsupponiert, offen und fakultativ, welcher der Teilnehmer den Anfang macht. Das »Anlie-

gen«, das der Therapeut vorträgt, »die Patientin hier reinzubringen«, also »hier« in die Supervision, ist dagegen nur mit der Supervision einer Einzelbehandlung vereinbar, dennoch scheint das als Selbstverständlichkeit nicht unterstellt werden zu dürfen, denn: – »›es war ja mein Anliegen‹ – und nicht das eines anderen Teilnehmers oder das der Gruppe als Ganzer, und deshalb fange ich auch an« – muß als Begründung expliziert werden, gilt also nicht definitionsgemäß. Zwischen diesen beiden Modellen osziliert die Einleitung der Person 1 hin und her: Es ist, als ob sie von ihrem professionellen Problem her sachlich gar nicht anders kann, als um eine Supervision einer Einzelbehandlung mit einem Patienten nachzusuchen, andererseits aber dieses Begehren gegenüber einer anderen Konzeption von Supervision der Gruppe als Ganzer rechtfertigen müßte.

5. Es bleibt systematisch doppeldeutig, ob es sich bei dem, was sich die Gruppe zur Aufgabe gemacht hat, um eine verabredete Einzelfall-Supervision oder um eine verabredete Gruppen-Supervision handelt.

Im übrigen macht man hier, am Anfang einer Sequenzanalyse, wiederum die typische Erfahrung, daß initiale Interaktionszüge bei der Eröffnung einer gemeinsamen Interaktionspraxis in starkem Maße den pragmatischen Typus dieser Praxis determinieren und festschreiben, so daß dadurch auch ein hohes Maß an Orientiertheit für die Beteiligten gesichert ist.

Die Präsentation des Falles beziehungsweise der Beginn der Problembearbeitung

Schauen wir uns an, ob diese weitreichende Strukturhypothese auf der Basis einer extensiven Sequenzanalyse der ersten beiden Segmente im weiteren Verlauf Bestand hat.

Person 1 : .../ Also, (Pause) das is ne Behandlung, die sich jetzt in der Abschlußphase befindet (Pause). /... (110/2+3)

Man könnte nun zum Beispiel weitere Erläuterungen zu dem Anliegen oder weitere Begründungen dafür erwarten; zum Beispiel Argumente, worin der Sprecher die Notwendigkeit gesehen hat, die »Patientin hier reinzubringen«.

Statt dessen erfolgt ein unvermittelter Umsprung in die Gegenwart, aus der berichtet wird.[5] »Also« operiert als eine weitere Rahmung oder Einklammerung von Ausführungsteilen. Es steht in der Regel, ähnlich wie ein »ja«, aber mit viel stärkerer Markierung einer Schlußfolgerung, am Beginn einer Ausführung, zum Beispiel einer konkreten Erzählung, zu der die kontextuierende oder einbettende Einleitung bereits gegeben wurde, oder es leitet am Ende einer konkreten Durchführung einer Problembearbeitung eine daraus zu ziehende Schlußfolgerung oder eine verallgemeinernde Zusammenfassung ein, die somit ergebnissichernd die Problembearbeitung in einen erweiterten Kontext einfügt. Da die gesamte Interaktionspraxis hier sich am Anfang befindet, wird es sich um eine einleitende Verklammerung handeln. Es wird also die *Durchführung der Problembearbeitung, hier: Die Präsentation des Falles beziehungsweise des Supervisionsgegenstandes* eröffnet. Person 1 geht also konsequent und ökonomisch, ohne Umschweife, bei der Präsentation ihres Beitrages vor.

Es könnte allerdings das »also« auch noch eine weitere Spezifizierung dazu einleiten, warum das Folgende für den Sprecher ein so großes Anliegen ist. Dann müßten sich die unmittelbar nachfolgenden Äußerungsteile auf seine eigene Motivlage inhaltlich beziehen. Tatsächlich aber wird der Gegenstand beziehungsweise der Inhalt der Problemstellung direkt umschrieben: Eine Behandlung, die sich jetzt in der Abschlußphase befindet.

Eine *Abschlußphase* ist ein Intervall in einem regulären, terminierten Ablauf. Ein Studium, eine Ausbildung, eine Konferenz oder eben eine standardmäßige Behandlung kommen in ihre Abschlußphase, nicht aber ein nichtterminierter, in seinem Ablauf unvorhersehbarer Prozeß. Dieser kann allenfalls nachträglich, zum Beispiel von einem analysierenden Historiker, auf seine Phaseneinteilung hin betrachtet werden. Diese Lesart ist hier noch nicht zwingend, aber doch als unwahrscheinlich auszuschließen, weil ja Bezug auf einen aktuellen Verlauf genommen wird. Bezüglich des vorausgehenden Kontextes kann es sich nur um die Abschlußphase eines Geschehens handeln, das mit der Patientin wesentlich zu tun hat, also entweder um deren Krankheit, sofern bei ihr von einem typischen, bekannten Verlauf ausgegangen werden kann, oder um die Behandlung dieser Krankheit, sofern sie einem voreingerichteten Schema folgt. Von diesen beiden Möglichkeiten: Krankheitsverlauf oder Behandlungsverlauf, wird die der Behandlung explizit sofort benannt. – Damit ist auch *eindeutig* geworden, daß es sich um eine Supervision und nicht um eine Fallkonferenz handelt.[6]

In beiden Fällen nun würde es dazu nicht mehr passen, wenn der Sprecher rechtfertigend die Notwendigkeit der Unterbringung der Patientin in einer bestimmten Einrichtung oder Behandlungsform reklamieren wollte. Er müßte dann nämlich als nächstes auf die Gründe für seine Forderung eingehen und könnte diese entweder nur in einer Darlegung des spezifischen Problems der Patientin oder aber in der Erklärung seines besonderen Verhältnisses zur Patientin spezifizieren. Das tut er aber nicht, sondern er springt nun um in die Darlegung der Gegenwart der laufenden Behandlung der Patientin, die damit zugleich als ein normaler Prozeß präsupponiert wird. Die Patientin muß also schon, damit von ihrer Behandlung so gesprochen werden kann, irgendwo angemessen untergebracht sein und behandelt werden.

Wenn damit als *Referent von* »hier« die Unterbringung in einer therapeutischen Einrichtung endgültig ausgeschieden ist und gleichzeitig aus anderen Gründen die Darstellung auf einem Kongreß ebenfalls, dann bleibt nur noch, daß sich das »hier« auf den sozialen Ort einer praxisbezogenen Thematisierung des professionalisierten Umgangs mit der Patientin, also der Therapie selbst, beziehen kann. Das ist entweder auf Fallkonferenzen oder in Supervisionen der Fall.

EXKURS 1: *Zur strukturellen Gemeinsamkeit und Differenz von Fallkonferenzen und Supervisionen.*

Fallkonferenzen dienen nicht nur der Lösung eines aktuellen Behandlungsproblems, sondern auch der kollektiven, kollegialen Weiterbildung von Therapeuten anhand exemplarisch thematisierten Fallmaterials. Sie sind so etwas wie eine Supervision ohne Supervisor und damit der Supervision eng verwandt. – *Supervisionen* sind ja primär, wie noch auszuführen sein wird, Kontrollen darüber, daß ein berufliches Handeln wie die Therapie, für die die Arzt-Patient-Beziehung selbst entscheidend ist, ein Handeln also, das nicht in einem determinierten und damit programmierbaren technischen Ablauf besteht, sondern dem Geiste nach ein idealtypisches Modell fallspezifisch konkret und offen je angemessen realisieren soll, nicht in falsche Routinen oder angesichts der spezifischen Problematik konkreter Fälle in unbemerkte Abweichungen vom idealtypischen Modell abgleitet. Die Kompetenz im Sinne des Bewußtseins vom idealtypischen Modell muß immer wieder aufgefrischt werden.

Die Bedingung einer Supervision würde nun zu dem bisher sequentiell analysierten Protokollabschnitt am besten passen. Während nämlich in Fallkonferenzen, die eine der Weiterbildung der Kollegenschaft dienende Dauereinrichtung sind, Fallpräsentationen gewissermaßen routinehaft vorgenommen werden und keines besonderen Anlasses bedürfen, setzt die Supervision, geht man vom klassischen Konzept der Supervision aus, eher voraus, daß ein Professionskollege gegenüber einem Supervisor, also einem »Analytiker« der Professionsangehöriger-Klienten-Beziehung, entweder allein oder in einer Gruppe von Kollegen, einen ihm problematisch oder unklar erscheinenden Behandlungsfall zur Sprache bringt. Die Bedingung besteht also in dem mit der Behandlung verbundenen ungelösten Problem, in der Ratlosigkeit der Kompetenz beanspruchenden Behandlungsinstanz. Gegenstand der Supervision ist nicht der Patient als Fall, sondern die Arzt-Patient-Beziehung in ihrer konkreten Ausprägung, wobei das Feststellen des Problematisch-Werdens dem beteiligten Kollegen selbst zusteht. *Der »Leidensdruck« der eine Supervision darstellenden Praxis beruht also nicht im Leiden des Patienten an seiner Krankheit oder im Leiden des Arztes an seinen persönlichen Schwierigkeiten, sondern im Leiden des Arztes am Versagen der professionellen Beziehung zu seinem Klienten.*

Was ist der Gegenstand der Supervision?

Genau das wird hier, wie wir schon gesehen haben, in der ersten Äußerung vom Sprecher bekundet: Es war ihm eine besondere, außerhalb der Alltäglichkeit liegende Herzensangelegenheit, die Patientin in die Supervision (»hier«) »reinzubringen«. Auf einer ersten Stufe der Bedeutung machte er sich gleichsam das Schicksal der Patientin zu eigen, auf einer zweiten Stufe macht er dieses Engagement zum Gegenstand der Supervision. Sobald er das markiert hat, beginnt er innerhalb des Rahmens der Supervisions-Praxis, die in Anspruch genommen wird, mit der sachlich distanzierten Darstellung der laufenden Behandlung, die das Problem für ihn darstellt.

Sachlich allerdings enthält die Problemexposition des Supervisions-Falles eine Schwierigkeit. *Wenn sich nämlich die Behandlung in ihrer Abschlußphase befindet, dann fragt sich, was eine Supervision dann noch nützen kann, und warum dies Problem nicht schon früher vorgebracht worden ist.* Diese Ungereimtheit entstünde nur dann nicht, wenn das Behandlungsproblem ein spezifisches für die Abschlußphase und in vorausgehenden Phasen nicht aufgetaucht wäre. Wäre das der Fall, dann müßte die Behandlung erweitert beziehungsweise verlängert werden. Also können wir, da davon hier nicht die Rede ist, sondern nur von der Behandlung als solche, wie sie ist, zwingend erschließen, daß die Abschlußphase extern determiniert ist und dem Therapeuten unumstößlich vorgegeben ist.

Dahinter steckt ein weiteres Problem: *Für welche Behandlung ist sachlich gerechtfertigt, daß sie dann, wenn sie Probleme aufwirft, sich dennoch – gewissermaßen extern vorentschieden – in der Abschlußphase befindet?* Jedenfalls wird mit der Problemexposition von Person 1 präsupponiert, daß es sich um ein Behandlungsproblem handelt, das sich *bei* der und *durch* die extern bestimmte(n) Abschlußphase ergibt, daher in die *extern bestimmte Abschlußphase der Behandlung* eingebettet ist und als dafür spezifisch gelten muß. Dafür spricht auch rein sprachlich, daß die Behandlung in einem restriktiven, das heißt für die Vereindeutigung des Referenten des Nomens »Behandlung« notwendigen und nicht nur ausschmückenden Relativsatz gekennzeichnet wird: Es ist nämlich eine Behandlung, für die kennzeichnend ist, daß sie sich in der Abschlußphase befindet. Daraus folgt: Zu supervidieren ist hier objektiv nicht ein Problem, das sich aus der Konkretion des Arbeitsbündnisses primär ergeben hat, sondern eines, das durch die extern gesetzte Terminierung bedingt ist. *Von daher müßten zum Gegenstand der Supervision die externe Terminierung und ihre Folgen für das Arbeitsbündnis und die fallspezifische Behandlung erhoben werden.*

Daß es sich statt dessen hier aus der Sicht von Person 1 um einen klassischen Gegenstand von Supervision einer Einzelbehandlung handelt, geht aus einem aufschlußreichen sprachlichen Detail nochmals hervor. Es heißt nicht etwa »es is ne Behandlung« oder »es handelt sich um ne Behandlung«, sondern »*das* is ne Behandlung«. Das deiktische »das« setzt einen voreingerichteten außersprachlichen oder sprachlichen Bezug voraus, der allen Beteiligten selbstverständlich bekannt ist: Den thematischen Rahmen »Probleme einer Einzelbehandlung«. Im Falle eines außersprachlichen Bezugs müßte allen in der Situation Anwesenden das Supervisions-Problem, das Person 1 hat, zur Genüge geläufig sein. *Es müßte also in der Supervisionsgruppe darüber schon intensiv gesprochen worden sein,* was nur denkbar wäre, wenn diese Gruppe auch außerhalb der Supervision bestünde oder in ihr über die künftigen Supervisions-Fälle langfristig Vereinbarungen getroffen werden. Aber ein sprachlicher Bezug liegt mit dem Wort »Anliegen«, unmittelbar vorausgehend, vor. *Das Anliegen des Therapeuten in der Supervision besteht also in einer Behandlung, die einer Patientin gilt und sich in der Abschlußphase befindet.*

Nun wird man hier einwenden können, warum der Herausarbeitung einer Lesart, die doch scheinbar so offensichtlich ist, so viel Platz eingeräumt wird. Dieser Einwand übersähe einen wichtigen Umstand: Erst jetzt, mit der Herstellung des Bezuges zwischen »Anliegen« und »Behandlung in der Abschlußphase« ist es der Person 1 gelungen, ihre Problemexposition eindeutig *in das Modell einer Supervision einer Einzelbehandlung einmünden* zu lassen. Zugleich wird aber auch auf der Folie der nun begonnenen Problemschilderung deutlich, daß die Bemerkung »es war ja mein Anliegen« nicht primär oder nicht nur der Begründung oder Spezifizierung des Supervisions-Gegenstandes dient, *sondern vor allem die Funktion übernommen hat zu begründen, warum Person 1 mit ihrem Redebeitrag die eröffnete Interaktionspraxis der Zusammenkunft als erste füllt. Die Bemerkung besagt in »Langschrift«: »Ich fange mal an, weil es ja schließlich mein Anliegen war, ...« oder »Ich kann ja mal*

daran erinnern, es war ja, wie jeder weiß, mein Anliegen, ...«
*und nicht eindeutig nur: »Für die vereinbarte Supervision
habe ich das folgende Anliegen«.* Aus dieser Feststellung
aber ergibt sich zwingend, daß Person 1 aus ihrer Sicht nicht
von einem selbstverständlichen Modell der Supervision ausgehen zu können glaubt, in dem derjenige, der ein Problem
in einer Behandlung eines Patienten »angemeldet« hat, auch
mit der Problemdarstellung beginnt. Viel mehr muß sie
explizit erst dieses Modell herstellen gegen andere im Spiel
befindliche Möglichkeiten.

*Diese jetzt mehrfach festgestellte Begründungsbedürftigkeit des »Anliegens« lehnt sich an die ebenfalls festgestellte Unklarheit darüber an, daß objektiv ein ganz anderer
Supervisions-Gegenstand vorliegt als der, den die Person 1
aus ihrer praktischen und betroffenen Sicht als Problem
ihres konkreten Arbeitsbündnisses mit der Patientin deklariert.*

Damit ist selbstverständlich in der bisherigen Analyse
auch unterstellt, daß der Sprecher 1 sich angemessen in die
Supervisions-Praxis begibt und angemessen an ihr teilhat.
Wir können auch erschließen, daß zuvor, außerhalb des
protokollierten Ablaufs, vereinbart worden sein muß, daß
eine Supervision stattfinden soll und daß die Behandlung der
genannten Patientin den Gegenstand der Supervision bilden
wird. *Aber es scheint – zumindest für die Person 1 – nicht
selbstverständlich zu sein, daß diese Supervision die Beziehung zwischen diesem Therapeuten und der Patientin allein
zum Gegenstand hat.*

Das Protokoll setzt an dem Punkt ein, an dem Person 1
entweder an die vorausgehende Vereinbarung noch einmal
erinnert oder aber gegenüber anderen, konkurrierenden Optionen für die Supervision rechtfertigend vorbringt, warum
er sich berechtigt fühlt, dieses spezifische Problem in der
jetzt beginnenden Supervisions-Sitzung zu präsentieren.

    Person 1 : .../ (Pause) Sie ist jetzt äh gut drei Monate
    hier [(-) bis (')] /... (110/4)

Die Problemexposition wird fortgesetzt, indem zunächst
einmal sachlich distanziert die wesentlichen Merkmale des
Falles mitgeteilt werden. Daß es sich um eine auf Fortset-

zung angelegte, zusammenfassende Auflistung im Sinne einer Erinnerungshilfe handelt, wird durch den schwebenden, ja sogar unmerklich steigenden Tonfall des »hier« am Satzende markiert.

Sie, die Patientin, ist am Ort, an dem die Supervision stattfindet, etwas mehr als drei Monate anwesend. Also muß die Patientin stationär untergebracht sein in einem Behandlungszentrum und also muß dieses Behandlungszentrum zugleich der Ort der Supervision sein.

EXKURS 2: *Zum Setting der Behandlung, die den Gegenstand der Supervision bildet, und zum Setting der Supervision.*

Hier müssen wir sogleich noch einmal innehalten und ein immer deutlicher im »inneren Kontext« der Sequenzanalyse sich *konturierendes Problem beleuchten*, auf dessen Andeutung wir schon gestoßen worden sind: *Im idealtypischen Falle einer Supervision* beruht die Teilnahme daran, analog zur Freiwilligkeit einer vernünftigen, autonomen Entscheidung zur Behandlung, um die der Patient aufgrund eines von seinem Bewußtsein realisierten Leidensdrucks nachsucht, worin sich seine gesunden Anteile praktisch folgenreich aktivieren, auf der Freiwilligkeit der Entscheidung eines selbstverantwortlichen professionellen Experten zur Beratung oder Kontrolle einer in professioneller Autonomie und Selbstverantwortung als problematisch empfundenen, konkreten fallspezifischen Behandlungspraxis. Damit sich diese widersprüchliche Einheit von a) in sich professionell kompetenter Anerkennung einer Behandlungs-Problematik und b) partieller Delegation der Behandlungs-Kompetenz an die Supervision strukturlogisch konsistent in eine Praxis umsetzen kann, *muß die supervisorische Praxis in sich eine autonome sein* und das heißt frei von Kontaminationen mit anderen Verantwortlichkeiten, Verpflichtungen, Zuständigkeiten und Kontrollen. Ein Behandlungszentrum jedoch, das nicht identisch ist mit einer Privatpraxis, sei es eine individuelle oder kollektive, ist zugleich immer auch eine arbeitsteilige Organisation mit einer funktionalen Gliederung von Zuständigkeiten und einer Hierarchie von Anweisungsbefugnissen und Weisungsgebundenheiten. Dahinter steckt das *allgemeinere Problem des Verhältnisses von Professionsautonomie und Organisationsstruktur* in Organisationen der professionalisierten Betreuung wie zum Beispiel Krankenhäusern, großen Rechtsanwalts-Sozietäten, staatlichen Bürokratien und so weiter.

Wenn nun eine Supervision am Ort einer solchen Organisation stattfindet, dann ist vorderhand die Kontamination zwischen Supervision als kollegialer Kontrolle und einer bürokratisch-administrativen Kontrolle nicht ausgeschlossen, damit aber Supervision nicht wirklich möglich. Zum Beispiel ist nicht gewährleistet, daß von den notwendig in der Supervision – im Sinne eines Analogons zur Grundregel in der Therapie – unbegrenzt thematisierbaren Sachverhalten nicht praktisch folgenreicher Gebrauch in den Mechanismen der bürokratischen Kontrolle gemacht wird, etwa in Form von

Abmahnungen, Kündigungen, oder anderen Sanktionen. *Diese Kontamination läge nur dann nicht vor, wenn die Organisation als Ganze das Subjekt und der Gegenstand der Supervision wäre,* wenn also zum Beispiel das *Betreuungs-Team einer Krankenhaus-Station als organisiertes Ganzes* auf der Grundlage einer Gesamtverantwortlichkeit für die Behandlung der Patienten sich einer Supervision unterziehen würde. Aber auch dann noch wäre ein *sorgfältiger Unterschied zu machen zwischen dem Fall, in dem a) die Krankenhaus-Station als Organisations-Einheit* explizit handelt oder b) eine mit der Station als Organisations-Einheit verbundene *Gruppe von professionellen Betreuern in ihrer Eigenschaft als professionelle Experten.* Nur im Falle a) wäre eine Kontamination vermieden. Sie läge schon vor, wenn sich etwa eine Gruppe von Ärzten einer Station oder einer Abteilung am Organisations-Ort ihres beruflichen Handelns supervidieren ließe.

Für den letzteren Fall wäre nämlich nicht zu vermeiden, daß die Verzahnung mit den bürokratisch zu kontrollierenden Verantwortlichkeiten und Zuständigkeiten ins supervisorische Feld hinübergreift und dort zum Agieren zwingt. Wir müssen also *zwei Unterscheidungen* sorgfältig beachten. 1. Zum einen ist es wichtig zu klären, ob dann, wenn ein Kollektivgebilde, etwa ein Team, sich supervidieren läßt, dieses *als ein Kollektiv von Professionskollegen oder als eine soziale Organisation mit den entsprechend notwendigen formal-bürokratischen Regelungen und Kontrollen* thematisch ist. Es sind jeweils ganz andere Supervisions-Settings erforderlich. 2. Zum anderen ist es wichtig zu klären, ob dann, wenn eine Gruppe von professionellen Betreuern im weitesten Sinne als Supervisionsgruppe auftritt, diese *Gruppe als außerhalb der Supervision selbst professionell einen beruflichen Handlungszusammenhang, eine kollektive Praxis bildendes Kollektiv* sich supervidieren läßt, oder ob sie *lediglich sich konstituiert zum Zwecke der Ökonomisierung und/ oder Erfahrungserweiterung der Supervision des beruflichen Handelns* einer Mehrzahl von gleichermaßen in ihrem Einzelhandeln betroffenen Kollegen. Es sind dies Unterscheidungen, die meines Erachtens in der mir bekannten Literatur zur Supervision und Organisationsberatung nicht genügend stabil getroffen oder gar nicht beachtet werden.

RESÜMEE 2: *Erste Annäherung an die problematischen Struktureigenschaften des Settings der vorliegenden Supervision*

Das vorliegende Protokoll jedenfalls, soweit es schon analysiert worden ist, deckt sich *einerseits* eindeutig mit der zuletzt erwähnten Konstellation: Es sucht hier ein *einzelner Kollege bezüglich seiner individuellen Beziehung zu einer Patientin um supervisorische Hilfe* nach. *Andererseits* sind *für diese Supervisions-Form,* wie schon aus der sprachlichen Äußerung (»hier«) selbst hervorgeht, die *elementaren Voraussetzungen nicht erfüllt*: Die Supervision findet kontaminiert mit der Organisationsstruktur des Umfeldes professionalisierten Handelns statt und deshalb kann eine »freie«, ausschließlich der Professionsethik und dem dadurch geleiteten Arbeitsbündnis der Supervision verpflichtete, auf Kollegialität beruhende Kontrolle gar nicht mehr wirklich durchgeführt werden. *Es liegt also ein strukturlogischer Widerspruch vor, im Hinblick auf den nun das weitere Material befragt werden muß, inwieweit darin zum Beispiel dieses Problem thematisiert oder behandelt wird.* Diesem strukturlogischen Widerspruch entsprechend ist die für eine Supervision notwendige Bestimmung des Supervisions-Gegenstandes durch eine dreifache Unklarheit gekennzeichnet: Es ist nicht klar, ob 1. die Behandlung eines einzelnen Therapeuten oder die Behandlung einer Gruppe supervidiert werden soll, ob 2. die Supervision den organisatorischen Kontext und die institutionelle Einbettung der Behandlung einbeziehen soll oder nicht und ob 3. das Problem der Beendigung der Behandlung als Problem der externen Terminierung oder des behandlungsinternen Arbeitsbündnisses zwischen Patient und Therapeut bearbeitet werden soll. Unter den faktisch gegebenen Bedingungen, soweit wir sie bisher haben sequenzanalytisch bestimmen können, ist jedenfalls das Setting für eine Supervision einer Einzelbehandlung in mehrfacher Hinsicht nicht mehr erfüllt. Dennoch richtet sich darauf das Begehren des Therapeuten.

Dieses Problem beziehungsweise diese Unklarheit ist *mit zwei weiteren Problemstellungen verknüpft. Die eine* haben wir schon in der *Gestalt der Ambivalenz* herausgearbeitet, die in den einleitenden Äußerungen von Person 1 latent enthalten ist. Das Modell von Supervision, das er für sein Behandlungsproblem benötigt und das diesem angemessen wäre, scheint ihm nicht wie selbstverständlich im hier und jetzt der Gruppenzusammenkunft vorgegeben zu sein. Vielmehr muß er es erst einzurichten versuchen gegen mögliche andere Modelle, zum Beispiel das einer Supervision einer ganzen Gruppe, die als Ganzes handelt.

Die andere, damit eng zusammenhängende *Problemstellung* beziehungsweise Unklarheit ergibt sich aus den sachlichen Voraussetzungen der Falldarstellung.

Zentral soll mit der Zeitangabe durch Person 1 eine

Erläuterung zur Phaseneinteilung der Behandlung gegeben werden. Wenn die Behandlung der Patientin sich in der Abschlußphase befindet, wie vorher ausgeführt, und die Angabe, daß sie schon drei Monate hier ist, einen Informationswert besitzt, *dann ist präsupponiert, daß die Dauer der Behandlung extern vorgegeben beziehungsweise anderweitig standardisiert ist* und sich nicht nur nach dem tatsächlichen, fallspezifischen Krankheitsverlauf richtet. Wäre es so, dann läge hier schon eine schwere Beeinträchtigung der Autonomie einer professionalisierten Arzt-Patient-Beziehung vor. Relevant ist die Information nur, wenn man weiß, welches Behandlungsschema gewählt wurde und wann diese Behandlung begonnen wurde. Das letztere wird indirekt mit der Zeitangabe »gut drei Monate hier« expliziert, aber diese Explikation hat Informationswert nur dann, wenn man gleichzeitig weiß, welches Behandlungsschema von welcher Dauer beschlossen wurde.

Person 1 (Forts.): .../ ...wegen einer Colitis (')... /... (110/5)

Damit ist *das Behandlungsschema* sehr indirekt identifiziert: Es wird nämlich präsupponiert, daß auf der Station beziehungsweise allgemeiner: In dem in Rede stehenden Behandlungszentrum entweder generell für alle Patienten, oder für die Familie von Erkrankungen, zu der Colitis gehört, oder nur für Colitis-Patienten ein bestimmtes Behandlungsschema verabredungsgemäß gilt und dies allen aktuell Anwesenden geläufiges Wissen ist. Zugleich wissen wir mit der Diagnose-Angabe, daß es sich bei der Station um eine für innere Medizin oder spezieller noch für psychosomatische Erkrankungen handeln muß.

Schließlich können wir annehmen, daß die Abschlußphase, um die es »jetzt« (zwei Mal als Ausdruck schon verwendet) geht, 1. schon eingeleitet worden sein muß und 2. wohl kaum länger als 4 Wochen dauern kann, weil sonst das Verhältnis der zeitlichen Erstreckung von Abschlußphase und den übrigen Phasen disproportional wäre. Daraus folgt aber auch, daß dann, wenn sich die Behandlung in der Abschlußphase als problematisch erweisen sollte, höchste Eile für die Supervision geboten ist.

Daraus ergibt sich nun *die weitere Problemstellung beziehungsweise Unklarheit*, die mit dem Supervisions-Gegenstand von Anfang an verbunden ist: Es folgt aus den Ausführungen, daß *die Gestaltung der Arzt-Patient-Beziehung der Subsumtion des Falles unter ein zeitlich feststehend gliedertes Behandlungs-Schema untergeordnet ist.* Würde zum Beispiel die Arzt-Patient-Beziehung vom Sprecher 1 als eine psychotherapeutische Praxis betrieben werden, dann wäre sie *einer zeitlich programmierten Behandlung des Organsymptoms zeitlich untergeordnet* und könnte sich von vornherein als eigenständige Praxis nicht entfalten. Oder aber es wäre die psychotherapeutische Behandlung als solche ebenfalls von vornherein fallunspezifisch zeitlich limitiert, was erst recht als eine deprofessionalisierte Fremdbestimmung gelten müßte. Aber auch im Falle einer organmedizinischen Behandlung wäre die Autonomie der Arzt-Patient-Beziehung zugunsten eines übergeordneten einrichtungsspezifischen Behandlungsprogramms eingeschränkt, denn die Rede von Person 1 setzt zwingend voraus, daß eine zeitliche Begrenzung der möglichen therapeutischen Intervention von vornherein vorgegeben ist.

Das hat nicht nur *Konsequenzen für die Arzt-Patient-Beziehung selbst, sondern natürlich auch für deren Supervision*. Wenn es sich nämlich wie hier um die Supervisionsbedürftigkeit von Problemen handelt, die spezifisch sind für die Abschlußphase einer Behandlung und zugleich die Festsetzung der Phaseneinteilung und Terminierung einer Behandlung sich nicht primär aus der Konkretion des fallspezifischen Behandlungsverlaufes selbst ergibt, dann schlägt eine *institutionelle Beeinträchtigung der Autonomie der ärztlichen Praxis auf die konkrete Arzt-Patient-Beziehung durch*, die Gegenstand einer Supervision wird. Es bleibt dann aber *zu klären, was genau supervisionsbedürftig ist. Zunächst* ja logischerweise das institutionelle Problem selbst. Dann müßten in der Supervision diejenigen sitzen, die diese institutionelle Regelung eingeführt haben beziehungsweise vertreten. Das wäre dann allerdings – streng genommen – weniger eine Supervision als eine *Organisationsberatung* und es müßte dann dieser Vorgang vom hier anwesenden Supervisor an einen Kollegen abgegeben werden. *Des weiteren* wären supervisionsbedürftig diejenigen, die sich, obwohl professionalisiert, an einer solchen Regelung beteiligen beziehungsweise sich ihr unterwerfen. Aber eine solche Supervision müßte in Rechnung stellen, daß die institutionelle Regelung eine soziale Realität ist, und genau differenzieren, wieviel davon am Ende doch von den praktizierenden Therapeuten selbst gewünscht oder veranlaßt wurde und wieviel ihnen unbeeinflußbar als Realität vorgegeben worden ist. *Auf der dritten Ebene schließlich* tauchen erst die konkreten Behandlungsprobleme eines einzelnen Therapeuten als supervisionsbedürftig auf. Bei deren Supervision müßte sorgfältig differenziert werden, wieviel davon auf Rechnung der institutionellen Rahmenbedingungen zu stellen ist, wieviel davon innerhalb dieser Rahmenbedingungen vom Therapeuten professionalisiert vermieden werden könnte und welche institutionellen Vorgaben noch für ein professionalisiertes Modell einer Arzt-Patient-Beziehung toleriert werden können. *Ohne diese Differenzierung käme es dazu, auf die Supervisionsbedürftigkeit einer konkreten Arzt-Patient-Beziehung abzuwälzen, was im Grunde zur Supervisionsbedürftigkeit einer Institution oder Organisation gehörte.*

Diese Problemstellung scheint hier im Spiel zu sein. Sie wäre, wenn unsere Rekonstruktion bis hierhin zutrifft, auf eine komplizierte Weise *verschränkt mit den beiden anderen* erwähnten Problemstellungen.

Der sich hier mit seinem Behandlungsproblem in die Supervision begebende Therapeut ist offensichtlich Mitglied eines institutionellen Behandlungszentrums, und – wie aus dem »hier« in dem Segment: »Sie is jetzt äh gut drei Monate hier« zwingend hervorgeht – die *Supervisionsgruppe, in die er sich begibt, ist identisch mit einer Arbeitsgruppe dieses Behandlungszentrums*. Nicht nur ist er damit in seiner Autonomie als Therapeut durch die Einbindung in das Behandlungsprogramm der Einrichtung gefesselt, sondern zusätzlich ist er auch in der Möglichkeit, die daraus resultierenden spezifischen Behandlungsprobleme der (extern gesetzten) Abschlußphase durch autonome Supervision seiner Arzt-Patient-Beziehung zu Bewußtsein zu bringen, erheblich eingeschränkt, weil die nämliche Institution wiederum auch in der Supervisionsgruppe vorkommt. *Es liegt somit eine Art*

Beziehungsfalle dergestalt vor, daß der behandelnde Therapeut Probleme, die faktisch aufgrund institutioneller Vorgaben die Arzt-Patient-Beziehung beeinträchtigen und die er sich möglicherweise in einer Ebenen-Verwechslung selbst zurechnet, in der Supervision deshalb nicht angemessen behandeln lassen kann, weil die durch die institutionellen Vorgaben bestimmte Arbeitsgruppe als Supervisionsgruppe von vornherein auch die Supervision der Einzelbehandlung beschränkt und zwar just so, daß eine explizite Thematisierung der Problematik der institutionellen Vorgaben erschwert wird. Dadurch würde voreingestellt, daß einerseits in der täglichen Praxis dem Therapeuten und seiner Einzelbehandlung Schwierigkeiten zugerechnet werden, die ganz andere Quellen haben, somit vom tatsächlichen Problem der Gruppe, erst recht der Institution abgelenkt wird, andererseits aber zugleich die Supervision dieser Schwierigkeiten in demselben Mechanismus beschränkt wäre. *Daraus resultierte dann eine Supervision, die im Grunde auf eine Immunisierung und Tabuisierung der institutionellen und organisatorischen Problemzonen hinausliefe. Aus einer solchen Beziehungsfalle gäbe es nur einen Ausweg: Die explizite Thematisierung der institutionellen Vorgaben auf einer organisatorischen Ebene, die für deren Beibehaltung oder Beseitigung beziehungsweise Veränderung auch die Verantwortung trägt.* Sofern das in Form einer Supervision geschähe, müßte es sich hier um die Supervision oder Beratung einer Gruppe von Leuten handeln, die dort in ihrer Eigenschaft als administrativ beziehungsweise hierarchisch-organisatorisch Verantwortliche aufträten.

Die Logik dieser Beziehungsfalle scheint zu operieren, wenn die Person 1 erst gegen mögliche andere Nutzungen der Zusammenkunft ihre Praxisprobleme rechtfertigend zum Gegenstand der Supervision zurichten und damit gegen eine von vornherein offensichtlich nicht hinreichend geklärte Zielsetzung und Rahmung der Supervision ihr konkretes Problem gewissermaßen um den Preis der Flankenöffnung in Gestalt der Beanspruchung von Sonderrechten durchsetzen muß. Würde der Therapeut nämlich sich später über die Beziehungsfalle selbst beschweren, also darüber, daß doch gar nicht thematisiert werden kann, was in Wirklichkeit sein

Problem ist, dann würde man ihm immer sagen können, daß er doch selbst diese Form der Supervision einer Einzelbehandlung am falschen Strukturort gewollt habe, so wie er sich analog dazu sagen müßte, daß er doch selbst einer Behandlung unter den autonomiebeschränkenden Bedingungen des stationären Behandlungsschemas zugestimmt hat. Darauf könnte er nur wieder antworten, daß er aber doch ein wirkliches Behandlungsproblem mit der Patientin gerade unter der Voraussetzung eines Modells einer angemessenen, professionalisierten Arzt-Patient-Beziehung gehabt und dafür eine Supervision benötigt habe. In diesem Beziehungsfallen-Dilemma könnte man sich endlos drehen. Würde dem Therapeuten daraufhin jemand empfehlen, in eine Einzel-Supervision zu gehen, dann würde darin entweder das Problem wiederum auf der falschen Strukturebene behandelt werden oder aber im günstigen Falle offenbar werden, *daß eine psychotherapeutische Behandlung von Patienten unter der Vorgabe einer extern begrenzten Behandlungszeit in einem Behandlungszentrum von vornherein ein Strukturproblem ersten Ranges erzeugt*, das letztlich nur durch eine Delegation des Patienten an einen frei praktizierenden Therapeuten von Anfang an gelöst werden kann, für die offensichtlich ein gültiges Äquivalent in Form einer institutionellen Behandlung noch aussteht.

Damit sind wir letztlich *beim Supervisor* angelangt. Es wäre seine Aufgabe, diese komplizierten Verstrickungen explizit zum Thema zu machen und auf eine Klärung des Gegenstandes der Supervision zu dringen, bevor die Supervision eines problematischen professionellen Handelns selbst in Angriff genommen werden kann. Beides gehört im Sinne des Arbeitsbündnisses einer Supervision unauflöslich zusammen. Die Klärung des Gegenstandes der Supervision und damit von deren Arbeitsbündnis ist selbst schon integraler Bestandteil der Supervision. Wir werden also im weiteren darauf zu achten haben, inwieweit die Supervision den angesprochenen Problemstellungen wirklich Rechnung trägt.

*Weitere Spezifizierung des Problems und des
Supervisions-Gegenstandes*

Person 1 : .../ und äh in dieser Abschlußphase jetzt /...
(110/5+6)

Mit diesem Äußerungsteil fokussiert der Sprecher zum einen abschließend noch einmal, was er zuvor schon summarisch ausgeführt und dann erläutert hatte: Daß sich die Behandlung in der Abschlußphase befindet und – indirekt – , daß darin ein Problem aufgetaucht ist, dessentwegen er um supervisorische Hilfe einkommt. Der binnen kurzem dritte Gebrauch des temporal-deiktischen »jetzt« gemeinsam mit dem lokal-deiktischen zweimaligen »hier« legt den elementaren äußeren Rahmen des Praxisproblems im »Hier- und Jetzt« der unmittelbaren Praxis fest (und unterscheidet damit das Thema als ein Praxisproblem von einer allgemein interessanten wissenschaftlichen Problemstellung, die etwa auf einem Kongreß behandelt würde). Hinzu gekommen war die präzise Bestimmung der medizinisch interessierenden Rahmenbedingungen: Wie lange die Behandlung schon gedauert hat und um welche Erkrankung es geht. Damit läßt sich das konkrete Praxisproblem in das Tableau der auf der Station möglichen Problemstellungen einordnen. *Es ist nunmehr zugespitzt worden auf Schwierigkeiten in der extern determinierten Abschlußphase der Behandlung* – sprachlich deutlich markiert durch den deiktischen Zusammenhang von »dieser« und »jetzt«.

Im Zusammenhang mit dem schon festgestellten außergewöhnlichen, außerhalb der Routine liegenden Verhältnis des Therapeuten zur Patientin und dem Umstand, daß hier wahrscheinlich ein Problem für eine Supervision exponiert wird, fällt es nicht schwer, *begründete Vermutungen über die Art der Schwierigkeiten anzustellen: In Frage kann eigentlich nur kommen, daß die Patientin sich nicht vom behandelnden Therapeuten lösen kann und gleichzeitig auch der Therapeut Schwierigkeiten dabei hat, diese Arzt-Patient-Beziehung zu beenden. Es läge des weiteren die Vermutung nahe, daß er sich dabei in einem Konflikt zwischen der vom Behandlungsprogramm extern gesetzten Terminierungsver-*

pflichtung und der konkret-sachlichen Notwendigkeit zu einer Fortführung der Therapie oder doch zumindest einer Unklarheit über deren »organisches« Ende befindet.

Zum anderen ist mit der abschließenden rahmenden Zuspitzung auf »diese Abschlußphase jetzt« schon übergeleitet worden zur *Explikation des konkreten praktischen Problems*, um das es eigentlich geht: Die Problemzone ist identisch mit der Abschlußphase der Behandlung. Es kann sich gar nicht mehr um einen kritischen Verlauf der zu behandelnden Krankheit selbst handeln. Wäre das der Fall, dann gäbe es nur die einfache Lösung, von der Abschlußphase der Behandlung wegen ausbleibenden Erfolges wieder zurückzuschalten zu einer früheren Phase der Behandlung oder zu einer anderen, wirksameren Behandlung überzugehen. Es muß sich statt dessen *um Probleme handeln, die mit dem aus anderen Gründen für notwendig gehaltenen und medizinisch irgendwie vertretbaren Abschließen der Behandlung der Patientin unmittelbar zusammenhängen und die durch das Abschließen geradezu bedingt werden*. Solche Probleme können nur das Arzt-Patient-Verhältnis direkt betreffen und die damit zusammenhängenden, dazu komplementären Situierungen der Patientin in ihrem Alltag außerhalb der Behandlung, also Probleme des Arbeitsbündnisses und darin von Übertragung und Gegen-Übertragung.

Das impliziert auch zwingend, daß es sich bei der Behandlung, die dieser Therapeut durchführt, um eine bürokratisch-standardisiert terminierte Behandlung oder um eine zu einer übergeordneten Behandlung zusätzliche, ergänzende oder darin eingebettete handelt, daß aber die zeitliche Begrenzung der »Hauptbehandlung« nicht von seiner Therapie, sondern von ihr externen Gesichtspunkten festgelegt wird. So etwas wäre der Fall, wenn etwa die Krankheit der Patientin im »Hier« des Sprechens – also auf der Station, wie wir vermuten – primär organmedizinisch behandelt würde und dazu ergänzend eine Psychotherapie durchgeführt würde, deren Rhythmus aber sich nicht aus ihrer eigenen Praxis heraus bestimmt, sondern ihr von einem ihr externen Behandlungsschema vorgegeben ist. Dazu paßte dann eigentlich nur, daß der Psychotherapeut ebenfalls vom Behandlungsschema der ihn umgebenden Klinik abhängig wäre in dem Sinne, daß er Behandlungstempo und -zeit nicht selbständig aus seiner Beurteilung der Entwicklung der je konkreten therapeutischen Praxis heraus bestimmen kann, sondern sich nach externen Vorgaben richten muß. Man kann sich kaum vorstellen, daß ein frei praktizierender Psychotherapeut eine solche Behandlung übernehmen würde. Es müßte sich also um einen angestellten oder beamteten Psychotherapeuten der fraglichen Behandlungseinrichtung, wahrscheinlich eines Krankenhauses, handeln.

Resümee 3: *Erweiterung der Explikation des Strukturproblems der Behandlung und der Supervision*

Diese soziale Stellung des Psychotherapeuten innerhalb der Gesundheitsorganisation wirkt sich natürlich entscheidend nicht nur auf die Erfolgschancen seiner Therapie, sondern auch von deren Supervision aus, um die es hier offensichtlich geht. Zentral ist hier festzuhalten, daß das Strukturproblem einer solchen Therapie in der Supervision, wie sie sich strukturell hier schon andeutet, nicht nur nicht behandelt werden kann, sondern sich darüberhinaus darin statt dessen noch »strukturpathologisch« verstärken muß, weil dann, wenn ein Therapeut Probleme seiner Einzelbehandlung als solche in eine Supervisionsgruppe bringt, die mit der organisatorischen Einheit der institutionellen Behandlung im Krankenhaus vom personalen Umfang her identisch ist, aber eben nicht als Organisationseinheit thematisch ist (wäre sie es, dann könnten nicht konkrete Probleme einer Einzelbehandlung in der Supervision thematisch oder der Gegenstand sein), die *Interferenzen zwischen professioneller Autonomie des Therapeuten und administrativer Kontrolle der Organisation,* anders ausgedrückt: Die Abhängigkeiten des Therapeuten von der Organisation unter dem Deckmantel von kollegialer Supervision nur sich reproduzieren können, statt aufgehellt zu werden. Letzteres wäre nur möglich, wenn die Organisationsstruktur selbst zum Gegenstand der Supervision gemacht würde. Wie das durchzuführen ist, darüber herrscht in der einschlägigen Literatur allerdings noch ein erhebliches Maß an Verwirrung.

Die Ablösungsproblematik

Die Rede von Person 1 muß jetzt, nach dieser Zuspitzung auf die Problemzone, auf den Inhalt des Problems selbst zu sprechen kommen.

> Person 1 : .../ äh (lange Pause) spitzen sich die *Schwierigkeiten* noch mal sehr zu (Pause) /... (110/6+7)

In der Abschlußphase der Behandlung, also gegenwärtig, spitzen sich die Schwierigkeiten noch einmal sehr zu. Gedankenexperimentell dazu kontrastiv konstruiert, hätte der Therapeut auch ausführen können: »tauchen plötzlich ganz neue Symptome auf« oder »wird deutlich, daß der bisherige Heilungsprozeß nicht stabil war«. Statt dessen aber spitzt sich etwas zu, was demnach schon immer ein Problem war. Es kommt also in dieser *Abschlußphase*, die ja doch kurz vor dem Ende einer durch die Behandlung angestrebten Besserung stehen soll, *zu einer Verschärfung von Problemen, die schon immer vorhanden waren*. Daß die Schwierigkeiten sich zuspitzen, präsupponiert, daß das, was problematisch geworden ist, der Art nach schon immer vorlag, und das »noch mal« indiziert, daß es sich nicht um eine erstmalige Zuspitzung, sondern um die Wiederholung einer solchen Verschärfung handelt. Es kommt hinzu, daß das Wort »Schwierigkeiten« betont ausgesprochen wird, als ob kontrastiv dazu auch anderes, zum Beispiel eine heilende Wirkung der Therapie, sich hätte zuspitzen können und es wichtig sei, dagegen herauszuheben, daß es sich eben um Schwierigkeiten handelt. Dadurch wird die besondere Erklärungsbedürftigkeit dieser Schwierigkeiten betont.

Diese Krise ist also eine Krise der Verschärfung oder Intensivierung von etwas, was strukturell als Problem schon immer erkennbar war. Zugleich ist schon entschieden, daß es sich um eine Krise des Arbeitsbündnisses beziehungsweise der Behandlung selbst, nicht des Krankheitsverlaufes handelt. Demnach *verschärft sich die Krisenhaftigkeit der Arzt-Patient-Beziehung mit der Zeit und vor allem dann, wenn deren Ende naht.* Der Krisenverlauf der Behandlung verhält sich also dem der Krankheit, jedenfalls dann, wenn wir von einer Besserungsleistung der Behandlung ausgehen dürfen,

genau entgegengesetzt. Solche Phänomene kennen wir aus der ontogenetischen Entwicklung, zum Beispiel für die Phasen der Ablösung: In dem Maße, in dem das Wachstum und die Persönlichkeitsentwicklung voranschreiten, spitzen sich die Krisenphänomene der Ablösung zu.
Wir dürfen also schließen, *daß es zum Abschluß der Behandlung zu einer krisenhaften Zuspitzung kommt*, die auf seiten der Patientin mit der Angst vor der drohenden Ablösung vom Therapeuten zu tun hat, die ihrerseits wiederum auf seiten des Therapeuten zu einer Belastung führt, mit der er alleine nicht fertig wird. Zum Beispiel könnte er es gegenüber der Patientin nicht über das Herz bringen, sie in ihrer Hilfsbedürftigkeit alleine zu lassen. Vielleicht aber möchte er selbst auch nicht von ihr lassen in ihrer »Anhänglichkeit« an ihn.[7]

Welcher Art die Schwierigkeiten konkret sind, wird nicht ausgeführt, läßt sich aber im Sinne der obigen Interpretation erschließen. Sollte diese Interpretation die Realität treffen, was wir bis auf weiteres annehmen müssen, dann läge hier ein klarer und klassischer Grund für die Supervision eines Arbeitsbündnisses zwischen dem Sprecher 1 als einer behandelnden Person und der Patientin, über die berichtet wird, vor. Zu fragen wäre allenfalls, warum der Sprecher 1 nicht schon in einer früheren Phase der Behandlung, als die Schwierigkeiten zwar noch nicht so intensiv sich äußerten, aber strukturell doch schon sich formiert hatten, die Supervision zu Rate gezogen hat. Daß er es nicht tat, verweist darauf, daß er möglicherweise diese Schwierigkeiten nicht wahr haben oder verharmlosen wollte und das wiederum verwiese darauf, daß er entweder seine Kompetenzen überschätzte oder unbewußten Gewinn aus diesen Schwierigkeiten gezogen hat, über den er sich keine Rechenschaft geben konnte. Es kann aber auch sein, daß bei den »Schwierigkeiten«, die schon immer latent vorhanden waren, jene Strukturprobleme mitschwingen, die wir schon behandelt haben und die sich aus der externen Terminierung der Psychotherapie und der Anstellung oder Verbeamtung des Therapeuten in der Behandlungseinrichtung zwingend ergeben. Es würde darin, das heißt durch das institutionelle Setting der Behandlung, die Lösung eines ohnehin schon schwierigen Strukturproblems bei der Beendigung eines therapeutischen Arbeitsbündnisses systematisch behindert. Dieses ohnehin vorliegende Strukturproblem besteht in der paradoxalen Logik der Auflösung eines Arbeitsbündnisses aus sich selbst heraus, anders ausgedrückt: Der paradoxalen Beendigung einer autonomen Praxis wie der analytisch orientierten Therapie, die die Herstellung einer autonomen Lebenspraxis des Patienten und damit zwingend die Ablösung von der therapeutischen Hilfestellung zum Ziele hat, dafür aber auf ein bindendes und grundsätzlich nicht vorweg terminierbares Arbeitsbündnis zu gründen ist. In dieser Kopplung führten das arbeitsbündnisinterne Ablösungsproblem und die institutionelle Einbettung des Arbeitsbündnisses hier zu genau solchen »Schwierigkeiten«, die immer vorliegen, nicht erst in der Abschlußphase einer Behandlung; die aber darin wegen der erzwungenen Ablösung sich besonders »zuspitzen« müssen, weil das Arbeitsbündnis keine Chance mehr hat, das ihm immanente Ablöseproblem »organisch« und eigengesetzlich zu lösen.

Auf welche anderen Schwierigkeiten in der therapeutischen Beziehung könnte diese Bedingung: Latent immer vorhanden – in der Abschlußphase sich verstärkend, noch zutreffen?

EXKURS 3: *Ablösungsproblematik und Übertragungsphänomene allgemein*

Insofern mittelbar Psychopathologien immer mehr oder weniger stark mit einer mißlungenen Ablösung vom primären sozialisatorischen Interaktionssystem »Familie« beziehungsweise »ödipale Triade« zusammenhängen, ist die Frage der Bindung und Ablösung auch in der psychotherapeutischen Praxis immer eine zentrale. Man kann das auch so ausdrücken: Die Übertragung, die sich die Psychotherapie gleichsam paradoxal zunutze macht, ist letztlich immer ein unangemessenes Übertragen von Haltungen und Konstellationen aus dem primären Sozialisationssystem, in dem ein Subjekt seine soziale Geburt erfahren hat, in ein konflikträchtiges Beziehungsfeld, in dem das übertragende Subjekt als Rollenträger gefordert ist, aber die Konflikte nicht immanent mit den Mitteln des Rollensystems bewältigen kann. In diesem Sinne ist also das Phänomen der Übertragung ein universelles, nicht ein Mechanismus, der in der Therapie erfunden worden ist, sondern einer, den sie sich zunutze macht. Die Universalität dieses Mechanismus oder Prozesses ist ganz einfach darin begründet, daß das Subjekt im primären Sozialisationssystem die elementaren Strukturen der Sozialität sich aneignet, die als Basis unserer vergesellschafteten Existenz immer vorhanden sind und erhalten bleiben. Wenn die darauf errichteten Strukturen eines erwachsenen Rollenhandelns oder einer autonomen eigenverantwortlichen praktischen Existenz der materiellen und sexuellen Reproduktion brüchig sind oder werden, tritt die Operationsweise der elementaren Strukturen der Sozialität gewissermaßen hilfsweise in Kraft und das Subjekt agiert wieder wie früher in seinem primären Sozialisationssystem. Darin war, wie gesagt, letztlich das Problem der Dialektik von Bindung und Ablösung das zentrale.

EXKURS 4: *Zur Besonderheit der Übertragung in Psychosomatosen*

Entsprechend wird in jeder psychotherapeutischen Praxis mehr oder weniger intensiv diese Dialektik nicht nur eine Randbedingung der eigentlichen Behandlung sein, sondern in deren Zentrum stehen. Das kann nun bei den verschiedenen Typen von psychopathologischen oder psychopathologisch überformten Erkrankungen jeweils eine verschiedene Ausprägung annehmen und unterschiedlich gut behandelbar sein. Man kann sich auch als Laie vorstellen, daß in den sogenannten Übertragungsneurosen die therapeutische Behandlung dieses Problems einfacher und klarer möglich ist als in jenen neurotischen Konstellationen, in denen die realen Übertragungsprozesse zum Beispiel besonders heftig sind oder auf einer sprachfernen Ausdrucksebene sich quasi gewaltförmig vollziehen. Da es sich hier um eine Psychosomatose (Colitis) handelt, liegt die Vermutung nahe, daß die Übertragung der Patientin besonders heftig und besonders ausgeprägt sprachfern und körpernah, deshalb für beide Teile, Patient wie Therapeut, Angst machend sich vollzieht.

EXKURS 5: *Die Verzahnung der Ablösungsproblematik mit dem Typus der Erkrankung*

Nimmt man nun beide hier analytisch unterschiedenen Typen von Schwierigkeiten der extern determinierten Abschlußphase einer Therapie zusammen: Die Beeinträchtigung der Autonomie der psychotherapeutischen Praxis selbst unter den gegebenen institutionellen Voraussetzungen und die Besonderheiten der Übertragung in Psychosomatosen, dann wird deutlich, daß natürlich paradoxerweise gerade dort, wo wegen des spezifischen Charakters von Psychosomatosen eine organbezogene medizinische Behandlung in einer Klinik notwendig wird, im Falle des ergänzenden Hinzutretens einer Psychotherapie die im psychotherapeutischen Umgang mit Psychosomatosen ohnehin besonders schwierigen Strukturprobleme noch einmal verschärft werden, statt eine Milderung zu erfahren. Letztlich läuft in praktischer Hinsicht diese – theoretisch durchaus riskante – Betrachtung auf die *strukturtheoretisch zentrale Frage hinaus, ob im Falle von Psychosomatosen die psychotherapeutische Behandlungspraxis die führende sein soll, der dann die notwendigen organbezogenen Therapien strukturlogisch nachgeordnet werden* oder umgekehrt das Modell und die eigengesetzlichen Restriktionen der organbezogenen Behandlung führend sind oder bleiben und dann diesem Modell die psychotherapeutische Praxis nachgeordnet wird, oder ob schließlich beide gleichberechtigt nebeneinander stehen können.

Ohne das explizit hier begründen zu können, beziehe ich mit der soziologischen Professionalisierungstheorie, von der ich mich hier implizit leiten lasse und deren Grundzüge am Ende kurz kommentiert werden sollen, den Standpunkt, daß nur die erstgenannte von den drei Konstellationen therapeutisch angemessen sein kann, wenn es sich wirklich um Psychosomatosen handelt. Das wirft natürlich die schwierigen Fragen der Erklärung der Entstehung und Funktionsweise von Psychosomatosen auf, die hier nicht behandelt werden können.

RESUMEE 4: *Die Verschärfung der Strukturproblematik bei Psychosomatosen*

Im vorliegenden Supervisions-Falle liegt offensichtlich eine Einrichtung vor uns, in der einerseits die psychotherapeutische Beteiligung für nötig gehalten wird, weil Psychosomatosen als psycho-sozial induzierte oder doch zumindest eingefärbte somatische Prozesse angesehen werden, in der aber gleichzeitig dieser Schritt der Beteiligung von Psychotherapie auf halbem Wege stehen bleiben muß, indem die organbezogene Behandlung der Psychosomatose in organisatorisch-institutioneller Hinsicht die Führung behält.[8] Verhält es sich so, dann liegt hier eine Konstellation vor, die derjenigen vergleichbar ist, die mit der Institutionalisierung der psychosomatischen Medizin als Teildisziplin in den Medizinischen Fakultäten sich verbindet und vergleichbare Probleme zeitigt: Indem nämlich für die Fragen der psycho-sozialen Beeinflussung von somatischen Prozessen und vor allem der psychotherapeutischen Dimension von ärztlichen Interventionen in der Behandlung solcher Prozesse eine eigene Teildisziplin reserviert wird, hat man einerseits der sich aufdrängenden Evidenz einer beteiligten psycho-sozialen Dimension Rechnung getragen, andererseits aber zugleich die wissenschaftlich explizite und praktisch folgenreiche Thematisierung dieses Problems, die zumindest im Hinblick auf Psychosomatosen, wenn nicht sogar einen größeren Kreis von somatischen Prozessen strukturlogisch führend sein müßte, umgekehrt zum Appendix einer primär organbezogenen Medizin gemacht und damit in ihrem Wirkungsgrad von vornherein geschwächt, wenn nicht ganz und gar unwirksam gemacht.

Fortführung der Sequenzanalyse: Weitere Spezifizierung des Supervisions-Problems

Wir wissen jetzt schon genauer, warum der Sprecher um eine Supervision einkommt. Dennoch sind weder die Schwierigkeiten konkret benannt worden, noch ist das Supervisions-Begehren konkret und explizit ausgeführt worden. Der Berufskollege aber wird intuitiv schon recht gut praktisch erschlossen haben können, worum es Person 1 geht.

Person 1 : .../ und ich hätte ganz gerne .. für mich ('), ja die Hilfe, /... (110/7+8)

Der Sprecher 1 zieht – ganz kongruent mit unserer bisherigen Interpretation – folgerichtig aus den Schwierigkeiten den Schluß, daß er auf eine für ihn selbst nicht klärbare Weise in die Krise des Abschließens der Behandlung verstrickt ist und nicht mehr in der Lage ist, professionell unbefangen und unvoreingenommen sachhaltig diese Krise kompetent zu bearbeiten. Diese Verstrickung ist ihm bewußt geworden, das heißt er »leidet« gerade aufgrund seiner professionellen Kompetenz an der Unklarheit der professionalisierten Beziehung zu der Patientin und zieht daraus den einzig richtigen Schluß: Hilfe in der Supervision.

Allerdings verweist die Formulierung »für mich« auf eine gewisse Unklarheit in dem Wunsch nach Hilfe. Denn streng genommen hätte er zunächst »Hilfe für seine Behandlung«, nicht Hilfe für sich persönlich suchen müssen. Hier wird also die fragile Grenze zwischen der Supervision im strengen Sinne und der Therapie zum Problem. Es ist zunächst jedenfalls nicht von der Hand zu weisen, daß latent der Sprecher 1 mit dem Supervisionswunsch auch einen Therapiewunsch verbinden könnte. Wäre das der Fall, dann hätte der Supervisor an geeigneter Stelle diese Klärung herbeizuführen.

Das »für mich« kann aber auch zu »für uns« statt zu »für die Patientin« oder »für meine Behandlung« kontrastieren sollen. Mit dieser Lesart würde betont sein, daß es hier nicht um die Supervision des ganzen Teams gehen kann, sondern um die Supervision einer Einzelbehandlung durch einen einzelnen Therapeuten gehen muß.

Im Vordergrund aber sollte für die Analyse zunächst

einmal die außerordentlich klare und in sich konsequente initiale Präsentation des Supervisions-Wunsches und des Supervisions-Themas stehen. Denn mit dem »für mich« wird klar eine Hilfe »für mich, bei meiner Behandlung« von der Hilfe für die Patientin und von einer Hilfe für das ganze Team abgegrenzt.

RESÜMEE 5: *Die Unklarheit des Supervisions-Gegenstandes*

Damit ist zugleich determiniert, daß der Sprecher 1 die laufende Situation als die Praxis einer Supervision je individueller Arbeitsbündnisse mit Patienten definiert und sich praktisch nach dieser Definition richtet. Wäre nämlich die Gruppe, die hier anwesend ist, als professionelles Team oder gar als organisatorische Einheit Subjekt und Gegenstand der Supervision, dann müßte genau das Problem, das Sprecher 1 vorträgt, zuvor in dieser Gruppe ohne Supervisor besprochen und beraten worden sein und es hätte Gegenstand einer auf sie bezogenen Supervision nur insofern werden können, als entweder die Gruppe als Ganze keine Antwort auf die Schwierigkeiten im Umgang mit der Patientin gefunden hätte oder aber der Sprecher 1 sich in der Gruppe als allein gelassen empfunden hätte. Er hätte dann aber genau dies zum Gegenstand einer gruppen- oder teambezogenen Supervision machen müssen. Im ersten Falle hätte die Gruppe als Ganze ihr kollektives Problem in der Behandlung der Patientin thematisieren müssen, die hier vorliegende Präsentation wäre demgegenüber also eine Irreführung.

Wir können demnach *schon jetzt feststellen, daß dann, wenn die Gruppe als professionelles Team oder als organisatorische Einheit eines Krankenhauses Subjekt und Gegenstand der Supervision programmatisch sein sollte, diese supervisorische Praxis hier schon auf ein falsches Gleis geraten ist.* Anders ausgedrückt: Für den Supervisor läge hier schon eine massive Problemstelle vor, es müßte zunächst ganz elementar das Arbeitsbündnis mit der Gruppe geklärt werden.

RESÜMEE 6: *Ein Symptom für die Unklarheit des Supervisions-Gegenstandes*

Daß der Person 1, also dem Therapeuten, die Art der Supervision, um die es hier geht, nicht ganz klar und nicht ganz selbstverständlich ist, obwohl andererseits klar ist, worum es ihm in seiner Behandlungs»not« geht, wird sprachlich an zwei Stellen zwar indirekt, das heißt wie in einem Symptom, aber um so beweiskräftiger markiert: Zwar zieht Person 1 aus der Feststellung der Schwierigkeiten klar und folgerichtig die Konsequenz, daß sie irgendeinen Rat oder irgendeine Hilfe benötigt, aber worin sie bestehen könnte, dafür fehlen ihr die selbstverständlichen sprachlichen Bezeichnungen. Zunächst zögert der Sprecher etwas bei der Explikation von »für mich«. Was er ganz gerne hätte, ist also von der Typusbestimmung her nicht routinehaft eingeschliffen. Das sollte man andererseits bei einer Zusammenkunft, die sich als Supervision versteht, erwarten. Rein sachlich weiß allerdings der Sprecher 1 sein Problem genau einzukreisen und rein sachlich ergibt sich daraus, unterstellt man die praktische Perspektive von Sprecher 1, zunächst einmal die Notwendigkeit, um eine Supervision seiner Einzelbehandlung nachzusuchen. Aber genau dieses Modell von Supervision als Gegenstand dessen, was er »ganz gerne hätte«, kann er in der konkreten Situation nicht routinehaft wie eine *professionelle selbstverständliche Einrichtung benennen. Das können wir als Indikator dafür nehmen, daß sie als solche auch nicht im Bewußtsein der Beteiligten existiert.* In dem zweiten Zögern nach der Explikation von »für mich« drückt sich das noch deutlicher aus: »Ja die Hilfe« läßt sich in Langschrift umschreiben als: »Ja, wie soll ich sagen, die Hilfe eben«. »Die Hilfe« an Stelle von »Hilfe« oder »eine Hilfe«, also die Kombination der »Hilfe«, die er sucht, mit einem bestimmten Artikel verweist darauf, daß er einerseits nicht genau weiß, worin hier die Hilfe, die er braucht, genau bestehen könnte, andererseits aber sich auf eine gegebene Einrichtung, um die alle Beteiligten wissen, eben jene, die gerade stattfindet, sich beziehen kann, so als ob er sagen wollte: »Ja, wie soll ich das ausdrücken, was ich gerne hätte, na ja, Sie wissen schon, eben diese Hilfe da«. Es liegt also etwas klar bezeichnungsfähig als Gebilde vor, aber was das von seiner inneren Struktur her ist, weiß er nicht so genau.

Damit sind wir auf eine wichtige *erste Bestätigung unserer initialen Strukturhypothese über die Strukturproblematik des sozialen Geschehens*, das hier protokolliert ist, gestoßen.

Fortführung der Sequenzanalyse: Bestätigung und Erweiterung der Strukturhypothese und ein weiteres Symptom für die Unklarheit der Supervision

Man könnte nun eine weitere Präzisierung und Spezifizierung der Hilfe, um die Person 1 nachsucht, erwarten.

Person 1 : .../ weil ich einzeln mit ihr spreche (Pause) und damit umzugehen, ... /... (110/8+9)

Statt dessen wird eine neuerliche Begründung für das Hilfeersuchen vorgetragen, wodurch dieses wiederum als in besonderer Weise rechtfertigungsbedürftig erscheint. Der Inhalt dieser Begründung, die Einzelbehandlung, erfüllt nun aber eine Begründungsfunktion nur unter spezifischen und für unsere Analyse außerordentlich aufschlußreichen Voraussetzungen.

Wenn nämlich die Supervision von vornherein zum Gegenstand Probleme der Einzelbehandlung beziehungsweise der einzelnen Individualtherapie verabredungsgemäß hätte, dann wäre eine solche Begründung redundant und unerheblich, weil eine solche Supervision ja ohnehin für das, was in der Begründung genannt wird, eingerichtet worden ist. Die Begründung würde nur vermelden, daß das Begehren mit dem verabredeten Zweck der Zusammenkunft deckungsgleich ist, was man aber, bis begründete Zweifel daran auftauchen, ohnehin erwarten muß. Eine Begründungsfunktion der »weil«-Äußerung läge erst dann vor, wenn normalerweise auch etwas anderes als eine Einzelbehandlung supervidiert wird. Dann nämlich wäre vorweg festzustellen, daß dieses Mal die Supervision für einen einzelnen Therapeuten, nicht für die ganze Gruppe fungieren sollte, weil das Behandlungsproblem eines der Einzelbehandlung dieses Therapeuten wäre. Diese Lesart wird durch zwei Überlegungen zur sprachlichen Realisierung des Begehrens erzwungen.

1. Die Begründung des »weil«-Satzes stützt inhaltlich, warum der Sprecher eine Hilfe für sich benötigt und warum nicht eine Hilfe für andere oder die Gruppe das Thema der Zusammenkunft sein soll. »Für mich« im vorausgehenden Äußerungssegment wird erst im Lichte des Inhaltes des »weil«-Satzes (»ich spreche einzeln mit ihr«) motiviert. Im Falle einer Supervision von Einzelbehandlungen wäre ohnehin klar, daß immer die Behandlungen einer einzelnen Person behandelt werden. Indem hier der Sprecher es für notwendig hält, eigens herauszuarbeiten, daß er die Hilfe für sich benötigt, weil er eine Einzelbehandlung durchführt, bekundet er, daß aus seiner Sicht und Erfahrung die Zusammenkunft nicht zum Typus der Supervision von Einzelbehandlung gehört, daß er aber dennoch mit seinem Einzelbehandlungsproblem hier unterkommen kann, also woanders eine Supervision seiner Einzelbehandlungen nicht vorgesehen ist.
2. Die Formulierung »weil ich einzeln mit ihr spreche« enthält eine schwer zu entdeckende abstruse innere Redundanz, die nur dann getilgt wird, wenn man eine abstruse Präsupposition gelten ließe. Daß eine Person nämlich jeweils einzeln mit einer anderen Person spricht, ist eine elementare Selbstverständlichkeit. Es wäre absurd festzustellen, daß die Person X einzeln ein Zimmer betritt, weil sie als »Vielheit« das Zimmer gar nicht betreten kann. Erst wenn eine ganze Gruppe, eine Kollektivität vor der Tür steht, dann könnte man die Personen in cumulo auffordern, »einzeln« und nicht als Kollektiv ins Zimmer einzutreten. Es wäre ein zynischer Witz, wenn ein Psychiater einen Schizophrenen auffordern würde: »Herr Meyer, treten Sie heute bitte einzeln ein«. Die »Einzelheit« ergibt sich also aus der Natur der Einzelbehandlung beziehungsweise des Einzelgesprächs von selbst. Wird sie eigens betont oder expliziert, dann ist das nur sinnvoll, wenn die »Einzelheit« von der ebenso denkbaren Möglichkeit der »Vielheit« explizit unterschieden werden muß, wenn also – bezogen auf unseren Fall – der

Umstand, daß mit der Patientin ein Einzelgespräch geführt wurde, deutlich von der denkbaren Möglichkeit, daß eine ganze Gruppe, ein Kollektiv oder ein Team mit ihr sprach, unterscheidend abgehoben werden muß.

So gesehen, stellt die Formulierung »weil ich einzeln mit ihr spreche« eine *eigentümliche und bezeichnende Kompromißbildung* dar: Nämlich einen Kompromiß zwischen einer klassischen Einzeltherapie beziehungsweise einer klassischen therapeutischen Beziehung zwischen einem Arzt und einer Patientin *einerseits* und der Behandlung einer Patientin durch ein kooperierendes Team *andererseits*. In dieser Formulierung wird nämlich das, was faktisch eine Einzelbehandlung ist, dennoch als Ausprägung einer Behandlung durch ein Kollektiv »gerettet«, indem um den Preis sprachlogischer Absurdität die Einzelbehandlung als eine Aktivität des Kollektivs wie in dem Falle, in dem eine Gruppe gebeten wird, einzeln einzutreten, zur Erscheinung gebracht wird. Denn rein sprachlich bedeutet die Formulierung, wenn man ihre Präsupposition in Langschrift ausformuliert: »Weil ich einzeln und nicht als Team mit ihr spreche« – analog zum Appell an eine vor der Tür stehende Gruppe: »Treten sie bitte einzeln ein (und nicht alle zusammen oder alle auf einmal).« Das ganze Team könnte also als Kollektiv von sich sagen: »Wir sprechen einzeln mit der Patientin« – im Unterschied zu: »Wir sprechen als Kollektiv mit der Patientin«. Aber ein einzelner kann nicht sagen: »Ich spreche einzeln mit der Patientin«, weil der Kontrast: »Ich spreche kollektiv mit der Patientin« von vornherein nicht möglich ist.

Der zunächst gar nicht auffallende Fehler der Formulierung besteht also in einer präsupponierten Kontrastbildung, die logisch unmöglich beziehungsweise sinnlos ist. Hinter dieser sprachlogischen Absurdität steht motivierend – im Sinne einer Kompromißbildung – , daß die Einzelbehandlung, um die es hier geht, einerseits als Teil einer Behandlung durch das Kollektiv gesehen wird und vielleicht auch gesehen werden muß, andererseits aber *als* Einzelbehandlungspraxis zu einem supervisionsbedürftigen Problem geworden ist beziehungsweise innerhalb des Kollektivs nicht angemessen gelöst werden konnte. *Die sprachlogische Absurdität in der Realisierung dieses Kompromisses brächte also gültig zum Ausdruck, daß eine Behandlung durch ein Kollektiv der Art, daß darin die Einzelbehandlung aufgeht, nicht möglich ist.*

Resümee 7: *Bestätigung und Erweiterung der Strukturhypothese*

Fehler sind aber für den objektiven Hermeneuten (wie ja auch für den Psychoanalytiker in seiner Praxis) immer motiviert und das heißt: Sie sind nicht einfach nur das Ergebnis eines Versagens, sondern der Inhalt des im Versagen Produzierten ist seinerseits motiviert beziehungsweise determiniert und damit rekonstruierbar. Hier bestünde die *Motivierung im Folgenden*: Faktisch führt der Therapeut mit der Patientin eine Einzeltherapie durch. Darin kommt es, wie schon gezeigt, zur Krise in der Abschlußphase, die unauflöslich mit der äußeren Terminierung der Einzelbehandlung verknüpft ist. In Wirklichkeit ist also die Behandlung der Patientin von ihren institutionellen Voraussetzungen her keine klassische autonome Einzeltherapie, sondern sie ist eingebettet in ein kollektives Behandlungsprogramm des Stationsteams. Dadurch wird die Krise der Abschlußphase eine Krise des Behandlungsprogramms. Als solche kann sie aber aus welchen Gründen auch immer nicht thematisiert werden. Der Therapeut jedenfalls kann sein praktisches, supervisionsbedürftiges Problem nur als das seiner Einzelbehandlung begreifen. Objektiv aber ist es wegen der Einbettung in das kollektive Behandlungsprogramm keine Einzeltherapie, sondern die Behandlung der Patientin durch das Team. *Die einen Kompromiß bildende Fehlerhaftigkeit der Formulierung soll nun ausdrücken, daß es sich, obwohl die Form der Einzeltherapie annehmend, immer noch um eine Therapie durch das Team handelt.*

Zugespitzt ausgedrückt verweist dieser Kompromiß darauf, daß einerseits der Therapeut seine Behandlung als Maßnahme des Teams, dem er zugehört, deklariert und ansieht. Nur unter diesem Gesichtspunkt kann er ein Problem dieser Behandlung in diese Supervision »bringen«. Andererseits aber handelt er als professionalisierter Therapeut in einem Arbeitsbündnis zwischen ihm und der Patientin (und nicht oder nicht nur in einem Arbeitsbündnis zwischen dem Team und der Patientin) und gerät darin in Schwierigkeiten, die supervisionsbedürftig sind. Diese Schwierigkeiten aber lassen sich für ihn, weil er ja seine Verantwortung als Therapeut nicht auf ein Team abwälzen kann, wenn er nicht seine Professionalität überhaupt verlieren will, nicht nur als Schwierigkeiten des Teams abdrängen. *Damit haben wir an dieser sprachlichen Eigentümlichkeit die Strukturhypothese von der Beziehungsfalle, in der sich der Therapeut hier befindet, bestätigen können.* Der Knoten dieser Beziehungsfalle würde erst platzen, wenn entweder die Schwierigkeiten der Abschlußphase in der Supervision als Schwierigkeiten der Institution beziehungsweise des Teams in der Institution explizit thematisiert würden oder der Therapeut mit diesen Schwierigkeiten in eine Einzelsupervision außerhalb der Klinik gehen würde. Darin müßte er dann für sich klären, inwieweit er seine Unabhängigkeit und Autonomie als Therapeut mit einem Arbeitsbündnis vereinbaren kann, das wie hier durch äußere Terminierungen der Behandlungsdauer und durch eine Einbettung in ein kollektives Behandlungsprogramm gekennzeichnet und eingeschränkt ist.

Resümee 8: *Die bestätigte »Beziehungsfalle« der Supervision*

Zusammengefaßt drückt die Begründung des Supervisionswunsches an dieser Stelle das Folgende aus: *Ich brauche Hilfe für mich, und nicht für das Team, in meiner Eigenschaft als Teammitglied, weil ich ja schließlich alleine mit ihr spreche.* Daß er sein Hilfeersuchen in dieser Weise eigens spezifizieren muß, unterstreicht aber, daß der Sprecher selbst einerseits die supervisorische Zusammenkunft nicht als normale Supervision von Einzelbehandlungen betrachten kann (sonst müßte er eben diese spezifische Begründung nicht erst vortragen), andererseits aber dennoch mit einem Begehren »anklopft«, das eigentlich in eine Supervision von Einzelbehandlungen gehört. Faktisch ist das Strukturproblem noch viel komplizierter, weil umgekehrt schon die Zuordnung der

Krise der Behandlung zu einer Supervision von Einzelbehandlungen eine unangemessene Reduktion der dahinter stehenden Strukturproblematik bedeutet, insofern ja tatsächlich *die Krise der Abschlußphase zugleich auch eine Krise des institutionellen Behandlungsprogramms ist.*

Eine weitere Bestätigung dieser Interpretation ergibt sich aus der nun nachzutragenden inneren Verknüpfung zwischen dieser sprachlich so eigentümlichen Formulierung der Begründung und der einleitenden, impliziten Begründung dafür, daß Person 1 mit ihrem Beitrag die Verhandlungen der Zusammenkunft in Gang setzt (Zeile 1): Dort sagte sie, »es war ja mein Anliegen, X zu tun«. Dazu ist als explizit Auszuschließendes präsupponiert: »Und nicht das Anliegen eines anderen oder der Gruppe«. Liest man diese implizite Begründung so, dann war schon in der Einleitung das Bemühen enthalten, die Zusammenkunft als eine Supervision einer Einzelbehandlung gegen andere Möglichkeiten der Auslegung des Zwecks der Zusammenkunft einzurichten.

Daraus ergibt sich die *Schlußfolgerung*: Wir haben zwar eine Reaktion der Supervisionsgruppe und des Supervisors noch nicht beobachten können. Wir wissen jetzt aber schon, daß wir auf folgendes zu achten haben werden, wenn solche Reaktionen erfolgen: Entscheidend wird sein, inwieweit in der Supervision

1. die Behandlung des Problems des Therapeuten abgelehnt wird, sofern es faktisch in eine andere Supervision, nämlich eine Supervision von Einzelbehandlungen gehört, die vollständig unabhängig vom Klinikbetrieb durchzuführen wäre, und
2. der Supervisionswunsch des Therapeuten angenommen wird, sofern darin inhaltlich ein Strukturproblem der Institution selbst zum Vorschein kommt und als solches dann auch herausgearbeitet und bearbeitet wird.

Sollte aber umgekehrt der Supervisionswunsch des Therapeuten aufgenommen werden und als Supervision einer Einzelbehandlung durchgeführt werden, dann würde das Strukturproblem, das sich darin ausdrückt, nicht nur nicht angemessen behandelt werden, sondern sogar durch die Supervision reproduziert und verstärkt werden. *In diesem*

Fall würde die Supervision gewissermaßen innerhalb des Strukturproblems agieren und dessen Beziehungsfallencharakter reproduzieren. Das vor allem auch deshalb, weil darin gewissermaßen positiv sanktioniert wäre, daß das Team seiner Verpflichtung, die Funktion der Supervision der Einzelbehandlung als Bestandteil der kollektiven Behandlung automatisch mitzuerfüllen, nicht nachgekommen wäre.

Was wir hier herausgearbeitet haben, wird unterstrichen durch den unvollendeten Nachsatz »und damit umzugehen...«. Rein formal muß sich »damit« auf den Umstand des »einzeln mit ihr Sprechens« beziehen. »Einzeln« mit einer Patientin zu sprechen, ist aber für einen Psychotherapeuten das Selbstverständlichste dieser Welt und dürfte per se keinen Grund für Schwierigkeiten abgeben, die ein Hilfsbegehren zur Folge haben. Schwierig, »mit Einzelgesprächen« und ihrer Eigendynamik umzugehen, wird es erst, wenn einerseits diese Eigendynamik wesentlich von außen bestimmt und beschränkt wird, wenn also der Therapeut in seiner Einzelbehandlungspraxis die Folgen des institutionellen Settings individuell auszubaden hat, und andererseits zugleich die Einzelgespräche eigentlich als Ausformungen eines kollektiv zu verantwortenden Behandlungsprogramms deklariert sind.

Was wir soeben gefunden haben, läßt sich unter leicht veränderten, eher praxisorientierten Gesichtspunkten noch einmal verdeutlichen: Die in der analysierten Äußerung gegebene zusätzliche Begründung des Supervisionsbegehrens ist erforderlich, weil der Therapeut mit den Schwierigkeiten der Behandlung der Patientin als einzelner in seinen persönlichen Begegnungen mit ihr konfrontiert ist. *Damit gibt er zu erkennen, daß er entweder in der professionellen Gruppierung, die die Stationsbehandlung als Ganze verantwortet, für seine Probleme keine Hilfe gefunden hat oder von der Sache her von vornherein nicht finden kann.* Im ersten Falle läge dann, wenn es ein Konzept einer kollektiven professionellen Verantwortlichkeit der Station als Ganzer für das Arbeitsbündnis mit den Patienten gäbe, ein Eingeständnis des Scheiterns dieses Konzepts in einem Einzelfalle vor und damit ein massiver Grund für eine entsprechende

Supervision. Im zweiten Falle läge eine Problemsicht vor, mit Bezug auf die ein Konzept einer kollektiven therapeutischen Verantwortlichkeit von vornherein nicht vereinbar wäre. Auch das müßte in einer entsprechenden Supervision zentral thematisiert werden. *Denn entweder ist die Problemsicht richtig, dann müßte das Konzept zu Grabe getragen werden, oder die Problemsicht ist falsch, dann muß sie sich ändern oder aus der Gruppe entfernt werden.*

In jedem Falle gibt der Sprecher 1 zu erkennen, daß er in der Behandlung der Patientin vor einem Problem steht, bei dessen Lösung ihm die Gruppe auf der Station oder die Station als organisatorische Einheit nicht helfen kann, weil er ja als einzelnes Individuum gezwungenermaßen die Gespräche mit der Patientin alleine führt, also entsprechend das Arbeitsbündnis zwischen ihm und der Patientin als eine eigenständige Praxis und somit als potentieller Gegenstand von Supervision anzusehen ist. Es fragt sich dann allerdings, inwiefern dieselbe Gruppe unter Anleitung eines Supervisors das Problem besser lösen können soll. Das wäre ja nur dann zu erwarten, wenn grundsätzlich in ihrer Behandlungspraxis das Team der Station gleichzeitig auch wie eine Gruppe funktionieren könnte, in der die Supervision von Einzelbehandlungen gewissermaßen »on the job« mitläuft. Damit ergibt sich als *Folgefrage*, inwieweit

1. dann, wenn eine Team-Supervision mit dem Personal einer Krankenhaus-Station vorgesehen ist, wie das hier tatsächlich der Fall ist,[9] die Thematisierung einer je individuellen Problematik im Arzt-Patient-Verhältnis mit dem Konzept dieser Supervision noch vereinbar ist und ob
2. die Supervision eines zwischen einem einzelnen Therapeuten und seinem Patienten bestehenden Arbeitsbündnisses innerhalb des zu supervidierenden therapeutischen Teams in dessen täglicher Praxis begleitend mitzuvollziehen ist oder außerhalb des Teams in einer vom individuellen Therapeuten selbst zu verantwortenden Supervision sich zu vollziehen hat. Im letzteren Falle wird als weitere Folgefrage aufgeworfen, welche komplexen Interferenzen sich daraus möglicherweise für die Arbeit und die Supervision des Teams ergeben können. Im Ver-

gleich dazu wäre nämlich jene Konstellation noch einfacher, in der ein Individuum zugleich an einer individuellen Therapie und einer Therapie seiner Familie teilnähme.

Fortführung der Sequenzanalyse: Erster Abschluß der Problemexposition durch den Falldarsteller

Person 1: .../ ja, also das ist mein, mein Anliegen. (110/9)

Der Infinitiv »und damit umzugehen« bleibt unvollendet. Eine Spezifizierung des Problems, der Schwierigkeiten, die der Therapeut selbst empfindet, wird zwar angekündigt, aber abgebrochen und nicht konkretisiert. Statt dessen wird der erste Redebeitrag des Therapeuten hier explizit abgeschlossen mit der resümierenden Kennzeichnung: »Ja, das ist mein, mein Anliegen«. Das »Ja« schließt die Klammer der Problemexposition, die mit dem »Also« in Zeile 2 eröffnet wurde, und semantisch wird diese Klammerschließung parallelisiert durch die Wiederholung der Bezeichnung »Anliegen« aus Zeile 1. Bezeichnend ist dabei, daß hier das »Anliegen-sein« im Präsens erscheint, also als praktisches, supervisionsbedürftiges Problem aktualisiert wird, während es in Zeile 1 im Imperfekt steht, weil daran erinnert werden sollte, daß ein entsprechendes Supervisionsbegehren schon bei einer vorausgehenden Vereinbarung angemeldet wurde.

Der Sprecher gibt damit das »Redebeitragsfeld« für die anderen Teilnehmer der Gruppe frei und *erwartet nun eine Reaktion*. Sie kann vom Supervisor oder von der Gruppe erfolgen. Da aber das praktische Behandlungsproblem noch nicht konkretisiert worden ist, können dazu nur Teilnehmer etwas beitragen, die dieses Problem als Mitglied des Stationsteams schon kennen. Würde der weitere Verlauf in diese Richtung gehen, dann würde, da ja der Supervisor das konkrete Behandlungsproblem noch nicht kennen kann, sich in der Supervisionsgruppe etwas abspielen, was ebensogut in der alltäglichen Praxis des Teams beziehungsweise in Zusammenkünften ohne den Supervisor möglich wäre. Daraus folgt, daß an dieser Stelle des Supervisionsgeschehens entweder der Therapeut, der ein Problem aus seiner Behandlungspraxis als supervisionsbedürftig präsentiert und *den wir deshalb von nun an als Falldarsteller bezeichnen dürfen*, aufgefordert werden muß, sein Supervisionsbegehren inhaltlich zu konkretisieren, oder aber zuvor das Setting selbst thematisiert und geprüft werden muß, ob eine Supervision einer Einzelbehandlung »hier« überhaupt durchgeführt werden soll und wenn ja, in welcher Weise dabei die Verantwortlichkeit des Teams als Team mitthematisch sein kann. *Für beide Fragen wäre zunächst der Supervisor zuständig.* Statt seiner schaltet sich aber ein weiteres männliches Mitglied des Krankenhausteams ein.[10]

Person 2: Eigentlich sagst du konkret mit dieser Frage, wie lange bleibt *sie noch?* (110/10+11)

Dieser Beitrag[11] richtet sich weder auf die Notwendigkeit, das Supervisionsbegehren der Person 1 inhaltlich zu konkretisieren noch auf das Problem, das Setting der Supervision weiter zu klären. *Er greift zugleich einem möglichen Redebeitrag des Supervisors vor.* »Eigentlich« im Sinne von »im Grunde« markiert eine Deutung des von Person 1 Ausgeführten und nimmt auch insofern die Stelle des Supervisors ein. Indem das »Anliegen« der Person 1 als »Frage« uminterpretiert wird, auf die eine befolgbare, anwendbare Antwort erfolgen soll, wird das Problem im Supervisionsbegehren zur Fraglichkeit umgedeutet, wie lange die Patientin noch bleibt. Das kann eine bängliche Version meinen, hinter der der Wunsch steht, daß sie nicht länger als vorgesehen bleiben soll, oder eine Wunsch-Version, sie möge länger bleiben als geplant. Da das Behandlungsprogramm zeitlich terminiert ist, kann die wörtliche Bedeutung der Frage nicht unterstellt werden, denn die Antwort auf diese wörtliche Lesart ist allen Beteiligten bekannt. Daher wird der Person 1 untergeschoben, daß sie im Stillen befürchtet oder hofft, daß die Patientin über die normale, vorgesehene Dauer hinweg im Krankenhaus bleibt. Das müßte dann gravierende Gründe haben, die medizinisch einen weiteren Aufenthalt erzwingen. Nach den üblichen Kriterien für eine stationäre Behandlung müßten das vor allem schwere körperliche Symptome oder massive psychische Störungen sein, die es nicht verantworten lassen, den Patienten zu entlassen.

Person 2 legt also ihren Finger auf eine Befürchtung beziehungsweise eine Problemstellung, die deshalb in der Station geläufig zu sein scheint, weil diese Problemreduktion aufs »Konkrete« hier so fix erfolgt. Diese Reduktion impliziert also auch die weitere, vielleicht *bange Frage: Könnte die Patientin aufgrund der Abschlußphasen-Krise wieder Symptome produzieren, die eine Verlängerung des Klinik-Aufenthaltes erzwingen?* Die Umdeutung würde dann auf ein Dauerproblem des stationären Behandlungsprogramms anspielen, das man aber direkt und offen nicht so gut ansprechen kann, weil es an den Nerv des Behandlungsprogramms selbst geht. Zugleich würde es dieses Problem an den behandelnden Therapeuten tendenziell delegieren, denn er hat es ja als Problem für eine Supervision einer Einzelbehandlung bereits präsentiert und im Rahmen der Realisierung dieses Begehrens bietet Person 2 ja ihre Deutung an, die eine Umdeutung des Problems ist.

EXKURS 6: *Zur Problematik von Ablösung und Beendigung von Behandlungen allgemein*

Damit ist *das zentrale Problem der Ablösung und der Beendigung einer Behandlung* aufgeworfen und wir müssen an dieser Stelle dieser Problematik einige allgemeine Überlegungen widmen.

Eröffnung und Beschließung einer Praxis, die immer eine konkrete ist, bezeichnen im gesellschaftlichen Leben elementare und zentrale Probleme überhaupt. In jener Praxis, die mit der professionellen Behandlung einer Krankheit, also eines individuellen Leidens, befaßt ist, stellen sich diese Probleme in spezifischer Weise, weil ein kompliziertes, in sich notwendig widersprüchliches Arbeitsbündnis zugrundeliegt.

Für die Eröffnung dieser Praxis ist die durch Leidensdruck herbeigeführte bewußte Entscheidung des Kranken, sich einer Behandlung und ihren Zwängen zu unterziehen, also die Rolle des Patienten zu übernehmen, konstitutiv. Die Widersprüchlichkeit zeigt sich hier darin, daß gegenüber dem Zustand, in dem das Leiden zwar schon bestand, aber vom potentiellen Patienten noch nicht als behandlungswürdig anerkannt war, die Entscheidung zur Behandlung, die ja einen Eingriff und damit zunächst ein manifestes Krank-Sein mit Erhöhung des tatsächlichen Schmerzes bedeutet, zugleich schon einen entscheidenden Schritt zur Heilung darstellt. Denn der Patient mobilisiert seine gesunden Anteile, wenn er die Patienten-Rolle übernimmt, die gewissermaßen das »Subjekt« des Arbeitsbündnisses ausmacht.

Ebenso prekär wie die Eröffnung einer Behandlungspraxis ist deren Beschließung. Sie impliziert nämlich den Übergang von der notwendig regressiven Patienten-Rolle zur autonomen Alltagspraxis und die Ablösung von den Übertragungs-Affekten. Sie bedeutet auch, daß in dem faktischen Kontinuum eines allmählichen Heilungs- und Wiederherstellungsprozesses der abrupte Wechsel vom regressiven Krank-Sein zur Autonomie der Alltagspraxis vollzogen werden muß. Der Zwischenstatus des Rekonvaleszenten schafft dafür nur eine partielle Milderung. Eingebettet in diesen abrupten Wechsel ist dann die immer virulente Folge-Frage, wieviele und wie schwere Symptome bleiben werden und sich möglicherweise chronifizieren und dann als solche in das weitere Leben integriert und normalisiert werden müssen, wieviel Invalidität und sozial anerkannte Beeinträchtigung daraufhin erfolgen muß. *Dieses Strukturproblem des Überganges* birgt also biographisch und sozial schwierige und schmerzvolle Entscheidungsprobleme in sich.

EXKURS 7: *Strukturdifferenz von stationärer und ambulanter Behandlung*

Darin eingebettet ist das *ebenso schwierige Problem der Entscheidung zwischen einer stationären und einer ambulanten Behandlung*, um die es hier im konkreten Falle ja auch im Hintergrund wesentlich zu gehen scheint. Soziologisch gesehen besteht die wesentliche Differenz zwischen ihnen im Folgenden: Eine stationäre Behandlung nimmt den Patienten gewissermaßen »rund um die Uhr« aus seiner eigenverantwortlichen Alltagspraxis heraus und bedeutet deshalb eine massiv regressive Situation der Abhängigkeit, Pflege und Fürsorge. Dazu kommen alle sekundären, mit der Formalisierung und Kollektivierung des Klinikaufenthaltes verbundenen Bevormundungen und Infantilisierungen, die ihrerseits einen Regressions-Sog bewirken. Demgegenüber bedeutet die ambulante Behandlung eine weitestgehende Aufrechterhaltung der eigenverantwortlichen Alltagspraxis des Patienten, die aus sich heraus einen Sog der Gesundung entfalten kann, weil der Druck, gesund zu werden und intakt zu sein, gewissermaßen ohne Unterlaß anhält. Man kann diese Differenz nun auch so ausdrücken: Während die stationäre Behandlung den Vorteil hat, den Patienten wirksam vor den Überforderungen der Alltagspraxis zu schützen und ein regressives Moratorium für eine geduldige Erduldung der Behandlungsmaßnahmen bietet, bringt sie notwendig den Nachteil mit sich, die regressiven Tendenzen zu verstärken. Komplementär dazu hat die ambulante Behandlung den Nachteil, vor den zwängen des Alltags möglicherweise nicht genügend zu schützen und somit die Wirkungen der Behandlung sofort wieder abzuschleifen, andererseits aber den Vorteil, die Wiedereingliederung in die Anatomie des gesunden Lebens wirksam zu fordern und zu unterstützen. *Die Entscheidung zwischen stationärer und ambulanter Behandlung ist also in sich ebenso prekär und ambivalenzträchtig wie die allgemeine Entscheidung über Anschluß oder Fortführung einer Behandlung*. Eindeutig sind wegen der Zweischneidigkeit und notwendigen inneren dialektischen Spannung der Problemstellung solche Entscheidungen von ihrer Natur her gar nicht zu treffen. Sie sind viel mehr gesteigert das, was Entscheidungen überhaupt in ihrem Innersten prägt: Abwägungen zwischen Risiken, die von Fall zu Fall, unter sorgfältiger Berücksichtigung der je konkreten Lebensumstände, also fallspezifisch und also fallverstehend-hermeneutisch getroffen werden müssen.

EXKURS 8: *Verzahnung der Entscheidung über das Ende der Therapie und über stationäre oder ambulante Behandlung mit der Typik von Psychosomatosen.*

Die Entscheidung zwischen einer stationären und einer ambulanten Behandlung ist noch einmal auf komplexe Weise verzahnt mit der Differenz zwischen organischen und psychischen Erkrankungen beziehungsweise der Differenz zwischen den organischen und den psycho-sozialen Anteilen von Erkrankungen. Gewöhnlich erfolgt eine stationäre Behandlung bei organischen Erkrankungen nach den Kriterien: Grad der Beeinträchtigung der körperlichen Fähigkeit zur Selbst-Reproduktion entweder durch die Symptome oder durch die erforderlichen Behandlungs-Maßnahmen. Darauf satteln in der Wirklichkeit dann viele sekundäre Kriterien auf, die sich aus der Verselbständigung der Organisation des Klinikbetriebes und der Finanzierung der Behandlungskosten ergeben. In dem Maße, in dem die organische Erkrankung als solche sich isolieren läßt und mit psychischen Prozessen wenig interferiert, können die mit der stationären Behandlung verbundenen regressiven Sogwirkungen durch die Betätigung der im Prinzip intakten Zentren der autonomen Alltagspraxis kompensiert werden. Das ist nun bei primär psychischen Erkrankungen genau umgekehrt. Weil sich hier die Kriterien für eine stationäre Behandlung auf den Grad der psychischen und geistigen Voraussetzungen der Selbst-Reproduktion beziehen müssen, arbeiten hier die regressiven Sogkräfte einer sozialen Existenzform, in der man »rund um die Uhr« aus der eigenverantwortlichen Alltagspraxis herausgenommen und zu einer neuen Seßhaftigkeit in einer Pflegestation, tendenziell einer totalen Institution, gezwungen worden ist, in Richtung einer sekundären Verstärkung des Verlustes der Autonomie der Lebenspraxis.

Daraus erwachsen schwierige Folgeprobleme. Wenn man zum Beispiel davon ausgehen darf, daß die Beteiligung der gesunden Anteile, der Selbstheilungskräfte, für die psychotherapeutische Praxis und deren Arbeitsbündnis sehr viel gewichtiger ist als bei einer technisch hoch komplizierten und spezialisierten organmedizinischen Behandlung, dann wäre es für sie außerordentlich wichtig und gegenüber der Organmedizin vergleichsweise wichtiger, unnötige stationäre Aufenthalte zu vermeiden. Man könnte sogar sagen: *Im Zweifelsfalle sollte man in der Psychotherapie zugunsten einer ambulanten Behandlung entscheiden, weil der stationäre Aufenthalt per se das Arbeitsbündnis schwer beeinträchtigt. Umgekehrt sollte man in der Organtherapie im Zweifelsfalle für eine stationäre Behandlung plädieren, weil hier das Risiko der Zerstörung der Behandlungseffekte durch die Belastungen der Alltagsexistenz zu groß ist.*

Geht man von dieser vorläufigen Heuristik aus, dann ergibt sich daraus *für den Fall der Psychosomatosen eine schwer zu handhabende Widersprüchlichkeit.* Wir waren oben auf Argumente dafür gestoßen, in der Behandlung von Psychosomatosen der Strukturlogik des Arbeitsbündnisses für eine psychotherapeutische Behandlung die praktische Führung in einer ganzheitlichen Krankheitsbehandlung zu geben, das heißt die organbezogenen medizinischen Maßnahmen darin einzubetten und nicht umgekehrt. Mit diesem Prinzip nun kollidiert praktisch die soeben herausgearbeitete Heuristik. Somatisierungen erzwingen demnach nämlich im Zweifelsfalle eher einen stationären Aufenthalt mit der Tendenz der Verselbständigung der organbezogenen Maßnahmen, einfach deshalb auch, weil sie zuweilen unmittelbar lebensbedrohend dramatisch sein können. *Die mit einer stationären Behandlung verbundenen sozialen, strukturlogischen Konstellationen arbeiten massiv gegen ein für die psychotherapeutische Praxis günstiges Arbeitsbündnis.*

So gesehen könnte es sein, daß der Patient, der sich unter der Bedingung einer allein schon wegen ihrer Kosten grundsätzlich unter Terminierungszwang stehenden stationären Behandlung in einer Psychotherapie befindet und dabei in seiner Übertragungsdynamik in eine Krise der wie immer bedingten oder von außen erzwungenen Ablösung aus dieser Therapie gerät, *aus der Re-Produktion oder Neuproduktion von körperlichen Symptomen geradezu eine Waffe im Kampf um die Ablösung schmieden kann und so die ganzheitliche Behandlungspraxis lahmlegt beziehungsweise zu einer Sysiphos-Arbeit macht,* indem die sachgerechte Erweiterung der Behandlung auf die psychotherapeutische Praxis *zugleich zumindest partiell zu einer Quelle sekundärer Symptomproduktion werden könnte.*

Dieses schwierige Problem scheint im Hintergrund mitzuschwingen, wenn Person 2 seine Umdeutung des Supervisionsbegehrens vornimmt.

Zweite Auflage der Problemexposition

Das wird bestätigt durch die komplexe Reaktion, die diese Umdeutung in der Gruppe hervorruft:

Falldarsteller: (unterbrechend) *ja (–)*, ja (–), (Gelächter von anderen) /... (110/12)

Der Falldarsteller beeilt sich, seinen Kollegen zu unterbrechen. Das ohne Stimmsenkung zweimal in kurzem Abstand ausgestoßene »ja« signalisiert nicht nur Zustimmung, sondern drückt ungeduldig aus: »Ich weiß schon, ich weiß schon«, enthält aber zugleich auch eine latente, nur schwach nuancierte Entgegnung: »Nicht so schnell mit der Deutung, mir ist schon klar, worauf du hinauswillst, aber das geht mir zu schnell, ich möchte so schnell nicht auf diese Umdeutung festgelegt werden«. Diese Interpretation kann sich jedoch nur auf den eigentümlichen Tonfall stützen. Sie richtet sich also auf eine ganz diffuse, kaum merkbare, stark implizite Bedeutungsnuancierung. Das wiederum verweist darauf, daß hier ein wenig explizites, aber für die Gruppe zentrales gemeinsames Problembewußtsein angesprochen worden ist, das schwierig zu behandeln ist und wegen der Konflikthaftigkeit oder Unlösbarkeit des Problems selbst in einer Tabuzone verbleibt.

Jedenfalls deutet auch das hier erfolgende Gelächter einiger anderer Gruppenmitglieder auf ein Wissen oder eine Erfahrung hin, die alle gemeinsam gemacht haben, die aber nur schwer distanziert und nüchtern zu behandeln ist, und die deshalb in Form von Anspielungen thematisiert wird.

Der Falldarsteller muß nun nach dieser Unterbrechung etwas ausführen, was die latente Unterstellung eines Affektes für oder gegen die Patientin zu korrigieren und den latenten Vorwurf der Verursachung eines verlängerten Klinikaufenthaltes der Patientin zu entkräften vermag. Auf jeden Fall muß er das Thema auf sein Problem mit der Patientin zurückführen.

> Falldarsteller: ... / ich mein, Sie (wir?) haben ja vorhin schon drüber gesprochen: Übertragungspsychosomatose, /... (110/13+14)

Der Falldarsteller führt nun etwas an, worüber zuvor schon gesprochen wurde. Mit dem »ja« macht er geltend, daß es zwischen diesem Thema und dem Problem, das durch die ihm etwas voreilig erscheinende Umdeutung angesprochen wird, eine sachliche Verbindung gibt. Das einleitende »ich mein« hat latent adversativen Charakter, man leitet damit häufig Entgegnungen ein, wie in: »Ich mein, ich hab doch alles getan, damit ...«. Man könnte damit keine Zustimmung zu etwas von einem anderen Gesagten einleiten. Man könnte also nicht sagen: »Ich mein, das ist genau das, was ich gemeint habe«, aber man könnte sagen: »Ich mein, da ist zwar etwas dran, aber ...«

Der Falldarsteller unterstellt, daß das, worüber zuvor schon gesprochen wurde, das Problem, das er hat, in ein prägnanteres Licht rückt als die Umdeutung durch seinen Kollegen. Er nimmt in Anspruch, daß es zwischen dem zuvor besprochenen Thema und seinem Problem, wie er es verstanden wissen will, eine weiterführendere Verbindung gibt als in der Umdeutung von Person 2 und schlägt damit indirekt vor, daß man sich dieser Spur widmen sollte. Dafür spricht auch, daß er sich an die ganze Gruppe oder an den

Supervisor (zwischen Sie und wir kann man auditiv bei der mäßigen Aufnahmequalität des Tonbandprotokolls leider nicht entscheiden) wendet und damit indirekt vorschlägt, die Umdeutung durch Person 2 jetzt nicht direkt zu behandeln.

EXKURS 9: *Zur Bezeichnung »Übertragungspsychosomatose«*

Das erläuternde Thema, unter dem das Behandlungsproblem des Falldarstellers subsumiert werden könnte, nennt sich »Übertragungspsychosomatose«. Offensichtlich handelt es sich hier um einen Fachausdruck, der in telegrammsprachenartiger Abkürzung lapidar als eine Themen- und Problembezeichnung »hingeworfen« wird. Von »Übertragungspsychomatose« war früher, das heißt vor dem Zeitpunkt des Einsetzens der Tonband-Aufnahme, also wahrscheinlich im informellen Eröffnungsteil der Supervisionssitzung, gesprochen worden. Das »ja« des vorausgehenden Segments führt diese Kategorie mit den »Schwierigkeiten« in der Behandlung der Patientin durch den Sprecher zusammen: Womit darin schwer umzugehen ist, hat etwas – so die Auffassung des Sprechers, die aber nicht deutlich artikuliert wird – mit »Übertragungspsychosomatose« zu tun. Nun handelt es sich dabei um einen »terminus technicus«, von dem unterstellt werden kann, daß er in der hier miteinander interagierenden Gruppe eine stabile Bedeutung hat. Welche, können wir allerdings aus dem Text bisher nicht entnehmen. Und aus einem Handbuch der Psychosomatik eine Definition zu übernehmen, wäre hier methodisch problematisch, jedenfalls dann, wenn nicht das Wort selbst zuvor analysiert worden ist. Es ist in seiner Zusammensetzung aus »Übertragung« und »Psychosomatose« nämlich durch die typische Ambiguität geprägt, die dadurch hergestellt wird, daß das erste Wort der Kombination grammatisch in Genitiv-Funktion steht und in dieser Stellung ähnlich der Unterscheidung von genitivus obiectivus und genitivus subiectivus in zwei Arten gelesen werden kann. In der ersten Lesart bedeutete »Übertragungspsychosomatose« dann eine Psychosomatose (zu der Colitis ja zu zählen wäre), in der der Patient zur Übertragung fähig ist oder veranlaßt wird. Das hieße: Im Unterschied zur häufig festgestellten angeblichen Übertragungsunfähigkeit psychosomatischer Patienten in der Psychotherapie wäre hier die Übertragungsfähigkeit gegeben oder sogar besonders ausgeprägt. In der zweiten Lesart bedeutete das Wort, daß die Psychosomatose durch die Übertragung des Patienten in der Psychotherapie entweder hergestellt oder verstärkt wird oder daß durch die Übertragung eine Symptombelebung veranlaßt wird. Rein sachlich wäre natürlich die zweite Bedeutung in ihrer starken kausalen Version außerordentlich problematisch. Auf jeden Fall hat der im Genitiv stehende Wortteil die Funktion, die in Rede stehende Psychosomatose als spezifische von anderen zu unterscheiden (genitivus definitivus).

Folgen wir also zunächst der ersten Bedeutung. Darin wäre der Kontrast thematisch zwischen einer Psychosomatose, in der übertragen wird oder besonders heftig übertragen wird und einer Psychosomatose, in der das nicht der Fall ist. Nun ist andererseits die Übertragung ja für die psychotherapeutische Praxis konstitutiv und die Behandlung einer Psychosomatose, in der nicht übertragen wird, ist theoretisch schwer vorstellbar. Hier geraten wir in eine Problemzone der psychotherapeutischen Praxis, über die ich als Soziologe nicht kompetent urteilen kann. Ich erinnere mich nur, früher von Psychosomatosen des öfteren gehört zu haben, daß sie so schwer zu behandeln seien, weil die Patienten nicht übertragungsfähig seien. Offensichtlich scheint man heute eher der Meinung zuzuneigen[12], daß die Übertragung bei dieser Krankheitsgruppe besonders heftig im Sinne von besonders körpernah und sprachfern erfolgt. Wäre das der Fall, dann könnte man die frühere Meinung, in der Behandlung von Psychosomatosen würde nicht übertragen, damit erklären, daß 1. als Übertragung nur die *Sprechhandlung* des Neurotikers, nicht aber die *körperliche Reaktion* gelten gelassen wurde und daß 2. die starke körpernahe Übertragungsreaktion des Patienten vom Therapeuten abgewehrt werden mußte.

Verhält es sich so, dann läßt sich auch eine Verbindung zur zweiten, rein sprachbedingten Bedeutung von »Übertragungspsychosomatose« herstellen – nämlich in deren schwacher Version: *Produktion von sekundären körperlichen Symptomen als Ausdruck eines Übertragungsvorganges.*

RESÜMEE 9: *Verzahnung der Bedeutung der Übertragungspsychosomatose mit der Strukturkonstellation einer terminierten Psychotherapie innerhalb der Klinik*

In dieser Auslegung von »Übertragungspsychosomatose« läge in der Tat ein genaues Passungsverhältnis zum Ergebnis unserer bisherigen Sequenzanalyse des Geschehens vor. Wenn nämlich die Übertragung so heftig ist, daß sogar körperliche Symptome produziert werden, dann ist 1. die Behandlung tatsächlich in einer Krise im vollgültigen Sinne. Sie hat einen Prozeß der Veränderung in Gang gebracht, der in sich ambivalent ist: Symptomproduzierend und den alten Zustand überwindend; dann hat 2. diese Krise auch den Kampf um die (erzwungene) Ablösung zum Gegenstand und dann folgt aus ihr 3., daß der Patient in einer paradoxen Reaktion auf die Wirksamkeit der Behandlung ein wirksames Mittel gefunden hat, den stationären Aufenthalt zu verlängern und den Erfolg der Gesamtbehandlung an der Oberfläche des körperlichen Wohlbefindens in Frage zu stellen. Die Frage der Gefahr der Verlängerung des Krankenhausaufenthaltes rückt dann in den Mittelpunkt des »konkreten Interesses« aller Beteiligten, so wie es Person 2 auch zum Ausdruck gebracht hat.

Damit wäre unsere bisherige Strukturhypothese exakt bestätigt, vor allem auch aufgrund der sehr impliziten Thematisierung dieses Zusammenhanges, und um eine weitere Nuancierung amplifiziert: Da in der Psychotherapie von Psychosomatosen die Übertragung des Patienten sich heftig im Sinne von körpernah und sprachfern vollzieht, eignet sich diese Tendenz zur Verstärkung durch die sozialen Umstände eines stationären Aufenthaltes, in deren Folge einerseits die Übertragungsbeziehung extern abgebrochen wird, andererseits die Symptomproduktion als Ausdruck der Übertragung ein besonders wirksames Mittel zur Verlängerung des Aufenthaltes werden kann. *Aus diesem Dilemma beziehungsweise aus dieser Selbst-Blockade der Behandlungspraxis ist wiederum nur ein Ausweg sichtbar: Die Delegation der psychotherapeutischen Behandlung an einen externen, frei praktizierenden Therapeuten von Anbeginn oder die – sicherlich schwer zu realisierende – Dominanz der Strukturlogik des psychotherapeutischen Arbeitsbündnisses für die Gesamtbehandlung in der Klinik.*

Ganz offensichtlich hält, so können wir jetzt *zusammenfassen*, der Falldarsteller indirekt der Umdeutung seines Supervisionsbegehrens durch seinen Kollegen den Interpretationsvorschlag entgegen, daß es sich hier doch wohl um die – eben gekennzeichneten – komplexen Vorgänge einer Übertragungspsychosomatose handeln müsse und daß diese den Gegenstand der Supervision zu bilden hätten. Das bedeutete aber, daß der Therapeut in diesem Falle Probleme mit seiner Gegenübertragung zu behandeln wünscht, denn eine heftige oder schwer zu bearbeitende Übertragung als solche gibt ja noch kein Problem für eine Supervision her.

Fortführung der Sequenzanalyse: Sekundäre Produktion von körperlichen Symptomen als Ausdruck der Übertragung

Falldarsteller: .../ und .. das .. war mir vorher gar nicht so klar, /... (110/14+15)

Daß ihm »das« vorher nicht so klar war, signalisiert einen Lernprozeß. Worauf beziehen sich »vorher« und »das«? Der naheliegendste Kandidat für »vorher« wäre: Bevor über die Übertragungspsychosomatosen gesprochen wurde. Dann wäre der Lernprozeß durch dieses Gespräch eingeleitet worden. Möglich ist aber auch, daß das »vorher« sich auf den Zeitraum vor der Erfahrung mit dieser Patientin bezieht, dann hätte der Therapeut in dieser Behandlung einen Lernprozeß gemacht, der sich mit dem, was über Übertragungspsychosomatosen besprochen worden ist, inhaltlich deckt. Dieses Gespräch hätte dann eine begriffliche Klärung oder Besiegelung dessen erbracht, was als konkrete Erfahrung schon vorlag. Worauf aber bezieht sich »das«, beziehungsweise »was« war vorher nicht klar? Es nimmt die Funktion eines Platzhalters für »etwas« ein, für »etwas Ominöses«. Vom Inhalt her kann es sich nur darauf beziehen, daß sich die konkreten Probleme in der Behandlung mit der Patientin tatsächlich genau mit dem decken, was man unter »Übertragungspsychosomatose« begrifflich fassen kann.

Dann nimmt der Falldarsteller hier sehr telegrammartig abgekürzt eine Gleichung implizit vor zwischen seinem Problem und dem, was unter dem Titel »Übertragungspsychosomatose« gemeinsam in der Gruppe besprochen worden ist. Ohne eine solche Benennung oder Subsumtion explizit vollzogen zu haben, wird sie praktisch unterstellt, denn nur unter dieser Voraussetzung ist das »das« inhaltlich konsistent gefüllt. Es war ihm also »gar nicht so klar« vorher, daß das, was ihn ratlos gemacht hat in der Behandlung, für eine Übertragungspsychosomatose typisch ist. Was kann das konkret sein? Eine Möglichkeit haben wir schon benannt: Die heftige Übertragung, zum Beispiel in Form von sekundärer Produktion von Symptomen.

Genau diese Konkretion wird dann auch tatsächlich im nächsten Äußerungssegment vorgenommen. Zuvor ist aber festzuhalten, daß nunmehr auch die implizite Entgegnung gegenüber der Person 2 deutlich wird. Sie lautet sinngemäß: »Ja, ja, du magst ja nicht Unrecht haben, aber es trifft mein Problem nicht richtig. Ich glaube eher, daß meine Probleme mit den typischen Erscheinungen einer Übertragungspsychosomatose zusammenhängen, und das war mir vorher gar nicht so klar«.

>Falldarsteller: .../ aber jetzt diese körperlichen ? Veränderungen?, (?Öffnung?) /... (110/15+16)

Das adversative »aber« bezeichnet den Bruch beziehungsweise das drängende Phänomen, aufgrund deren ein Umdenken beziehungsweise eine klärende Einsicht erzwungen wurde. »Diese körperlichen ?Veränderungen? jetzt« sind so massiv und auffällig, daß es mir klar werden mußte, was hier vorliegt: Die Begleiterscheinungen einer Übertragungspsychosomatose. Damit nimmt der Falldarsteller deutlich *ein Bedingungsverhältnis zwischen heftiger Übertragung und der Produktion von körperlichen Symptomen vor*. Er situiert diesen Zusammenhang zeitlich in den Abschluß der Therapie, der von außen erzwungen wird. An dieser Äußerung ist nun mehreres auffällig und festzuhalten.

Zunächst einmal muß es sich bei den körperlichen Veränderungen um Symptome handeln und nicht um das Verschwinden von Symptomen im Sinne der Heilung, denn letzteres kann nicht zu einer Krise in der Abschlußphase der Behandlung führen. Damit ist eindeutig *bestätigt, daß die Patientin tatsächlich in ihrer Übertragung Symptome produziert, aufgrund deren tatsächlich der normale Abschluß der Gesamtbehandlung in Frage gestellt wird*. Die Patientin versucht also *die Ablösung durch Symptomproduktion hinauszuzögern* und die Beziehung zum Therapeuten aufrechtzuerhalten. Wir können also *zusammenfassen*: Die ohnehin heftige und den Therapeuten in Schwierigkeiten bringende Übertragung der psychosomatischen Patientin wird hier noch einmal dadurch verstärkt, daß eine extern bestimmte Terminierung der therapeutischen Beziehung in Aussicht steht, die von der Patientin als Ablehnung empfunden werden muß, so daß sie gegen die ihr aufgezwungene Ablösung erst recht Gegentendenzen des Festhaltens und Festklammerns mobilisieren muß. Das beste und wirksamste Gegenmittel besteht in der Produktion von Symptomen, die eine Verlängerung des Klinikaufenthaltes erzwingen, zugleich aber auch als Ausdruck der Anhänglichkeit oder einer Übertragungsliebe einen Sinn machen.

Wir werden sehen, daß dies auf die Symptome, die die Patientin »jetzt« produziert hat, genau zutrifft.[13]

Zum zweiten ist auffällig, daß der Falldarsteller diese Symptome nicht konkretisiert, sie aber mit »diese« als allgemein bekannt voraussetzt. Woher soll der Supervisor sie kennen? Aus der strengen Sequenzanalyse herausspringend, sei hier vorgreifend angeführt, daß der Therapeut an späterer Stelle, als die Symptome von anderen Teammitgliedern nachgereicht werden, sich beeilt, sie seinerseits als zuvor von ihm vergessene nachzutragen. Er hat sie also explizieren wollen, hat es aber vergessen. Daraus können wir vorsichtig schließen, daß sie ihm unangenehm waren.

Das schließlich führt *zu der Frage der Gegenübertragung*, die beim Falldarsteller hervorgerufen worden ist und die er offensichtlich nicht unter Kontrolle bekommt, sonst hätte er die Supervision nicht »angerufen« beziehungsweise anrufen müssen.

RESÜMEE 10: *Gegenübertragungs-Konstellation*

Es muß sich um Probleme des Umgangs mit der besonders heftigen, weil sich körperlich ausdrückenden Form der Übertragung der Patientin handeln. Worin könnten diese Probleme bestehen? Zunächst einmal ist festzuhalten, daß diese heftige Übertragung der Patientin als ein Erfolg der Behandlung anzusehen ist, denn sie verweist darauf, daß durch die Therapie etwas in Gang gesetzt worden ist, was nur als Umstrukturierung im Sinne losgetretener Selbstheilungsprozesse gedeutet werden kann. Vieles spricht dafür, daß die heftigen Übertragungen der Psychosomatiker schwer zu ertragen sind, weil mit ihnen sprachlich so schwer umzugehen ist. Halten wir also dieses *Problem der Umsetzung oder Übersetzung von körperlichen Reaktionen in symbolisierte und dabei noch einmal der Übersetzung vom Vorsprachlichen ins Sprachliche vorläufig fest*. Dieses Problem könnte in sich Anlaß genug für eine Supervision einer Einzelbehandlung sein.

Im vorliegenden Falle kommt nun noch die entscheidende Komplikation hinzu, von der sinngemäß schon vielfach die Rede sein mußte. Die Symptomproduktion der Patientin scheint ja nicht nur durch die normale Übertragung in einer in sich autonomen psychotherapeutischen Praxis bedingt zu sein, sondern sie ist eine Reaktion auf eine zusätzliche Dramatisierung der Übertragungsdynamik, die aus dem *drohenden Ende der therapeutischen Beziehung resultiert. Dieses Ende ergibt sich nicht organisch aus dem tatsächlichen Verlauf der Therapie*, konnte sich also nicht organisch in der Form der Bearbeitung der Ablösungsproblematik selbst herstellen, sondern ist mehr oder weniger stark durch die allgemeine Behandlungsterminierung von außen bestimmt. Ihr ist der Therapeut ebenso unterworfen wie die Patientin, *so daß seine Gegenübertragung allein dadurch schon schwer kontrollierbar wird, denn der Therapeut steht in dem unauflöslichen Konflikt, zu gleicher Zeit in einem Arbeitsbündnis der Station mit der Patientin zu stehen und in dieser Stellung sich die vorgegebene Terminierung zu eigen gemacht zu haben sowie zweitens in einem damit konkurrierenden Arbeitsbündnis zu stehen, daß nur zwischen ihm (»einzeln«) und der Patientin besteht und als eigentlich therapeutischpraktisches eigengesetzlich ist. Der Therapeut steht also sozusagen zwischen zwei miteinander konkurrierenden Gegenübertragungsperspektiven.* In der einen Perspektive müßte er Sorge haben, als jemand zu gelten, dessen Behandlung dazu führt oder doch zumindest nicht verhindert, daß die Patientin länger auf der Station bleibt als in dem Behandlungsprogramm vorgesehen ist, daß also das Behandlungsprogramm nicht so erfolgreich ist wie es sein sollte. In der anderen Perspektive müßte er die körpernahe Übertragung der Patientin verkraften und ist er von der Zuwendung der Patientin vielleicht seinerseits angezogen. Man kann sich gut vorstellen, daß der Falldarsteller möglicherweise zwischen starker Ablehnung der Patientin und einem Angezogen-sein von ihrer Übertragungsliebe hin- und hergerissen ist.

Wenn nun die Patientin heftig überträgt und Symptome produziert, um sich gegen eine von außen erzwungene Auflösung der therapeutischen Beziehung zu wehren, dann bedeutet das einerseits, daß der Therapeut als Koalitionär gegen die Institution und als der Partner angesprochen wird, der ihr Vertrauen gefunden hat; andererseits aber ist mit dieser Form der Übertragung das Behandlungsende, dem sich der Therapeut unterworfen hat, in Frage gestellt. *Der*

Therapeut wird somit zu einer Entscheidung gezwungen, die er, wenn meine bisherigen Rekonstruktionen stimmen, gar nicht leisten kann. Somit wird die ohnehin schwierige Kontrolle der Gegenübertragung hier aufgrund dieses unauflöslichen Dilemmas schier unmöglich gemacht. Wiederum sind wir bei der mittlerweile mehrfach »durchdeklinierten« Beziehungsfallenkonstellation angelangt.

Fortführung der Sequenzanalyse: Gegenübertragung versus Management der Therapiebeendigung als Gegenstand der Supervision

Die Aufnahmequalität des Tonbandprotokolls erlaubt es leider nicht, genau zu bestimmen, was der Falldarsteller nach dem Attribut »körperlichen« noch alles sagt. Auf jeden Fall kann aber als sicher gelten, daß er von einem körperlichen Geschehen bei der Patientin beziehungsweise von der körperlichen Seite ihrer Übertragung spricht, die er nicht weiter spezifiziert, aber als bei der Gruppe bekannt voraussetzt (»diese körperlichen ...«).

Daß es sich dabei um etwas für ihn »Monströses« handeln muß, das geht aus der nächsten Bemerkung hervor:

Falldarsteller: .../ kann man nur sagen, /... (110/16)

Mit einer solchen qualifizierenden Kommentierung drückt man gewöhnlich eine Bekräftigung von etwas aus, das ohnehin als ungewöhnlich und fast ungeheuerlich gelten muß, das jedenfalls die Norm verläßt. Die Bemerkung hat vergewissernden Charakter. Sie rückt das schier Unfaßbare in den Status eines unbezweifelbaren Sachverhalts beziehungsweise einer unbezweifelbaren Bewertung.

Falldarsteller: .../ da .. da läuft ja irgendwas bei mir auch /... (110/16+17)

Zu diesem »Ungeheuerlichen« wird das komplementäre ungeklärte Geschehen auf der Seite des Therapeuten, also die Supervisionsbedürftigkeit der Gegenübertragung, sogleich benannt. Komplementär zu den körperlichen Veränderungen auf der Seite der Patientin – als Ausdruck von deren

Übertragung – »läuft« eine Dynamik auf der Seite des Therapeuten, die nicht bestimmt werden kann (»irgendwas«) und deshalb als bedrohlich empfunden werden muß. Das betonte »auch« hebt diese Dynamik einerseits hervor, andererseits läßt es sie in Verbindung mit dem Zustimmung erheischenden »ja« als gesetzmäßig erwartbar, als etwas nicht weiter Verwunderliches erscheinen.

Die zu Beginn erwähnten »Schwierigkeiten« erweisen sich nun als etwas, »was bei mir läuft«, *also besteht die »Schwierigkeit« in einer unbewältigten Gegenübertragung.* Daß »etwas bei mir läuft« drückt sehr schön mit der Wahl eines umgangssprachlichen Jargons aus, daß es sich um etwas Unbekannt-Unheimliches handelt. In der nicht-metaphorischen Verwendungsweise dieses Ausdruckes »läuft etwas« in undurchschaubaren Maschinen, Mechaniken oder Schaltungen ab, in »black boxes«, die ja auch in den »Beziehungskisten« in einer ähnlichen Metaphorik wieder auftauchen.

Damit hat der Falldarsteller die Supervisionsbedürftigkeit seiner therapeutischen Beziehung zur Patientin klar und deutlich artikuliert. Man wartet nun auf die Darstellung der Probleme im Detail und in concreto, denn auch dann, wenn etwas in seiner inneren Bedeutung nicht begriffen wird und deshalb beunruhigt, muß es doch, um als Problem bearbeitet werden zu können, zum Ausdruck gebracht werden, das heißt, so beschrieben werden, wie es der betroffenen Person bewußtseinsfähig erscheint.

> Falldarsteller: .../ und wie kann man das zum Abschluß bringen, /... (110/17+18)

Wiederum könnte man jetzt eine weitere Spezifizierung des »irgendwas«, dessen, was denn nun die Schwierigkeiten in der Gegenübertragung konkret ausmacht, erwarten. Statt dessen schneidet der Falldarsteller eine weitere Entwicklung dieser Thematik abrupt ab und zieht sofort – in eine schlußfolgernde Frage gekleidet – konkrete praktische Konsequenzen. *Wie man die Behandlung möglichst schnell zum Abschluß bringen kann, ist jetzt das Thema des Supervisionsbegehrens.* Als ob der Falldarsteller tatsächlich die Patientin möglichst schnell loswerden will, wie der Kollege des Falldarstellers (Person 2) kurz vorher indirekt schon vermutete. Indem er die Thematisierung seiner Gegenübertragungs-Schwierigkeiten, die doch zuvor im Mittelpunkt standen, so drastisch abbricht, *begibt er sich mit seinem Supervisionsbegehren nunmehr auf den Standpunkt des stationären Behandlungsprogramms*, aus dessen Perspektive die psychotherapeutische Behandlung der Patientin offensichtlich keine weiteren Bearbeitungen zeitigen soll, *sondern zum Abschluß gebracht werden muß. Die Probleme des Arbeitsbündnisses interessieren in dieser Sicht als supervisionsbedürftige nicht mehr beziehungsweise nur, soweit sie für die eingeschränkte Frage der schon entschiedenen Beendigung der Therapie von Bedeutung sind.* Wir sehen also, wie jetzt tatsächlich auch das Supervisionsbegehren selbst zwischen den ganz verschiedenen Formen der Supervision und den ganz verschiedenen im Spiel befindlichen Arbeitsbündnissen der Behandlung der Patientin hin und her schwankt.

Wie sehr die Gegenübertragungsprozesse den Falldarsteller beunruhigen, geht aus drei sprachlichen Details deutlich hervor:

1. Was zum Abschluß gebracht werden muß, wird nur mit »das« bezeichnet, als ob jeder ohnehin schon weiß, was »das« ist. Allein schon in der Weigerung, dieses »das« sprachlich auszuführen, und in der einklammernden, impliziten Benennung steckt eine Abwehrhaltung, so als ob das mit »das« Bezeichnete mit spitzen Fingern angefaßt werden müßte.
2. Höchstwahrscheinlich meint der Sprecher die Behandlung als »das«, was zum Abschluß gebracht werden muß. Jedenfalls wäre das die naheliegendste sinngemäße Füllung des »das«. Liest man es jedoch wörtlich, dann bezieht es sich sprachlich formal auf das »irgendwas« der vorausgehenden Bemerkung. Das hieße: Das Bedrohliche und schwer Durchschaubare, was bei mir läuft, muß zum Abschluß gebracht werden.
3. Schließlich drückt das schon erwähnte abrupte Abschneiden der Thematisierung der Prozesse beim Falldarsteller, der abrupte Themenwechsel also, deutlich aus, wie sehr die in der Behandlung mit der Patientin provozierten

Verstrickungen »durchschnitten« und mit einem Schlage beseitigt werden müssen.

Auffällig ist schließlich auch das unpersönliche und verallgemeinernde »man«. Die Frage ist nicht mehr, wie »ich«, der Falldarsteller, die Behandlung sinnvoll beendigen kann, sondern wie *man* das machen kann, das heißt nach welchen Regeln und in welcher Standardform. Auch darin wird das Problem vom Falldarsteller weg verlagert und zu einem allgemeinen.

> Falldarsteller: .../ auch, was muß passieren nach der stationären Behandlung, /... (110/18-19)

Resümee 11: *Das Dilemmatische des Beendens für den Therapeuten*

Das *»auch« reiht der ersten praktischen Frage nach den konkreten Maßnahmen zur Beendigung der stationären Behandlung eine zweite dieser Art an: Wie bewältigt man die Folgeprobleme des abrupten Endes der stationären Behandlung. Diese Frage ist wiederum der trotz allem institutionellen Zwang unabweisbaren ärztlich-professionellen Verantwortung geschuldet, die sich mit dem institutionell induzierten Druck auf Beendigung der Behandlung stößt.* Das Nicht-Beendet-Sein der nicht abstellbaren therapeutischen Verantwortung des der Patientin in einem persönlichen Arbeitsbündnis verbundenen Falldarstellers konkurriert mit der Terminierungsverpflichtung der Mitgliedschaft in einem Team, das durch ein stationäres Behandlungsprogramm gebunden ist.

Dieser Konflikt ist für den Falldarsteller unauflöslich. Aber faktisch obsiegt darin mit großer Wahrscheinlichkeit die institutionelle Regelung, weil sie eine ganze Organisation bindet, während die professionsethische Verpflichtung den einzelnen Therapeuten bindet. So hat denn auch der Falldarsteller sich jetzt schon auf den Standpunkt einer externen, standardmäßigen Terminierung der stationären Behandlung gestellt, an der auch die stationäre Psychotherapie teilhat. Das Ende der stationären Behandlung steht in dieser Rede faktisch schon fest, so als ob daran nicht mehr gerüttelt werden könnte. Es geht jetzt nur noch darum, wie man die Folgeprobleme in den Griff bekommt, die sich der Verantwortlichkeit des Therapeuten im konkreten Arbeitsbündnis mit der Patientin nach wie vor ergeben. Man ahnt aber schon, inwiefern die Bewältigung dieser Folgeprobleme ins Manipulative, von der externen Realität der institutionellen Terminierung Erzwungene wechselt.

Wir finden also unsere anfängliche Strukturhypothese weiterhin gut bestätigt. Wenn der stationär gebundene Psychotherapeut als Teil eines integrierten stationären Behandlungsprogramms, das zeitlich limitiert ist, nicht der Eigengesetzlichkeit im Zeitbedarf einer je konkreten, fallspezifischen psychotherapeutischen Praxis Rechnung tragen und nicht wie ein selbständig praktizierender Therapeut wie selbstverständlich ein eigenes Arbeitsbündnis mit dem Patienten realisieren kann, das dann über den Klinik-Aufenthalt hinausreicht, dann ist zu fragen, ob nicht von vornherein eine solche Psychotherapie von einem frei praktizierenden Therapeuten übernommen werden sollte. Daß die Psychotherapie mit der Patientin »unorganisch« und von der Sache her nicht gerechtfertigt mit dem Klinikaufenthalt der Patientin enden könnte, beunruhigt den Therapeuten und diese Beunruhigung scheint sich mit einer Gegenübertragung auf die Trennungsängste der Patientin zu verschmelzen. Der Therapeut hat möglicherweise auch Schuldgefühle, weil er die heftig übertragende Patientin allein läßt, und darauf könnte er mit dem Wunsch des möglichst wirksamen, schnellen Abschlusses reagieren. Andererseits könnten sich dahinter auch abzuwehrende Wünsche seinerseits verbergen, die Beziehung mit der Patientin nicht abbrechen zu lassen. Dazu kommen sicherlich auch Verpflichtungen gegenüber seiner ärztlichen Verantwortung, wenn er einerseits deutlich sieht, daß die in der Therapie zutage geförderten Probleme der Patientin noch keineswegs gelöst sind, er aber als stationär arbeitender Therapeut keine Möglichkeit sieht, diese notwendige Betreuung weiter zu gewährleisten.

Dieser letzte Aspekt ist zunächst der wichtigste, weil er die innere Logik der mit der Patientin durchgeführten Behandlung unmittelbar betrifft. *Zwei Möglichkeiten* stehen offen, wenn der Klinik-Aufenthalt der Patientin beendet werden muß, eine Fortführung der Therapie aber sich als notwendig erweist.

1. Die Patientin wird zur weiteren Therapie an einen frei praktizierenden Therapeuten überwiesen. Das hat die mit dem Therapeutenwechsel verbundenen üblichen Nachteile.
2. Der jetzige Therapeut setzt die begonnene Psychotherapie ambulant fort.

Vorderhand erscheinen beide Möglichkeiten als gangbare, wenn auch nur zweitbeste Wege. Die damit verbundenen Schwierigkeiten allein jedenfalls können die Beunruhigung des Falldarstellers nicht erklären. Sie wäre aus der Sicht des Psychotherapeuten nur gerechtfertigt, wenn 1. ein frei praktizierender Psychotherapeut nicht erreichbar ist *und* 2. eine ambulante Weiterbehandlung nicht möglich ist. Wenigstens eine dieser beiden negativen Bedingungen müßte jedoch beseitigt werden können.

Rein logisch müßten nämlich beide negativen Bedingungen gleichzeitig erfüllt sein, damit die besagte Beunruhigung realitätshaltig wäre. Das ist in sich schon unwahrscheinlich, so daß wir gewisse Hinweise darauf erschließen können, daß der Psychotherapeut sich seinerseits von der Patientin nicht lösen kann, zum Beispiel indem er sie einem frei praktizierenden Kollegen überweist. Aber die Problemstellung ist noch komplizierter. Denn es könnte auch im Spiel sein, daß er als Mitglied des stationären Teams sich gehalten fühlt, eine ambulante Weiterbehandlung deshalb für problematisch zu halten, weil er damit möglicherweise dem stationären, kollektiven Behandlungsprogramm und dem von ihm ausgehenden »Arbeitsbündnis« der Station mit der Patientin in den Rücken fallen würde. Es könnte Bestandteil des Programms sein, die Patientin mit einer dreimonatigen Limitierung von vornherein zu konfrontieren. Wenn es sich so verhielte, dann könnte das Unbehagen des Therapeuten ein Leiden an einer tatsächlichen realen Ungereimtheit und Unklarheit eines Behandlungsprogramms sein, das ihn, wenn er seiner ärztlichen Verantwortung für die Patientin Folge leisten will, zwangsläufig in die unangenehme Ecke desjenigen bringt, der sich nachsagen lassen muß, er könne den Patienten keine genügend klaren Grenzen setzen oder er begebe sich in Abhängigkeiten zu ihnen. Es kann natürlich auch sein, daß der Therapeut in einer Reaktion auf seine nicht zugelassenen Wünsche, der Patientin weiterhin nahe zu sein, eine solche Interpretation des stationären Behandlungsprogramms nur als Abwehr projiziert und auf diesem Wege zugleich möglichst schnell aus dem »Schlamassel« einer schwer zu beendenden Übertragungsliebe herauskommen möchte.

Auf jeden Fall aber läßt sich hier wie schon verschiedentlich vorher eine Komplikation und *Unklarheitszone im Verhältnis von ärztlicher Verantwortung des einzelnen Psychotherapeuten und des stationären Teams als Ganzen konstatieren.* Eigentlich müßte diese Unklarheit zentraler Gegenstand der Supervision sein.

Befürchtung und Wunsch des Therapeuten[14]

Falldarsteller: .../ ich hab so 'n bißchen die Befürchtung, /... (110/19)

Der Falldarsteller verbindet ganz explizit diese Fragen, die er gestellt hat: Wie kann man die Behandlung (und die eigenen unkontrollierbaren Gegenübertragungsprozesse) zum Abschluß bringen und was passiert nach der stationären Behandlung? mit einer bestimmten Befürchtung. Worin könnte sie bestehen? Sachlich eigentlich nur darin, daß 1. der Abschluß der stationär gebundenen Psychotherapie nicht kunstgerecht gelingt und 2. die nachstationäre Betreuung nicht angemessen sein wird, so daß er seine Verantwortung nicht los wird. Natürlich wäre es auch noch denkbar, daß hinter der Befürchtung zusätzlich der Wunsch steht, für die Patientin länger zuständig zu sein als es die stationäre Behandlung gewöhnlich vorsieht. Aber das geht aus dem Text nicht zwingend hervor. Der Text selbst läßt nur eine Beunruhigung darüber erkennen, er – der Falldarsteller – werde von heftigen Angeboten der Übertragungsliebe überschwemmt und werde die Patientin nicht los.

Die Befürchtung, die in ihm allmählich hochkommt (»so'n bißchen«), ist eine bestimmte, nicht eine vage. Sie wird im folgenden Aussagesatz inhaltlich ausgeführt:

> Falldarsteller: .../ daß ich wieder in so'ne Situation rutschen könnte, wie mit der ... äh allen auffallenden *neulich* (Betonung, um den Redebeitrag gegen aufkommende Unterbrechungsanzeichen aufrechtzuerhalten) /... (110/20-23)

Die Befürchtung ist insofern konkret, als sie sich auf eine Wiederholungsgefahr bezieht. Offensichtlich ist der Falldarsteller schon vor nicht langer Zeit (»neulich«) in eine ähnliche »Situation« geraten, die auch hier eintreten könnte. Was an dieser »Situation« zu befürchten ist, bleibt »ominös« und unbestimmt, wird aber als von allen Gruppenmitgliedern gewußt angesprochen. Diese Situation ist »allen aufgefallen«. Sie muß also negativ als ein Scheitern aufgefallen sein. Eine positive wünschbare Konstellation mit einem Patienten ließe sich in diese Sprachfigur nicht einsetzen; allein schon deswegen nicht, weil sie nicht ein Gegenstand der »Befürchtung« sein kann. Außerdem »rutscht« oder schliddert man nur in ungute, unerwünschte Situationen, nicht aber in glückliche, erst recht nicht in gelungene. Die vergleichbare Situation war also negativ, und der Falldarsteller ist unkontrolliert in sie hineingerutscht, gewissermaßen vom geraden Wege abgeglitten. Als Inhalt für eine solche Situation kommt im konkreten Zusammenhang eigentlich nur eine mißliebige Folge einer Diskrepanz zwischen der institutionell programmierten Beendigung der Behandlung und der Dynamik im Arbeitsbündnis in Frage.

Daß dieses Scheitern »neulich« allen Mitgliedern der Gruppe aufgefallen ist, muß dem Falldarsteller peinlich sein. Er spricht es aber dennoch offen an, wie sich das für eine Supervision gehört. Nun weiß die Supervisionsgruppe konkret, worauf es dem Falldarsteller ankommt und worin sein Problem besteht. Aber sie weiß es nicht durch sprachlich explizite Ausführung, sondern durch Hinweise auf außersprachliches gemeinsames Wissen. Hierin zeigt sich deutlich eine entscheidende Differenz zwischen einer Supervisionsgruppe, die aus einem außerhalb der Supervision institutionalisierten Arbeitszusammenhang hervorgeht, und einer Supervisionsgruppe, die zum Zwecke der Supervision aus Einzeltherapeuten zusammengesetzt ist. Erstere verfügt wechselseitig über Kontextwissen aus der gemeinsamen Alltagspraxis, letztere nur in dem Maße, in dem es zuvor innerhalb der Supervision thematisiert wurde. Weiß nun auch – so muß man nun fragen – der Supervisor, der doch wohl kaum ebenfalls der Station zugehört, über diese gemeinsame Erfahrung in der Vergangenheit, die zur Erläuterung herangezogen wird und an dieser Stelle eine wesentliche Bedeutung für das Verständnis der Ausführungen erhält?

>Falldarsteller: .../ äh, also, daß sie ambulant äh vielleicht nur begrenzte Zeit weiterkommt /... (110/23+24)

Daß diese Äußerung unmittelbar auf den implizit geäußerten Wunsch folgt, nicht noch einmal in eine verstrickende Situation wie neulich zu geraten, macht aus ihr einen ersten Vorschlag zur Problemlösung: Die Patientin könnte, darin sieht der Falldarsteller eine Möglichkeit, begrenzte Zeit weiter zu ihm kommen. Das Verb »weiterkommen« betont die notwendige Kontinuität angesichts der Unabgeschlossenheit der Behandlung. Aber, so muß man sofort fragen, was könnte die begrenzte Fortführung wirklich leisten? Ist sie nicht einfach nur ein Beruhigungsmittel für beide: Den Therapeuten und die Patientin angesichts einer dilemmatischen Behandlungskonstellation im Spannungsfeld von stationärer Behandlung und freier Praxis sowie von organbezogener Behandlung und von Psychotherapie?

Ein aufschlußreiches Detail ist in der Formulierung das Wörtchen »nur«. Hätte der Falldarsteller »noch« statt dessen gesagt, was sinnlogisch möglich gewesen wäre, dann hätte er latent einen Wunsch geäußert, weil das »noch« sich an der Verlängerung des Bestehenden orientiert. *Dagegen grenzt das »nur« in umgekehrter Richtung ab: Es orientiert sich an einer möglichst knappen Begrenzung der Verlängerung.* Das »nur« ist hier auffälliger, weil das »noch« neutraler gewesen wäre. Das »nur« setzt eine eigentümliche »Verteilung der Beweislast«. Es präsupponiert, daß man gegen gegenläufige Wünsche eine Begrenzung durchsetzen muß: Zum Beispiel gegen die Wünsche der Patientin (»ich kann ihr Begehren nicht vollständig abweisen, ich sehe ihre Situation, aber eine Fortsetzung der Behandlung bei mir kann nur für begrenzte Zeit möglich sein«), aber vielleicht auch gegen eigene Wünsche, wenn es darum geht, das Stations-Team zu beruhigen (»habt keine Angst, wenn sie weiterkommt, es wird nur begrenzte Zeit sein«). Der implizite Vorschlag des Falldarstellers *besteht also in einem Kompromiß, der das eingetretene Problem nicht lösen kann, weil er das eigentliche Strukturproblem unterläuft. Außerdem verweist das »nur« im Kontrast zu einem möglichen »noch« auf die dominante Bestrebung, die Trennung von der Patientin möglichst rasch zu bewerkstelligen.*

Falldarsteller: .../ bis sich (oder: ?sie?) draußen jemand gefunden hat /... (110/24+25)

Das Begrenzungskriterium wird sogleich mitgeliefert. Bis »sich (oder: »sie«) draußen jemand gefunden hat« ist natürlich »Insider-Talk« und meint nicht irgendeine beliebige Bezugsperson, sondern einen Psychotherapeuten, denn der Relevanzrahmen der Rede ist zuvor auf das Problem: Abbruch oder Fortführung der Psychotherapie eingestellt worden. Die Verwendung des Wortes »draußen« indiziert deutlich die Abgrenzung zwischen stationärer Behandlung und freier Praxis. Damit ist bestätigt, daß es um dieses Problem faktisch auch wesentlich geht, mit genau den Folgeproblemen, die daran hängen. Interessant ist dabei die Perspektive: Was hier als »draußen« bezeichnet wird, ist natürlich unter verändertem Blickwinkel das »drinnen« der alltäglichen Lebenspraxis, also die Normalität des Lebens der Gesunden. Der Falldarsteller spricht also aus der Perspektive der Zugehörigkeit zum »drinnen« einer Institution der stationären Behandlung Kranker, beziehungsweise zum »drinnen« einer aus der Alltagsnormalität ausgrenzenden sekundären Seßhaftigkeit in totalen oder tendenziell totalen Institutionen.

Die Übergabe der Patientin an einen frei praktizierenden Therapeuten ist also offensichtlich ohnehin vorgesehen. Es ist nur eine praktische Frage der Erreichbarkeit eines Behandlungsplatzes. Um so mehr drängt sich die Frage auf, warum dann nicht entweder sofort ein externer Behandlungsplatz empfohlen wird oder aber ein ambulanter Dienst der Klinik für die Nachbehandlung organisiert wird, um einen immer mißlichen Therapeutenwechsel zu vermeiden. So wie die Dinge hier liegen, ist dieser Therapeutenwechsel gewissermaßen vorprogrammiert. Das ist auffällig. *Das Strukturproblem reproduziert sich* damit in der Präsentation des Supervisionsbegehrens durch den Falldarsteller *zum wiederholten Male*. Zuletzt hat der Falldarsteller einen Vorschlag geäußert, der in dieses unauflösliche Dilemma, dessen komplizierte innere Konstellation herausgearbeitet worden ist – und sich im übrigen nun permanent reproduziert und amplifiziert – einen lösenden, aber im Verdacht der Scheinhaftigkeit stehenden Kompromiß hineinbringen soll. Offensichtlich traut der Falldarsteller diesem Kompromiß selbst nicht ganz, *denn nun deklariert er als Supervisionsgegenstand weniger seine eigenen Gegenübertragungen als Therapeut, sondern eher die Tragfähigkeit seines Kompromißvorschlages*, die Patientin noch solange zu sich kommen zu lassen, also ambulant zu behandeln, bis ein Behandlungsplatz außerhalb der Klinik gefunden worden ist:

> Falldarsteller: .../ und darüber, dazu hätte ich gern so'n bißchen hier ... (der Rest nicht sicher genug zu entschlüsseln) /... (110/25+26)

Summarische Interpretation der weiteren Äußerungsfolge[15]

Zweiter Abschluß der Problemexposition und dritter Anlauf zur Falldarstellung für den Supervisor

Zum zweiten Mal schließt der Falldarsteller seine Problemexposition explizit ab und gibt den Redebeitrag für andere Teilnehmer zur Reaktion und Kommentierung frei.[16] Während er beim ersten Mal Hilfe für das Lösen von Problemen der Behandlung im Hinblick auf Gegenübertragung und Gestaltung des Arbeitsbündnisses generell zu suchen schien, stellt er nunmehr die technisch-organisatorische Lösung des Problems der Durchführung der durch externe Befristung erzwungenen Beendigung des Arbeitsbündnisses in den Vordergrund. Im Wechsel von »darüber« zu »dazu« – während man »über« etwas reflektieren und nachdenken kann, kann man nur »zu« einer Alternative Stellung nehmen, aber nicht »über« sie – erscheint der Falldarsteller nun eher *als jemand, der von der Supervisionsgruppe ein Placet für seine Maßnahme erhalten möchte beziehungsweise sich in der Gruppe im Falle einer Entscheidungsunklarheit absichern möchte. Es erhebt sich hier die Frage, ob das nicht eher die Aufgabe einer Programm- und Planungsdiskussion im Stations-Team selbst ist als in einer Supervision.*

Nach der Ende-Markierung dieser zweiten Durchführung der Problemexposition reagiert der Supervisor nicht und fordert damit durch Schweigen den Falldarsteller und/oder die Gruppe zur Fortführung auf. Der Falldarsteller, der ja eine eindrucksvoll präzise Exposition geboten hat, widmet sich einer dritten Durchführung, die nunmehr vor allem die Form einer Falldarstellung annimmt, die sprachlich eine auffällige Ähnlichkeit zum Beginn der ersten Durchführung aufweist.

> Falldarsteller: .../ Ich kann ja zur Einführung noch ma'n bißchen sagen, wie sie hierher gekommen ist, nur mal zur Erinnerung, /... (110/28+29)

Da das Team den Fall genau kennen müßte, kann diese auf 4 Transkriptseiten ausgedehnte, sehr plastische und große Übung verratende Falldarstellung nur an den Supervisor gerichtet sein. Damit verwandelt sich die laufende Supervision immer mehr in eine Fallkonferenz. Auch daß der Falldarsteller drei verschiedene, systematisch variierende Problemexpositionen liefert, verweist auf die Unschärfe der Definition des Supervisions-Ziels.

Mehrfacher Abschluß der Falldarstellung und Ausbleiben einer Reaktion des Supervisors

Ich stelle im folgenden die Angaben des Falldarstellers kurz in der Reihenfolge, wie sie von ihm berichtet werden, zusammen. Es handelt sich um eine attraktive, etwa dreißigjährige

Frau, verheiratet und mit drei Kindern im Alter zwischen 7 und 12 Jahren. Sie ist aus einer internistischen Abteilung, wo sie wegen eines ersten akuten Schubs von Colitis ulcerosa behandelt wurde, auf die Station gekommen. Dort hatte sie jahrelanges induziertes Erbrechen zum ersten Male einer Ärztin eröffnet und als »Krankheitswert« zum ersten Mal erkennen können. Zuvor hat sie einfach nur ihre Mutter imitiert, die zuhause ständig erbrochen hat und in derselben Klinik ebenfalls – und zwar erfolgreich – behandelt wurde. Daraus resultierte ein gewisser Optimismus der Patientin bezüglich ihrer eigenen Heilung. Zu den Eltern hatte sie vor dem Krankheitsausbruch kein gutes Verhältnis, weil sie sich gegenüber einer jüngeren Schwester, um deren Kinder sich die Eltern nach einem Suizid-Versuch dieser Schwester intensiv bemühen, zurückgesetzt fühlte. Von den Eltern fühlte sie sich in ihrer sozial angespannten Lage, gleichzeitig Studium, Beruf (Textildesignerin, Unternehmerin), Haushalt und Kinder, zu wenig unterstützt.

Die Patientin wünschte sich den Aufenthalt auf der Station des Teams nach der Entlassung aus der internistischen Abteilung, weil sie dadurch die Rückkehr in die Familie hinauszögern und vor allem von ihrem Mann Abstand gewinnen konnte. Über das schlechte Verhältnis zu ihrem Mann wird ausführlich berichtet. Der Falldarsteller betont, er sei erschrocken gewesen über die krasse und »platte« Darstellung der sexuellen Aggressivität des Mannes, den sie als sie ständig bedrängend erlebte und gegen den sie sich nicht habe zur Wehr setzen können. Aber wegen der Kinder und wegen ihrer Sorge, allein mit den Kindern ihre Existenz nicht bewältigen zu können, bleibe sie, wenn auch unschlüssig, in der Ehe.

Vor allem die Ängste vor der Rückkehr in die häuslichen Eheverhältnisse beschäftigten die Patientin zum Abschluß der Psychotherapie. In diesem Zusammenhang berichtet der Falldarsteller von einer komplementär dazu sich herstellenden starken Verliebtheit der Frau in »bezug auf mich« (112/19). Diese Verliebtheit rufe eine »irrsinnige Angst... und Abwehr dagegen« (112/19+20) hervor, was zur Folge habe, daß sie versuche, ihre Gefühle ihm gegenüber nicht zu offenbaren: »Mit *mir* spricht sie un in ihrem *Zimmer* heult sie« (112/22+23). Sowohl hier wie im Verhältnis zu ihrem Mann sieht der Falldarsteller eine starke Ambivalenz von Ablehnung und »Suche danach, in den Arm genommen zu werden« (112/17+18).

Diese Schilderung mündet also am Schluß wiederum in einer plastischen Darstellung des Problems der Behandlung in der Abschlußphase: Tatsächlich befindet sich die Patientin in der Sicht des Falldarstellers in einer sehr heftigen Verliebtheit und Übertragungsliebe (den Ausdruck gebraucht er allerdings selbst nicht, sondern sein männlicher Kollege an späterer Stelle). Neben diese heftige Verliebtheit tritt komplementär die Ablehnung des Ehemannes. Der Therapeut sieht sich also in die Dynamik einer Dreiecksbeziehung eingespannt.

Nach dieser Schilderung, in der am Ende die Konstellation in der Psychotherapie noch einmal deutlich geworden ist, entsteht wiederum eine längere Pause, gewissermaßen die *dritte Aufforderung zur Reaktion* (»das ist jetzt so im Moment die Situation zum Schluß der Behandlung« (112/27+28).

Nachdem diese Pause nicht »supervisorisch genutzt« wird, fährt der Falldarsteller mit der Präsentation der der Gruppe bekannten Fallinformationen fort: Die Patientin wird als erfolgreiche Aufsteigerin in ihrem Beruf geschildert und als leistungsfähige, harte, tüchtige Frau. Als sie sich eine erfolgreiche Berufskarriere erkämpft habe, sei sie dekompensiert. Als Grundgefühl in dieser Krise wird von ihr berichtet, sie habe abends das Gefühl haben müssen, ganz leer zu sein, was mit »alles erledigt haben müssen«, von den weiblichen Gruppenmitgliedern, vor allem der Bewegungstherapeutin, übersetzt wird und mit dem Symptom des Erbrechens in Zusammenhang gebracht wird. Schon an einer früheren Stelle hatte der Falldarsteller dieses und andere Symptome (Heißhungerattacken) implizit sorgfältig von Magersucht und Bulimie abgegrenzt. Nach einer kurzen Diskussion darüber, in der sich zwei weibliche Teilnehmer durch Symptomdeutungen, die auf eine Fallkonferenz gehören, hervortun, kommt der Falldarsteller noch einmal auf die aktuelle Situation in der Therapie zurück, um sein Supervisionsbegehren endlich realisieren zu können.

Es habe sich jetzt eine

»sehr starke Abhängigkeit« »entwickelt« »bei der Patientin, die mir im übrigen auch sehr sympathisch ist, die ich wirklich gern hab, aber .. äh .. wo ich auch spür, daß da also wirklich heftigste äh Affekte in Gang kommen, äh vor denen sie sich und mich auch schützen will. Deshalb bleibt das auch so weit draußen. Es ist sehr schwer, das in die Beziehung reinzubringen« (113/12-18).

An dieser Formulierung ist vor allem das »aber« auffallend, mit dem der distanzierten Wertschätzung der Patientin der Schrecken vor der Heftigkeit der Übertragungsaffekte entgegengestellt wird. Für diese heftigen Affekte interessieren sich der männliche Kollege und die Bewegungstherapeutin. Es erfolgt eine kurze vergewissernde Kommentierung: Daß diese heftigen Affekte also nur erlebbar gewesen, aber nicht zur Sprache gekommen seien (zugleich eine latente Kritik an der Therapie) und ob der Patientin diese heftigen Affekte nicht auch Angst machten, eine Frage, die der Falldarsteller zuvor schon in aller Deutlichkeit unaufgefordert beantwortet hatte.

Erste Reaktion des Supervisors

Nachdem der Falldarsteller dann zum vierten Male das Ende seiner Problemexposition deutlich markiert hat, meldet sich zum ersten Mal der Supervisor zu Wort:

Falldarsteller: ja gut, das is ers mal so'n paar ... (lange Pause) (114/3+4)

Person 4 : Ich hab nich ganz verstanden, was ... jetzt äh sozusagen inhaltlich so der Anlaß ist für Sie, das jetzt noch mal zu (?diskutieren?) vertiefen oder zu klären. (114/5-7)

Wenn dem Supervisor nach dieser ausführlichen Präsentation der Anlaß für das Supervisionsbegehren beziehungsweise für eine Vertiefung und Klärung nicht deutlich genug ist, dann kann das grundsätzlich zwei gegenläufige Gründe haben:

1. Die Problemexposition insgesamt ist ihm zu unklar und nicht verständlich genug gewesen. Diese Unterstellung wäre hier angesichts der außerordentlich präzisen und wohlgeordneten Darstellung so etwas wie eine Disqualifikation und bedeutete, daß entweder der Supervisor nicht aufgepaßt hat oder aber nicht kompetent ist.
2. Die Problemexposition ist so klar und genau, daß der Supervisor nicht mehr zu erkennen vermag, wo hier noch ein Problem zu lösen ist. Angesichts der tatsächlichen Darstellung käme diese implizite Begründung der Einschätzung gleich, der Falldarsteller habe das Supervisionsbegehren nur benutzt, um als Falldarsteller zu glänzen, er habe aber kein reales Problem mehr, das er selbst nicht lösen könne. Aber diese Unterstellung käme ebenfalls einer erheblichen Disqualifikation des Falldarstellers gleich, denn dieser hat in seiner Exposition auf mindestens drei Ebenen ein Supervisionsproblem deutlich zu erkennen gegeben:
a) Er ist sich nicht schlüssig, ob die von ihm ins Auge gefaßte Maßnahme der durch einige ambulante Zusatzsitzungen abgefederten Beendigung der Psychotherapie mit der Patientin angesichts der heftigen Übertragungsliebe am Ende der Therapie angemessen ist. Hier läge ein dringender, genau eingegrenzter Anlaß für eine Supervision vor.
b) Er hat mit der Übertragungsliebe der Patientin und mit ihrer allerdings in der Darstellung noch ungeklärten körperlichen Reaktion und angedeuteten Symptomproduktion erhebliche Probleme und scheint sich seiner Gegenübertragung nicht gewiß zu sein. Hier läge eine klassischer Fall von Supervision einer Einzelfall-Behandlung vor.
c) Hinter dieser Exposition läßt sich objektiv das Strukturproblem einer ungeklärten Kontamination von externen zeitlichen Einschränkungen der Psychotherapie durch das stationäre Behandlungsprogramm und der Ablöseproblematik in der Therapie selbst erkennen, und zudem, daß sich der Therapeut, solange er als Angestellter oder Beamter der Klinik tätig ist, dieser Strukturproblematik nur schwer entziehen kann und ihr systematisch ausgeliefert ist.

Erheblicher Anlaß also, diese Problemverschlingung zum Gegenstand der Supervisionssitzung zu machen. Mindestens auf diesen drei Ebenen ist also ein Supervisions-Anlaß deutlich zu erkennen. Was könnte dennoch die Reaktion des Supervisors sachlich rechtfertigen?

Er könnte zum Beispiel der Meinung sein, daß der Therapeut sein wahres Unbehagen noch nicht »ehrlich genug mit sich selbst« – im Sinne einer der Grundregel analogen Maxime – dargestellt hat. Aber selbst wenn er diesen Eindruck hätte, dann müßte er ermutigend weiteres Material sammeln, um dem von ihm vermuteten Problemkern näher zu kommen. Würde der Falldarsteller schon alles für sich klar haben, dann benötigte er ja auch keine Supervision mehr. Diese Rechtfertigung der ersten Reaktion trägt also nicht weit.

Er könnte des weiteren der Meinung sein, der Falldarsteller habe sein Problem noch nicht genügend konkretisiert. Das ist in der Tat der Fall. Statt einer plastischen Konkretisierung hat allerdings der Falldarsteller eine äußerst genaue analytische Einordnung seiner Problemstellung geboten. Der Supervisor hätte also seine »Nachforderungen« dann ganz anders spezifizieren müssen. Nicht der Anlaß fehlte dann, sondern die konkrete Darlegung des abstrakt sehr präzise entfalteten Supervisions-Grundes.

Schließlich könnte der Supervisor, im Sinne unserer Vorüberlegungen zum Supervisions-Gegenstand, der Meinung sein, daß die vom Falldarsteller faktisch begehrte Supervision seiner Einzelbehandlung nicht hier hingehört und diese Team-Supervision eine andere Aufgabenstellung verfolgt. Dies wäre ein tatsächlich ernst zu nehmender Grund, wenn er wirklich vorläge. Nur müßte dann der Supervisor entweder den Supervisions-Gegenstand im Sinne einer Korrektur des Arbeitsbündnisses direkt einfordern oder aber, wenn er der Meinung ist, daß die Verkennung des Supervisions-Ziels durch den Falldarsteller schon zum Problem der Supervision des Teams gehört, erkennbar auf diese Problemstellung hinarbeiten. Wir werden aber noch sehen, daß gerade der Supervisor derjenige ist, der im Verlaufe der Sitzung am meisten dazu beiträgt, daß diese den Charakter einer Supervision der Einzelbehandlung des Falldarstellers behält und die institutionellen Aspekte seines Problems gerade nicht thematisiert werden.

Somit ist kein mit der tatsächlichen Problemexposition zusammenhängender sachlicher Grund zu erkennen, der die Reaktion des Supervisors rechtfertigte. Es wäre daher ins Auge zu fassen, daß der Supervisor hier faktisch eine Strategie der Autoritätssicherung als Supervisor einschlägt. Der Falldarsteller müßte nämlich, um sich gegen die implizite Disqualifikation zur Wehr zu setzen, argumentativ viel zu weit ausholen und würde sich damit dem berechtigten Vorwurf der intellektualisierenden Widerständigkeit aussetzen.

Nochmalige Problemdarstellung für den Supervisor

> Falldarsteller: Ja (gedehnt), also sie is jetzt kurz vor der Entlassung, /... (114/8)

Der Falldarsteller, dessen Geduld arg strapaziert worden ist, reagiert diszipliniert. Mit dem »also« leitet er eine nochmalige, jetzt protokollartig verkürzte und auf das Wesentliche des Behandlungsproblems konzentrierte Problemexposition ein. Er stellt dabei zwei Punkte unter dem Gesichtspunkte der zeitlichen Dringlichkeit der Beendigung der Behandlung in drei Wochen heraus. Der erste bezieht sich auf die Frage:

> Falldarsteller : .../ wo muß ich einen Trennungsstrich ziehen. Also ich hab ihr gesagt, daß sie, sie hatte mich gefragt, ob sie weiter ambulant bei mir bleiben könnte. Das hab ich mir überlegt und bin zu dem Schluß gekommen, daß ich das nicht will, aus verschiedenen Gründen, und ehm, das hab ich ihr gesagt, *aber* ... , und hab ihr auch gesagt, daß sie sich draußen jemand suchen soll, hab ihr auch gesagt, an wen sie sich wenden kann, aber, äh, sie wird ja 'ne Übergangszeit haben müssen, /... (114/11-19)

Tatsächlich hat der Supervisor mit seiner schroffen Reaktion hier eine Konkretisierung erreicht. Es zeigt sich jetzt etwas deutlicher, daß der Therapeut die Patientin möglichst schnell loswerden möchte, aber dahinter steckt eine für ihn ungeklärte Beunruhigung. Die ursprünglich als ambulante Behandlung bezeichnete Verlängerung der Therapie nach der Entlassung soll auf ein Minimum reduziert werden. Also läuft es auf eine *gesichtswahrende Abwicklung* hinaus. Das beleuchtet noch einmal das institutionelle Strukturproblem, in das der Therapeut verstrickt ist.

Mit der Frage, ob er eine solche recht brüske Beendigung der Therapie angesichts der heftigen Übertragung der Patientin verantworten kann, hängt das *zweite Problem*, das er systematisch auf den Punkt bringt, zusammen: Die Patientin setzt ihn enorm mit dem impliziten Vorwurf unter Druck, daß die ganze Behandlung doch umsonst gewesen sei, wenn sie jetzt in diesem Zustand wieder nach Hause komme.

> Falldarsteller: .../ und *ich* fühle mich so ein bißchen überrannt, ... Der Mann versucht also ihr in allen möglichen Dingen entgegenzukommen /... .../ aber er macht alles *falsch*. ... Ich weiß nicht, ob's so deutlicher geworden is für Sie.
>
> Supervisor : Ja
>
> (Pause)
>
> Bewegungstherapeutin: Also die passive Haltung auch von ihr, nich? (114/30-36+115/1)

Nachdem die Bewegungstherapeutin diesen Druck, den die Patientin in Richtung Fortführung des Arbeitsbündnisses auf den Falldarsteller ausübt, als Passivität, also als Abhängigkeit, interpretiert – eine Lesart, in der ja die heftigen Übertragungsaffekte nicht mehr erscheinen und die eher zur Trennung im Sinne der Stärkung der Selbständigkeit implizit auffordert – verfällt der Falldarsteller in deutlichem Kontrast zu seinen bisherigen beherrschten Ausführungen in eine Erschöpfung und Ratlosigkeit ausdrückende »genervte« Klage, als ob das Stichwort »passive Haltung« und Abhängigkeit einen »blanken Nerv« getroffen und seinen ganzen »Streß« angesichts des ungelösten Strukturproblems der Behandlung zum Abfluß gebracht habe. Dieser »genervte« und deutlich leidende Tonfall erscheint nur noch einmal an einer späteren Stelle im Transkript und dort deutlich weniger ausgeprägt.

Falldarsteller: (in deutlich verändertem Tonfall, nicht mehr distanziert darstellend, sondern leidend, emotional beteiligt, fast erschöpft klingend) Ja un ich bin in so'ner Anspannung (W: (uv)) /... (115/2-5)

Resümee 12: *Das Strukturproblem als Leiden des Therapeuten*

Das »Ja« deklariert die folgende Äußerung als eine die Deutung der Kollegin bestätigende Ausarbeitung. Er fühlt sich offensichtlich in dieser Deutung der Haltung der Patientin als passiv so verstanden, daß die ganze Ratlosigkeit und Gequältheit quasi unvermittelt spontan aus ihm herausbricht. Die heftige »Übertragungsliebe« und das Festhalten der Patientin an der therapeutischen Beziehung muß ihn angesichts der feststehenden Terminierung der Behandlung in einen Konflikt bringen, aus dem er keinen Ausweg sieht als den der vom Team sanktionierten Beendigung, die er gleichwohl als Verletzung der therapeutischen Kunstlehre empfinden muß, der er verpflichtet ist. Zwischen bürokratisch-institutioneller Beendigung der Behandlung und kunstgerechter Auflösung des Arbeitsbündnisses bliebe nur die Scheinlösung einer manipulierenden Überredung oder Vereinnahmung. Hinter der als Druck empfundenen, von der Kollegin als »Passivität«, das heißt als Abhängigkeit interpretierten und als solche nicht zu akzeptierenden heftigen Übertragung der Patientin, die, durch sekundäre Symptomproduktion unterstützt, das Arbeitsbündnis nicht aufgeben will, verbirgt sich für den Therapeuten in Wahrheit der Zeitdruck, der von der fremdbestimmenden externen Terminierung ausgeht, der die offensichtlich unabweisbare Tatsache gegenübersteht, daß die Behandlung lege artis noch lange nicht beendet werden kann. Die Supervision, wie sie bisher durchgeführt wird, entwirrt diese Konfliktkonstellation nicht, sondern reproduziert und verstärkt sie. Soweit das Arbeitsbündnis der Einzelbehandlung aufgrund ungeklärter Gegenübertragungsaffekte tatsächlich ein im Grundsatz vertretbares Rahmenprogramm der Behandlung behindert, müßte sie entweder, vom Therapeuten selbst initiiert, in einer vom Klinikbetrieb vollkommen unabhängigen Supervision behandelt oder im stationären Team in kollegialer Solidarität und Selbstverantwortung thematisiert werden. Aber in jedem Falle müßte des weiteren das Team, wenn es diese Funktion nicht erfüllte, auf dieses Problem hin selbst zum Subjekt und Gegenstand einer eigenen Supervision gemacht werden, was hier deutlich nicht der Fall ist, und schließlich müßten die für die Setzung des organisatorischen Rahmens der Behandlung inklusive der zeitlichen Terminierung verantwortlichen institutionellen Instanzen einer der Problematisierung der am konkreten Fall sichtbar werdenden Folgen dieser Regelung gewidmeten Supervision sich unterziehen, die wahrscheinlich eher eine Form der Organisationsberatung anzunehmen hätte.

Diese verschiedenen Ebenen werden hier vermischt und so *kommt es zu einer Verschleierung der wirklichen Verantwortlichkeiten und einer falschen Zurechnung der Probleme. Die Supervision ist daher, wenn sie diese Beziehungsfalle nicht auflöst, das Gegenteil ihres Bestimmungszweckes geworden: Nicht Supervision, sondern Strukturort des »rationalisierenden« Ausagierens und der befestigenden Reproduktion eines Strukturproblems.*

Erschöpfung und Resignation des Therapeuten

Wie sehr der Therapeut selbst diese ganze ihn unter Erschöpfungs-«Streß» setzende Problematik ausschließlich auf die Rechnung der konkreten therapeutischen Beziehung zur Patientin setzt, erkennt man an der Fortführung seiner Klage.

>   Falldarsteller: .../ das is so'ne Patientin, wo ich denke, ich bräuchte eigentlich viel mehr Ruhe und Zeit un nich ... , /... (115/5+6)

Jetzt wird ganz deutlich, was sein Problem ist und unsere bisherige Interpretation wird aufs Schönste bestätigt: Er bräuchte mehr Ruhe und Zeit für die Behandlung, also mehr Autonomie und Unabhängigkeit von äußeren Zwängen, um sachgerecht das Begonnene zu Ende führen zu können. Wer setzt ihn unter Druck? Nicht die Patientin, sondern der ihm vorgegebene institutionelle Rahmen des Behandlungsprogramms. Der Therapeut führt jedoch diesen größeren Zeitbedarf ausschließlich auf die Eigenarten der Patientin zurück. »Das is so 'ne Patientin« ist eine typisierende Äußerung. Sie fügt die Patientin in einen bestimmten Typus ein (»so 'ne«), der jedoch als solcher nicht weiter spezifiziert wird und als bekannt vorausgesetzt wird. Von diesem muß er annehmen (»wo ich denke«), daß er größeren Zeitbedarf haben wird. Diese Zurechnung unterläuft auf bezeichnende Weise die tatsächlichen strukturellen Zwänge. Wenn nämlich die Patientin von der Diagnostik oder Indikation her einem bestimmten Typus angehört, der eine bestimmte Behandlungsdauer benötigt, dann hätte das von vornherein oder doch wenigstens schon länger in Rechnung gestellt werden müssen und bei der voraussichtlichen Terminierung einer wirklich autonomen Therapie Berücksichtigung finden müssen.

Genau das eben wünscht letztlich der Therapeut auch, aber er kann die gewünschte Konstellation nicht einmal deutlich ausdrücken. Das kommt sehr plastisch in dem Abbruch seiner Äußerung an der Stelle zum Ausdruck, an der er die Realität, also die reale Strukturproblematik, die ihn am sachgerechten Behandeln hindert, die ihn unter Druck setzt, explizieren müßte, aber nicht mehr benennt: Er brauchte viel mehr Ruhe und Zeit »un nich«. Das hinter der Negation Stehende, also das ihn Behindernde und unter Druck Setzende, kann nicht ausgesprochen werden.

Statt dessen wird die ursprünglich geplante Äußerung in eine finalisierende Begründung dafür umgelenkt, daß er *selbst* mehr Zeit brauchte. In dieser Umlenkung kommt die rationalisierende Tabuisierung des eigentlichen Themas der Strukturproblematik sehr klar zum Ausdruck.

> Falldarsteller: .../ , um das auch noch mal für mich selber so durchzukauen ... /... (115/6+7)

Er brauchte viel mehr Zeit und Ruhe nicht, um ohne äußeren Termindruck die ungelösten Probleme der Behandlung sachgerecht durchführen zu können, sondern um für sich selber darüber mehr Gewißheit zu erhalten, was hier zu tun sei. Aufschlußreich ist an dieser Formulierung nicht nur, daß er von der realen Druckquelle auf einen eigenen Erholungsbedarf umlenkt, sondern auch, daß er »für sich selber« das Ganze »noch mal durchkauen« möchte, daß er also jenseits des Zwanges zur Mitteilung und kollektiven Bearbeitung der Schwierigkeiten Zeit zur Reflexion benötigt. Der Kontrast zwischen »für mich« und »für mich selber« markiert – ungewollt – , daß *er* als derjenige, der für die Behandlung letztlich allein verantwortlich ist, diese Zeit benötigt, nicht die Station oder das Team. »Für mich« würde den zusätzlichen Zeitbedarf lediglich für eine bestimmte Person unter den Beteiligten reservieren, »für mich selber« dagegen für diejenige Person, auf die es letztlich ankommt und die für ein Gelingen maßgeblich ist. Das eigentliche Strukturproblem äußert sich also hier auf indirekte Weise: Nicht das Team, sondern der einzelne Therapeut ist letztlich entscheidend, aber die Organisation und Planung der Behandlung liegt institutionell nicht in seiner Hand.

Wenn der Therapeut hier unter emotionaler Beteiligung seiner Erschöpfung und seiner Ratlosigkeit über das ihm schwer lösbare Problem der Beendigung der Therapie Ausdruck verleiht, dann offenbart sich darin auch in instruktiver Weise der Kontrast zwischen einer Orientierung an einem Modell kunstgerechter Behandlung, in dem dieses Problem überhaupt erst bedrängend wird und das hinter der Qual für den Therapeuten steht, und dem aus dieser Qual resultierenden Wunsch, das Problem möglichst schnell loszuwerden. Beide, an der Oberfläche sich widersprechenden Problemstellungen des Therapeuten, die Sorge um ein kunstgerechtes Ende und der Wunsch, die Patientin loszuwerden, gehen also aus derselben strukturellen Wurzel hervor.

> Falldarsteller: .../ und das ist ja auch alles jetzt passiert in einer Zeit, wo ich sehr (Pause) beschäftigt bin mit anderen Dingen, und ich bin dauernd so angespannt und für mich ist das jetzt noch mal so innehalten hier und heute, um mal innezuhalten und zu gucken ( ). So! Das ist mein Anliegen an (?Sie?) – (versickert in unverständlichem Murmeln. Während der letzten Sekunden einige »mhm«.s des Supervisors begleitend dazu. (115/7-14)

Indem der Therapeut nun eine weitere, in seinen eigenen Lebensumständen liegende Bedingung für die Anspannung und den Druck hinzufügt, verstärkt er die Ausblendung der eigentlichen Strukturproblematik. Zugleich aber spezifiziert er diese mit seinem eigenen Leben zusammenhängenden Bedingungen, die einer erfolgreichen Behandlungsbeendigung nicht förderlich sind, nicht weiter, sondern unterstellt sie als bei den übrigen Anwesenden bekannt, entzieht sie aber der Thematisierbarkeit in der Supervision.

Erster für die Supervision relevanter Beitrag aus der Gruppe und Reproduktion der Beziehungsfalle

Statt des jetzt zum fünften Mal »angerufenen« Supervisors reagiert nach einem längeren Gemurmel der Gruppe der männliche Kollege (S. 115-116), der schon einmal diese Funktion eingenommen hatte. Sein Beitrag läuft darauf hinaus, den Therapeuten zu einer versöhnlichen Beendigung des Arbeitsbündnisses durch freundliches Eingehen auf die Patientin zu bewegen, den Therapeuten milde darauf hinzuweisen, daß er vielleicht von seiner Abwehr der »Übertragungsliebe« lassen müsse, also das Strukturproblem auf ein Gegenübertragungsproblem des Therapeuten zu reduzieren.

Freie Praxis oder stationäre Behandlung als Hintergrundsthema

Der Falldarsteller reagiert, den Kollegen am Ende von dessen Ausführungen unterbrechend, auf diese Intervention in aufschlußreicher, zugleich seine ratlose Erschöpfung noch einmal deutlich artikulierender Weise:

> Falldarsteller: * Ja, das * is so'ne Schwierigkeit, also, das is so 'ne Patientin ... , wenn ich 'ne Praxis hätte und die käme, würde ich sie wahrscheinlich *nehmen.*
>
> * Männlicher Kollege: Ja
>
> * Falldarsteller: nich

(mehrere Personen flüstern dazwischen)

Falldarsteller: und äh .. und äh (Pause) äh .. ich kann das nich. Ich kann's nich mehr (?sehen? ? wählen?) (spricht jetzt sehr leise) (?Ich krieg das nich hin?)

(Jetzt beginnen mehr als zwei Leute zu reden) (116/4-12)

Im indirekten Widerspruch des Falldarstellers gegen die Reduktion des Problems durch seinen Kollegen objektivieren sich in bezeichnender Weise das allgemeine Strukturproblem und der grundsätzliche Konflikt zwischen einer therapeutischen Einzelbehandlung *innerhalb* einer stationären Behandlung, also einer therapeutischen Einzelbehandlung, die institutionell nicht mehr unabhängig ist, und einer Einzelbehandlung in einer freien Praxis. Die folgenden Elemente der latenten Sinnstruktur dieser Sequenz sind wesentlich:

1. Der Falldarsteller bekundet über den Umweg einer hypothetischen Konstruktion (»wenn ich 'ne Praxis hätte und die käme, würde ich sie wahrscheinlich nehmen«), daß er entgegen möglichen Verdächtigungen, die Schwierigkeiten mit der Patientin seien auf seine unkontrollierte Ablehnung von ihr zurückzuführen, unter der Bedingung eines professionsethisch akzeptablen Settings (freie Praxis) dieser Patientin einen Behandlungsplatz einräumen würde.
2. Daß das gegenwärtige Behandlungsproblem mit dem organisatorischen Setting in der Klinik wesentlich zusammenhängt, kommt indirekt, aber objektiv eindeutig zum Ausdruck im Kontrast zur hypothetisch konstruierten Behandlung in freier Praxis. Dieser Kontrast verstärkt sich durch den Kontrast zwischen a) »die schon begonnene Behandlung beenden« und b) »die Behandlung hypothetisch noch einmal beginnen«, der im Ausdruck »würde ich sie nehmen« an Stelle von »würde ich sie weiterbehandeln« markiert ist.
3. Die Ratlosigkeit des Therapeuten paart sich mit der in der hypothetischen Konstruktion enthaltenen Wunschphantasie, statt in der Klinik in einer freien Praxis professionell autonom, ohne institutionelle Fremdbestimmung

behandeln zu können. Dies ist auch objektiv ein Ausweg aus dem dilemmatischen Strukturproblem, der aber in der Supervision nicht offen thematisiert werden kann. Was eigentlich zu tun wäre, bleibt unausgesprochen (»und äh .. und äh .. ich kann das nich«). Im mehrdeutigen Verzweiflungsausdruck »ich kann das nich« fließen die Bedeutungen »ich kann das, was ich eigentlich tun möchte und müßte, nicht tun« und »ich kann nicht mehr, ich weiß nicht mehr weiter« zusammen.
4. Die beiden Verzweiflungsausbrüche des Therapeuten weisen auch sprachlich eine auffällige Parallele auf: »Das is so 'ne Patientin«.

Nach dieser Virulenz und diesem Aufbrechen des eigentlichen Strukturproblems reden zunächst alle durcheinander. Die Aufnahmequalität läßt eine Entzifferung des Gesagten nicht zu. Zudem ist die Bandaufnahme hier offensichtlich für kurze Zeit unterbrochen worden.

Die Verschriftung geht dann mit einer außerordentlich interessanten Intervention einer weiblichen Person, entweder einer Therapeutin oder einer Krankenschwester[17], weiter, nachdem der männliche Kollege des Falldarstellers festgestellt hat, die Patientin könne einfach nicht gehen und damit wiederum das Strukturproblem reduziert hat, dieses Mal nicht auf die affektiven Widerstände des Therapeuten, sondern auf die Schwierigkeiten der Patientin, wie der Falldarsteller selbst zuvor in »das is so'ne Patientin«.

Konflikt und Konflikt-Tabuisierung innerhalb des Teams

Weibliche Person 2: Ich denk so, das is aber der Punkt,

* Bewegungstherapeutin (leise): (?Is gar kein Punkt, .. nein?)

* Weibliche Person 2: Das is 'ne Patientin, die jetzt in nem analytischen Prozeß is, der läuft und in Gang gekommen is und der vielleicht schon so intensiv is, daß die im Moment schon so drin steckt, daß se gar nicht gehen *kann*, /... (116/17-22)

Die zweite weibliche Person (Krankenschwester?) macht sich zum Sprecher des in der Supervision unter Verschluß gehaltenen Strukturproblems. Kurz nachdem der Therapeut in seiner Klage die Alternative einer weniger fremdbestimmten Behandlung in freier Praxis wenigstens hypothetisch angedeutet hatte, greift sie die Frage der Restriktionen einer psychoanalytisch-orientierten Therapie unter Bedingungen einer stationären, zeitlich standardisiert befristeten Behandlung direkt auf. Sie führt das Problem mit der Patientin auf den unerträglichen Widerspruch zwischen der Tiefe und Intensität der psychoanalytischen Therapie einerseits und der extern bestimmten Terminierung andererseits zurück. Damit stellt sie das Behandlungsprogramm als Ganzes in Frage, denn in ihrer Problemdiagnose bleibt offen, ob sie sich die psychoanalytische Behandlung weniger intensiv wünscht zugunsten der Einhaltung der Fristen des Klinikaufenthaltes oder umgekehrt eher die Fristen großzügiger gehandhabt wissen will, oder möglicherweise überhaupt die psychoanalytische Behandlung in die freie Praxis verlagern will.

Diese Sicht auf das Strukturproblem muß im Team präsent sein, obwohl sie in der Supervision selbst unterdrückt wird. Das zeigt sich sehr deutlich an dem schroffen Widerspruch, den die Krankenschwester(?) sofort durch die Bewegungstherapeutin erfährt. Diese verleugnet das Problem (»Is gar kein Punkt«) an einer Stelle, an der die Krankenschwester(?) noch gar nicht ausgeführt hatte, worin es (»der Punkt«) besteht. Im übrigen wiederholen sich in der Folge solche Sequenzen, in denen die Bewegungstherapeutin sofort mit Widerspruch auf die Feststellungen dieser Krankenschwester(?) reagiert, so als ob sie die Stimme des Strukturproblems aus dem Untergrund unterdrücken müßte.

> Weibliche Person 2: .../ und es is ja die Frage, ob die Patienten deshalb *wieder*kommen, weil es, weil es schon zu weit is, ne,
>
> Bewegungstherapeutin (unterbrechend): Ja, ich denk, da müßte man * noch ein bißchen genauer auch*
>
> Weibliche Person 2: * der (irgendein Name) is auch wiedergekommen *

Bewegungstherapeutin: gucken, in *was* für einem Prozeß is sie. Ja, ich denk, das müßte man noch ein bißchen * näher begucken ... find ich *

* Männlicher Kollege : mhm

* Weibliche Person 2: (?der?) is schon so drin, ne, (116/22-32)

Die weibliche Person fährt nun unmittelbar mit einer massiven Generalisierung ihres fallspezifischen Argumentes fort. So wie es sich hier ihrer Meinung nach wahrscheinlich verhält, daß sich nämlich die Patientin aus dem Arbeitsbündnis nicht lösen könne, weil der analytische Prozeß schon viel zu tief eingegriffen und zu viel in Bewegung gesetzt habe, so sei es wahrscheinlich überhaupt bei den Patienten der Station in der Vergangenheit gewesen.

Die Sprecherin des tabuierten Strukturproblems läßt sich also nicht beirren, obwohl sie sich in der prekären Position befindet, daß ihr ihre Sicht als neurotischer Widerstand gegen die analytische Therapie ausgelegt werden kann, den sie nur mit dem Schleier des Eintretens für die Belange der Patienten verdecke. Im Bewußtsein, die Patientin in Schutz zu nehmen, plädiert die weibliche Person 2 dafür, daß die psychotherapeutische Behandlung nicht »zu aufdeckend« vorgehen dürfe, weil das die Patientin in Angst versetze. Die heftige, körpernahe Übertragung deutet sie als Reaktion auf eine zu aufdeckende, zu weit gehende psychotherapeutische Behandlung. Sie benennt sehr klar die anläßlich dieser Gegenübertragung auftretenden körperlichen Symptome, die außerhalb des Krankheitsbildes der Colitis liegen und auf die der Falldarsteller schon ganz zu Anfang seiner Problemexposition angespielt hatte, die er aber an der dortigen Stelle nicht präzisiert hatte (S. 111/1-3): Die Patientin reagiert »mit diesen menstruellen Sachen, ne, diesen gynäkologischen Kisten, die da kommen« (S. 117/6-8). Der Falldarsteller beeilt sich, sein Versäumnis einzugestehen und darauf zu verweisen, daß er auf diese körperlichen Symptome, ein entscheidender Vorgang in der Übertragung, schon lange hinweisen wollte. Daß er es vergessen hat, läßt erkennen, wie sehr er durch sie erschreckt ist und wie sehr er diese heftige Übertragung abwehren muß.

Der Supervisor fragt nun, den Pflegejargon dabei implizit tadelnd: »Was is denn da?«, woraufhin auch der Falldarsteller implizit diesen Jargon korrigiert, wenn er antwortet: »Es sind Zwischenblutungen...«. Nun fallen mehrere Teilnehmer in die Diskussion ein und berichten ihr Wissen über diese Symptome der Patientin. Aufschlußreich ist dabei vor allem, daß sie nach 9 Tagen Zwischenblutungen bekommt, so als ob sie sich mit der nächsten Menstruation beeilen würde, um einen Beweis für das Nicht-Eintreten einer befürchteten beziehungsweise erwünschten Schwangerschaft zu erhalten.

Inwieweit mit der Angabe von 9 Tagen (als Ersetzung für 9 Monate) etwas anzufangen ist, sei hier nicht weiter entschieden, weil das außerhalb der Kompetenz des Autors liegt. Die Zahlenübereinstimmung fällt jedoch auf. Auf jeden Fall scheint aus den Angaben über die körperlichen Symptome hervorzugehen, daß in der heftigen Übertragung der verliebten Patientin Phantasien über Schwangerschaft eine große Rolle spielen. Das wird dann auch von dem Falldarsteller ausdrücklich bestätigt. Auch der Supervisor scheint in dieser Richtung gedacht zu haben, denn seine Nachfrage (S. 117/16+17) dokumentiert, daß er nicht gut zu-gehört hatte und vom Gegenteil, nämlich nicht von einer verfrühten Blutung, sondern vom Ausbleiben der Menstruation ausgegangen war.

Erst jetzt scheint der Supervisor die Dramatik der Dynamik in der vorgestellten Behandlung wirklich zu realisieren, denn nun erkundigt er sich erst einmal, wie lange die Behandlung noch dauern wird, wörtlich: »Sie haben noch drei Wochen ... das heißt wieviel Einzelsitzungen?« (S. 118/3-6). Diese Formulierung läßt zweierlei deutlich erkennen: 1. Daß die Behandlungsdauer tatsächlich programmiert und festgelegt ist, unabhängig vom tatsächlichen Verlauf der Psychotherapie, womit diese ihre Eigengesetzlichkeit als Praxisform verloren hat. 2. Daß der Supervisor mit dieser Programmierung insofern einverstanden ist, als er sie wie selbstverständlich zum unbeeinflußbaren, der nicht kontrollierbaren Realität zugehörigen Parameter macht, zu einer objektiven Randbedingung seines Supervisions-Gegenstandes.

Nach dieser impliziten Festschreibung der Zeitbegrenzung der stationären Behandlung durch Supervisor und Falldarsteller meldet sich die weibliche Person 2 noch einmal als Advokatin der Patientin zu Wort und fordert, daß der Therapeut zu seiner ursprünglichen Zusage an die Patientin steht:

> Weibliche Person 2: Ja, aber Du (adressiert wird der Falldarsteller) hast ihr schon angeboten, sie weiter, zumindestens stundenweise, das kann man ihr ja schlecht jetzt wieder absprechen, ne .. (118/12-14)

> Falldarsteller: Nein, das will ich ja auch nich, das, nein, nein, das will ich ja auch nich. Äh, für mich ist die Frage, zum Beispiel ist das sinnvoll, da jetzt zu sagen, also ein Mal im Monat, Schluß .. (118/15-18)

Der Falldarsteller macht zum ersten Mal eine konkrete Angabe zum Ausmaß der Nach-Betreuung: Es soll einmal im Monat ein Termin gewährt werden. Das kann wohl kaum mehr als ambulante Behandlung bezeichnet werden, sondern allenfalls als Trostpflaster und als Selbst-Beruhigung. Es ist, was man im täglichen Leben einen »faulen Kompromiß« nennen würde. Das letzte Wort der Ausführung des Falldarstellers unterstreicht in aller Deutlichkeit, worum es in Wirklichkeit geht: Tatsächlich darum, das nicht lösbare Dilemma, ein einmal eingegangenes Arbeitsbündnis nicht kunstgerecht zu Ende bringen zu können, als solches möglichst schnell »vom Halse zu bekommen«. »Schluß« antizipiert vom sprachlichen Ausdruck her den ersehnten Schlußstrich unter das Ganze, und es erläutert implizit den bemerkenswerten Kontrast zwischen einer ambulanten Behandlung nach der Klinikentlassung, einer »stundenweisen« Nachbetreuung und einer Nachbetreuung »einmal im Monat«. Dies ist nämlich die abgleitende Skala von Möglichkeiten, die im Gespräch waren, und erst allmählich entpuppt sich deren unteres Ende als das, was von Anfang an ins Auge gefaßt war. Es wäre nun sicherlich ganz falsch, dem Therapeuten hier Bequemlichkeit oder gar Unverantwortlichkeit zu unterstellen, wenn er ein möglichst schnelles Ende der »Affäre« sucht. Vielmehr zeigt das Bemühen um einen Schlußstrich, wie sehr der Therapeut gerade wegen seines professionalisierten Habitus und wegen seines therapeutischen Gewissens durch das Strukturproblem, das für ihn in seiner Position, nachdem er sich einmal auf dieses Setting von Psychotherapie eingelassen hat, nicht lösbar ist, in Unruhe versetzt worden ist. Die Unlösbarkeit hat ihn selbst an den Rand der Erschöpfung gebracht.

Reproduktion der Figur:
Vermeidung des Strukturproblems durch die Supervision;
Erster Kommentar des Supervisors zur Sache
(zweite Intervention)

Hier nun schaltet sich der Supervisor mit seinem ersten Kommentar zur Sache ein (S. 118). Er schließt an die Intervention des männlichen Kollegen an, in der dieser daran erinnert hatte, daß der Therapeut selbst vielleicht die Übertragungsliebe der Patientin abwehren müsse und angeregt hatte, an Stelle einer bloß organisatorischen Lösung der Beendigungsproblematik eine »irgendwie versöhnlichere« zu setzen.

> Supervisor: (sich meldend) Also, ich (Pause) finde, die Perspektive, die Herr X (die zweite männliche Person beziehungsweise der männliche Kollege des Falldarstellers) eingebracht hat, (Pause) sehr hilfreich, insofern ... da ... , aus den Dingen, die, was ich jetzt weiß .. so'n Dilemma aufkommt. /... (118/19-22)

Wenn diese Perspektive angesichts des Strukturproblems hilfreich ist, dann fragt sich, worin die Behandlungskonzeption des Teams als Team besteht. Denn diese Reduktion auf eine Frage des Grades an freundlich-versöhnlichen, tendenziell manipulativen Eingehens auf die Patientin zu Zwecken des konfliktfreien Beendens der Therapie hätte ja, abgesehen von ihrer Problematik bezüglich der Frage von stützender oder aufdeckender Therapie, im Team selbst behandelt werden müssen, wenn dieses ein kollektives Arbeitsbündnis mit den Patienten eingehen will. In der Supervision dieses Teams müßte also nicht die Einzelbehandlung als solche thematisch sein, sondern, warum das Team als Team nicht in der Lage ist, in seiner täglichen Arbeit diese Probleme angemessen zu thematisieren. Der Supervisor beteiligt sich hier aktiv an dieser Ebenen-Vermischung.

> Supervisor: .../ Da sind Affekte, auch positive Affekte ..., welcher Art, wiss, äh, weiß ich noch nicht, in Gang gekommen, ... und gleichzeitig ist es fast unumgänglich, oder scheint es unumgänglich .. , daß man auf einer organisatorisch-praktischen Ebene irgendeine Entscheidung trifft, an, äh, in betreff der anstehenden Entschei, äh Entlassung (längere, mit tiefem Atemholen markierte Pause, die gleichsam Bedächtigkeit der Überlegung ausdrückt) /... (118/22-29)

Diese Äußerungsfolge läßt erkennen, daß selbst beim Supervisor in dessen Strategie der Reduktion des Strukturproblems dieses sich noch durchdrückt, wenn statt der »anstehenden Entlassung« zunächst von der »anstehenden Entscheidung«, also der Offenheit des Entlassungszeitpunktes, geredet werden sollte, diese Formulierung aber sofort korrigiert wird. Die »anstehende Entscheidung« hätte sich auf den Zeitpunkt der Entlassung beziehen können, es wäre aber dann eine redundante beziehungsweise tautologische Rede von der »Entscheidung über eine anstehende Entscheidung« geworden. Außerdem ist die Entscheidung über den Entlassungszeitpunkt routinemäßig schon »vorentschieden«. Eine Entscheidung »in betreff der anstehenden Entlassung« ist dagegen eine über Folgeprobleme einer zeitlich zumindest ungefähr schon festliegenden Entlassung.

Damit ist bestätigt, daß der Supervisor an der zeitlichen Terminierung der Entlassung der Patientin als äußerem Parameter für die Bewältigung der Übertragungsprobleme der Patientin seinerseits festhält – und zwar gegen sein ursprüngliches professionsethisches Empfinden –; und damit ist *gewissermaßen mit einem Handstreich, per initialer Problemdefinition des Supervisors auch das hier real als Gegenstand einer »Team-Supervision« zum Vorschein gekommene Problem der sachhaltigen Beendigung einer stationären Psycho-*

therapie im Besonderen und der Kombinierbarkeit von Psychotherapie und stationärer Behandlung im Allgemeinen vom »Tisch gewischt« worden. Auch die massive Intervention der weiblichen Person 2 hat dieses Problem als »Supervisions-Gegenstand« nicht retten können, im Gegenteil: Genau an der Stelle, an der sie es unübersehbar artikuliert, setzt der Supervisor nach langer Verzögerung mit seiner reduzierenden und <u>um</u>rahmenden Problembearbeitung ein. Diese seine Operation beruht also nicht auf einem »Übersehen« oder einer »zu schwachen Aufmerksamkeit«, sondern auf einer aktiven Ausblendung. Der Supervisor »will« dieses Problem nicht bearbeiten, und er will dieses »Nicht-Wollen« nicht thematisieren.[18]

Fokussierung des Supervisions-Themas durch den Supervisor

Der Supervisor fährt in der eingeschlagenen Richtung fort:

> Supervisor: Ne, das heißt, ... daß .. ich finde, ne, das Setting ist eigentlich klar, was Sie ihr angeboten haben und wir sollten vielleicht versuchen zu gucken, wo Sie eine, also *Sie* jetzt, in eine *affektive, ich übertreibe vielleicht, Notlage geraten
>
> *Falldarsteller: Mhm   mhm
>
> Supervisor: Durch diese, ja, Übertragungsliebe und wir sollten uns angucken, was das eigentlich ist, ja (118/32+34 +119/1-8)

Das Setting, das heißt die Verabredung zur Nachbehandlung, die der Therapeut mit der Patientin getroffen hat und für die er eine Absicherung suchte, wird ohne weitere Diskussion als »klar« »genehmigt«. Das supervisorische Augenmerk wird statt dessen auf die »affektive Notlage« des Therapeuten in seiner Gegenübertragung gelenkt. Da gemäß dem schon herausgearbeiteten Strukturproblem aber die Bearbeitung dieses Problems angesichts der bevorstehenden, extern erzwungenen Beendigung der Behandlung nicht mehr wirklich Früchte für eine sachhaltige Behandlung tragen kann, läuft diese Thematisierung auf die Vorbereitung einer manipulativen, konfliktfreien Auflösung des Arbeitsbündnisses hinaus, manipulativ deshalb, weil sowohl die Patientin das bürokratisch erzwungene Ende nicht als solches erleben soll als auch der für die konfliktfreie Beendigung verantwortlich gemachte Therapeut diese bürokratisch erzwungene Beendigung emotional überzeugend in seine Gegenübertragung einbauen soll. Entsprechend schwankt von nun an die Diskussion zwischen Supervisor und Falldarsteller beständig ungeklärt zwischen den beiden widersprüchlichen Polen von organisatorischer Regelung des Behandlungsendes und affektiv-konfliktfreier Auflösung des Arbeitsbündnisses hin und her.

Der Supervisor fährt damit fort, die heftige Übertragung der Patientin unter dem Gesichtspunkt von deren positiver Affektivität zu deuten. Solche positive Affektivität sei für eine Colitis-Patientin ein »Riesenfortschritt«, weil solche Patienten »libidinöse Bedürftigkeit« normalerweise nicht entwickeln könnten. Davon würde sie ein aufgeblähtes Autonomie- und Autarkiestreben abspalten. Es sei jetzt die Frage, ob es sich bei dieser Übertragungsliebe um den Typus: »Dreijähriges Mädchen im Verhältnis zu ihrer Mutter«, »zehnjähriges Mädchen im Verhältnis zu ihrem Vater« oder »siebzehnjähriges Mädchen zu ihrem ersten Freund« handele. »Von daher«, das heißt wohl: Abhängig davon, welches dieser Muster zutreffe, »reguliere sich das, wie man damit umgehen kann« (119/30). Daraufhin entspinnt sich eine lebhafte Debatte der Teilnehmer darüber, welcher Typus hier wohl zutreffe. Die weibliche Person 2 plädiert mit Verve für das dritte Muster, weil doch in der Übertragungs»symptomatik« deutlich pubertierende Merkmale aufträten. Die Bewegungstherapeutin versucht parallel dazu in mehreren Anläufen, etwas aus ihrer Erfahrung mit der Patientin zu deren Körperbild beizutragen. Erst beim dritten Anlauf gelingt es ihr, mit Unterstützung des Supervisors, das Wort für eine längere Ausführung zu erhalten, in der sie instruktiv ihre Eindrücke von der Patientin schildert.

*Reduktion der Supervision auf die Logik
einer Fallkonferenz*

Von diesem Punkt an verläuft die Supervision über eine weite Strecke nach der Logik einer Fallkonferenz. Die Bewegungstherapeutin bekundet, wie erschreckt sie über die Produktion der neuerlichen Körpersymptome sei und bringt sie in Zusammenhang mit der starken Aggressivität und der Gewalt- und Macht-Thematik, die die Patientin in der KBT gezeigt habe. Es wurde ihr gar »zu kriminell«, welche Gewaltthematik von der Patientin in der Gruppe ausging. Die Patientin habe vor allem Probleme mit der Nähe-Distanz-Regulierung und mit der Innen- und Außenraum-Abgrenzung. Sie empfinde das als extrem.

Der Falldarsteller würdigt diese Ausführungen als aufschlußreich und trägt seinerseits weitere Fallinformationen zum Thema »aggressiver Umgang mit dem anderen und mit dem eigenen Körper« auf seiten der Patientin bei. Die Bewegungstherapeutin verlangt das Rederecht für weitere Ausführungen, die das Körperbild der Patientin »abrunden« sollen. Bezeichnenderweise tut sie das wiederum an einer Stelle, an der die weibliche Person 2 in die Debatte eingegriffen und sich mit einer Frage an den Falldarsteller gewandt hatte. Die Bewegungstherapeutin führt aus, daß die Patientin in der Klinik gelernt habe, zum Beispiel im Bad mehr Zeit für sich in Anspruch zu nehmen und die Körperpflege auch zu genießen, was sie zuhause gar nicht gekonnt habe, weil sie sich immer verpflichtet gefühlt habe, für die Kinder das Bad freizuhalten und überhaupt ständig für die Kinder dazusein. Sie könne nun ihre Bedürfnisse schon besser wahrnehmen.

Das Pflegepersonal trägt demgegenüber bei, wie groß doch noch, zum Beispiel im Zusammenhang mit den Zwischenblutungen, die Schwierigkeiten der Patientin seien, ihre körperlichen Bedürfnisse wahrzunehmen. Daraufhin bestätigt der Falldarsteller diesen Aspekt mit einem Bericht über einen besonders drastischen Umgang der Patientin mit ihrem Körper, als sie kaum drei Monate nach einer Entbindung sich extremen sportlichen Belastungen aussetzte, »weil sie's wissen wollte« (S. 125).

Der latente Konflikt zwischen Pflegepersonal und Therapeuten – und seine Bedeutung für das Arbeitsbündnis in der Psychotherapie

Urplötzlich, das heißt ohne einen erkennbaren Anlaß, unterbricht der Falldarsteller an diesem Punkt diese Linie der Kennzeichnung der Patientin und richtet sich an eine Krankenschwester:

> Falldarsteller: .../ übrigens, sie hat das auch erzählt, so bei Ihnen (an weibliche Person 4 gewendet), sie hat das auch sehr genossen, sie haben da wohl mal Kaffee getrunken, so ziemlich lange in der Küche und so,
>
> Weibliche Person 4: Wir ham mal (lacht etwas unangenehm berührt auf:) hähähm, zusammen, ja, bis so um eins gefrühstückt, komisch, das hat sich so ergben. (Gleichzeitig redet der Falldarsteller murmelnd und unverständlich weiter)
>
> Männliche Person 2: Das war so auf 'ner gleichen Ebene, so mußte das sehen. (125/34+126/1-8).

Das Motiv dieser urpötzlich ein anderes Thema einführenden Unterbrechung (»übrigens«) ist schwer zu erahnen. Möglicherweise hat der Falldarsteller eine Parallelität zwischen der burschikos, sportiven, zugleich aggressiven, Zärtlichkeitsbedürfnisse und die Geschlechtskomplementarität des Erwachsenenlebens verleugnenden Art des Umgangs mit sich selbst und der »peer-group«-artigen Vertrautheit der Patientin mit dem Pflegepersonal gesehen. Jedenfalls konturiert sich von hier an immer deutlicher eine Gegensätzlichkeit zwischen dem Therapeuten (und der Bewegungstherapeutin) einerseits und dem Pflegepersonal andererseits. Der erzählte Vorgang zeigt, in welch hohem Ausmaße die Beziehungen zwischen der Patientin und den Mitgliedern des Stations-»Teams« variieren und wie verwirrend für die Patientin das Arbeitsbündnis mit dem Therapeuten in dieser Umgebung vor allem im Hinblick auf Nähe und Distanz sein muß. Die Krankenschwester reagiert auf die Erwähnung der Episode vielleicht deshalb so eigentümlich verlegen, weil sie die eben erwähnte Diskrepanz der verschiedenen Beziehungen zur Patientin spürt und auch bemerkt, in welchem Maße davon Interferenzen ausgehen, die die Behandlungsziele konterkarieren können. Jedenfalls ergeben sich in der durch heftige Übertragungsprozesse geprägten therapeutischen Beziehung Widerstände, die in den Beziehungen zum Beispiel zum Pflegepersonal »kompensierend« in den Mechanismen der Solidarisierung »burschikoser« und sportiver »peergroup« Beziehungen »ausagiert« werden können. Daraus ergäben sich dann *innerhalb des Beziehungsgefüges einer Station schwierige Koalitionskonstellationen, die sich gegenseitig blockieren können und die natürlich in einer Supervision bearbeitet werden müßten.* Die hier nur undeutlich sichtbar werdenden konterkarierenden Beziehungskonstellationen wechselten auch, wenn unsere Interpretation zuträfe, zwischen einer offen sexualisierten Übertragungsliebe und ihren schwer zu bewältigenden Folgeproblemen einerseits und einer manifest desexualisierten, latent dafür um so mehr sexualisierten solidarischen »peer group«-Vergemeinschaftung andererseits.

An dieser Stelle wäre eine ausführliche Interpretation dessen vorzunehmen, was es bedeutet, daß in einer Supervisions-Gruppe nicht nur Personen versammelt sind, die außerhalb der Supervision einen professionellen Arbeitszusammenhang bilden, sondern zudem noch solche, die darin ganz unterschiedliche Positionen und Status einnehmen. Das ist hier vor allem wichtig unter dem Gesichtspunkt eines ganz verschiedenen Professions-Status von Ärzten, Therapeuten und Angehörigen des Pflegepersonals. Letztere sind nicht professionalisiert und ihr Handeln ist auch, sofern darin die durch den stationären Aufenthalt bedingten Pflegefunktionen im Mittelpunkt stehen, nicht professionalisierungsbedürftig. Dennoch finden natürlich naturwüchsige Übertragungs- und Gegenübertragungsprozesse gerade zwischen dem Pflegepersonal und den Patienten in intensiver Weise statt, vor allem auch, weil das Pflegepersonal in der Regel einen viel extensiveren Kontakt zu den Patienten hat. Aber Pflegepersonen sind Helfer und intervenieren nicht im Sinne des Eingreifens in die beschädigte Fallstruktur des Patienten nach dem Gift-Gegengift-Modell. Die systematische Differenz zwischen Intervenieren, Manipulieren und

Persuadieren braucht beim Helfen nicht beachtet zu werden. Daraus ergeben sich systematische Grenzen für eine gemeinsame Supervision von Ärzten, Therapeuten und Pflegepersonen. Diese Grenzen können in dem Maße überschritten werden, in dem das Verhältnis dieser Rollen in einer kooperierenden Gruppe untereinander – zum Beispiel ein Stations-Team – und die Gruppe als kooperierendes Ganzes in dessen Verhältnis zu den stationären Patienten thematisch sind. Genau das aber wird hier vom Supervisor nicht angestrebt. Wenn aber, wie zum Beispiel hier, die Einzelbehandlung durch einen Therapeuten zum Supervisions-Gegenstand gemacht wird, ist die Anwesenheit des Pflegepersonals in der Supervisionsgruppe insofern nicht unproblematisch, als unter dieser Bedingung ja dessen Mitagieren nicht mehr angemessen bearbeitet werden kann, statt dessen aber sich in der Supervision selbst indirekt fortsetzen kann. Etwas Vergleichbares scheint sich hier abzuspielen.

(Anmerkung: Die Herausgeber mußten den vollständig vorliegenden Text der Sequenzanalyse an dieser Stelle leider abbrechen. Der Abdruck der vollständigen Sequenzanalyse hätte den Rahmen eines Einzelbeitrages innerhalb eines klinischen Werkstattberichtes gesprengt. Der interessierte Leser kann jedoch den ungekürzten vollständigen Text beim Autor anfordern. Es sei darauf hingewiesen, daß am Ende der Supervisionssitzung der herausgearbeitete Strukturkonflikt auf instruktive Weise noch einmal hervorbricht.)

Teil B: Schlussbemerkungen

Die Sequenzanalyse selbst enthält – aus der Sache selbst sich ergebend – so viele Reproduktionen derselben Verlaufsgesetzlichkeit und so zahlreiche verdichtende Zusammenfassungen, daß ein Ergebnis-Résumé am Ende überflüssig erscheint. Auch erlaubt es der zur Verfügung stehende Platz leider nicht, zwei wichtige allgemeine Problemkreise, die mit der analysierten Sache verflochten sind, am Ende systematisch zu behandeln: Zum einen eine Explikation eines professionalisierungstheoretischen Modells des therapeutischen Arbeitsbündnisses und eine von daher mögliche Erklärung der darin eingelagerten Mechanismen von Übertragung und

Gegenübertragung[19] und zum anderen eine Explikation der Struktureigenschaften des einer Supervision zugrundeliegenden Arbeitsbündnisses, vor allem der dabei sich ergebenden Probleme der angemessenen Festlegung des Supervisions-Gegenstandes und des Supervisions-Subjekts. Die Sequenzanalyse des vorliegenden Falles hat ja hinreichend gezeigt, welche Schwierigkeiten sich hier auftun und wie problematisch die Extrapolation der Techniken der Supervision von Einzeltherapien auf die Supervision von größeren Handlungsaggregaten oder gar auf die Probleme von Organisationsberatung sein kann. Daß diese Extrapolation als nächstliegende Problemlösung sich anbietet, wird verständlich, wenn man den analytisch und begrifflich wenig ausdifferenzierten Stand der Literatur zur Supervision und zur Organisationsberatung in Rechnung stellt.

Eine abschließende Bemerkung sei der Frage gewidmet, welche Folgerungen sich aus der Anwendung der Sequenzanalyse der objektiven Hermeneutik für die Praxis ergeben können. Einer praktischen Verwertbarkeit scheint ja zunächst die außerordentliche Umständlichkeit und epische Breite der Explikation der Materialanalyse entgegenzustehen. Auch der mit der Detailanalyse sich häufig verbindende Schein der Über-Dramatisierung könnte vorab gegen eine praktische Verwertbarkeit sprechen.

Nun sollte auch keineswegs die hier vorgelegte Sequenzanalyse implizit eine Empfehlung sein, sie in diesem Grad der Detailliertheit und Ausführlichkeit in der Praxis zu Zwecken der Diagnose oder der Evaluation einzusetzen. In dieser Form stellt die Sequenzanalyse fraglos eine Operation der Grundlagenforschung dar.

Dennoch halte ich die Sequenzanalyse als Modell in der Praxis für verwendbar und nützlich, wenn man darunter eine grundsätzliche Betrachtungs- und Vorgehensweise versteht, die man zu praktischen Zwecken abkürzen kann. Hier ging es um die Demonstration des Modells als solchen. Um die Sequenzanalyse durchführen zu können und ihre Plausibilität gegen konkurrierende methodologische Positionen in den Sozialwissenschaften zu zeigen, war es nötig, eine möglichst explizite Form davon, wenigstens streckenweise, darzustellen. Der Praktiker muß nämlich das Modell in seiner

Explizitheit kennen, um es in der unter Zeitdruck stehenden Praxis so abkürzen zu können, daß dabei kein verzerrender Gestaltfehler unterläuft und das Modell dem »Geiste nach« richtig erhalten bleibt.

Abkürzungen in der Praxis können vor allem darin bestehen, daß nur kleine Ausschnitte aus Verlaufsprotokollen analysiert werden und das restliche Material zur groben Überprüfung der so gewonnenen Fallstruktur-Hypothesen eingesetzt wird. Entscheidend ist, daß überhaupt wenigstens einmal eine genaue, möglichst explizite Sequenzanalyse durchgeführt und daran eine mikrologische Strukturexplikation vorgenommen wird. Eine weitere Abkürzungsmöglichkeit ergibt sich daraus, daß man ausführliche Sequenzanalysen gezielt für die methodisch kontrollierte Entscheidung über strittige, eher intuitiv gewonnene Eindrücke oder Interpretationen einsetzt. Die Materialstellen, die sich dazu besonders eignen, werden ja in der Regel mit der Strittigkeit der Interpretationen bekannt und verknüpft sein. Auf jeden Fall wird es immer nützlich sein, die Anfänge von Handlungssequenzen detailliert zu analysieren, weil sich darin die Verlaufsgestalt einer prinzipiell zukunftsoffenen Praxis am folgenreichsten konstellieren wird.

Zu den wesentlichen Leistungen einer objektiv hermeneutischen Sequenzanalyse gehört es, auf einfachste Weise Gesetzmäßigkeiten, Einflüsse, Habitusformationen, Zusammenhänge und Konfigurationen sichtbar zu machen, die unausgesprochen oder unbewußt – und damit auch nicht abfragbar – sich hinter den strategisch und gezielt eingesetzten Konzepten und Techniken eines berufspraktischen Handelns verbergen. Die objektive Hermeneutik vermag gerade an den unscheinbaren, scheinbar peripheren oder belanglosen, der bewußten Kontrolle der handelnden Subjekte entzogenen »Stellen« oder Merkmalen eines Handlungsablaufs, an dem also, was FREUD den »Abhub der Erscheinungswelt« nannte, die dem Bewußtsein der Praxis entgehenden Zusammenhänge ins Licht zu rücken. Es sind in der therapeutischen und supervisorischen Praxis gerade diese Zusammenhänge, auf die es ankommt.

Es sollte aber auch klar sein, daß die Methoden der objektiven Hermeneutik niemals an die Stelle der Interventions-Praxis treten können. Sie haben mit den Techniken und der Kompetenz einer Interventionspraxis nichts zu tun. Ihre Verfahren eignen sich, weil sie grundsätzlich eine »unpraktische« Methodologie ist, ausschließlich für die Analyse von Protokollen, mithin für die nachträgliche Evaluation und Kontrolle eines Handelns, dessen praktische Durchführung aber ausschließlich von der Erfahrung, Kreativität und intuitiven Wachheit der verantwortlichen Subjekte abhängt.

Das sollte der Leser auch im Hinblick auf den leicht sich einstellenden mißverständlichen Eindruck bei der Rezeption von detaillierten Sequenzanalysen im Auge behalten, demzufolge die in einem Protokoll festgehaltenen Subjekte als Opfer ungerechtfertigter Bewertungen erscheinen, weil sie scheinbar zu bloßen Gegenständen einer mikroskopischen, überdramatisierenden, weltfremden Betrachtung gemacht werden. Was die Sequenzanalyse aufzudecken vermag, ist nicht als Bewertung einer Praxis, sondern als analytisches Urteil über Strukturen zu verstehen, das methodisch überprüfbar ist. Bewertungen im Sinne praktischer Handlungen daraus zu folgern, ist eine ganz andere, außerhalb der objektiven Hermeneutik selbst liegende Operation, die nur in der Eigenverantwortlichkeit der praktisch handelnden Subjekte vorgenommen werden kann. Die Ergebnisse einer Sequenzanalyse können dazu nur die Hilfe eines genaueren, immer nachträglichen Blicks liefern. Sofern also in der vorausgehenden Sequenzanalyse die Konsistenz der supervisorischen Praxis als brüchig und unangemessen erschien, sollte dieses analytische Urteil als Tatsachenfeststellung genommen werden wie eine Messung in den Naturwissenschaften, das heißt ohne daß diesem Urteil irgendwelche moralischen oder ethisch-praktischen Implikationen innewohnen könnten. Entsprechend verbinden sich solche Analysen auch nicht mit einer ihnen irrtümlich vorgeworfenen Erhebung über die Praxis: Der objektive Hermeneut weiß genau, daß er nichts anderes tut, als unter der privilegierten Voraussetzung der Praxisenthobenheit, das heißt ohne Zeitdruck, mikrologisch detailliert Zusammenhänge zu studieren, die der Praktiker gestaltrichtig intuitiv in einer gemessen daran unglaublichen Geschwindigkeit und Treffsicherheit erfassen können muß, und er bewundert, je länger er sein Geschäft betreibt, die

Reichhaltigkeit der Strukturen, die er analysiert, und die Klugheit der Praxis, die sie produziert, ohne auch nur einen Augenblick daran zu zweifeln, daß die kritische Distanz seiner Analysemethode mit der Befähigung für das Tun, das er untersucht, absolut nichts zu tun hat. Deshalb auch verbindet sich ihm die Kritik seines analytischen Urteils wie selbstverständlich mit dem Respekt vor der Wirklichkeit gestaltenden Praxis.

Das gilt erst recht für eine Praxis, die wie die hier untersuchte riskant in einem noch nicht routinisierten und auch in Zukunft nur bedingt routinisierbaren Handlungs- und Problemfeld Existenznöte stellvertretend zu bewältigen hat. Hier kann ja die Feststellung einer sachlichen Unangemessenheit nicht gleichgesetzt werden mit einer vermeidbaren Abweichung von einer erprobten, technischen Routine, sondern muß als Indikator für das Ergebnis einer aufschlußreichen Erprobung gelten. Irrtümer standen in der Medizin schon immer im Dienste der risikoreichen, aber für die Eroberung einer besseren Zukunft notwendigen Erprobung von Möglichkeiten. Die Sequenzanalyse der objektiven Hermeneutik kann nicht mehr und nicht weniger bieten, als für den Fall der Arzt-Patient-Beziehung und der darauf bezogenen Supervision eine möglichst genaue Rekonstruktion der Wege der praktischen Vernunft zu liefern, die potentiell in solchen Erprobungen sich bahnen. Sie ist als Instrument der nachträglichen, rekonstruierenden, methodisch kontrollierten Überprüfung nur eine Dienerin dieser praktischen Kreativität.

Anhang: Zur Methode

Die Bezeichnung »objektive Hermeneutik« bezieht sich auf einen Methodenansatz, der sich in zwei Komponenten aufspaltet:

1. Die theoretisch begründete Methodologie der objektiven Hermeneutik auf der konstitutionstheoretischen Ebene, auf der Ebene also, auf der auch der theoriesprachliche

Bezugsrahmen der Sozialwissenschaften thematisch ist. In dieser Komponente werden die Bedingungen der Möglichkeit methodisch expliziter und falsifizierbarer Rekonstruktionen der Sinnstruktur sozialwissenschaftlich relevanter Daten expliziert[20].

2. Die theoretisch begründete Methodologie der objektiven Hermeneutik läßt sich nicht, wie ein axiomatisch begründetes Modell des fundamentalen Messens theoretischer Parameter, nomologisch-deduktiv in mechanische Meßapparaturen oder Meßoperationen umsetzen, sondern nur dem Geiste nach vermittelt durch die zu analysierende Sache selbst in deren Sprache zur Anwendung bringen. Das erfordert als zweite Komponente eine Kunstlehre für die Forschungspraxis, die immer nur approximativ das Modell erfüllen kann, wie umgekehrt das Modell der Methodologie letztlich immer nur in der Konkretion der sachhaltigen Rekonstruktion unter Beweis gestellt werden kann.

In diesem kurzen Anhang sollen vier zentrale Konzeptionen der objektiven Hermeneutik erläutert werden, die der Leser der vorliegenden Untersuchung zum Verständnis der Darstellung minimal benötigt.

1. Gegenstand der Sinnauslegung in der objektiven Hermeneutik sind – bezogen auf einzelne Äußerungen oder Handlungen – *objektive Bedeutungsstrukturen* beziehungsweise – bezogen auf Sequenzen von Handlungen oder Äußerungen – *latente Sinnstrukturen*. Diese Gegenstände werden als objektiv beziehungsweise latent bezeichnet, weil sie einerseits, ganz analog zum Objektivitätsbegriff in den Naturwissenschaften, durch methodische Operationen als objektiv gegebene Realitäten unstrittig nachweisbar sind, und andererseits als solche nicht an eine bewußtseinsmäßige Repräsentanz ontologisch gebunden sind, bezogen auf die subjektiv sinnhafte Repräsentanz von Welt also, die wir gewöhnlich mit der Kategorie des Sinns oder der Bedeutung verbinden, weil darin Sinn beziehungsweise Bedeutung uns manifest entgegentritt, als latent gelten können. Mit der Bezeichnung latent soll die logisch-analytische Unabhängig-

keit der latenten Sinnstrukturen von ihrer manifesten Realisierung im Bewußtsein eines konkreten Autors oder Rezipienten ausgedrückt werden. Für viele Vertreter der Sozialwissenschaften ist diese Bestimmung schon ein Skandalon, weil sie darin die Tür zu außerempirischen beziehungsweise metaphysischen Entitäten ähnlich den platonischen Ideen geöffnet sehen. Am einfachsten kann man diese blockierende Sichtweise auflösen, wenn man sich klar macht, daß man es erfahrungswissenschaftlich bei der Erfüllung der Forderung des methodisch expliziten, unstrittigen Nachweises der eigenständigen, objektiven Realität von latenten Sinnstrukturen bewenden lassen kann und ein ontologisches Kriterium der sinnlich-anschaulichen Gegebenheit dieser Realität gar nicht erfüllt sein muß. Man muß, anders ausgedrückt, einfach nur die Möglichkeit von abstrakten, das heißt sinnlich-anschaulich nicht gegebenen und dennoch erfahrbaren und methodisch explizit nachweisbaren Realitäten zulassen. Solche abstrakten Realitäten im Sinne der Nicht-Sinnlichkeit ihrer Gegebenheit sind die latenten Sinnstrukturen oder objektiven Bedeutungsstrukturen. Deshalb nenne ich meine Position die eines *methodologischen Realismus*, um sie von einem ontologischen Realismus zu unterscheiden, der, meines Erachtens unhaltbar, die erfahrungswissenschaftlich bearbeitbare Welt an das Kriterium der sinnlich-anschaulichen Gegebenheit dogmatisch heftet.

Selbstverständlich muß man die Methodologie des Nachweises solcher abstrakten Realitäten konstitutionstheoretisch begründen können. Diese Begründung rekurriert auf das Modell regelgeleiteten Handelns und das Modell von Bedeutungs- bzw. Sinnstrukturen, die durch Regeln analog zu einem Algorithmus erzeugt werden. Den Sozialwissenschaftlern ist ihr Gegenstand, im Unterschied zu den Naturwissenschaften, als sinnstrukturierter konstitutiv gegeben. Ohne diese Sinnstrukturiertheit läge ein spezifisch sozial-, geistes-, und kulturwissenschaftlicher Erfahrungsgegenstand gar nicht erst vor. Im Unterschied zur Tradition des Neu-Kantianismus, der Handlungstheorien und der geisteswissenschaftlichen Hermeneutik faßt nun die objektive, daher ihr Name, diese Sinnstrukturiertheit nicht in Begriffen eines verstehend nachvollziehbaren subjektiven Sinns, sondern grundsätzlicher als regelerzeugten objektiven Sinn, der praktische Handlungen und deren Objektivationen kennzeichnet. Damit ist Sinn als subjektiv gemeinter Sinn nicht geleugnet, sondern nur behauptet, daß, bevor wir methodisch kontrolliert über den subjektiv gemeinten Sinn von Praxis, von Handlungen und ihren Objektivationen etwas erschließen können, bevor wir also die praktische Operation der Introspektion und des Fremdverstehens methodologisch kontrolliert und überprüfbar in eine wissenschaftliche Erkenntnisoperation aufheben können, zuvor gemäß geltender Regeln der objektive Sinn der Ausdrucksgestalten rekonstruiert sein muß, in dem das subjektiv gemeinte sich ausdrückt oder seine Spuren hinterlassen hat. Die objektive Hermeneutik ist also auch objektiv in dem Sinne, daß sie grundsätzlich auf die Operationen der Introspektion und des Verstehens von fremdpsychischen Realitäten verzichten kann.

Die auf den Gegenstand der latenten Sinnstrukturen von protokollierten Handlungen oder Ereignissen gerichteten Sinnrekonstruktionen erhalten ihre methodisch schlüssige Geltung dadurch, daß sich der rekonstruierende Forscher methodisch auf die Geltung jener Regeln berufen kann, die in der Praxis-Realität seines Gegenstandsbereichs selbst die algorithmische Erzeugung des Sinns und der Bedeutung der Handlungen und Ereignisse bedingt haben.

Mit dieser Bestimmung ist auch festgestellt, daß der objektive Hermeneut insofern immer in zwei Schritten vorgeht, als er zuerst die objektiven und latenten Sinnstrukturen von Daten als Ausdrucksgestalten einer konkreten Praxis rekonstruiert, und erst dann in einem zweiten Schritt die inneren psychischen Realitäten der beteiligten Subjektivitäten zu erschließen trachtet. Diese Reihenfolge läßt sich niemals umkehren. Nur in der Praxis selbst können und müssen wir uns den ersten Schritt ersparen.

2. Im Zentrum der objektiv hermeneutisch verfahrenden Forschungspraxis steht die *Operation der Sequenzanalyse*. Sie geht von der elementaren Feststellung aus, daß alle Erscheinungsformen von humaner Praxis durch Sequenziertheit konstituiert sind, wobei hier unter Sequenziertheit

nicht die triviale Form von Temporalisierung im Sinne eines Nacheinanders verstanden wird, sondern der nicht-triviale Umstand, daß jegliches Handeln, selbst wenn es als monologisches oder individuell isoliertes in Erscheinung tritt, qua Regelerzeugtheit soziales Handeln ist. Regelerzeugung bedeutet in sich Sequenzierung: Jedes scheinbare Einzel-Handeln ist sequentiell im Sinne wohlgeformter, regelhafter Verknüpfung an ein vorausgehendes Handeln angeschlossen worden und eröffnet seinerseits einen Spielraum für wohlgeformte, regelgemäße Anschlüsse. An jeder Sequenzstelle eines Handlungsverlaufs wird also einerseits aus den Anschlußmöglichkeiten, die regelgemäß durch die vorausgehenden Sequenzstellen eröffnet wurden, eine schließende Auswahl getroffen, und andererseits ein Spielraum zukünftiger Anschlußmöglichkeiten eröffnet.

Wenn man nun eine Sequenz in ihrem realen Verlaufsprofil erklären will, dann muß man grundsätzlich *zwei elementare Parameter* unterscheiden:

a) Die *bedeutungserzeugenden, algorithmisch operierenden Regeln* erzeugen zugleich sequentielle Verknüpfungen von wohlgeformten Anschlußmöglichkeiten. Welches nächste Element auch immer die nächste Sequenzstelle tatsächlich füllt, seine Bedeutung ist durch die Regeln schon immer vorweg festgelegt.

b) Des weiteren ist natürlich der tatsächliche Ablauf bestimmt durch einen Parameter, der die tatsächliche, praktische Auswahl aus den durch Sequenzregeln eröffneten Möglichkeiten, also die »Entscheidung« trifft. Diesen Parameter identifiziere ich mit der *Fallstrukturgesetzlichkeit der je konkreten, strukturell autonomen Lebenspraxis*, die als eine widersprüchliche Einheit von Entscheidungszwang und Begründungsverpflichtung jeweils diese Auswahl trifft, ob sie will oder nicht. Wären diese Auswahlen eine Folge zufälliger, strukturloser Verzweigungen ohne inneren Zusammenhang, dann wären wir nicht berechtigt, von einer Fallstrukturgesetzlichkeit zu sprechen und müßten an deren Stelle einen Zufallsgenerator setzen. Die autonome Lebenspraxis hätte sich dann auf die Strukturlosigkeit eines Zufallsgenerators reduziert, eine bloße abstrakte Negation von Fremdbestimmtheit ohne Eigengesetzlichkeit.

Aus dieser Unterscheidung der zwei Parameter für die Erklärung einer Sequenz von Handlungen oder Äußerungen ergeben sich wichtige Folgerungen für die sozialwissenschaftliche Strukturanalyse welchen konkreten Gegenstandes auch immer.

a) Mit der Sequenzanalyse gewinnt man eine positive, das heißt über residuale Definitionen hinausgehende Bestimmung von der *Individuiertheit autonomer Lebenspraxis*, allgemein: der Individuiertheit historisch-konkreter Gebilde, zu denen auch Personen zählen. Autonome Lebenspraxis konstituiert sich als solche nämlich genau in dem notwendigen Vollzug von Wahlen aus den Möglichkeiten, die durch Regeln der Sozialität eröffnet wurden. Die Systematik der Auswahlen, ihr innerer Zusammenhang, konstituiert das, was wir eine *Fallstrukturgesetzlichkeit* nennen, jene Gesetzlichkeit also, die die Autonomie einer Lebenspraxis material füllt und die systematisch von extern die Lebenspraxis bestimmenden Gesetzmäßigkeiten zu unterscheiden ist, wie sie die kausalanalytische Betrachtungsweise ausschließlich kennt. Fallstrukturgesetzmäßigkeiten sind ähnlich objektiv gültige, als Gesetzeshypothesen rekonstruierbare und in dieser Form falsifizierbare Gesetzlichkeiten wie die der sogenannten nomologisch-deduktiven oder nomothetischen beziehungsweise Gesetzes-Wissenschaften. Sie bilden sich im Vollzug der Geschichte beziehungsweise der Individuierung, wobei dieser Bildungsprozeß als *Strukturtransformationsprozeß* anzusehen ist, in den zugleich in Phasen der Beruhigung beziehungsweise der Etablierung Stufen der *Reproduktion* beziehungsweise der Erhaltung eingelagert sind. Therapeutische und supervisorische Prozesse wären in dieser Hinsicht im Erfolgsfalle als systematisch induzierte Transformationen von Fallstrukturgesetzlichkeiten anzusehen.

b) Mit einem solchen Begriff von Fallstrukturgesetzlichkeit lassen sich *Fallrekonstruktionen* systematisch von *Fall-*

beschreibungen unterscheiden. Während in diesen die Individualität beziehungsweise Besonderheit eines konkreten Falles allenfalls mit Hilfe der Subsumtion des Einzelfalles als Merkmalsträger unter eine möglichst große Zahl von meßbaren Merkmalen in der Unwahrscheinlichkeit der Wiederholung einer so ermittelten Meßwertekonstellation trivialisiert auf ein Residuum reduziert worden ist, wird in jener durch sequenzanalytisch lückenlose Rekonstruktion die Besonderheit des Falles als Fallstrukturgesetzlichkeit sichtbar, die zugleich das Ergebnis und die materiale Ausformung von Individuierung darstellt. In der *Fallstrukturgesetzlichkeit* haben wir ein Gebilde vor uns, das wahrhaft dialektisch *ein Allgemeines und ein Besonderes zugleich* ist.

c) Die Sequenzanalyse schmiegt sich also dem historischen Bildungsprozeß, den wir einmal als lebensgeschichtliche Individuierung und das andere Mal als geschichtliche Entwicklung höher aggregierter sozialer und kultureller Gebilde vor uns haben, sachhaltig an. Sie bildet als Methode in sich rekonstruktiv die reale zukunftsoffene Sequenzierung jeglichen Bildungsprozesses ab und ist deshalb auch die *explizite Methode zur Erfassung und Erklärung historischer Prozesse*.

d) Zugleich damit entfaltet diese Methode einen *nicht-trivialen Strukturbegriff*, der über jene verbreitete bloß formale Strukturkonzeption hinausgeht, für die eine Struktur aus einer Menge von Elementen besteht, die in einer spezifizierten Relation zueinander stehen. Der Strukturbegriff der objektiven Hermeneutik bezieht sich auf die Fallstrukturgesetzlichkeit je konkreter, individuierter Gebilde und er ist empirisch-material erst gefüllt, wenn über die Sequenzanalyse *mindestens eine Phase der Reproduktion oder Transformation der Fallstruktur lückenlos rekonstruiert worden ist*, die dann systematisch falsifikatorisch überprüft werden kann. Struktur und Prozeß fallen hier also nicht aus-, sondern ineinander. Strukturen dieser Art lassen sich überhaupt nur durch eine Rekonstruktion eines Prozesses hindurch erkennen und identifizieren. *Struktur und Prozeß* stehen nicht als verschiedene gegenüber, das eine ein statisches und das andere ein dynamisches Gebilde, sondern fallen als synchronisch und diachronisch zu formulierender Aspekt derselben Sache ineinander.

e) *Fallstrukturgesetzlichkeiten sind auch insofern objektive Gebilde*, als sie keineswegs, selbst im Grenzfalle nicht, vollgültig von der Subjektivität des Falles repräsentiert und in ein authentisches Selbstbild aufgehoben worden sind. Das Bild eines Falles beziehungsweise einer Lebenspraxis von sich selbst ist systematisch von der Fallstrukturgesetzlichkeit zu unterscheiden. Während diese dem Bewußtsein des Falles von sich selbst mehr oder weniger stark verborgen bleibt, ist jenes als subjektiv verfügte Individualität mehr oder weniger authentisch, das heißt mehr oder weniger verzerrt.

f) Rekonstruierte Fallstrukturgesetzlichkeiten stellen in sich Generalisierungen dar, weil sie allgemein gültig und methodisch kontrolliert falsifizierbar die innere Systematik im Handeln und in der Entwicklung einer konkreten Lebenspraxis zu erklären vermögen. Ich nenne sie *Strukturgeneralisierungen*. Im Unterschied zu den empirischen Generalisierungen in der quantitativen Sozialforschung, die auf der Basis von Stichproben von Beobachtungsfällen vorgenommen werden, beruhen sie auf Einzelfallrekonstruktionen, die ihrerseits dann die Grundlage weiterer Strukturgeneralisierungen in Richtung auf fallübergreifende Modelle, die Fallstrukturgesetzlichkeit einbettender, höher aggregierter Milieus bilden können. Die Allgemeingültigkeit einer Fallstrukturgesetzlichkeit kann weder auf der Ebene der Gültigkeit der wissenschaftlichen Rekonstruktion noch auf der Ebene der praktischen Gültigkeit als Lebensentwurf davon abhängig gemacht werden, wie relativ häufig sie im Sinne der empirischen Generalisierung vorkommt.

3. Fallrekonstruktionen kristallisieren Fallstrukturgesetzlichkeiten aus den sequenzanalytisch explizierten latenten Sinnstrukturen von Protokollen von Äußerungen oder Handlungen einer je konkreten Lebenspraxis aus. Das alles geschieht, ohne daß methodologisch die rekonstruierte Lebenspraxis selbst urteilend an dieser Rekonstruktion beteiligt ist und

ohne daß der objektive Hermeneut Bewertungen oder Urteile im Nachvollzug der Perspektive der untersuchten Lebenspraxis selbst in seine Interpretation als methodologisch relevante Urteile einfließen läßt.

Für die objektive Hermeneutik besteht *zwischen der Ausdrucksgestalt einer Lebenspraxis beziehungsweise einer Subjektivität und dieser selbst in ihrer binnenperspektivischen Wirklichkeit ein unüberbrückbarer Hiatus*, den es als solchen anzuerkennen gilt, damit der eigenständigen, nichtreduzierbaren Wirklichkeit von Subjektivität methodologisch Rechnung getragen werden kann. Den Terminus *Ausdrucksgestalt* entleihe ich der Romantik und fasse unter ihn alle protokollierten oder sonstwie objektivierten, sinnstrukturierten beziehungsweise sinnvermittelten Lebensäußerungen einer Lebenspraxis. Ausdrucksgestalten in welcher Ausdrucksmaterialität auch immer repräsentieren die Sache, die es zum Sprechen zu bringen gilt, indem objektiv hermeneutisch die durch Regeln algorithmisch erzeugten Sinn- und Bedeutungsstrukturen dieser Ausdrucksgestalten rekonstruiert werden. Bezogen darauf sind die von der Lebenspraxis selbst antizipierten oder erinnerten beziehungsweise aktuell introspektiv zugänglichen, intentional repräsentierten, subjektiv gemeinten Bedeutungen immer schon Abkürzungen und potentiell Verzerrungen. Die Lebenspraxis selbst nach der Bedeutung ihres Handelns zu fragen, ist also interpretatorisch nicht nur belanglos, sondern auch irreführend. Diese Befragung kann bestenfalls für die Produktion neuer oder ergänzender Protokolle, also neuer Daten, von Belang sein, nicht aber für die Interpretation anderer Daten.

Ausdrucksgestalten sind dem objektiven Hermeneuten *Spuren, Überreste oder Protokolle*, die eine Lebenspraxis hinterlassen hat. Sie reichen vom Kunstwerk über das Dokument und Monument als kulturellen Objektivationen hin bis zu den ungeplant hinterlassenen Spuren von Praxis und neuerdings den von Sozialwissenschaftlern geplant gesammelten Aufzeichnungen beobachteter Lebenspraxis. Unter dem Gesichtspunkt der Gegebenheit ihrer Daten in Ausdrucksgestalten werden die historischen Differenzen zwischen den verschiedenen kultur-, geistes- und sozialwissenschaftlichen Disziplinen zumindest methodologisch hinfällig und integriert unter dem gemeinsamen Dach von Erfahrungswissenschaften der sinnstrukturierten erfahrbaren Welt mit einer einheitlichen hermeneutischen Methodologie.

Ausdrucksgestalten betrachtet die objektive Hermeneutik unter dem doppelten Gesichtspunkt von *Protokoll und Text*. Unter *Protokoll* verstehe ich die ausdrucksmateriale, sinnlich wahrnehmbare Gegebenheit von Ausdrucksgestalten, also die Ausdrucksmaterialien, in denen die Praxisformen ihre Spuren, Überreste oder sonstigen Objektivationen hinterlassen haben. Die Ausdrucksmaterialien können von der formalisierten Versprachlichung bis zur leibgebundenen Expression reichen. Auch körperliche Symptome, vor allem in Psychosomatosen, Werkzeugspuren, handlungsbedingte Einwirkungen auf die Dingwelt, Eindrücke in stoffliche Materialien, durch humanes Leben bedingte Umweltveränderungen gelten als Protokolle von Lebenspraxis, die auf ihre Sinnträgerschaft hin gelesen werden können. Auf der Ebene von Ausdrucksmaterialien ist die Sprache beziehungsweise die Form der Versprachlichung ein Ausdrucksmaterial unter vielen anderen.

Die Kategorie des *Textes* bezieht sich auf dieselben Ausdrucksgestalten unter dem Gesichtspunkt ihrer abstrakten, sinnlich als solcher nicht wahrnehmbaren Sinnstrukturiertheit. Ich gebrauche also den Textbegriff viel umfassender, als er in der Literaturwissenschaft und in der Alltagssprache üblich ist. Dort erschöpft er sich in der Schriftsprachlichkeit, erlaubt allenfalls die Erweiterung auf die gesprochene Sprache. In der objektiven Hermeneutik dagegen bezieht er sich auf die Gegebenheit der sinnstrukturierten Welt als Ganzer in Ausdrucksgestalten welchen Ausdrucksmaterials auch immer. Ich fühle mich zu dieser Ausweitung des Textbegriffs berechtigt, weil die *Bedeutungsfunktion* als solche sprachlich, im Algorithmus des sprachlichen Regelsystems konstituiert ist und daran alle nicht-sprachlichen Ausdrucksmaterialien partizipieren können. Anders ausgedrückt heißt das: Da die nicht-sprachlichen Ausdrucksgestalten beziehungsweise Protokolle Sinn- beziehungsweise Bedeutungsfunktionen realisieren, die als solche durch den Algorithmus Sprache konstituiert worden sind, können sie auch prinzipiell versprachlicht und deshalb als Texte betrachtet werden.

Sprache erscheint also in dieser theoretischen Begründung der objektiven Hermeneutik *in einer doppelten Stellung*: Zum einen als die Bedeutungsfunktion grundlegend konstituierender Algorithmus und zum anderen als eine Ausdrucksmaterialität unter vielen anderen, die die Bedeutungsfunktionen realisieren.

Protokolle setzen immer eine *protokollierte Wirklichkeit* voraus. Wollte man Protokolle auf ihre Authentizität und ihre Lückenhaftigkeit hin überprüfen, so wäre man wiederum auf andere Protokolle derselben protokollierten Wirklichkeit angewiesen. Anders ausgedrückt: Es existiert zwar fraglos eine protokollierte Wirklichkeit, aber sie läßt sich für den analysierenden Dritten beziehungsweise für den methodisch kontrollierten, intersubjektiv nachprüfbaren Zugriff immer nur in Gestalt von Protokollen erfassen. Methodologisch läßt sich die durch Protokolle bezeichnete *Grenze* nicht überschreiten auf das Terrain der protokollierten Wirklichkeit, die nicht selbst ein Protokoll ist. Eine solche protokollierte Wirklichkeit, die nicht selbst ein Protokoll ist, haben wir aber par excellence im Hier und Jetzt der Lebenspraxis beziehungsweise in der unmittelbaren Subjektivität fraglos vor uns. Diese Wirklichkeit läßt sich also im unmittelbaren Zugriff methodisch nicht erfassen. Die Lebenspraxis im Hier und Jetzt beziehungsweise die Subjektivität ist als Wirklichkeit nur durch sich selbst erfahrbar und zwar als unmittelbar gegebene im Moment des Scheiterns von Routinen und Überzeugungen, also in der *Krise*. Aber diese Erfahrung der Subjektivität durch sich selbst bleibt privat, an die *Erkenntnisoperation der Introspektion* gebunden. Sie ist eine Operation der Praxis selbst und für diese fraglos konstitutiv. Die Vorstellung, man könne praktisch handeln unter der Bedingung, die Introspektion als Erfahrungsmodus zu verleugnen, führt uns sofort die Aporie eines solchen Praxisbegriffs vor. Aber für die Methodologie einer intersubjektiv überprüfbaren wissenschaftlichen Analyse von Praxis kann, solange wir an Erfahrungswissenschaft als methodisch kontrollierter Überprüfung von Behauptungen über die erfahrbare Welt festhalten wollen, die Introspektion als Weise der Überprüfung von Tatsachenbehauptungen nicht in Frage kommen.

Zwischen der protokollierten Wirklichkeit der Lebenspraxis in ihrer Fallstrukturgesetzmäßigkeit und der methodologisch einzig zugänglichen Realität der latenten Sinnstrukturen von Protokollen besteht also eine methodologisch unübersteigbare Grenze. Die sich nur selbst und in der Unmittelbarkeit der Krise erfahrene Subjektivität beziehungsweise autonome Lebenspraxis können wir daher methodisch nur unter der Bedingung systematisch überprüfbar wissenschaftlich untersuchen, daß wir diese Grenze als solche anerkennen und uns auf die Ausdrucksgestalten »beschränken«, in denen sie sich objektiviert haben. Daher sprechen wir davon, daß den Erfahrungswissenschaften von der sinnstrukturierten Welt ihre Realität methodisch gesehen nur textförmig gegeben ist. Die anderen Wirklichkeiten können immer nur aus der textförmigen Realität erschlossen werden.

Diese Seite des methodologischen Realismus der objektiven Hermeneutik ist häufig kritisiert und mißverstanden worden als eine die Subjektivität oder die Dignität des »subjektiven Faktors« mißachtende, zynische Methodologie. Nichts ist falscher als das. Zum einen übersieht diese Kritik, daß die objektive Hermeneutik in der Konzeption des dialektischen Verhältnisses der Unübersteigbarkeit von Subjektivität und Ausdrucksgestalt einem radikalen Subjektivitäts-Begriff ähnlich der Konzeption des Nicht-Identischen bei ADORNO überhaupt erst Geltung verschafft, indem sie *Subjektivität als das Unreduzierbare, Eigenständige* anerkennt, als das es sich einzig in der Krisenerfahrung des Subjekts von sich selbst erst konstituiert und als das es in den bewußtseins- und reflexionsphilosophischen Traditionen nicht gefaßt werden kann, weil darin letztlich Subjektivität als letztbegründende Reflexionstätigkeit residual durch Differenz zum Anderen der Objektivität bestimmt wird. Aus dem radikalen Subjektivitätsbegriff folgt für die objektive Hermeneutik notwendig der besagte unüberbrückbare Hiatus zwischen Subjektivität und Ausdrucksgestalt.

Forschungspraktisch gewendet heißt das: Jeder Versuch, über die innere psychische Realität, über Motive, psychische Dispositionen, Gefühlszustände, kurz: über Zustände der Subjektivität wissenschaftlich überprüfbare Aussagen zu machen, muß die *Unübersteigbarkeit der Grenze zur Introspektion* als Weise der praktischen Selbsterfahrung von Subjektivität respektieren, will er nicht von vornherein Wissenschaft und Praxis hoffnungslos miteinander vermengen und damit beide Sphären in ihrer jeweiligen Dignität verletzen. Er bringt aber die in dieser Unübersteigbarkeit der Grenze anerkannte, radikalisierte Subjektivität gerade dadurch unverkürzt zur Geltung, daß er die Ausdrucksgestalten, in denen sie sich objektiviert, ernst nimmt und auf ihre Sinnstrukturen hin auslegt. Erinnerungsspuren, Traumbilder, introspektiv zugängliche emotionale Zustände und Affekte können nie und nimmer als solche methodisch überprüfbar erfaßt werden, sie werden methodisch zugängliche Gegenstände erst über die Ausdrucksgestalt, die sie in einer Erzählung, einem protokollierbaren Ausruf, einer Aufzeichnung einer Geste aus der Sicht eines analysierenden Dritten, einem fotografierten Gesichtsausdruck oder ähnliches gefunden haben. FREUD wurde diesem Umstand auf seine unerschütterliche, methodologisch präzise Weise gerecht, wenn er in seiner Traumtheorie unterschiedslos die im Schlaf hergestellten und die im Wachzustand erzählten oder zum Ausdruck gebrachten Traumbilder gleichermaßen unter den Begriff des manifesten Trauminhaltes faßte, weil die ontologische Differenz zwischen beiden: der Subjektivität des Traumbildes im Schlaf als protokollierter Wirklichkeit und ihrer Ausdrucksgestalt als Traumerzählung im Wachzustand, methodologisch folgenlos ist. Will man die protokollierte Wirklichkeit des Ergebnisses der Traumarbeit im Schlafzustand methodisch überprüfbar bearbeiten, dann ist man auf das Protokoll dieses Trauminhaltes aus dem Wachzustand angewiesen. Methodologisch zählt nur dieses. Und es wird als Datum – methodologisch gesehen – nur ernst genommen, wenn man es lückenlos sequenzanalytisch auf seine objektive Sinnstruktur hin präzise auslegt wie einen Gesetzestext, nicht, indem man – wie in der Praxis unumgänglich – frei dazu assoziiert. Die introspektiv zugängliche Traumerinnerung kann nicht als methodische Operation herhalten. Sie kann aber dem Subjekt des Träumens im Wachzustand einen Maßstab dafür liefern, welchen Grad der Authentizität seine Traumerzählung erreicht hat. Wiederum aber wird diese

Traumerinnerung methodisch erst in dem Maße folgenreich, in dem sie Ausdruck in einer korrigierten Traumerzählung gefunden hat. FREUD war also in ähnlicher Weise methodologischer Realist wie die objektive Hermeneutik.

Alles andere liefe entweder auf Mystifikation oder auf die undialektische Subsumtion von Subjektivität unter Begriffe des Allgemeinen, damit auf die Zerstörung von Subjektivität von vornherein hinaus. Mit dieser scharfen Abgrenzung der dialektisch ins Verhältnis gesetzten Sphären von Subjektivität und Ausdrucksgestalt eröffnet die objektive Hermeneutik erst einen *genuin wissenschaftlichen Zugang zur Welt der Subjektivität und zur Welt der Praxis*. Demgegenüber sind die Methodenvorschläge der explizit als Theorien der Subjektivität oder des »subjektiven Faktors« deklarierten Positionen, insbesondere die LORENZER*sche Tiefenhermeneutik* nichts anderes als Verlängerungen von praktischen Operationen des Verstehens auf die Ebene der Methodologie, mithin ein Kategorienfehler. Daß introspektive Erfahrungsmodi für die Lebenspraxis selbst konstitutiv sind ebenso wie etwa die vom Mechanismus der Gegenübertragung eröffneten Erfahrungsmodi für die Praxis des Therapeuten, wird von der objektiven Hermeneutik nicht geleugnet. Im Gegenteil: eine diesbezügliche Praxis wird als auf anderes unreduzierbar radikal konstituiert. Daraus läßt sich jedoch für die Methodologie der Überprüfung des Geltungsanspruchs von Aussagen über die Praxis keine Operation gewinnen. Vielmehr wäre für die theoretische Begründung der Bedingungen der Möglichkeiten der Modi des szenischen Verstehens einer therapeutischen Praxis genau jene Methodologie erforderlich, die diese Modi als *gelingende* praktische Abkürzungen einer expliziten, unpraktischen, methodisch kontrollierten Sinnrekonstruktion nachwiese und rechtfertigte. Aber die umgekehrte Aufblähung der der Praxis selbst entnommenen berufsspezifischen Abkürzungen des Motivverstehens zur Methodologie verwandelt das erfahrungswissenschaftliche Geschäft einer Methode der Erfahrung nur wieder zurück in eine Methode der Offenbarung oder der Autorität.

4. Die objektive Hermeneutik *bricht den viel beschworenen hermeneutischen Zirkel der traditionellen sinnverstehenden Methoden der Geistes-, Kultur- und Sozialwissenschaften auf*. Dieser angeblich notwendige Zirkel besteht in der vorgängigen aufschließenden Funktion eines gegenstandsspezifischen Vorwissens, mit dem der Forscher die historische Distanz zu seinem Gegenstand überwindet. Entsprechend sieht die traditionelle Nachvollzugshermeneutik im Gegensatz zur objektiven Hermeneutik die Methoden des Verstehens vor allem dann vor Schwierigkeiten gestellt, wenn die historische Distanz zum Gegenstand besonders groß, dieser also besonders fremd ist. Die objektive Hermeneutik trennt strikt zwischen einem *Vorwissen* in Gestalt eines Wissens oder eines Bewußtseins von gegenstands- beziehungsweise fallübergreifenden bedeutungserzeugenden Regeln analog zu einem Algorithmus einerseits und einem *Vorwissen* in Gestalt eines fall- beziehungsweise gegenstandsspezifischen *historisch oder kulturell konkreten Kontextwissens*. Im Gegensatz zur *traditionellen Nachvollzugshermeneutik* vermeidet sie dieses strikt und hält es für den Gegenstand verschleiernd und verunklarend. Deshalb auch ist der objektiven Hermeneutik, ähnlich wie der Romantik, das Fremde als Gegenstand willkommen, weil es den unvoreingenommenen Blick auf die objektiven Struktureigenschaften hinter dem undurchsichtigen Schleier des vorgängigen praktischen Wissens erzwingt, will man es als das verstehen, was es ist. Nur das Fremde als Fremdes erfordert das Verstehen systematisch als Methode. Sie würde durch eine vorgängige Applikation eines gegenstandsspezifischen Wissens zur Überwindung der historischen Distanz überflüssig gemacht, bevor sie ihr Geschäft begonnen hätte. Deshalb sieht die objektive Hermeneutik auch die dem Fremden gewidmeten Disziplinen der Kulturanthropologie, Ethnologie und Geschichtswissenschaft der Soziologie gegenüber im Vorteil. Denn diese muß ihren Gegenstand, der ihr aus einer gemeinsamen Lebenspraxis schon qua vorgängigem Wissen vertraut ist, den sie also gar nicht erst zu verstehen braucht, sondern immer schon praktisch verstanden hat, erst künstlich wieder auf Distanz bringen beziehungsweise verfremden, als praktisch »heißen« Gegenstand methodisch gewissermaßen »kalt«

machen, während jenen ihr Gegenstand immer schon auch praktisch als fremder gegeben ist, so daß die Gefahr des Dazwischentretens eines verzerrenden vorgängigen Wissens aus der Praxis für sie geringer ist, ihr Blick also von vornherein unvoreingenommener sein kann.

Natürlich kann man gerade als objektiver Hermeneut auf das Vorwissen in Gestalt der bedeutungserzeugenden, fall- beziehungsweise gegenstandsübergreifenden Regeln nicht verzichten. Das »tabula rasa«-Modell einer methodischen Voraussetzungslosigkeit, die von der immer schon gegebenen Sinnstrukturiertheit jeglicher humanen Wirklichkeit absähe, wäre absurd. *Man muß also zwischen den beiden Typen von Vorwissen strikt unterscheiden:* Das eine ist für die objektive Hermeneutik konstitutiv, das andere ist strikt zu vermeiden, um den schlechten hermeneutischen Zirkel zu durchbrechen. Beide Typen des Vorwissens unterschiedslos unter die Kategorie des »Hintergrundswissens« zu subsumieren, kann heute nicht mehr zeitgemäß sein.

In der Forschungspraxis der objektiven Hermeneutik hat diese Unterscheidung zur Folge, daß zuerst festgelegt werden muß, welche der in einem sequenzanalytisch zu rekonstruierenden Protokoll sich ausdrückenden Fallstrukturen den Gegenstand der Analyse bilden, damit ein diese Fallstrukturen betreffendes Vorwissen weder explizit noch implizit Eingang in die Interpretation findet. Es ist nämlich für die *Nicht-Zirkularität der Sequenzanalyse* entscheidend, daß die mit dem Protokoll-Text kompatiblen Lesarten, die jedoch im Lichte des vorgängigen fallspezifischen Wissens konkret nicht zutreffen, gleichwohl systematisch expliziert werden, weil erst auf der Folie dieser Explikation die spezifische Fallstrukturgesetzlichkeit sich zwingend erschließen läßt, indem sequenzanalytisch gezeigt wird, welche regelgemäß eröffneten Verlaufsmöglichkeiten im Vollzug der Sequenz ausgeschlossen werden und welche spezifische Fallstrukturgesetzlichkeit sich durch dieses Ausschließen systematisch sukzessive herausschält. Ich nenne das gegenstandsspezifische vorgängige Wissen, das nur zu einem schlecht zirkulären Verstehen führt, Wissen über den *äußeren historischen oder kulturellen fallspezifischen Kontext* eines Protokolls. Seine zirkuläre Verwendung im Sinne des klassischen hermeneutischen Zirkels ist für die objektive Hermeneutik tabu, weil es ein aufschlußreiches und sukzessive falsifikatorisch vorgehendes Analysieren sinnstrukturierter Wirklichkeit nur verhindert. Dagegen nenne ich jenes Wissen über die Fallstrukturgesetzlichkeit, das sich sukzessive sequenzanalytisch erschließt, das Wissen über den *inneren Kontext* der Fallstruktur.

Während also das Vorwissen über fallübergreifende bedeutungserzeugende Regeln und das Wissen über den sequenzanalytisch intern erschlossenen inneren Kontext einer Protokoll-Stelle objektiv hermeneutisch notwendig sind, ist das Wissen über den äußeren Kontext strikt zu vermeiden, jenes Wissen also, das gewöhnlich im hermeneutischen Zirkel der klassischen Nachvollzugshermeneutik im Zentrum steht. Diese Vermeidung vorgängigen Wissens nenne ich die *methodisch kontrollierte Herstellung künstlicher Naivität*, mit der wir als Soziologen die uns praktisch vertrauten Gegenstände auf die Distanz des Fremden bringen, um sie in dieser Distanz strukturanalytisch aufschlußreicher sehen zu können, statt sie nur in der Binnenperspektive der Praxis, die es gerade zu analysieren gilt, gehaltlos zu paraphrasieren.

In dieser Durchbrechung des hermeneutischen Zirkels verfährt die objektive Hermeneutik zugleich strikt falsifikatorisch, indem sie die bis zu einer bestimmten Sequenzstelle rekonstruierte Version einer Fallstrukturgesetzlichkeit durch die jeweils nachfolgenden Sequenzstellen sofort überprüfen läßt. Allerdings verbleibt sie auch in dieser strikten Falsifikation streng rekonstruktionslogisch, weil diese Überprüfung sich der realen Sequenz einer zukunftsoffenen Entwicklung der Fallstruktur anschmiegt, in der an jeder Sequenzstelle die Möglichkeit einer transformatorischen Veränderung besteht, die einer realen Falsifikation der realen Fallstrukturgesetzmäßigkeit der jeweiligen Lebenspraxis gleichkäme. Kehrseitig dazu ist das Nicht-Eintreten einer solchen Veränderungs-Chance gleichzusetzen mit einer Bewährung der bis dahin geltenden Fallstrukturgesetzmäßigkeit. Die Fallrekonstruktion entwirft also nicht willkürlich zu prüfende Fallstrukturgesetzlichkeiten nach dem Bilde instrumentell interpretierter Theorien, sondern liest sie rekonstruktiv den in der Realität selbst operierenden Modellen oder Gesetzmäßigkeiten einer Fallstruktur ab.

Anmerkungen

1   Eine detaillierte Sequenzanalyse hat immer ein schwieriges Darstellungsproblem zu bewältigen. Sachliche Wiederholungen müssen in dem Maße in Kauf genommen werden, in dem sich im analysierten Material identische oder ähnliche Strukturmuster reproduzieren. Für die Fallrekonstruktion sind solche Reproduktionen sogar von entscheidender Bedeutung, weil sie in der Realität die Sache selbst ausmachen und in der methodisch geführten Rekonstruktion initiale Strukturhypothesen bestätigen oder modifizieren. In dem Maße, in dem die Sequenzanalyse zugleich die ausführlichste und strikteste Weise der Falsifikation darstellt, sind diese Reproduktionen von Strukturmustern Sequenzen der Bewährung einer Strukturhypothese, wo grundsätzlich nach Falsifikationen gesucht wird. Es würde also diesen Überprüfungsprozeß vollständig verzeichnen, würden die Wiederholungen vermieden werden.
Des weiteren darf die Sequentialität des analysierten Materials nicht verletzt werden. Die Darstellung muß dieser Sequentialität strikt folgen. Daher lassen sich thematische Gruppierungen oder systematisch-klassifikatorische Ordnungen gegen die Sequentialität nicht durchführen, was die thematische Übersichtlichkeit der Analyse erheblich erschwert.
Ich werde versuchen, in die umfangreiche Materialanalyse durch vier verschiedene, sich überlagernde Gliederungsprinzipien eine gewisse Übersichtlichkeit zu bringen.
a) Auf einer ersten Ebene gliedert sich die Darstellung, wie schon ausgeführt, nach der realen Sequentialität des protokollierten Geschehens. Diese lineare Gliederung ist die dominante, alle anderen haben sich ihr zu fügen.
b) Auf einer zweiten Ebene gliedert sich die Sequenzanalyse nach der Extensität und Detailliertheit, mit der größere Segmente des gesamten Protokolls analysiert wurden.
c) Auf einer dritten Ebene werden, um die Ergebnissicherung der Sequenzanalyse kumulativ zu betreiben, in Résumés die gesicherten Schlußfolgerungen festgehalten. Diese Résumés werden als eigene Folge durchnumeriert, verbleiben aber in der Sequentialität des Materials. Sie werden in der Folge gegen Ende immer weniger und hören bald ganz auf, weil sich dann an der Struktur des rekonstruierten Falles kaum mehr etwas ändert. Anders ausgedrückt: Die summarische Sequenzanalyse geht in die Zusammenfassung der Resümees über.
d) Auf einer vierten Ebene schließlich werden Exkurse eingeschaltet, die ihrerseits eine eigens durchnumerierte Folge bilden, gleichfalls aber die Sequentialität des Materials nicht durchbrechen. Diese Exkurse waren erforderlich, damit theoretische und praktische Gedankengänge, die sich aus dem Material

selbst ergaben und Verknüpfungen mit aus der Literatur geläufigen Thematiken und Annahmen ermöglichten, an »Ort und Stelle«, an der sie aus dem Material »heraussprangen«, festgehalten und ausgesondert werden konnten.

2 Das zugrundeliegende Transkript wurde vom Autor selbst angefertigt, weil sich bei einer ersten Interpretation des Protokollanfangs, nachdem schon ein längeres Interpretationsmanuskript vorlag, zwingend eine Fehlerhaftigkeit im schon vorliegenden, mehrfach redigierten Transkript herausstellte und ein darauf erfolgender Vergleich mit der Bandaufnahme dessen Unbrauchbarkeit erwies.

Ich erwähne das, um darauf aufmerksam zu machen, daß eine struktural hermeneutische Sozialforschung ganz wesentlich und entscheidend mit der Qualität der Datenbasis beginnt. Demgegenüber fallen Fragen der Notation bei der Transkription weniger ins Gewicht. Gewöhnlich wird dieses scheinbar banale Problem der Qualität der Datenbasis in unserer Profession viel zu wenig beachtet. Ich frage mich oft, wie groß wohl das Mißverhältnis zwischen dem Aufwand bei der Bereitstellung einer angemessenen Datenbasis »qualitativer« soziologischer Forschung und dem Aufwand bei der theoretischen Elaboration von Argumentationsketten in der Generierung von Forschungsergebnissen sein mag. Ein indirekter Maßstab dafür mag sein, daß nach wie vor geglaubt wird, man könne Transkripte von nichtwissenschaftlichen Mitarbeitern in endgültiger Ausfertigung durchführen lassen oder an Honorar-Mitarbeiter außerhalb der Projekte delegieren. Die forschungspraktische Erfahrung zeigt, daß die größte Anstrengung sowohl für die Durchführung der Tonband- oder Video-Aufzeichnung als auch für die Herstellung des Transkripts notwendig ist. Die scheinbar teuren »equipments« für technisch hochwertige Aufzeichnungen machen sich schon nach einigen Interview- oder Interaktions-Transkriptionen mehr als bezahlt, weil sie eine unendlich mühevolle »Entzifferung« durch Wissenschaftler, deren Zeit für anderes gespart werden könnte, erheblich verkürzen können.

Mitarbeiter aus Forschungsprojekten sollten entsprechend eingewiesen und eingeübt werden. Vor allem auch sollten sie frühzeitig trainiert werden zu transkribieren, weil hier die Übung der entscheidende Faktor ist, ähnlich wie der Erfahrungsfaktor bei der Entzifferung von Handschriften in der historischen Forschung.

3 Die wenigen Notationskonventionen, die ich bei der Anfertigung des Transkripts benutzt habe, finden sich als Legende zum Transkript (vgl. S. 109). Die drei Punkte am Ende des Äußerungsausschnitts hinter einem vom Transkript-Text abtrennenden Schrägstrich gehören nicht mehr zum Transkript selbst (etwa als Pausenzeichen), sondern sollen dem Leser des laufenden Darstellungstextes markieren, daß die Äußerung der jeweiligen Person hier weder abgeschlossen ist noch unterbrochen wird, sondern nur zu Zwecken der übersichtlichen Portionierung für die Sequenzanalyse vorläufig »endet«. Analoges gilt für drei Punkte und einen abtrennenden Schrägstrich zu Beginn eines Äußerungssegmentes im laufenden Text der Darstellung. Die in Klammern am Ende angeführten Zahlen verweisen auf den Fundort des Segments im Transkript: Die Zahl vor dem Schrägstrich bezieht sich auf die Seite des Transkripts, die Zahl hinter dem Schrägstrich auf die Zeile; »(3/1)« bedeutet also, daß es sich um die erste Zeile auf der Seite 3 des Transkripts handelt.

4 Vgl. OEVERMANN, U. (1981): Fallrekonstruktion und Strukturgeneralisierung als Beitrag der objektiven Hermeneutik zur soziologisch-strukturtheoretischen Analyse. Unveröffentlichtes Manuskript. Frankfurt/a.M.

5 Daß die Gegenwartsform auch gewählt werden kann, wenn über einen Vorgang, der schon in der Vergangenheit liegt, zu Zwecken der verallgemeinernden, exemplarischen Darstellung eines Zusammenhangs berichtet wird, wird hier einbezogen, ist aber auszuschließen, da die vorausgehende Äußerung nicht eine solche Darstellung, etwa auf einer Konferenz oder einem Kongreß, eingeleitet hat, sondern Bestandteil des Vollzugs einer therapeutischen Praxis im Hier- und- jetzt des Sprechens ist.

6 Ich stelle hier durchaus in Rechnung, daß natürlich auch in Fallkonferenzen Fragen der angemessenen Behandlung im Zusammenhang mit der Rekonstruktion eines Falles thematisch sind, daß also Diagnose und Therapie im Zusammenhang zu sehen sind. Jedoch ist in Fallkonferenzen meines Erachtens die Behandlung eher unter dem Gesichtspunkt der technischen Adäquatheit thematisch, weniger unter dem Gesichtspunkt der kunstgerechten Einrichtung und Aufrechterhaltung des Arbeitsbündnisses in der Arzt-Patient-Beziehung. Dies ist dagegen das Hauptthema in Supervisionen.

7 Wenn hier Person 1 mit maskulinen Pronomen benannt wird, dann ist das lediglich dem Genus der Wörter geschuldet. Welchen Geschlechts die Person 1 wirklich ist, können wir bisher aus dem Text nicht erschließen.

8 Die ganze Argumentation bezüglich Ablösungsschwierigkeiten gilt auch dann noch, wenn eine ausschließlich psychotherapeutisch geführte Behandlung mit externer, standardisiert vorgegebener Terminierung bei welchen psychischen Erkrankungen auch immer durchgeführt wird. Diese Schwierigkeiten verschärfen sich bei Psychosomatosen von der Natur der Übertragungsprozesse her. Sie erfahren eine weitere Verschärfung unter Bedingungen der stationären Behandlung wegen der dadurch bedingten stärkeren Abhängigkeit des Patienten vom Setting und sie verstärken sich schließlich noch einmal, wenn die psychotherapeutische Behandlung durch ein organbezogenes Behandlungsschema dominiert wird.

9 Ich benutze hier, nachdem textimmanent die Sequenzanalyse bis zu dieser Stelle durchgeführt worden ist und zu entsprechenden Bestimmungen beziehungsweise Möglichkeitsvermutungen schon geführt hat, zum ersten Mal den »äußeren Kontext«, also eine Information über den tatsächlichen Kontext des protokollierten Ereignisses.

10 Von nun an können wir legitim das Kontextwissen, daß es sich bei der Supervisionsgruppe um das Team einer Station handelt, einsetzen, weil wir diese Kontextbedingung ohnehin schon aufgrund der von diesem Kontextwissen freien Sequenzanalyse für wahrscheinlich halten mußten und in Rechnung gestellt haben, so daß durch die Hinzufügung der Information über den äußeren Kontext nur noch eine Lizenzierung der ohnehin explizierten Zusammenhänge erfolgt, nicht aber zirkulär eine Strukturerkenntnis eingeführt wird, die nicht wirklich rekonstruktiv erschlossen worden ist. Ebenso benutzen wir von dieser Stelle an die Kontextinformation, daß es sich bei Person 1, also beim Falldarsteller, um einen männlichen Psychotherapeuten handelt. Aus dem Tonbandprotokoll geht das ohnehin zwingend hervor, es hätte also schon in die Kennzeichnungen des Transkripts Eingang finden

können. Natürlich ist für das Supervisionsproblem selbst bedeutsam, welchen Geschlechts der Therapeut ist, der das Supervisionsbegehren präsentiert.

11   Die sequenzanalytische Interpretation der Intervention des männlichen Kollegen ist erheblich gekürzt worden.

12   Ich verdanke diesen Hinweis Herrn Dr. B. BARDÉ.

13   Wir haben hier einen für die strenge sequenzanalytische Methode unerlaubten Vorgriff auf spätere Sequenzstellen vorgenommen, insofern also die Sequenzanalyse durchbrochen. Das ist hier ausnahmsweise geschehen, um den Leser auf einen wichtigen Sachverhalt abkürzend hinzuweisen.

14   Der Grad der Detailliertheit der bisherigen Sequenzanalyse kann natürlich nicht für das gesamte Transkript durchgehalten werden. Das ist auch um der Sache willen nicht notwendig. Ohnehin liegt für diesen Druck, wie schon ausgeführt, eine stark gekürzte Fassung vor. Ich interpretiere von nun an weniger detailliert und zunehmend summarischer, weil einerseits die Strukturhypothese bezüglich des objektiven Strukturproblems sowohl der Behandlung als auch von deren Supervision genügend detailliert herausgearbeitet worden ist und andererseits der Verlauf der Supervisionssitzung noch in seiner Gesamtgestalt deutlich werden soll. Die Sequentialität des Protokolls wird dabei aber nicht durchbrochen. Die Analyse wird nun in Stufen weiter beschleunigt.

15   Aus den schon angekündigten Gründen fehlenden Publikationsraumes kann die gesamte durchgeführte Sequenzanalyse nicht vollständig dargestellt werden. Statt eine verdünnte Sequenzanalyse für das gesamte Transkript vorzustellen, habe ich mich entschlossen, den Anfang der Sequenzanalyse bis zu dieser Stelle im Transkript im Sinne der objektiv hermeneutischen Kunstlehre darzustellen und erst wieder ganz am Schluß zu dieser Darstellung zurückzukehren. Die Verbindung des dazwischenliegenden Transkriptteils wird ab hier nunmehr nur deskriptiv summarisch interpretiert, damit der Leser wenigstens inhaltlich einen Eindruck vom Gesamtverlauf hat, den er im übrigen im Verbatim-Transkript (vgl. S. 109) ohnehin nachlesen kann. Methodisch gesehen handelt es sich also um zwei auseinandergerissene Teile der integralen Sequenzanalyse, den Anfang und das Ende, die durch eine »Hilfsschraube« der bloßen Inhaltsangabe notdürftig in Verbindung gehalten werden, wobei hinzuzufügen ist, daß in die hier vorliegende Druckfassung das Ende nicht aufgenommen worden ist. Im übrigen stellt der Autor dem interessierten Leser die vollständige Sequenzanalyse auf Anfrage im Manuskript gern zur Verfügung.

16   Das erste Mal geschah das in 114/34.

17   Die Stimme dieser Person ist auf der Bandaufnahme leicht mit der einer anderen weiblichen, erst später sich beteiligenden Person, höchstwahrscheinlich einer Krankenschwester, zu verwechseln, so daß ich nicht garantieren kann, beide Personen zuverlässig identifiziert und auseinandergehalten zu haben. Allerdings ist diese Stimme von der der Bewegungstherapeutin, die unverkennbar ist, gut zu unterscheiden. Spätere Einzelheiten verweisen auf »Krankenschwester«.

18   Ich lasse hier eine ganze Passage aus, an der verdeutlicht werden könnte, welche Strategie der Problem-Strukturierung fallferner Materialsche-

matisierung der Supervisor in tendenziell verselbständigter Insider-Sprache einschlägt.

19 Vgl. dazu vorläufig OEVERMANN, U.; KONAU, E. (1980): Struktureigenschaften sozialisatorischer und therapeutischer Interaktion. Unveröffentl. Projektantrag, Ms., 138 S., Frankfurt a.M..

20 Als Einführung in die Methodologie der objektiven Hermeneutik mögen dem interessierten Leser die folgenden Schriften dienen: OEVERMANN, U.; ALLERT, T.; GRIPP, H.; KONAU, E.; KRAMBECK, J.; SCHRODER-CAESAR, E.; SCHUTZE, Y. (1976): Beobachtungen zur Struktur der sozialisatorischen Interaktion. In: LEPSIUS, R.M. (Hg.), Zwischenbilanz der Soziologie. Enke, Stuttgart, S. 274-295. OEVERMANN, U.; ALLERT, T.; KONAU, E.; KRAMBECK, J. (1979): Die Methodologie einer objektiven Hermeneutik und ihre allgemeine forschungslogische Bedeutung in den Sozialwissenschaften. In: SOEFFNER, H.-G. (Hg.), Interpretative Verfahren in den Sozial- und Textwissenschaften. Metzler, Stuttgart, S. 352-434. OEVERMANN, U. (1983): Zur Sache: Die Bedeutung von Adornos methodologischem Selbstverständnis für die Begründung einer materialen soziologischen Strukturanalyse. In: FRIEDEBURG, L.v.; HABERMAS, J. (Hg.), Adorno-Konferenz 1983. Suhrkamp, Frankfurt a.M.. OEVERMANN, U. (1986): Kontroversen über sinnverstehende Soziologie. Einige wiederkehrende Probleme und Mißverständnisse in der Rezeption der ›objektiven Hermeneutik‹. In: AUFENANGER, S.; LENSSEN, M. (Hg.), Handlung und Sinnstruktur. Kindt, München. OEVERMANN, U. (1991): Genetischer Strukturalismus und das sozialwissenschaftliche Problem der Erklärung der Entstehung des Neuen. In: MÜLLER-DOHM, S. (Hg.), Jenseits der Utopie. Suhrkamp, Frankfurt a.M., S. 267-335. OEVERMANN, U. (1993): Die objektive Hermeneutik als unverzichtbare methodologische Grundlage für die Analyse von Subjektivität. Zugleich eine Kritik der Tiefenhermeneutik. In: JUNG, TH.; MÜLLER-DOHM, S., (Hg.), Wirklichkeit und Deutungsprozeß. Verstehen und Methoden in den Kultur- und Sozialwissenschaften. STW 1048. Suhrkamp, Frankfurt/M.

PETER KUTTER

Basis-Konflikt, Übertragungs-Spaltung und Spiegel-Phänomene

Möglichkeiten und Grenzen
einer psychoanalytischen Team-Gruppe

Psychoanalytische Psychosomatik unter besonderer Berücksichtigung der Basiskonflikt-Hypothese

Aufgrund umfangreicher kasuistischer und supervisorischer Beobachtungen im Umgang mit psychosomatisch erkrankten Patienten konzipierte ich einen basalen Konflikt innerhalb eines dyadischen Systems von zwei Personen, Instanzen oder Systemen. Dabei bedroht System A das System B, während sich gleichzeitig System B von System A bedroht fühlt. Das dyadische interaktionelle Geschehen kann auf folgenden Ebenen beobachtet werden:

1. Auf der Ebene zwischen zwei interagierenden Personen, wobei A der Therapeut und B der Patient sein kann oder umgekehrt.
2. In der Mutter-Kind-Beziehung bzw. in der Beziehung zwischen Kind und wichtiger anderer Bezugsperson. A ist dann in der Regel die Mutter und B das von der Mutter – oder einer anderen wesentlichen Bezugsperson – abhängige Kind.
3. Eine weitere interaktionelle Beziehung kann nur indirekt erschlossen werden. Ich vermute sie *zwischen* einem »malignen Introjekt«, das nach Verinnerlichung oder Internalisierung einer bedrohenden Bezugsperson innerhalb der psychischen Realität als Bestandteil psychischer Struktur entstanden ist, *und* einem »existentiell bedrohten

Selbst« (oder »Selbst-Repräsentanz«), das ebenfalls in der Folge von Internalisierungsprozessen psychische »Gestalt« angenommen hat.

Die Frage ist nun, ob das »Basale« an der Basiskonflikt-Hypothese in einem, zeitlich gesehen, sehr frühen Entwicklungsstadium zu suchen ist, das heißt im prä-ödipalen Bereich, wie zum Beispiel in der oralen Entwicklungsphase, *oder* ob das Basale darin besteht, daß es sich um eine sehr »fundamentale« Problematik, Störung oder besser: ein fundamentales »Dilemma« handelt, in dem es um »Sein oder Nicht-Sein« (KUTTER 1981a und b) geht.

Im Gegensatz zu BALINT (1968), der ebenfalls von einem »basic fault« spricht, was im allgemeinen mit »Grund-Störung« übersetzt wird, und was im Sinne der Defizit-Hypothese als ein Mangel in der Selbst-Struktur verstanden wird, lege ich den Akzent auf das *basale »Dilemma«*, das zwischen einem existentiell bedrohten Selbst und einem aggressiv destruktiv aufgeladenen malignen Introjekt entsteht. Das Dilemma für das »Selbst« liegt darin, daß es gar nicht anders kann, als sich nach dem Motto »Friß Vogel oder stirb« auf die Interaktions-Angebote seitens des mächtigen Introjekts einzulassen. Dabei hat es sich als hilfreich erwiesen, folgende drei Interaktionsmuster zu unterscheiden:

1. Ein erstes Interaktionsmuster, in dem das Objekt das Selbst sich gleichsam selbst überläßt, *nicht beachtet* oder *verachtet* oder gar ausstoßen will. Letzteren Interaktionsmodus hat STIERLIN (1972, 1975, S. 165) als Ausstoßung beschrieben.
2. Das heranwachsende Kind wird unbewußt von der Mutter oder anderen wichtigen Bezugspersonen in Beschlag *genommen* oder *vereinnahmt*, um eigene Defizite narzißtischer oder libidinöser Art auszufüllen. Diese Art von Interaktion wurde ursprünglich von MARTY (1958) unter dem Titel »allergische Objektbeziehungen« in die psychoanalytische Psychosomatik eingeführt. Dabei wird das Selbst vom Objekt zuerst beschlagnahmt und dann angeeignet, um für eigene Zwecke ge-braucht, um nicht zu sagen, miß-braucht zu werden.

3. Der dritte Interaktionsmechanismus besteht darin, daß eine unempathische Bezugsperson, die Grenzen des Kindes nicht achtend und die »Privacy of the Self« (KHAN 1974) überschreitend, in das Selbst *eindringt*. WINNICOTT (1960) spricht von Übergriffen oder Einmischungen.

Die genannten drei Interaktionen tragen folgende Merkmale:

a) *Sie spielen sich auf einer archaischen Ebene ab* und zwar durchweg im prä-verbalen Bereich, das heißt auf vorsymbolischer Ebene. Es lassen sich allenfalls sehr vage, diffuse Phantasien beobachten (DE BOOR 1964/65). Die Phantasien sind mehr durch Gefühle beziehungsweise Emotionen gekennzeichnet als durch strukturierte Vorstellungen. Ich bezeichnete sie daher als »Emotio-Phantasien« (KUTTER 1980, S. 140).
b) *Sie sind eng mit körperlichen Vorgängen verknüpft*, bewegen sich auf der Ebene der koenästhetischen Dimension im Sinne von RENÉ SPITZ (1955/56) und kreisen um archaische Muster der Köperöffnungen, der Haut (ANZIEU 1991) oder um das Innere des Leibes (GRUNERT 1977).
c) *Die dazugehörigen Abwehrmechanismen sind relativ unreif* und arbeiten vorzugsweise mit Verleugnung, Projektion, primitiver Idealisierung oder Entwertung (KERNBERG 1975).
d) *Die genannten Interaktionsmuster gehen auf traumatisierende Beziehungen im ersten und zweiten Lebensjahr zurück*. Sie werden nach Verinnerlichung zu indirekt erschließbaren psychischen Interaktionsmustern oder Repräsentanzen (malignes Introjekt, Selbst-Repräsentanz) und können während psychoanalytisch orientierter Behandlungen leicht re-aktiviert oder wieder-belebt werden, indem sie die Interaktion zwischen Patient und Therapeut unbewußt beeinflussen.
e) *Der Körper ist in den genannten drei Interaktionsmustern in besonderer Weise insofern einbezogen, als er ursprünglich im Besitz der Mutter ist* und nur langsam im Verlauf der frühen Entwicklung des Selbst von diesem *in*

Besitz genommen oder *angeeignet* wird. Geschieht dies nicht, bleibt der Körper wie ursprünglich *vor* der Geburt physiologisch und *nach* der Geburt psychologisch gleichsam im Besitz der Mutter, dann wird das Selbst *um den Körper betrogen* bzw. der Körper wird *dem Selbst vorenthalten*.

f) In Form einer Art »*Kampf um den Körper*« (KUTTER 1988, S. 227) versucht das erstarkende Selbst den Körper seinerseits in Besitz zu nehmen, gibt auf, wehrt sich oder läßt sich auf einen Kompromiß ein, in dem Teile des Körpers »*geopfert*« werden wie zum Beispiel Organe oder ganze Organsysteme, deren Funktion und Struktur dann gestört wird (KUTTER 1980, S. 139).

Mein Konzept der archaischen Interaktionsmodi steht übrigens in Übereinstimmung mit Arbeiten von MÜLLER-BRAUNSCHWEIG (1980) und dessen Überlegungen zum Einfluß der frühen Mutter-Kind-Beziehung auf die Disposition zur psychosomatischen Erkrankung sowie mit OVERBECK (1980), der die besondere affektive Verschränkung zwischen Objekt und Selbst betont oder auch mit ZEPF (1976). Alle diese Autoren betonen den Einfluß mächtiger Bezugspersonen auf das sich entwickelnde Selbst für den Bereich der psychoanalytischen Psychosomatik. Sie stehen damit in der Tradition von Forschern wie zum Beispiel SPERLING (1959).

Von »*Übertragungs-Psychosomatose*« (KUTTER 1986) spreche ich, in Analogie zur »Übertragungs-Neurose«, dann, wenn die besonderen archaischen Anteile der Objektbeziehung zwischen Analysand und Analytiker in die Übertragung kommen. Dies sind vor allem Affekte, die sich schwer in Worte fassen lassen und die mit nur vagen und diffusen Phantasien (DE BOOR 1964/65) verbunden sind. In einem selbst behandelten Fall eines Patienten mit objektiven Herzrhythmus- und Kreislaufstörungen, die sowohl zu hypotonen als auch zu hypertonen Regulationsstörungen führten, kam es nur dann zur Besserung der psychosomatischen Symptome, wenn die in den psychosomatischen Symptomen gebundenen Affekte und archaischen Interaktionsmuster via Übertragung unmittelbar für beide im analytischen Prozeß beteiligten Personen spürbar wurden. Die Voraussetzung dazu war die Deutung, ob die nach Unterbrechungen der Analyse regelmäßig vorkommenden Symptom-Verschlechterungen, unter denen ich in der Gegenübertragung sehr leiden mußte, nicht eigentlich Anklagen und Vorwürfe gegen mich sind, weil ich den Patienten wieder im Stich gelassen hatte. Jetzt konnten die zuvor in den Symptomen gebundenen aggressiven Affekte voll in die Beziehung gelangen und erstmals sprachlich ausgedrückt werden: »Ja, so ist es. Sie haben mich nicht nur im Stich gelassen, Sie haben Ihren ärztlichen Verpflichtungen nicht genügt. Ich könnte Sie bei der Ärztekammer anzeigen. Einem körperlich schwerkranken Patienten kann man nicht einfach Stunden absagen, sei dies wegen Urlaub oder Kongreß, da muß man da sein!« (KUTTER 1986).

Grundsätzliche Aspekte zu Gruppe, Institution und zu »Spaltungs-Phänomenen«

Eine Gruppe ist durch Pluralität (HEIGL-EVERS u. HEIGL 1968) gekennzeichnet. Die während einer Gruppensitzung ablaufenden vielseitigen Gruppen-Phänomene (KADIS, KRASNER, WEINER, WINICK u. FOULKES 1974) lassen sich dadurch theoretisch ordnen, daß wir folgende drei Schichten unterscheiden:

1. *Eine oberflächliche Schicht* der direkt beobachtbaren Gruppen-Phänomene wie zum Beispiel die Häufigkeit und Länge der Redebeiträge, Sitzordnung, Ränge und Positionen, Arbeits-Bündnis (GREENSON 1967), Gruppen-Dynamik.
2. Auf der *Ebene der unbewußten Interaktionsmuster* kommt es zu multiplen Übertragungen (SLAVSON 1969), wobei alle Übertragungen und Gegen-Übertragungen der eine Gruppe zusammensetzenden Personen die »persönliche Matrix« im Sinne von VAN DER KLEIJ (1982, S. 231) bilden; im Gegensatz zur »Grund-Matrix«, die aus der gemeinsamen Grundlage aller Gruppenmitglieder besteht, und der »dynamischen Matrix«, die die Summe der neuen, während des Gruppenprozesses entstehenden Beziehungen darstellt.

Nicht weniger interessant sind die unbewußten Prozesse der tiefsten Schicht 3. Hier sind psychose-nahe Prozesse am Werk, in denen Spaltungs-Prozesse und archaische Abwehrmechanismen i. S. von KERNBERG (1975) aktiviert werden. Ich spreche von »Übertragungs-Spaltung« (KUTTER 1976, S. 67 f.), wenn eine Untergruppe sich »total schlecht« und eine andere sich »total gut« erlebt.

Ich habe diese Gruppen-Phänomene und das Schicht-Modell deswegen hier dargestellt, weil sie uns später bei der Besprechung der aktuell abgelaufenen Prozesse in der hier zur Diskussion stehenden Team-Gruppe hilfreich sein können. Auch in einer Team-Gruppe laufen nämlich unbewußt derartige Prozesse ab und zwar völlig unabhängig von den in einer Team-Gruppe diskutierten Patienten. Sie unterscheiden sich in nichts von den unbewußten Prozessen in Therapie-Gruppen oder Selbsterfahrungs-Gruppen. Sie sind allenfalls schwerer zu beobachten, weil eine Team-Gruppe als eine Arbeits-Gruppe sich bewußt um die Lösung einer bestimmten Aufgabe bemüht, hier die optimale Behandlung von Patienten mit psychosomatischen Störungen, und sich im allgemeinen nicht bewußt mit team-internen Problemen auseinandersetzt.

Daß Balint-Gruppen neben ihrem bewußten Ziel, fallzentriert zu arbeiten und die unbewußte Dimension der Interaktion zwischen Patient und Therapeut besser zu verstehen, auch gruppen-interne Konflikte produzieren, war mir zuerst in der Balint-Gruppenarbeit mit Studentenberatern an der Universität (KUTTER, LAIMBÖCK u. ROTH 1979) aufgefallen. Daß dabei nicht nur *in der Gruppe* entstandene gruppen-interne Konflikte eine Rolle spielen, sondern auch primär *durch die Institution* ausgelöste Konflikte (nämlich durch die Institution, in der gearbeitet wird), war mir dadurch deutlich geworden, daß Konflikte, die zwischen den Teilnehmern der Balint-Gruppe und der Institution bestanden, nämlich Abhängigkeits- und Loyalitäts-Konflikte, unversehens in der Beziehung zwischen den Teilnehmern der Balint-Gruppe und den von diesen berichteten Klienten auftauchten.

Spiegel-Phänomene wurden zuerst im Laufe von regulären sogenannten »Kontrollen« von psychoanalytischen Behandlungen beobachtet, zum Beispiel von SEARLES (1962). Dabei zeigten sich die Merkmale der Beziehung zwischen berichtendem Behandler und seinem Patienten wie ein Reflex in der Beziehung zwischen Supervisor und Supervisand. DANTLGRABER (1977) hat die Übertragungen der analytischen Situation Übertragungen »*erster Ordnung*« und die re-flektierten oder wider-gespiegelten Übertragungen der analytischen Situation in der Supervisions-Situation Übertragungen »*zweiter Ordnung*« genannt.

Ich werde auf die vielfach beschriebenen (HEIGL-EVERS u. HERING 1970) Spiegel-Phänomene nicht weiter eingehen, sondern mich auf die weniger bekannten »indirekten« oder »umgekehrten« Spiegel-Phänomene konzentrieren (KUTTER, LAIMBÖCK u. ROTH 1979; KUTTER 1990). Ich hatte nämlich ursprünglich bei der Supervision von Studentenberatern an der Universität, später auch an psychosomatischen Kliniken beobachtet, daß die in der Balint-Gruppe oder Team-Gruppe fall-zentriert arbeitenden Gruppenmitglieder in der unbewußten Auswahl von Fällen eigene Konflikte dadurch projektiv zum Ausdruck brachten, daß sie sie auf die von ihnen behandelten Patienten projizierten. Damit sind die Patienten Übertragungs-Objekt oder Projektions-Schirm des Therapeuten/der Therapeutin. Ich habe in einer Arbeit »Über den Einfluß der ärztlichen Persönlichkeit auf den therapeutischen Prozeß« (KUTTER 1978, S. 206) einige Übertragungen des Arztes auf den Patienten beschrieben, wie sie, wenig beachtet, zuvor BECKMANN (1974) empirisch mit Hilfe des Gießen-Tests festgestellt hatte. Außerdem (KUTTER 1973, S. 52) war mir aufgefallen, daß nicht nur persönliche Probleme von Mitgliedern einer Balint-Gruppe die Fall-Arbeit beeinflussen können, sondern auch »Fragen der Organisation der Klinik einschließlich des Verhältnisses zu Chef und Oberärzten, die Problematik der Visite, Schwierigkeiten im Umgang mit Pflegern und Schwestern sowie das fehlende Erfolgserleben in der Therapie mit Psychiatrie-Patienten jedweder Art«.

Ich stellte damals fest, daß es »ohne ein gewisses Eingehen auf die allgemeine Berufsproblematik« der Teilnehmer schwer möglich ist, »die Atmosphäre« zu »schaffen«, »die den Fall erst richtig aufleuchten läßt«. Ich bin seitdem dazu übergegangen, in Balint-Gruppen oder Team-Gruppen dann, wenn die fallzentrierte Arbeit auffallend beeinträchtigt ist, mit den Teilnehmern der jeweiligen Gruppe zu vereinbaren, ob nicht eine Phase der Selbsterfahrung in der Gruppe eingeschaltet wird, um bestehende gruppen-interne Konflikte zu lösen oder um die Beziehung zwischen Institution und den darin tätigen Personen besonders unter die Lupe zu nehmen. Ich sprach dann im Gegensatz zu fall-zentrierter Arbeit von gruppen-zentrierter oder institutions-zentrierter Arbeit. Dabei hat sich bewährt, den jeweiligen Bezugsrahmen *vor* Beginn der Arbeit in der Arbeits-Bündnis-Ebene detailliert zu klären. Hierbei sind system-theoretische Gesichtspunkte sehr hilfreich, wie sie zum Beispiel RAPPE-GIESECKE (1990) in ihrem Buch »Theorie und Praxis der Gruppen- und Teamsupervision« herausgearbeitet hat. Die spezielle Aufgabenstellung der betreffenden Gruppe nicht eigens zu klären, hat sich in der Praxis als wenig fruchtbar erwiesen. Die jeweils in sich schon sehr komplexen Phänomene summieren sich dann in der gegenseitigen Addition zu einer nicht mehr überschaubaren Komplexität, die eine ziel-orientierte Arbeit der jeweiligen Gruppe unmöglich macht.

Die einzelnen Bezugssysteme

Ehe ich mich der im vorliegenden Buch untersuchten Team-Gruppe zuwende, möchte ich, auch auf die Gefahr der Überschneidung mit den Beiträgen der Ko-Autoren hin, die vielfältigen Interaktionsebenen, mit denen wir es zu tun haben, folgendermaßen ordnen (Abb.1; vgl. auch KUTTER 1984):

a) *Das erste Bezugssystem bezieht sich auf den einzelnen psychosomatisch kranken Patienten*: Es geht vom Patienten und dessen bewußter Psychodynamik beziehungsweise Struktur aus. Patienten mit klassischen Neurosen werden typische trianguläre Interaktionsmuster des Ödipus-Komplexes in die Übertragungen und Gegenübertragungen einbringen. Patienten mit Borderline-Struktur, mit ichstrukturellen Störungen oder mit Basis-Konflikt

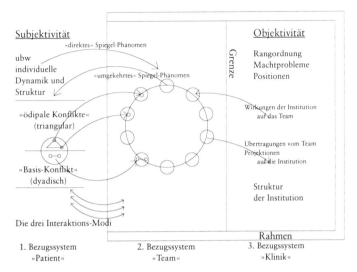

Abb.1

werden mit hoher Wahrscheinlichkeit archaische Interaktions-Muster in den jeweiligen therapeutischen Prozeß via Übertragung oder Externalisierung einschleusen, wie ich sie in der Basis-Konflikt-Hypothese beschrieben habe. Deren Merkmale sind oben aufgelistet; ich nenne hier nur noch einmal deren hohe Emotionalität, die sich schwer kontrollieren oder steuern läßt, nicht zuletzt deswegen, weil sie sprachlich schwer faßbar ist und sich eher körperlich beziehungsweise physiologisch äußert als seelisch beziehungsweise psychologisch. Ich erinnere ferner an die genannten drei pathologischen Interaktionsmodi des 1. Eindringens, 2. Inbeschlagnehmens oder Vereinnahmens und 3. Ausstoßens oder zumindest Distant-Haltens bzw. Nicht-achtens oder Ver-achtens.

b) *Das zweite Bezugssystem, betrifft die Team-Gruppe*: Hier können wir multiple Übertragungen beobachten, wobei es nicht nur zur Mobilisierung triangulärer Interaktionsmuster des Ödipus-Komplexes der einzelnen Teilnehmer sondern auch zur Wiederbelebung archaischer dyadischer Interaktionsmodi kommen kann, mit Mobilisierung der drei pathologischen Interaktionsmodi des Eindringens, Vereinnahmens und Ausstoßens.

Die *Beziehung* zwischen dem System Patient und dem System Gruppe kann nun grundsätzlich a) vom *Bezugssystem Patient* und b) vom *Bezugssystem Team* beeinflußt werden. Erinnern wir uns an das im Abschnitt 4 »Spiegel-Phänomene« Gesagte, dann können wir folgende Störungsmöglichkeiten differenzieren:

a) *Beeinträchtigungen der Beziehungen Patient-Team durch das Bezugssystem Patient*: Dies können sein

1. Übertragungen des Patienten auf die Gruppe im Sinne von triangulären Interaktionsmustern des Ödipuskomplexes;
2. Übertragungen und Projektionen des Patienten auf die Gruppe in Form von dyadischen archaischen Interaktionsmodi, die sich als direkte Spiegel-Phänomene der Prozesse zwischen Patient und Therapeut und der Gruppe wider-spiegeln.

b) *Einflüsse des Bezugssystems Team auf die Beziehung zwischen Team und Patient*: Hier kann es von der Gruppe ausgehend zu Übertragungen kommen, nämlich zu

1. ödipalen Interaktionsmustern einzelner Mitglieder des Teams;
2. zu dyadisch archaischen Interaktionsmustern, die von einzelnen Team-Mitgliedern ausgehen können und die sich als Übertragungen oder Projektionen einzelner Team-Mitglieder auf die Patienten oder als »umgekehrte« Spiegel-Phänomene störend auf die Arbeit des Teams auswirken können.
3. Das dritte Bezugssystem stellt die im vorliegenden Band besonders von BARDÉ bearbeitete *soziologische Dimension der Institution* dar. Sie ist als sicherer Rahmen für die zur Therapie der in der Institution behandelten Patienten unerläßlich. Sie kann diese Prozesse aber auch behindern oder gar stören (vgl. BARDÉ, in diesem Band). Auf häufige ödipale Konflikte zwischen Patient, Schwestern und Ärzten hatte ich früher hingewiesen (KUTTER 1974).

STIERLIN (1975) machte darüber hinaus auf unbewußte »Delegationen« oder »Aufträge« aufmerksam, die Eltern ihren Kindern unbewußt zuweisen. Derartige »Aufträge« oder »Delegationen« können grundsätzlich jede Beziehung zwischen Institution und den darin tätigen Personen beeinflussen. So wie Eltern unbewußt ihre Kinder benützen, daß sie zum Beispiel etwas wieder gut machen sollen, so kann zum Beispiel die Leitung einer Institution, wie ich es bei der Supervision nebenberuflicher Studienberater an der Universität erlebt habe (KUTTER, LAIMBÖCK u. ROTH 1979), von nebenberuflichen Studienberatern unbewußt erwarten, daß diese das kompensieren, was sie selbst nicht kompensieren können oder wollen. Die nebenberuflichen Studienberater kamen dadurch in einen für sie ohne Supervision schwer lösbaren Loyalitäts-Konflikt zwischen der dienstlichen Loyalität gegenüber dem Arbeitgeber einerseits und der professionell gebotenen Loyalität gegenüber den zu beratenden Studenten andererseits.

Mit den hier beschriebenen drei Bezugssystemen und den dadurch grundsätzlich drei Störungsmöglichkeiten für das Team hoffe ich, die Fülle der bewußten und unbewußten Prozesse *in* und *zwischen* den einzelnen Systemen Patient, Therapeut, Gruppe und Institution hinreichend differenziert zu haben, um in der Lage zu sein, im folgenden Abschnitt meines Beitrages die verbatim aufgezeichneten und transkribierten sprachlichen Äußerungen der untersuchten Team-Gruppe übersichtlich genug diskutieren zu können.

Der Team-Prozeß, wie ich ihn interpretiere

Ehe ich meine Interpretation gebe, möchte ich wenigstens kurz umreißen, *wie* ich dazu gekommen bin: Im Gegensatz zu einer früheren Interpretation, die eher spontan und intuitiv durch die Mitarbeiter eines Forschungsteams nach wörtlichem Vorlesen der einzelnen Redebeiträge durch verschiedene Leser zustandegekommen war, ging ich jetzt allein und nach erneutem Lesen des schriftlichen Textes eher systematisch vor. Ich ordnete zunächst die während der gesamten

Supervisions-Sitzung geäußerten Texte dadurch einem der drei obengenannten Bezugssysteme zu, daß ich sie in verschiedenen Farben markierte: Die Rede des Falldarstellers, sofern sie sich mit der Patientin befaßt, *blau*; sofern sie sich mit ihm selbst befaßt *braun*; die Beiträge von anderen Team-Mitgliedern *rot* und die des Supervisors *grün*.

Dabei fällt als erstes ins Auge, daß sich die meisten Rede-Beiträge, rein quantitativ gesehen, direkt mit der Patientin befassen, und zwar durchgehend vom Anfang bis zum Schluß. Es kommt zwar, bezogen auf das Bezugssystem Patientin, zu einigen Brüchen im Text, jedoch ist ein zunehmender Erkenntnis-Fortschritt deutlich erkennbar. Eine Bruchlinie verläuft zum Beispiel an der Stelle, an der der Falldarsteller sagte: »Ob ich schwanger bin« (117/29), wo der Supervisor unterbricht: »Also Moment noch mal zu meiner Orientierung« (118/3+4). Eine andere Bruchlinie befindet sich an der Stelle, an der sich das Team mit der Monatsregel, den Brüsten und der Schwangerschaftsphantasie der Patientin befaßt: »Ja, aber wenn sie doch gynäkologische Beschwerden hat und die Brüste dick werden« (120/4+5). Gerade dort kommt die KB-Therapeutin auf das archaische Körperbild zu sprechen: »konturlos« (120/15), »zerrissen« (120/20), »zerfleischt« (120/21).

Fortschritte im Erkenntnis-Gewinn sehe ich an den Passagen, an denen es dem Falldarsteller möglich ist, neue Einfälle zu produzieren. Als es zum Beispiel darum geht, daß die Patientin Gewalt, Druck, Macht auf andere ausübt und diese in Rollen bringt, daß sie sich ihrerseits unter Druck gesetzt fühlen, fällt dem Falldarsteller »siedend heiß« (123/39) ein, daß er die Patientin seinerseits dadurch, daß er sie nicht vorher gefragt hat, ob er mit ihr einen Test durchführen könne, sondern dies einfach anordnete, unter Druck setzte. Später erwähnt er, daß sich die Patientin, wenn sie zu ihm kommt, »wie eine Angeklagte« (126/23) oder »wie in einem Polizeiverhör« (126/24) fühlt, und ihn damit so erlebt, wie wenn sie von ihrem Therapeuten enorm unter Druck gesetzt würde.

Hier sehe ich ein Beziehungs-Muster am Werk, in dem, wie in der Hypothese vom Basiskonflikt beschrieben, eine Instanz die andere bedroht, während die andere sich entsprechend bedroht fühlt. Dabei kommt dieses charakteristische Interaktions-Muster gleich auf mehreren Ebenen vor, und zwar:

1. Auf der Ebene zwischen Patientin und Therapeut, den sie damit enorm unter Druck setzt, daß sie wieder Beschwerden hat und nicht entlassen werden will.
2. In der Beziehung zwischen der Patientin und deren Mann (»fühlt sie sich von ihrem Mann sehr kontrolliert, bestimmt«; [111/39], der »schmerzhaft in sie eindringt und sie insgesamt ständig bedrängt« [112/3+4]).
3. Zwischen Patientin und KBT-Therapeutin (»dann ging das, äh, anfangs nur um Gewalt, Druck ausüben, Macht ausüben, über den anderen, über mich, ich werde also in diese Rolle reingedrängt und dachte, nee, also so nicht!« [121/11-14]. »Ich wollte mich also dagegen wehren, nich, fühlte mich also so unter Druck gesetzt, ..., Gewalt anzuwenden, in irgendeiner Form Druck auszuüben« [121/14-17]).
4. In der Beziehung zwischen der Patientin als Tochter und deren Mutter (»dahinter steht das Bild einer ganz kontrollierenden Mutter, die also genau gesagt hat, du mußt also so und so viel Fleisch, so und so viel Fisch usw. essen, damit du das und das wiegst, die also bis ins Detail alles kontrolliert hat« [123/19-24] »und als sie äh dann den Freund hatte, ihr noch die Antibabypillen abgezählt in den Kulturbeutel gelegt hat« [123/23-25]. Sie gab ihr auch »Information über sexuelle Verhaltensweisen« [123/27+28]. »Sie hat gar keinen Willen, wie 'ne Frau so ist oder wie man das macht« [123/29] und kommt jetzt hierher und »will 'nen neuen Katalog haben« [123/34+35], das heißt sinngemäß sich neu orientieren).

Man kann noch eine

5. Ebene dieses Interaktionsmusters in der Weise sehen, wie die Patientin mit sich selbst umgeht (»dann hat sie ihr Studium zu Ende gemacht, alles mit Spitzenzensuren« [112/33+34], wurde Unternehmerin, »ist in einem renommierten Haus aufgestiegen ... alles wunderbar und als der Aufstieg quasi unaufhaltsam war, ist sie dekom-

pensiert«.[112/35-38] Im Umgang mit ihrem Körper wird das Gewalttätige noch deutlicher: im fortgeschrittenen Stadium der Schwangerschaft unternimmt sie eine extrem anstrengende Bergtour [125/27] und, kaum Mutter geworden, besteigt sie einen hohen Berg [125/30]).

Die libidinöse Ebene der Beziehung: Sie ist durch Wünsche nach Anerkannt-, Verstanden-, Geliebt- und Geachtet-Werden gekennzeichnet, durch Wünsche, die, wenn sie nicht befriedigt werden, zu Wut und anderen Enttäuschungs-Reaktionen führen. Auch dieses Beziehungsmuster findet sich auf verschiedenen Ebenen:

1. In der Beziehung zur *Mutter*, wenn diese die Schwester der Patientin bevorzugt.
2. In der Beziehung zum *Ehemann*, wenn dieser nicht auf die Wünsche der Frau eingeht, sondern nur seine Wünsche befriedigt.
3. In der Beziehung zum *Therapeuten*, wenn sie von ihm beachtet sein will, nicht im Stich gelassen werden möchte und die Zuwendung erwartet, von der sie glaubt, daß sie ihr zusteht (»zwischen uns hat sich eine sehr starke Abhängigkeit entwickelt« [113/11+12]. Er hat sie in der Gegenübertragung »wirklich gern« [113/13+14], aber weiß nicht recht, wie er die von ihm höchstwahrscheinlich als bedrängend erlebten Wünsche der Patientin befriedigen soll. Er fragt sich und das Team: »wo muß ich einen Trennungsstrich ziehen?« [114/11+12]. »Ich hab ihr auch gesagt, daß sie sich draußen jemanden suchen soll« [114/16+17], »hab ihr angeboten, daß sie kommen kann ... vielleicht einmal im Monat ..., ob das wirklich gut ist?« [114/22-24]; »ich fühle mich ein bißchen überrannt« [114/29+30]).

Der Supervisor geht auch auf die libidinöse Ebene der Beziehung ein, in der die Patientin außerdem unbewußt wünscht, narzißtisch beachtet zu werden. Er schlägt dem Therapeuten vor, diese Zusammenhänge einfach anzusprechen, und zwar dadurch, daß man ihr etwa sagt: »Sie mögen mich sehr. Dann ist etwas, was, dann geschieht etwas mit Ihnen« [135/31-34], man ist dann »verletzlicher und anfälliger« [136/2+3], sinngemäß: »das tut

weh, wenn man sich trennen muß« [136/3+4]. Der Therapeut geht auch darauf ein und meint, dies müsse zur Sprache gebracht werden.
4. In der Beziehung zur *KBT-Therapeutin*, der gegenüber sie ihre Wünsche nach Angenommensein am deutlichsten zeigen kann (»als sie dann so laut anfing zu schluchzen« [129/24+25]. Eine andere Patientin hat sie dann in den Arm genommen bis zum Schluß der Stunde [129/24-27]. »Auf einmal hat sie die Arme um mich geschlangen, geschlungen« [129/29+30] und »dann hing sie mir auf dem Schoß, buchstäblich an der Brust« [129/31+32]).

Ich stimme der Interpretation der libidinös-narzißtischen Dimension der genannten Beziehungen durch den Supervisor zu, stelle aber zur Diskussion, ob nicht hinter der libidinös-narzißtischen Dimension noch ganz andere Faktoren am Werk sind, nämlich:

Aggressiv aufgeladene Interaktionsmuster zwischen einem malignen Introjekt und einem existentiell bedrohten Selbst, wie ich sie eingangs in der These vom Basis-Konflikt beschrieben habe. Der Therapeut spricht zwar eingangs von »Übertragungs-Psychosomatose« (110/14) und fürchtet, daß er in etwas »rutschen könnte« (110/20), das er, sinngemäß ergänzt, nicht mehr kontrollieren kann. Er fühlt sich zum Zeitpunkt der Team-Sitzung auch allein gelassen und nicht in der Lage, mit den in der Beziehung zur Patientin spürbaren massiven Affekten hinreichend gekonnt umzugehen (»es war ja mein Anliegen, die Patientin hier reinzubringen [110/1+2]). Er fürchtet sich vor der Heftigkeit der Affekte wie zum Beispiel vor der »irrsinnigen Angst«, vor den libidinösen Ansprüchen, am meisten aber vor der latenten destruktiven Aggressivität des Basis-Konflikts. Sie zeigt sich in der Art, wie die Patientin Druck ausübt, kontrolliert, vor allem in der Beziehung zur KBT-Therapeutin: »Das wird mir zu kriminell« (121/22) oder: »Die gingen also dann zu gewaltsam miteinander um« (121/23). Die Patientin hat ihrerseits Angst vor den abgewehrten Affekten (»ich hab' mich ruiniert, ich hab' mich körperlich kaputt gemacht durch diese aufreibende Arbeit, durch diesen Streß, durch diese ewige Kotzerei« [126/33-35+127/1]).

Zusammenfassend können wir unterscheiden:
1. *eine Beziehung, in der es darum geht, sowohl sexuell befriedigt zu werden als auch narzißtisch be-achtet, ge-achtet, ge-liebt und ge-schätzt zu werden*, eine Erfahrung, die die Patientin höchstwahrscheinlich zu wenig erlebt hat, und zwar sowohl in der Beziehung zur Mutter als auch in der zum Vater. (Über den Vater erfahren wir übrigens im Text relativ wenig, immerhin aber so viel, daß die Mutter ihn für einen »Schlappschwanz« hält [133/11] und daß selbst der Therapeut davon ausgeht, daß er ein »Trottel« sei [132/31], wenn auch ein »liebenswerter« [133/5]).
2. *eine destrukiv-aggressive Beziehung, in der eine Person die andere unterdrückt und einschränkt, um nicht zu sagen, existentiell bedroht.*

Inwieweit lassen sich die genannten Interaktionsmuster in »Spiegel-Phänomenen« ablesen?

Die *direkte* Spiegelung des bedrohenden, unterdrückenden oder Druck ausübenden Verhaltens der Mutter gegenüber der Tochter in der Übertragung der Patientin auf den Therapeuten. Dabei erlebt sie den Therapeuten in einer Mutter-Übertragung so wie die Mutter, und zwar, wie wenn er sie kontrolliere, anklage, gegenüber dem sie sich wie eine Angeklagte oder wie in einem Polizeiverhör fühlt. Andererseits setzt die Patientin in unbewußter Identifizierung mit der Druck ausübenden Mutter den Therapeuten so unter Druck, wie sie sich einst von der Mutter unter Druck gesetzt gefühlt hatte.

Auch die zärtliche Dimension der Beziehung zwischen Tochter und Mutter, in der die Tochter eine sie liebende und achtende Mutter sucht, bildet sich in Form eines direkten »Spiegel-Phänomens« ab, und zwar darin, daß die Patientin regressiv wie ein Kind geachtet und geliebt zu werden wünscht. Diesbezügliche Wünsche wagt sie zuerst gegenüber der KBT-Therapeutin zu äußern, und zwar nachdem sie ganz verzweifelt laut anfing zu schluchzen, bis sie schließlich der KBT-Therapeutin »auf dem Schoß, buchstäblich an der Brust« hing. Für die KBT-Therapeutin, die an einer früheren Stelle der Team-Sitzung das konturlose, zerrissene, zerfleischte

Körperbild der Patientin so eindrucksvoll geschildert hatte, war auch klar, daß die kleine Tochter bei der Mutter wünscht, verstanden zu werden, und fürchtet, zum Objekt der Kontrolle gemacht zu werden, auf das Druck ausgeübt wird, dessen Grenzen nicht geachtet werden, in das man vielmehr ungefragt eindringen kann, wie oben bei der Besprechung des Interaktionsmodus des Eindringens beschrieben.

Dem Therapeuten ist dagegen nicht im einzelnen klar, und dies können wir sehr gut nachvollziehen, auf welchen Ebenen die Patientin welche Beziehungsmuster auf ihn überträgt. Sie macht unbewußt auf den unterschiedlichsten Ebenen Angebote, so daß er nicht weiß, auf welcher Ebene er der Patientin nun antworten soll.

Ziehen wir mein Schicht-Modell der Gruppe heran, dann können wir sagen: Das Team bewegt sich 1. in der realen Schicht des Arbeitsbündnisses, wenn es zum Beispiel um die Entlassung geht.

In Schicht 2 sieht sie im Therapeuten in unbewußter Übertragungsliebe den »geliebten Papa«, der ihr die von der Mutter vorenthaltene Liebe endlich schenken soll, und zwar

a) *auf ödipaler Ebene* dadurch, daß sich zwischen Tochter und Vater ein Liebesverhältnis entwickelt, oder
b) *auf der dyadischen Ebene* der Mutter-Kind-Beziehung dadurch, daß der Vater das bei der Mutter versäumte ersetzen soll.

Halten wir die zärtlichen Wünsche, geliebt und anerkannt zu sein, im Hinblick auf die Beziehung zur Mutter und die sexuellen, bezogen auf den Vater, für das zentrale Geschehen, dann hätten wir es mit einem *typisch ödipalen Muster* zu tun, in dem die KBT-Therapeutin unbewußt als Mutter und der Therapeut als Vater erlebt wird. Für diese Interpretation spricht sehr viel; vor allem das Problem der Trennung. Es könnte nämlich sein, daß die Trennung nicht nur bedeutet, daß sich Vater und Tochter im Hinblick auf die begrenzte Zeit trennen müssen, sondern auch im Hinblick darauf, daß es zwischen Tochter und Vater zu keiner inzestuösen Beziehung kommen soll (»wo muß ich einen Trennungsstrich ziehen?«) Hier sagt der Therapeut in der Vaterrolle klar »Nein«, während die Patientin in der Kindrolle dies nicht einsehen will. An dieser Stelle würde aber das »Nein« insofern klare Verhältnisse schaffen, daß die Tochter lernen kann, auf die Befriedigung libidinöser Wünsche in der Beziehung zum Vater zu verzichten; ein Verzicht, der ihr dadurch erleichtert werden könnte, daß man ihr in angemessener Weise zu verstehen gibt, daß man mitvollziehen kann, wie schmerzlich die mit dem Verzicht verbundenen Gefühle sind. Auf dieser Spur befindet sich der Supervisor, wenn er sinngemäß sagt (gegen Ende der Team-Sitzung), das Entscheidende sei, verstanden zu haben, daß es sehr schmerzlich ist, sich zu trennen, wenn liebevolle Gefühle mit im Spiele sind.

In Schicht 3 können wir eine »*Übertragungs-Spaltung*« sehen, und zwar in der Weise, daß sich die zwei nebeneinander bestehenden Anteile ein und derselben dyadischen Beziehung zur Mutter in der Weise aufspalten, daß die KBT-Therapeutin in Form eines direkten »Spiegel-Phänomens« die »gute« Mutter widerspiegelt und der Therapeut deren »böse« Aspekte. Unter der Bedingung dieser »Übertragungs-Spaltung« kann die Patientin einerseits der KBT-Therapeutin trauen, ihre Nähe-Bedürfnisse zulassen und sich ihr schließlich auf den Schoß setzen, denn die zur gleichen Beziehung gehörenden aggressiv aufgeladenen Anteile sind ja beim Therapeuten untergebracht, von dem sie sich ebenso unter Druck gesetzt fühlt wie dieser sich von ihr. Damit hat die »Übertragungs-Spaltung« den Sinn, die guten Anteile der Beziehung zur Mutter vor den zerstörerischen Anteilen zu schützen.

Die aggressiv-zerstörerischen Affekte sind es nämlich, die der Patientin, dem Team und auch dem Supervisor die größten Schwierigkeiten machen; ganz im Einklang mit meiner Hypothese vom Basis-Konflikt (er besteht, wie gesagt, darin, daß ein malignes Introjekt ein existentiell bedrohtes Selbst dadurch zerstören will, daß es in es eindringt, es in Beschlag nimmt oder einfach nicht achtet). Es ist sehr deutlich, daß es die aggressiv-destruktiven Affekte sind, vor denen die Patientin sich und den Therapeuten schützen will, die sie schwer in die Beziehung zum Therapeuten bringen kann, lieber mit dem Mann agiert (»sie agiert es mit dem Mann«), die aber doch insofern in die Beziehung zum Therapeuten hineingeraten als die Patientin den Therapeuten unter Druck setzt, so daß dieser nicht mehr weiter weiß und die Patientin folgerichtig im Team vorstellt.

Aus dem Abstand gesehen hätte ich in der Rolle des Supervisors versucht, dem Therapeuten und dem Team die Ängste vor dem Freiwerden dieser aggressiv-destruktiven Kräfte verständlich zu machen und deren zerstörerische Potenz von den verschiedensten Seiten her zu betrachten:

1. Die Wut auf die »ödipale« Mutter, aus Eifersucht gegenüber dem Vater, zusätzlich gegenüber der Schwester,
2. die Wut auf die »Basiskonflikt«-Mutter, die sie als junges Mädchen, als Jugendliche und junge Frau ständig kontrollierte,
3. die Wut auf den Mann, der immer wieder rücksichtslos in sie eindringt; der Ehemann ist unbewußt in der Übertragung gleichzeitig die »Basiskonflikt«-Mutter; und schließlich
4. die Wut über sich selbst, und zwar darüber, daß sie sich dies alles gefallen läßt.

Wenn die verschiedenen Anteile der mörderischen Wut der Patientin auf diese Weise nacheinander angesprochen worden wären, dann wären sie für die Patientin auch nach und nach tolerierbar geworden. Dies ist meines Erachtens im vorliegenden Verbatim-Protokoll zu wenig geschehen. Ich denke, daß sich der Therapeut vom Team nicht nur gewünscht hat, daß es ihm hilft, mit den sexuellen und zärtlichen Komponenten der Übertragung auf ihn besser zurecht zu kommen, sondern vor allem im Hinblick auf die aggressiv-destruktiven Anteile. Den aggressiven Gefühlen ist die KBT-Therapeutin am nächsten auf der Spur, wenn sie das »Kriminelle« und »Gewaltsame« der von der Patientin ausgehenden Beziehung registriert. Sonst wird die aggressive Komponente der Beziehung im Team kaum wahrgenommen, geschweige denn, daß angemessen damit umgegangen wird. Jemand hätte zum Beispiel in partieller Rollenübernahme der sadistischen Position sagen können: »Die werf' ich jetzt einfach raus. Das geht mir zu weit mit deren Forderungen. Die kann ja nicht genug kriegen!«, oder in partieller Rollenübernahme der masochistischen Position: »Die quält mich ja, ich weiß nicht wie, das halte ich nicht mehr aus, das lasse ich mir nicht länger gefallen.«

Speziell der *eindringende* Interaktions-Modus zwischen Mutter und Tochter wird nicht klar genug gesehen, wenn er sich auch in unbewußter direkter Spiegelung insofern zwischen Patientin und Therapeut wiederholt, als die Patientin den Therapeuten in eine Position bringt, daß er, ohne sie vorher gefragt zu haben, ihr einfach einen Test verordnet, womit er genauso wie früher die Mutter in sie eindringt, ohne vorher gefragt zu haben, ob sie dies überhaupt wünscht.

Wenn ich auf die von BARDÉ und MATTKE (1991) herausgestellten Macht-Konflikte in der Team-Gruppe selber schaue, dann glaube auch ich, daß sich in der Team-Gruppe auch gruppen-interne Konflikte abspielen, zum Beispiel »ödipale« Muster zwischen Patientin, KB-Therapeutin oder Schwester und Therapeut, die nichts mit der Patientin zu tun haben, das heißt unabhängig von der Patientin entstanden sind. Derartige Konflikte zwischen Schwestern und Ärzten habe ich früher selber grundsätzlich beschrieben (KUTTER 1974). Sie werden in den Interpretationen durch BARDÉ und MATTKE (1991) und OEVERMANN (in diesem Band) besonders herausgearbeitet.

Im Gegensatz dazu habe ich den Eindruck, daß die Team-Gruppe sich überwiegend auf der Arbeits-Ebene bewegt (in meinem Schicht-Modell in Schicht 1 der bewußten Arbeits-Beziehung), denn alle Team-Mitglieder befassen sich intensiv und kontinuierlich mit der schwierigen Patientin und den durch sie ausgelösten »direkten« Spiegel-Phänomenen.

»Umgekehrte« Spiegel-Phänomene kann ich nicht erkennen: Speziell der berichtende Therapeut ist primär mit der Patientin beschäftigt. Seine von ihm genannten Gefühle und Vorstellungen haben meines Erachtens als Gegenübertragungs-Reaktionen ebenfalls überwiegend (sekundär) mit den (primären) Übertragungen der Patientin auf ihn zu tun. BARDÉ und MATTKE (1991) beschreiben zwar Struktur-Konflikte zwischen zum Beispiel Schwestern und Ärzten. Sie scheinen aber meines Erachtens die Wahrnehmung der »direkten« Spiegel-Phänomene nicht wesentlich zu beeinträchtigen.

Wenn man mich fragen würde, wie hoch ich den Anteil des Textes, der primär vom Team ausgeht, einschätze, gegenüber dem, der primär von der Patientin ausgeht, auf den das Team dann sekundär reagiert, dann würde ich schätzen: 80 Prozent des Textes gehen primär vom Material der Patientin aus und allenfalls 20 Prozent primär von der Team-Gruppe und deren ungelösten Problemen.

Wenn ich im folgenden noch auf die Beziehung zwischen den Team-Mitgliedern zu der Institution »Psychosomatische Klinik« (dem dritten Bezugs-System in meiner Einteilung) zu sprechen komme, dann kann ich ebensowenig gravierende, d.h. die Arbeits-Aufgabe beinträchtigende Faktoren erkennen. Ich habe anhand des vorliegenden Materials der untersuchten Team-Sitzung den Eindruck, daß alle beteiligten Personen sich relativ frei im System »Institution« bewegen, von ihrem »Team«-Konzept überzeugt sind und die Institution und sich selbst allenfalls vielleicht etwas idealisieren, keinesfalls entwerten. Es könnte natürlich grundsätzlich sein, daß die aggressiv aufgeladene Beziehung, um die es durchgängig in dem untersuchten Text geht, auch primär zwischen der Team-Gruppe und Repräsentanten der Institution entstanden ist, sich als »institutioneller« Faktor im Team spiegelt und dadurch die primäre Fall-Arbeit im Bezugssystem »Patient« und an der Beziehung zwischen Bezugs-System »Patient« und Bezugs-System »Team« stört. BARDÉ und MATTKE gehen in ihren diesbezüglichen Beiträgen ausführlich darauf ein. Mir scheinen indes, wie gesagt, daß diese Faktoren gegenüber dem Faktor der Patientin eine untergeordnete Rolle zu spielen. Dennoch hätte es der Team-Gruppe sicher nicht geschadet, wenn früher oder später im gegenseitigen Einvernehmen das Team und dessen Rolle in der Institution selbst zum Gegenstand der Diskussion gemacht worden wären. Die Team-Gruppe hätte dann wahrscheinlich in noch besserer Weise auf das vom Falldarsteller eingebrachte Material eingehen können als es ohnehin schon darauf reagiert hat.

Ich erlaube mir abschließend die Vermutung, daß die von BARDÉ und MATTKE (z.B. 1991, S.127) beschriebenen zerstörerischen Auswirkungen auf das Team weniger mit dem Team als mit den immer noch nicht bewältigten aggressiven Anteilen im Basis-Konflikt der Patientin zu tun haben. Insofern könnte man die aggressiven Momente zwischen Team und Forschern in Ergänzung zur Übertragung »erster Ordnung« (zwischen Patient und Therapeut) und der Übertragung »zweiter Ordnung« (zwischen Falldarsteller und Team-Gruppe; vgl. DANTLGRABER 1977) von einer *Übertragung »dritter Ordnung«* sprechen, die letztlich immer noch mit dem ungelösten Basis-Konflikt der Patientin und der damit blockierten destruktiven Aggressivität zusammenhängt. Wenn sich die aggressiv-destruktiven Anteile einer Beziehung wie im vorliegenden Fall einer Team-Sitzung so schwer wahrnehmen, verarbeiten und interpretieren lassen und sich statt dessen in den unterschiedlichsten Beziehungen wieder-holen, dann ist dies ein Grund mehr, auf die mit dem Basis-Konflikt verbundenen Ängste und Gefahren hinzuweisen, auf die dazugehörigen möglichen Interaktions-Muster und auf deren Gefahren. Wenn es mir gelungen ist, die Implikationen der Basis-Konflikt-Hypothese so verständlich wie möglich gemacht zu haben, dann wäre der Zweck dieses Beitrags erfüllt. Vielleicht können mit Hilfe dieses Konzepts tatsächlich die »empathische Kompetenz« (KUTTER 1981c) und damit die therapeutischen Möglichkeiten derjenigen, die professionell mit derartigen »basalen«, d.h. aggressiv aufgeladenen und existentiell bedrohlichen Konflikten zu tun haben, erweitert werden, damit sie besser mit ihnen umgehen können; nicht nur zum Vorteil der Therapeuten sondern vor allem zum Wohl der Patienten.

Literatur

ANZIEU, D. (1991): Das Haut-Ich. Suhrkamp, Frankfurt a.M.
BALINT, M. (1968): The Basic Fault. Tavistock Publs, London. (Dt.: Die therapeutische Regression. Klett, Stuttgart 1970).
BARDÉ, B.; MATTKE, D. (1991): Das Problem der Macht in psychoanalytisch-therapeutischen Teams. Gruppenpsychotherapie Gruppendynamik 2: 120-140.
BECKMANN, D. (1974): Der Analytiker und sein Patient. Untersuchungen zur Übertragung und Gegenübertragung. Hub
BOOR, C. DE (1964/65): Strukturunterschiede unbewußter Phantasien bei Neurosen und psychosomatischen Krankheiten. Psyche 18: 664-673.
DANTLGRABER, J. (1977): Über einen Ansatz zur Untersuchung von Balint-Gruppen. Psychosom. Medizin 7: 255-276.

GREENSON, R.R. (1967): The Technique and Practice of Psychoanalysis. International Universities Press, New York. (Dt.: Die Technik und Praxis der Psychoanalyse. Klett, Stuttgart 1981).

GRUNERT, J. (1977): Der Bauch: Vorstellungen, Empfindungen und Phantasien. In: GRUNERT, J. (Hg.), Körperbild und Selbstverständnis. Psychoanalytische Beiträge zur Leib-Seele-Einheit. Kindler, München, S. 181-226.

HEIGL-EVERS, A.; HEIGL, F. (1968): Analytische Einzel- und Gruppenpsychotherapie: Differentia specifica. Gruppenpsychotherapie und Gruppendynamik 2: 21-52.

KADIS, A.L.; KRASNER, J.D.; WEINER, M.F.; WINICK, C.; FOULKES, S.H. (1974): Practicum of Group-Psychotherapy. Harper & Row. (Dt.: Praktikum der Gruppenpsychotherapie. Fromann-Holzboog, Stuttgart-Bad Cannstatt 1982).

KHAN, M. M. (1974): The Privacy of the Self. The Hogarth Press, London.(Dt.: Selbsterfahrung in der Therapie. Kindler, München 1974).

KERNBERG, O.F. (1975): Borderline Conditions and Pathological Narcissism. Jason Aronson, New York.(Dt.: Borderline- Störungen und pathologischer Narzißmus. Suhrkamp, Frankfurt 1978).

KLEIJ, G.V.D. (1982): About the Matrix. Group Analysis 3: 219-235.

KUTTER, P. (1973): Methoden psychoanalytischer Gruppenarbeit, Teil II: Fallzentrierte, themen-zentrierte und sog. Selbsterfahrungsgruppen. Z. Psychother. Med.Psych. 23: 51-54.

KUTTER, P. (1974): Patient, Schwester und Arzt. Überlegungen eines Psychoanalytikers über zwischenmenschliche Beziehungen auf einer Krankenstation. Schwesternrevue. Das Journal für die Krankenpflege 10: 9-12.

KUTTER, P. (1976): Elemente der Gruppentherapie. Vandenhoeck u. Ruprecht, Göttingen.

KUTTER, P. (1978): Über den Einfluß der ärztlichen Persönlichkeit auf den therapeutischen Prozeß. Praxis der Psychotherapie und Psychosomatik 23: 205-211.

KUTTER, P. (1980): Emotionalität und Körperlichkeit. Einige Anmerkungen zu einer Emotiogenese psychosomatischer Störungen. Praxis der Psychotherapie und Psychosomatik 25: 131-145.

KUTTER, P. (1981a): Der Basis-Konflikt der Psychosomatose und seine therapeutischen Implikationen. Jahrbuch der Psychoanalyse 13: 93-114.

KUTTER, P. (1981b): Sein oder Nichtsein. Die Basis-Störung der Psychosomatose. Praxis der Psychotherapie und Psychosomatik 26: 47-60.

KUTTER, P. (1981c): Empathische Kompetenz – Begriff, Training, Forschung. Psychother. med. Psychol. 31: 37-41.

KUTTER, P. (1984): Psychoanalytische, methodische und system- theoretische Anmerkungen zur Supervision. Supervision 6: 37-46.

KUTTER, P. (1986): Theorie und Therapie psychosomatischer Störungen. Zeitschrift für psychoanalytische Theorie und Praxis 2: 201-216.

KUTTER, P. (1988): Phantasie und Realität bei psychosomatischen Störungen. Psychosomatische Triangulation, Basis-Konflikt und der Kampf um den Körper. Praxis der Psychotherapie und Psychosomatik 33: 225-232.

KUTTER, P. (1990): Das direkte und indirekte Spiegelphänomen. In: PÜHL, H.

(Hg.), Handbuch der Supervision. Beratung und Reflexion in Ausbildung, Beruf und Organisation. Edition Marhold, Berlin.
KUTTER, P.; LAIMBÖCK, A.; ROTH, J.K. (1979): Balint-Gruppenarbeit mit Studentenberatern. Gruppenpsychotherapie und Gruppendynamik 14: 248-264.
MARTY, P. (1958): La relation objectal allergique. Rev. franc. psychoanal. 22: 5-35. (Dt.: Die 'allergische' Objektbeziehung. In: BREDE, K. (Hg.), (1974): Einführung in die psychosomatische Medizin. Klinische und theoretische Beiträge. Athenäum Fischer Taschenbuch 4037, Frankfurt, S. 420-445.
MÜLLER-BRAUNSCHWEIG, H. (1980): Gedanken zum Einfluß der frühen Mutter-Kind-Beziehung auf die Disposition zur psychosomatischen Erkrankung. Psychotherapie, Psychosomatik, medizinische Psychologie 30: 48-59.
OVERBECK, G. (1980): Zur Bedeutung der Familienforschung für die psychosomatische Krankheitsentstehung. Unver. Manuskript.
RAPPE-GIESECKE, K. (1990): Theorie und Praxis der Gruppen- und Teamsupervision. Springer, Berlin/Heidelberg/New York.
SEARLES, H.F. (1962): Problems of Psychoanalytic Supervision. Science and Psychoanalysis 5: 197-215.
SLAVSON, S.R. (1969): A Textbook in Analytic Group Psychotherapy. University Press, New York. (Dt.: Analytische Gruppentherapie. Theorie und praktische Anwendung. Fischer, Frankfurt 1977).
SPERLING, M. (1959): Psychosis and Psychosomatic Illness. Int. J. Psychoanal. 36: 320-327.
SPITZ, R. (1955/56): Die Urhöhle. Zur Genese der Wahrnehmung und ihrer Rolle in der psychoanalytischen Therapie. Psyche 9: 641- 667.
STIERLIN, H. (1975): Von der Psychoanalyse zur Familientherapie. Klett, Stuttgart.
WINNICOTT, D.W. (1960): Die Theorie von der Beziehung zwischen Mutter und Kind. In: Reifungsprozesse und fördernde Umwelt. Kindler, München 1974, S.47-81.
ZEPF, S. (1976): Zur Theorie der psychosomatischen Erkrankung. Fischer, Frankfurt a.M.

DANKWART MATTKE UND BENJAMIN BARDÉ

Möglichkeiten und Grenzen der Teambehandlung

In diesem Buch wurde zunächst ein psychotherapeutisches Krankenhaus mit seiner Organisationsstruktur und seinem Behandlungskonzept vorgestellt (MATTKE). BARDÉ hat unseren Forschungsansatz begründet und die Literatur über stationäre Psychotherapie und psychotherapeutische Teams kritisch gewürdigt. KUTTER und OEVERMANN stellten ihre Untersuchungsergebnisse über die Arbeit eines therapeutischen Teams vor: Die Textinterpretation von KUTTER ist eine klinisch-pragmatisch orientierte Interpretation. Auf dem Hintergrund eines psychoanalytisch-typologischen Konzeptes eines den Psychosomatosen zugrunde liegenden Basiskonfliktes werden am Text die dynamischen Bestandteile dieses basalen Konfliktes aufgespürt.

Die objektiv-hermeneutische Textanalyse von OEVERMANN folgt in minutiöser Weise den Sprachäußerungen der protokollierten Teamsupervisionssitzung. Die dem Text immanente latente Sinnstruktur wird herausgearbeitet. In einer Sequenzanalyse wird die zentrale Strukturhypothese laufend überprüft.

Die beiden Interpretationsmethoden unterscheiden sich erheblich voneinander und führen dementsprechend teilweise zu unterschiedlichen Ergebnissen. In diesem Schlußkapitel soll nun der Versuch gemacht werden, die Ergebnisse beider Interpretationen hinsichtlich ihrer Bedeutung für die kritische Reflexion der Möglichkeiten und Grenzen der Teamarbeit im psychotherapeutschen Krankenhaus zusammenzufassen. Zugleich werden Fragestellungen eingegrenzt, die wir für die empirische Forschung im Bereich der stationären Psychotherapie für wichtig halten.

Das Team als Forschungsgegenstand

Das »Team« ist ein moderner Begriff, der in den letzten 20 Jahren Eingang in die Alltagssprache gefunden hat.[1]

Es werden Arbeitsabläufe bei Dienstleistungen umschrieben, die von einer Gruppe erbracht werden. Gerade weil nicht von Einzelnen, sondern von einer Gruppe angeboten, verspricht die von einem Team erbrachte Dienstleistung mehr Zuverlässigkeit, Effizienz, Kreativität, Sicherheit und Vertrauen. Unvollkommenheit und Begrenztheit des Einzelnen und dessen mögliches Scheitern werden durch die Existenz der zusätzlich anderen im Team kompensiert und die Arbeit vielleicht doch zu einer idealen Perfektion gesteigert. Solche (Objekt) – Phantasmata, auf ein Team projiziert, helfen, archaische Abhängigkeits- und Vernichtungsängste auf der Seite der um die Dienstleistung Nachsuchenden zu beschwichtigen.

Ein (Subjekt)-Phantasma könnte sich auf die innere Realität eines Teams beziehen, die durch Vorstellungen geprägt wird, daß alle Mitglieder gleichberechtigt, tolerant, geachtet, herrschaftsfrei und in gutem Einvernehmen sich engagiert einer schwierigen Arbeitsaufgabe widmen und diese in einem demokratischen Stil besonders wirkungsvoll bewältigen.

Ideengeschichtliche Brücken, über die der Teambegriff in die Organisation von Dienstleistungen bei der Krankenversorgung Eingang fand, sind möglicherweise zu sehen in der englischen und italienischen antipsychiatrischen Bewegung wie in der deutschen sozial-psychiatrischen Bewegung sowie in der boomartigen Entwicklung verschiedenster Formen von Gruppenpsychotherapie in den 60er und 70er Jahren. Diese beiden Entwicklungen – Antipsychiatrie und Gruppenbewegung – beluden zunehmend die traditionelle Psychiatrie in ihren hierarchisch organisierten Arbeitsabläufen und ihren eingegrenzten medizinisch-ideologischen Denkweisen mit einem Phantasma des Alten, Überholten, ja des Schlechten und Bösen, während die moderne demokratisch organisierte Psychotherapie die Bedeutung des Modernen, Progressiven, ja des Guten zugeschrieben erhielt und teilweise auch für sich in Anspruch nahm.

Diese Konnotationen und angedeuteten Phantasmata transportieren nun aber eine Dialektik, denen sich therapeutische Teams zunmehmend stellen müssen. Die Übersicht über die Literatur (BARDÉ in diesem Band) und die vorliegenden Analysen von KUTTER und OEVERMANN legen den Hinweis nahe, daß therapeutische Teams in schwierige Grenzsituationen geraten, wenn sie mit Realitäten konfrontiert sind, die ihr Phantasma, eine nur gute beziehungsweise eine ideale Lebensgemeinschaft zu sein, gefährden. Besonders in der Untersuchung von KUTTER wird eindrücklich gezeigt, wie schwer es dem untersuchten Team fällt, die Perspektive einer destruktiv-aggressiven Mutter-Kind-Übertragung zu übernehmen und in dieser Perspektivenübernahme eine böse Mutterimago – zumindest probatorisch – auch zu sein.

Der Anspruch von Teams und die Erwartung an Teams, unter Nutzung von Klinikapparat und stationärer Lebenswelt besonders kompetent zu sein in der Behandlung von schwerkranken Patienten, die von Einzel- oder Gruppentherapeuten in der freien Praxis nicht mehr behandelt werden können, erscheint in solchen Grenzsituationen gefährdet. Einem solchen Dilemma zwischen einem idealen und realen Selbstbild muß sich ein Team spätestens dann stellen, wenn es mit den Hypothesen distanzierter Forscher konfrontiert wird. Wir könnten auch hinzufügen, daß durch die Tatsache der »Forschung« dieses Dilemma um Selbstwertfragen erheblich verschärft wird, ja teilweise auch produziert werden kann. Wie im Eingangskapitel skizziert (MATTKE), zieht sich diese Dynamik durch den gesamten Prozeß nicht nur der Behandlung und Begleitforschung, sondern auch durch den Publikationsprozeß des vorliegenden kasuistischen Materials: Einmal als Selbstwertfrage an den Kliniker und Klinikleiter, ob durch die Publikation des Fallmaterials die Klinik Schaden nehmen könnte wie auch als Selbstwertfrage an das Klinik-Team, das durch die Forschungshypothesen in seinem Selbstwerterleben zu stark verunsichert werden könnte. Der allgemein beklagte Mangel an Forschungsergebnissen über die Arbeit in psychotherapeutischen Kliniken (STRAUSS 1992) könnte auch damit zusammenhängen.

Zur Teamdynamik

Die Untersuchungen von KUTTER und OEVERMANN belegen, wie die für die Patienten relevanten, libidinösen und aggressiven Objektbeziehungen im stationären Raum inszeniert werden, wie diese in der Teamgruppe repräsentiert werden und mit Hilfe des Supervisors vor allem in ihrer libidinösen Dimension behandlungstechnisch interpretiert werden. Beide Untersucher weisen auch auf die aggressiv-destruktiven Komponenten in den Objektbeziehungen (KUTTER) hin, die besonders durch den von außen aufgenötigten Abschluß der Behandlung aktiviert werden (OEVERMANN). In dieser Teamdynamik erhält die Klinik die Bedeutung einer Mutter, die die Patientin am Ende der stationären Behandlung unvermittelt vor die Tür setzt, d.h. weniger bildhaft-drastisch formuliert: Das Ende der stationären Therapie wird von außen gesetzt und nicht in erster Linie aus der Entwicklung der Übertragungsbeziehungen abgeleitet. In dieses Dilemma gerät das Team auch durch die vorgegebenen organisatorischen Behandlungsstrukturen und Behandlungskonzepte (MATTKE in diesem Band). In der Teamdynamik wird das Dilemma durch W 2 repräsentiert mit der Frage, ob überhaupt ein analytischer Prozeß im Rahmen einer stationären Kurzbehandlung in Gang gesetzt werden soll, weil dann »zuviel aufgewühlt« wird, und die Patienten »wiederkommen müssen«, weil sie »zu tief drinstecken«. Diese Äußerungen eines weiblichen Teammitglieds (W 2), die sowohl in der Analyse von OEVERMANN wie von KUTTER ein großes Gewicht erhalten, treffen eine zentrale Problematik der untersuchten Teamdynamik: Die Schwierigkeit, eine im Rahmen der Klinikbehandlung induzierte negative Mutterübertragung konsequent zu analysieren. Besonders in der Untersuchung von OEVERMANN wird dann hinsichtlich der Teamdynamik eine Strukturhypothese verfolgt, die ebenfalls mit dem Aspekt der Analyse der negativen Mutterübertragung in Zusammenhang stehen könnte. In seiner Sequenzanalyse weist er auf eine strukturelle Spaltung des Teams in zwei Fraktionen hin: Eine »Therapie-« und eine »Pflegefraktion«. Diese beiden Teamuntergruppen verfolgen, so die Strukturhypothese von OEVERMANN, diametral entgegengesetzte Behandlungsstrategien (Analyse versus Pflege). Die beiden Fraktionen können im Team, obwohl sie dort repräsentiert sind, nicht integriert werden, da sie auf unterschiedliche Professionalisierungsgrade der Teammitglieder zurückzuführen sind, deren spezifische Bedeutung in der Übertragung der Patientin nicht erfaßt werden kann. Auch hier wäre wie bei unseren Überlegungen zum Team als Forschungsgegenstand, wieder zu fragen, ob die narzißtischen Konnotationen von Gut und Schlecht, Wert und Unwert, die mit der negativen Mutterübertragung zusammenhängen, die Analyse so erheblich erschweren. Zum anderen ist in diesem Zusammenhang natürlich auch die Frage angebracht, inwieweit die Konzeption der integrierten Teambehandlung, in der die innere Repräsentanzenwelt der Patienten reinszenziert und widergespiegelt werden soll, die Wahrnehmung zu einseitig allein auf die Beziehung Team – Patient eingrenzt. Reinszenierungen beziehungsweise Widerspiegelungen *institutioneller* Strukturen in der Übertragung, die in der Psychodynamik der Behandlung von zentraler Bedeutung werden können, wie die beiden Untersucher zeigen, sind in unseren Konzepten bisher zu wenig berücksichtigt worden. Man könnte von einem »Koinzidenz-Phänomen« sprechen, das für die stationäre Psychotherapie und ihren Rahmen möglicherweise typisch ist: Die Zeitbegrenzung der Klinikbehandlung erzeugt grundsätzlich einen strukturellen Basis-Konflikt (vgl. OEVERMANN in diesem Band), der, wenn in der Klinik psychoanalytisch behandelt wird, im Sinne KUTTERs psychosomatischer Konflikthypothese im Patienten basale Objektbeziehungskonflikte aktiviert, ohne daß diese aber im stationären Rahmen selbst konsequent bearbeitet werden können (vgl. KUTTER in diesem Band).

Es zeichnen sich damit zwei Komplexe ab, die die Interaktionen im untersuchten Team prägen:

1. Eine Spaltung in der Übertragung des primären Objektes in den unterschiedlichen Einstellungen von therapeutischen und pflegerischen Strukturelementen im Team. Es ist hier ausdrücklich von strukturellen Anteilen zu sprechen, und nicht von persönlichen Mitteilungen von Teammitgliedern, da die Reidentifizierung[2] der Redebeiträge

ergibt, daß pflegerische Konzeptionen sowohl von Therapeuten wie von Mitgliedern des Pflegepersonals vertreten werden.
2. Eine Intensivierung dieser Übertragungsspaltung durch die organisatorische Struktur der Klinikbehandlung, die das Ende der Behandlung prägnant von außen setzt (»Koinzidenz-Phänomen«).

Diese beiden Problembereiche werden im Team sensibel von W 2 zum Ausdruck gebracht. Ihr Votum erhält in der Übertragungsdynamik im Team eine zentrale Bedeutung, in der die jetzt mehrfach beschriebenen narzißtischen Dilemmata wie die Ambivalenzen der Primärobjektübertragung kulminieren: W 2 benennt zwar das Dilemma der Übertragungsspaltung, übernimmt dann jedoch einseitig den Aspekt der versorgenden, beschützenden positiven Mutterübertragung, unter Verleugnung der aggressiven-negativen Mutterübertragung. Diesen Aspekt bringt sie im Bereich der analytischen Therapiefraktion unter, die ihrem Votum zur Folge aber abgeschafft werden sollte.

Zur Übertragungs- Gegenübertragungsdynamik zwischen Patientin und Team

Die Patientin entfaltet »unter« der vordergründigen ödipalen Übertragung (Tochter/Vater) eine intensive negative, destruktiv-aggressiv aufgeladene Mutterübertragung, die auf dem Niveau eines psychischen »Basiskonfliktes« eingeordnet werden kann. Die in dieser Übertragung eingebundenen aggressiv-zerstörerischen Affekte und mörderische Wut konnten im begrenzten Rahmen der Klinikbehandlung zwar teilweise wahrgenommen, aber nicht konsequent sukzessiv analysiert und durchgearbeitet werden (KUTTER). Der analytische Therapeut mußte aufgrund seiner Abhängigkeit von und in Identifikation mit der Klinik der Patientin gegenüber Strukturen vertreten, die seinen Maximen einer psychoanalytischen Professionalität und Autonomie entgegenstehen. Er geriet dadurch im Übertragungsgeschehen in eine Position, in der eine maligne Mutterimago wirksam wurde, und mußte in dem Maße, wie er sich mit dieser negativen Klinikmutter identifizierte, diese Imago annehmen. Er sah sich in seiner Loyalität als Kliniktherapeut verpflichtet, die Behandlung gemäß den äußeren Klinikstandards zu beenden. Als Psychoanalytiker ahnt er die Problematik dieses »strukturellen Agierens« (»... in etwas reinrutschen ...«), weshalb er sich mit dem Kompromiß einer eingeschränkten ambulanten Behandlung in der Klinik beschäftigt.

Die Klinik und das Stationsteam erhalten in der Übertragung der Patientin die unbewußte Bedeutung einer negativen, kontrollierenden, gewaltsam eindringenden und nichtbeachtenden Mutter. Die Aspekte der guten, versorgenden, schützenden Mutter werden strukturell aufgespalten und, wie wir bereits zu zeigen versuchten, auf Teammitglieder, die pflegerische, versorgende Strukturaspekte der stationären Psychotherapie vertreten, übertragen. Soweit anhand des Textes identifizierbar, werden diese strukturellen Aspekte sowohl von Schwestern wie von Therapeutinnen und Therapeuten vertreten.

Die Teamdynamik in der Supervision

Wir haben in unserem Buch das Transkript einer Teamsupervisionssitzung publiziert. Besonders die Textanalyse von OEVERMANN beschäftigt sich mit der Perspektive der Teamdynamik in der Supervision. Seine Strukturhypothese wird in dieser Perspektive minutiös an den Problemen festgemacht, die in dem Konflikt zwischen den entgegengesetzten Maximen der analytischen Behandlung und der Klinikbehandlung eingespannt sind. In der Strukturhypothese wird weiterhin am Text entwickelt, wie zugunsten der Entlastung des Systems Klinik die unbewußte Bedeutung der Klinikorganisation und das mit ihr verknüpfte Beziehungsdilemma des Analytikers im Rahmen des Übertragungs- und Gegenübertragungsgeschehens nicht erfaßt und konsequent herausgearbeitet werden kann. Die Hypothese von OEVERMANN lautet dann weiter, daß der Supervisor in diesem Fall nach einem Konzept der Supervision einer ambulanten Einzelbehandlung arbeitet, das alleine die Ebene der Fallarbeit gelten läßt, und das Material auf dieser Ebene selektiv thematisiert. Die Bedeutungen, die sich auf den Ebenen der Teamgruppe und der Klinikorganisation kristallisieren, werden von diesen latenten Hintergrundsannahmen des Supervisors ausgeklammert (»...das sind jetzt konzeptionelle Fragen...«). Mit dieser impliziten Konzeption der Supervisionstechnik schreibt der Supervisor die Abhängigkeit der Behandlung vom Rahmen des Systems Klinik zu diesem Zeitpunkt des Supervisionsprozesses als nicht thematisierbar fest.

RAPPE – GIESECKE (1990) hat drei Ebenen von Perspektiven in der Supervision beschrieben: »Fallarbeit«, »Selbstthematisierung« und »Institutionsanalyse«. Sie ordnet diesen drei Supervisionsebenen jeweils spezielle Supervisionstechnologien zu. In Abgrenzung zu diesem Vorgehen des »*Umschaltens*« auf verschiedene »*Handlungsprogramme*« läßt sich anhand unserer Kasuistik, und dies wird auch durch die Strukturhypothese zur Supervision von OEVERMANN nahegelegt, folgendes zeigen: Die drei Ebenen von Fallarbeit, Selbstthematisierung und Institutionsanalyse sind auf der Ebene des Falls »*als Bedeutungen*« repräsentiert. Es wäre also für die Supervision zu fragen, ob sich die drei Ebenen dementsprechend auch auf dieser Ebene, der des Falles, analysieren lassen (BARDÉ 1992).

Beide Textanalysen zeigen, in welches Dilemma ein Team und auch ein Supervisor gerät, wenn im stationären Setting eine negative Mutterübertragung zu bearbeiten ist, die teilweise durch die Klinikorganisation zusätzlich verschärft wird. Eine wichtige Aufgabe wäre es demnach, institutionsspezifische Konzepte der Teamsupervision zu entwickeln, die diesem strukturellen Dilemma vorab Rechnung tragen.

Institutionelle und konzeptionelle Faktoren

Kurzzeitbehandlung

Die Klinikbehandlung ist eine Kurzzeitbehandlung. Diese objektiv und institutionell bedingte, unveränderbare Vorgabe ist ein »Parameter«, der mit den Maßnahmen einer psychoanalytisch geführten Langzeitbehandlung interferiert. Mit den beiden unterschiedlichen Untersuchungsmethoden wurde gezeigt, wie eine Patientin eine basale negative Mutterübertragung entfaltet, die im stationären Rahmen aufgrund der vorgegebenen Zeitbegrenzung nicht konsequent analysiert werden konnte. Dieses Dilemma erzeugte eine Krise, sowohl bei der Patientin (rezidivierende Somatisierung) als auch beim analytischen Therapeuten (Ratlosigkeit und Erschöpfung). Für den Therapeuten entwickelte sich ein Konflikt zwischen seiner Abhängigkeit von den Standards der Klinik als angestellter Kliniktherapeut einerseits und seiner inneren ethischen Verpflichtung gegenüber seinen professionellen Standards als autonomer Psychoanalytiker andererseits. Die professionellen Standards des Psychoanalytikers unterstellen prinzipiell eine autonome Praxis, die allerdings unter den Realitätsbedingungen der Klinikorganisation nicht gewährleistet werden kann. Die Krise in der Abschlußphase der Behandlung der Patientin korrespondiert mit einer Beziehungsfalle, aus der sich der Therapeut nicht ohne weiteres herausbewegen konnte, wie vor allem in der Textanalyse von OEVERMANN eindrücklich belegt wird.

Indikation

Unter diagnostisch-indikatorischen Gesichtspunkten muß man sowohl nach den Ergebnissen der Analysen von KUTTER wie auch von OEVERMANN fragen, ob die Kategorie der »strukturellen Ich-Störung« ausreichend spezifisch bei der Indikationsstellung für eine stationäre Psychotherapie ist. Zwar zeigt die Patientin unter der Kategorie der »strukturellen Ich-Störung« subsumierbare Probleme in der Ich-Abgrenzung und der Selbstobjekt-Differenzierung. In der Entfaltung des Übertragungsprozesses und seiner Analyse werden diese Probleme dann aber auch als Symptome auf dem Hintergrund eines basalen Triebkonfliktes im Rahmen einer negativen Mutterbeziehung verstehbar (vgl. KUTTER).

Die Indikation zur stationären Therapie ist im untersuchten Fall unter anderem getroffen worden, um die Patientin aus einer sado-masochistischen Verklammerung mit ihrem

Ehemann herauszulösen und damit eine stärkere Abgrenzung von ihm zu initiieren. Aber auch für eine stabile Bearbeitung dieses Problems ist unter indikatorisch-diagnostischen Gesichtspunkten der Zeitraum von drei Monaten zu kurz, es sei denn, es erfolgt eine analytisch-systemische Behandlungsplanung. Diese Behandlungsplanung sieht konzeptionell, neben der Indikatonsstellung vom analytisch zu behandelnden Fokalkonflikt her, auch die Bearbeitung dieses Konfliktes unter Einbeziehung der für die Aktualisierung relevanten Bezugspersonen verbindlich vor.

Stationäre Fokaltherapie und Aktualisierung von Bezugspersonen (analytisch-systemische Konzeptualisierung)

Eine Weiterentwicklung des hier untersuchten integrierten Teambehandlungskonzepts könnte darin bestehen, daß schwerpunktmäßig in der Klinik primär eine akut definierte, zeitbegrenzte Fokaltherapie durchgeführt wird. Eine Fokalbehandlung sieht vor, basale Triebkonflikte nicht in einer konsequenten Übertragungsanalyse zur Entfaltung zu bringen, sondern eher deren Abkömmlinge, so wie sie sich in einer eingrenzbaren, aktuell schwierigen Lebenssituation zeigen und als ein psychodynamischer Fokus formulieren lassen, fokal zu bearbeiten (ARGELANDER 1982; BECK 1974; DREWS 1989; KLÜWER 1970, 1971; LUBORSKY 1988; MALAN 1972). Die Selektivität eines Fokus und die Einführung einer vorab formulierten Zeitbegrenzung (MANN 1978) impliziert immer auch einen Progressionsdruck. Regressive Entwicklungen, die zum Abschluß der Behandlung nicht mehr integriert werden können, werden für Team und Patientin stärker eingegrenzt und therapeutisch nutzbar. Ein weiterer Progressionseffekt kann durch die Einbeziehung der für den aktuellen Konflikt relevanten Bezugspersonen bewirkt werden (MATAKAS 1992). Dadurch kann zusätzlich verhindert werden, daß das stationäre Setting als regressives Rückzugsfeld mißbraucht wird, und der Abschluß der stationären Behandlung (»Krise in der Abschlußphase« im hier untersuchten Fall) zu einer schwer zu bearbeitenden Trennungskrise führt. Um andererseits aber auch die nötige Regression der Patientin zulassen zu können, müßte wohl in der Planung des Behandlungsrahmens von Anfang an auch die ambulante Nachbehandlung konzeptionell mitbedacht werden. Der in der Untersuchung von OEVERMANN herausgearbeitete »Strukturkonflikt« entfaltet sich an der Schnittlinie des Übergangs von stationärer Behandlung zu ambulanter Nachbehandlung. Eine entsprechende Behandlungsplanung könnte die Vernetzung der Räume ambulant/stationär betonen und damit die Polarisierung zwischen ambulant-progressiv und stationär-regressiv überflüssig machen.

Durch die Fokussierung auf die psychosoziale Vernetzung zwischen Klinikwelt und Alltagswelt unserer Patienten könnte die Teamarbeit in der stationären Psychotherapie von einigen Dilemmata entlastet werden, die in der vorgelegten Kasuistik immer wieder auftauchen. Dazu vor allem wollten wir mit unserer Untersuchung über das therapeutische Team beitragen.

Anmerkungen

1 Die Selbstbeschreibung »wir arbeiten im Team« findet derzeit fast inflationäre Anwendung: »Ihr DSG-Team« im Intercity, die »Racing-Teams« in den Vermarktungsstrategien der Autoindustrie, das »Camel-Team«, das »Marlborough-Team« in der Werbung der Zigarettenindustrie, Architekten arbeiten in Teams, Werbebüros, Friseur- und Massagesalons, Hotelrezeptionen, Fluggesellschaften, Arztpraxen, Erziehungsgsberatungsstellen und andere Beratungsdienste.

2 Diese personelle Identifizierung vorzunehmen, war für die Forscher nicht möglich und nicht nötig, da es in beiden Untersuchungen um eine strukturelle Analyse der Teamdynamik ging.

Literatur

ARGELANDER, H. (1982): Der psychoanalytische Beratungsdialog. Vandenhoeck Ruprecht, Göttingen.
BARDÉ, B. (1992): Der Teamsupervisor – Herakles ohne Ende? Supervision 21: 92-96.
BECK, D. (1974): Die Kurzpsychotherapie. Huber, Bern/Stuttgart/Wien.
DREWS, S. (1989): Das Projekt (Zusammenfassung): Erfahrungen mit kurzen

psychoanalytischen Therapien. Ein Werkstattbericht aus der Abteilung für Klinische Psychoanalyse. Materialien aus dem Sigmund Freud Institut. Myliussstr. 20, 6000 Frankfurt.

KLUWER, R. (1970): Über die Orientierungsfunktion eines Fokus bei der psychoanalytischen Kurztherapie. Psyche 24:739-755.

KLUWER, R. (1971): Erfahrungen mit der psychoanalytischen Fokaltherapie. Psyche 25: 932-947.

LUBORSKY, L. (1988): Einführung in die analytische Psychotherapie. Springer, Berlin/Heidelberg/New York.

MALAN, D.H. (1972): Psychoanalytische Kurztherapie. Eine kritische Untersuchung. Rowohlt, Reinbeck bei Hamburg.

MANN, J. (1978): Psychotherapie in 12 Stunden. Zeitbegrenzung als therapeutisches Instrument. Walter, Olten.

MATAKAS, F. (1992): Neue Psychiatrie. Vandenhoeck u. Ruprecht, Göttingen.

RAPPE-GIESECKE, K. (1990): Gruppen- und Teamsupervision. Springer, Berlin/Heidelberg/New York.

SCHEPANK, H., TRESS, W. (Hg.), (1988): Die stationäre Psychotherapie und ihr Rahmen. Springer, Berlin/Heidelberg/New York.

STRAUSS, B. (1992): Empirische Untersuchungen zur stationären Gruppenpsychotherapie: eine Übersicht. Gruppenpsychotherapie und Gruppendynamik 28: 125-149.

Die Autoren dieses Bandes

BENJAMIN BARDÉ, geb. 1948, Dr. phil., Diplom-Psychologe, Diplom-Soziologe, wissenschaftlicher Mitarbeiter am Sigmund-Freud-Institut Frankfurt am Main.
Arbeitsgebiete: Langjährige Tätigkeit im Bereich der stationären Psychotherapie und Psychiatrie. Analytische Psychotherapie und Gruppenpsychotherapie. Erforschung psychotherapeutischer und supervisorischer Prozesse in verschiedenen Settings. Veröffentlichungen u.a. zur stationären Psychotherapie und zur Psychotherapie psychosomatischer Störungen.

PETER KUTTER, geb. 1930, Dr. med., seit 1974 Professor für Psychoanalyse im Fachbereich Psychologie der J. W. Goethe-Universität Frankfurt am Main.
Arbeitsgebiete: Psychoanalyse, Psychotherapie, Gruppenpsychotherapie, Psychosomatik, Psychosen. Veröffentlichungen u.a.: Sozialarbeit und Psychoanalyse (1974), Elemente der Gruppentherapie (1975), Psychoanalyse in der Bewährung (1985), Psychoanalytische Interpretation und empirische Methoden (1985), Leidenschaften, eine Psychoanalyse der Gefühle (1989), Moderne Psychoanalyse, eine Einführung in die Psychologie unbewußter Prozesse (1989), Psychoanalysis International, A Guide to Psychoanalysis throughout the World (1992).

DANKWART MATTKE, geb. 1939, Dr. med., Psychiater, Psychoanalyse u. Psychotherapie, Leitender Krankenhausarzt Rhein-Klinik, Fachkrankenhaus für Psychosomatische Medizin und Psychotherapie.
1966-1967 »Postdoctoral Fellow« am New York State Psychiatric Institute, Columbia University, New York; 1967-1974 Gebietsärztliche psychiatrische Weiterbildung am Hospital St. Anne, Paris, sowie am Max-Planck-Institut für Psychiatrie in München; 1974-1984 Nervenärztliche Kassenarztpraxis in München, Weiterbildung in Psychotherapie und Psychoanalyse; seit 1984 Leitender Arzt der Abteilung I der Rhein-Klinik. Publikationen u.a. zur Psychopharmakologie, Suchtbehandlung, Gruppenpsychotherapie und stationären Psychotherapie.

ULRICH OEVERMANN, geb. 1940, 1968 promoviert in Soziologie mit einer soziolinguistischen Untersuchung (»Sprache und soziale Herkunft«); Leiter eines Sozialisationsforschungsprojektes (»Elternhaus und Schule«) am Max-Planck-Institut für Bildungsforschung in Berlin; gleichzeitig Honorarprofessor in Frankfurt a. M.; seit 1977 ordentlicher Professor für Soziologie an der Universität Frankfurt a. M.; Forschungs- und Veröffentlichungsschwerpunkte: Sozialisation, Sprachsoziologie, Kultursoziologie, Professionalisierungstheorie, Soziologie der Kunst, Deutungsmusteranalyse, Methodologie der objektiven Hermeneutik.

Michael Ermann (Hg.)
Die hilfreiche Beziehung in der Psychoanalyse
1993. 162 Seiten mit 10 Abb., kartoniert.
ISBN 3-525-45753-7

Karl König · **Gegenübertragungsanalyse**
1993. 235 Seiten, kartoniert. ISBN 3-525-45755-3

Karl König
Einzeltherapie außerhalb des klassischen Settings
1993. 230 Seiten, kartoniert. ISBN 3-525-45748-0

Rudolf Klußmann (Hg.)
Psychosomatische Beratung
1993. 111 Seiten, kartoniert. ISBN 3-525-45746-4

Volker Tschuschke · **Wirkfaktoren stationärer Gruppenpsychotherapie**
Prozeß – Ergebnis – Relationen. (Monographie zur Zeitschrift für Psychosomatische Medizin und Psychoanalyse 16). 1993. 234 Seiten mit 15 Abb. und 23 Tab., kartoniert. ISBN 3-525-45270-5

Vandenhoeck & Ruprecht

Annelise Heigl-Evers / Irene Helas /
Heinz C. Vollmer
Eingrenzung und Ausgrenzung
Zur Indikation und Kontraindikation für Suchttherapien.
1993. Ca. 220 Seiten, kartoniert. ISBN 3-525-45752-9

Walter Andreas Scobel
Was ist Supervision?
Mit einem Beitrag von C. Reimer. 3., durchges. Auflage 1991.
207 Seiten, kartoniert. ISBN 3-525-45696-4

Karl König / Wulf-Volker Lindner
Psychoanalytische Gruppentherapie
1991. 244 Seiten, kartoniert. ISBN 3-525-45732-4

Ulrich Streeck / Hans-Volker Werthmann (Hg.)
**Lehranalyse
und psychoanalytische Ausbildung**
1992. 173 Seiten, kartoniert. ISBN 3-525-45733-2

Wolfgang Tress (Hg.)
**Psychosomatische Medizin
und Psychotherapie in Deutschland**
(Beiheft zur Zeitschrift für Psychosomatische Medizin und
Psychoanalyse 14). 1992. 207 Seiten mit 14 Abb. und 4 Tab.,
kartoniert. ISBN 3-525-45268-3

 *Vandenhoeck & Ruprecht*